U0895879

北京市住房和城乡建设委员会　编

2018
北京市房地产年鉴
BEIJING REAL ESTATE YEARBOOK

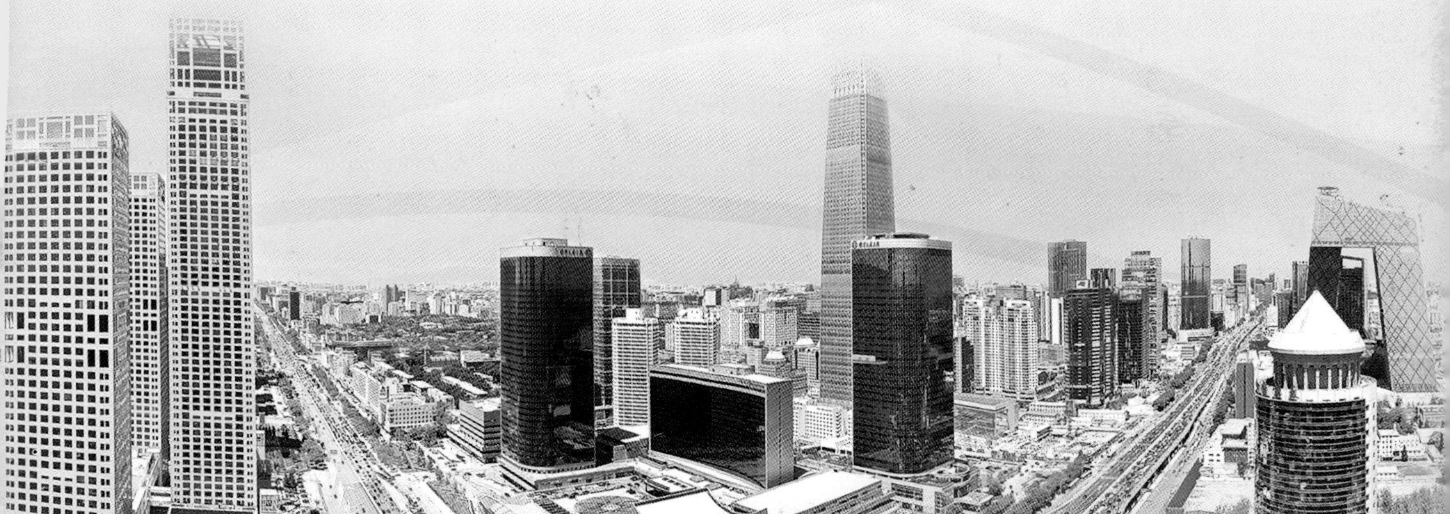

中国发展出版社
CHINA DEVELOPMENT PRESS

图书在版编目（CIP）数据

北京市房地产年鉴. 2018/北京市住房和城乡建设委员会著.
—北京：中国发展出版社，2018.10
ISBN 978-7-5177-0905-3

Ⅰ. ①北… Ⅱ. ①北… Ⅲ. ①房地产业-北京-2018-年鉴
Ⅳ. ①F299.271-54

中国版本图书馆 CIP 数据核字（2018）第 206969 号

书　　名：北京市房地产年鉴. 2018
主　　编：北京市住房和城乡建设委员会
出版发行：中国发展出版社
（北京市西城区百万庄大街 16 号 8 层　100037）
标准书号：ISBN 978-7-5177-0905-3
经 销 者：各地新华书店
印 刷 者：北京兴湘印务有限公司
开　　本：880×1230mm　1/16
印　　张：22
字　　数：330 千字
版　　次：2018 年 10 月第 1 版
印　　次：2018 年 10 月第 1 次印刷
定　　价：298.00 元

联系电话：（010）68990642　68990692
购书热线：（010）68990682　68990686
网络订购：http：//zgfzcbs.tmall.com//
网购电话：（010）68990639　88333349
本社网址：http：//www.develpress.com.cn
电子邮件：fazhanreader@163.com

版权所有·翻印必究

本社图书若有缺页、倒页，请向发行部调换

《北京市房地产年鉴 2018》编委会

主编单位： 北京市住房和城乡建设委员会

参编单位： 北京市规划和国土资源管理委员会

北京市统计局

国家税务总局北京市税务局

中国人民银行营业管理部

北京住房公积金管理中心

国家统计局北京调查总队

北京市城建研究中心（北京市房地产市场管理事务中心）

主　　任： 隋振江

副 主 任： 魏成林　徐贱云　张　维　蒋力歌　王文杰

贺同宝　程建华　王尔淳　李荣庆

《北京市房地产年鉴 2018》编辑部

主　　编： 李荣庆

副 主 编： 丁　晓　庞江倩　沈永奇　孙晓冬　魏海滨
蒋　然　王　争

编撰人员：（按姓氏笔画排列）

丁卓茹　于佩平　王　恺　王玉明　王宇慧
王翠青　王耀才　石春兰　叶向忠　田相伟
吕潇潇　朱　永　仲长远　任全璐　刘　宇
刘　竟　刘　黎　刘文龙　刘俊兰　许殊明
许照毅　孙荣华　苏　伟　苏　虹　杜　敬
杜瑞中　杨　威　李　亮　李　涛　李自强
李政清　李洪林　李海成　李海辉　李雪雁
肖　楠　张　琳　张国伟　张虹波　陈晓峰
范亚超　林　斌　林少华　岳为众　周　岩
周　蓉　庞　茜　庞瑞敬　宗刘良　孟湘晖
赵　霆　姜　华　贺雪飞　秦　剑　倪　娜
崔海岐　董琳静　韩化冰　韩晓华　温　慧
靳扣娟　管世军

目　录

第一章

特稿

北京市房地产年鉴 2018

2017年工作总结和2018年主要工作

北京市住房和城乡建设委员会主任 徐贱云

2017年是认真学习贯彻党的十九大精神和习近平总书记视察北京讲话精神，加快落实京津冀协同发展规划纲要和新版北京城市总体规划，全力促进非首都功能疏解和供给侧结构性改革的重要一年。在市委、市政府的坚强领导下，住建系统全体干部职工面对复杂多变的市场形势和“急难险重”的建设任务，锐意进取，务实奉献，在构建租购并举住房制度、加强工程建设管理、深化改革、依法行政等方面，取得了新成绩、迈上了新台阶。

一、坚持“房子是用来住的、不是用来炒的”的定位，加快建立多主体供应、多渠道保障、租购并举的住房制度

按照中央和市委、市政府决策部署，住建系统提高认识、统一思想，全力落实中央和本市房地产调控政策，积极应对市场变化，不断深化住房保障工作。

（一）多措并举综合施策，房地产市场调控工作取得显著成效

针对2017年初房地产市场过热现象，3月17日以来，市住建委会同有关部门连续密集出台10个方面、20多项政策措施，打出政策“组合拳”，疏堵结合，从“控需求”“增供给”两方面综合施策，规范市场秩序。

在“控需求”方面，进一步收紧限购限贷政策，坚决遏制炒作“天价”学区房，大力整治“商改住”乱象，严格产业项目管理，开展金融机构督导检查。加强市场监测分析，从严审核购房资格，做好预售项目价格引导。开展综合执法，保持严查态势，“逢涨必查、逢炒必办”。

在“增供给”方面，我市发布未来5年住宅用地供应计划，建设住房150万套，供应结构实行“四个三七开”。同时启动“1300万平方米拿地未开工和950万平方米开工未入市”项目专项调度工作，截至12月底已实现开工873万平方米、入市销售612万平方米。

（二）完善政策体系和工作机制，住房保障进入新的发展阶段

一是保障房“宜居度”不断提升。全年建设筹集各类保障房6.5万套、竣工9万套，超额完成年度计划30%以上。为打造高品质保障房，我市一直高度重视保障房标准化建设工作，2017年发布实施了全国首部公租房建设与评价地方标准和共有产权住房规划设计宜居建设导则。3个装配式公租房项目获2017年度中国人居环境奖，马驹桥公租房项目还获得了詹天佑优秀住宅小区金奖。

二是精准分配让城市更“有温度”。推行“以区为主”分配模式，促进职住平衡、产城融合；同时市级统筹部分保障房对接东、西城家庭，为核心区有序疏解创造条件。建立“新北京人”专项分配长效机制，公租房、共有产权住房按照不少于30%的房源比例，面向符合条件的非京籍家庭配租配

售，全年共为非京籍家庭配租公租房774套，共有产权住房1182套，同时专项解决了一批获奖农民工、环卫工人等特殊行业职工以及各类人才的基本住房需求。加大特困家庭租金补贴力度，全年市场租房补贴新增家庭3500户，公租房补贴累计发放2.3万户、5.4亿元。

三是注重运营管理“精细度”。深化保障房运营主体改革，各区组建专业运营企业，并作为共有产权房政府份额的代持机构。健全市区街三级监督体系，全面推广人脸识别系统，严厉查处公租房转租转借等违规行为。加大协调力度，解决了公租房项目中400多租户的适龄子女就近入学问题。

（三）创新长效机制，完善租购并举制度体系

市住建委会同七部门制订实施《关于加快发展和规范管理本市住房租赁市场的通知》，健全住房租赁管理制度，并同步上线运行租赁监管平台和交易服务平台，为承租人赋权，引导居民形成先租后买的梯次消费模式。鼓励企业自持商品住房租赁，明确自持年限、出租期限、项目转让、网上签约等要求，禁止“以租代售”。已有27个企业开发自持租赁房项目，建筑面积143万平方米。

大力推进利用集体土地建设租赁住房工作，全市39个集体土地租赁房项目已办理占地手续，确定规划条件，面积约204公顷。2011年以来推出的首批集体土地租赁房试点5个项目、1.3万套房源，已陆续入住。

制订实施《北京市共有产权住房管理暂行办法》，构建起完整的规划设计、品质保证、审核分配、使用管理制度，住房保障政策体系进一步完善。抓好政策落地，推进土地供应和入市销售，截至年底，共有产权住房项目42个、4.3万套，已有8个项目、7300套开展了申购。

二、开展“疏解整治促提升”专项行动，全面提高房屋管理水平

（一）大力推进老旧小区综合整治和老楼加装电梯

2017年组织城六区和通州区10个小区进行新阶段老旧小区综合整治试点，项目涉及76栋楼、43万平方米、5600余户居民，开展了抗震加固、节能改造、加装电梯、架空线入地、上下水改造、补建停车位等综合整治工作，取得积极成效。全市老楼增设电梯工作取得重要进展，全市开工459部，完工并投入运行274部，同时有21个单元门安装了电动爬楼机。在试点基础上，起草完成了《老旧小区综合整治工作方案（2018-2020年）》。

（二）加强直管公房管理和棚户区改造工作

清理整治直管公房违规转租转借1.18万户，完成全年任务的134%。起草完成《关于加强直管公房管理的若干意见》，在完善管理方式、理顺管理体制、保护古都风貌和优化人居环境等方面提出了许多创新举措。

在各区努力下，全年实现棚户区改造4.95万户，超额完成年度改造计划；2013年新一轮棚改以来，已累计完成改造17.5万户。大兴、昌平、房山、顺义四区克服困难，全力推进4万套核心区定向安置房建设。望坛、衙门口等一批历史遗留难点项目启动实施。

（三）房屋管理工作取得新进展

一是房屋设备安全管理工作总体稳定。汛前全市检查各类城镇房屋6.55亿平方米，解除安全隐患，实现房屋安全度汛。持续开展全市房屋安全鉴定工作，完成超期使用公建的排查任务。全市治理普通地下室散租住人957处，完成全年挂账任务的172%。

二是有序推进房屋征收拆迁。房屋征收信息系统上线运行，国有土地上房屋征收“阳光公开”的好做法、好经验，在宅基地房屋拆迁工作中得到有效推广。

三是强化物业管理服务。优化专项维修资金申请使用程序，集中检查划转业委会专项维修资金使用情况。深入推进物业行业安全生产工作，落实全市安全隐患大排查、大清理、大整治专项行动，维护小区安全稳定。完成1万多个居住类物业服务项目调查，并将调查数据录入系统，实现了与房屋全生命周期平台的对接。

四是深化房屋管理改革。完善房屋登记政策，将国有土地上住宅平房测绘成果纳入审核范围。围绕经租产、标准租、宗教产等落私问题研究完善相关政策，深入推进落私工作。

三、强化建筑市场管理，全力保障重大项目工程建设

（一）加大协调服务力度，重大项目建设质量安全可控

2017年，全市230项重点工程新开工85项，完工35项；完成投资2782亿元，超额完成年度投资计划。加大协调调度力度，全力保障重大项目进度符合计划要求。

推进城市副中心建设，市住建委成立派驻副中心工作专班，指导通州区住建委设立房屋管理投诉热线，印发了关于施工现场标准化管理、劳务用工标准化管理、扬尘治理、绿色建筑与装配式建筑发展等文件，切实提高工程建设和房屋管理水平。

组建新机场建设协调处，制订质量安全环保规定，建立联席会制度，加强监督检查。航站楼及指廊工程已全面进入装修阶段，南苑新机场飞行区场道工程全面开工建设，各项工程进度符合计划要求。冬奥会工程按计划顺利推进。

全年召开各类铁路建设协调会150余次，深入现场，指导建设单位完善施工计划，保障进度。京张、京霸、京沈、京唐等7个续建项目进展顺利，年度建设投资超额完成，京通、京原电气化改造两项工程前期工作有序开展。

强化轨道交通工程安全质量评估，检查17条在施线路785项次，抽查1613项次，在施线路进展顺利，燕房线、西郊线、S1线按计划通车。

（二）抓牢质量安全管理，工程治理体系建设稳步推进

继续贯彻落实《北京市建设工程质量条例》，开展工程质量安全提升行动，聚焦落实主体责任、提升项目管理水平、提升技术创新能力、健全监督管理机制四项重点任务；印发工程质量工作考核办法，促进全系统全面落实质量管理政策措施，加强质量监督机构建设。规范预拌混凝土生产使用，加强检测行业和构件厂的监督管理，强化驻厂监理制度。经住建部全国工程质量安全提升行动督导检查，我市符合率排名全国第一。全市10项工程获得鲁班奖，16项工程获得国家优质工程奖。

落实建筑施工企业安全生产主体责任，加强建筑拆除工程安全生产和绿色施工管理，建设体验式安全培训教育基地25个。强化重点时段监管，严防火灾火情事故。全市建设系统安全生产形势平稳可控，在国务院安委会及住建部和市安委会各项考核中，市住建系统均取得了优异成绩。

（三）优化行业监管服务政策，维护建筑市场秩序

一是减轻企业负担，优化营商环境。修订房地产开发项目工程保证担保办法，减少对企业的限制性措施，避免影响市场公平竞争；推行以银行保函方式缴纳工程质量保证金，切实为企业减负，释放

企业流动资金，遏制逾期占压质保金行为，通过引入银行的信用监督，落实企业质量责任。停止建材“两项基金”征收，开展专项追缴及返退工作。推进进京企业备案全程电子化申报，取消11项申报材料，加强建筑劳务施工队长信用管理。

二是进一步做好资质资格管理工作。落实本市产业政策，严格执行禁限目录，引导企业资质有序重组、转型升级，支持装配式建筑产业化集团发展。开展造价、监理、施工企业资质专项核查，取消3家混凝土搅拌站点资质。启用执业人员注册监管系统，优化考务与证书管理信息系统，受理各类执业注册人员业务7万人次，考核13.2万人次。压缩二级建造师执业资格审批时限，简化审批流程，实现审核工作从“现场办”到“网上办”。

三是强化建筑市场执法。开展建筑市场违法发包转包及挂靠等违法行为专项执法检查，检查项目5360个。实施信用差别化执法检查，对总承包企业信用评价60分以下的3038家企业进行在施项目检查。开展126家工程造价咨询企业专项执法检查，处理23家。会同市人力社保、财政等部门制定《北京市工程建设领域农民工工资支付工作管理规定》，并对18家问题企业责令限期整改，24家企业及39人列入“黑名单”。

四是完善诚信评价制度。加强社会信用体系建设，完善守信联合激励和失信联合惩戒制度。修订建筑施工总承包企业市场行为信用评价标准、注册建造师市场行为信用评价标准，启动本市造价咨询企业市场行为评价工作。与天津、河北住建部门一同，推动三地信用一体化建设。

五是大力推动行业改革发展。深化招标投标制度改革，推动装配式建筑工程中实行工程总承包招投标。电子化招投标工作全面推开，并着手构建“交易+科技+平台”的招投标交易系统。稳步推进京津冀三地计价体系一体化。完善施工登记制度，90%工程的施工许可手续下放各区办理，逐步推行施工许可审批提前服务制度、现场踏勘承诺制度，压缩施工许可办理时间。开展建设工程竣工联合验收试点工作。

（四）加大科技创新力度，行业绿色发展取得新进展

一是科技创新引领作用突出。加快成熟创新技术落地，全年组织完成重点科技成果鉴定项目88项，其中20项达到国际先进水平。充分发挥标准的技术支撑和引领作用，全年共编制发布《建设工程监理规程》《民用建筑工程室内环境污染控制规程》等28项工程建设地方标准。

二是绿色建筑扎实落实。进一步规范绿色建筑标识评审和资金奖励申报程序，全力推动新建建筑执行高星级绿色建筑标准，截至12月底，274个、3201万平方米建设项目通过绿色建筑标识认证。

三是装配式建筑快速发展。市政府办公厅出台《关于加快发展装配式建筑的实施意见》，明确政策措施和目标任务。《实施意见》发布后，在土地招拍挂环节落实装配式建筑项目约840万平方米，占总出让面积的70%；新增保障房装配式建筑718万平方米。我市被住建部批准为“国家装配式建筑示范城市”。

四是建筑节能工作有效推进。继续开展公共建筑电耗限额管理，对超限额建筑的产权单位发放告知书。稳步推进600万平方米公共建筑节能绿色化改造任务。公共建筑节能管理服务平台上线运行。开展在施工程建材使用管理专项检查，基本实现建材使用状况的信息化监控。6万户农宅抗震节能改造全部完成。编发《北京市传统村落修缮技术导则》，对13个区的村镇建设管理和技术人员开展了培训。

五是清洁空气行动计划有关任务全面落实。市区住建部门全年共开展扬尘治理执法检查2.9万项次，达标率超过96%；所有新开工工地和155个有资质的混凝土搅拌站点均已安装视频监控系统。全年对231家施工扬尘治理不达标的参建单位通报批评，对61家问题严重的施工单位暂停在京投标资格。

四、进一步优化政务环境

一是推进改革措施落地，坚持依法行政。落实国务院取消许可事项，及时取消物业服务企业资质，取消8项中央指定地方实施行政审批中介服务和证明材料；取消9项涉及企业群众办事创业的证明，清理规范7项中介服务事项；取消物业服务评估监理机构备案。梳理涉企收费项目37项，提出了清理意见。完成2017年版审批服务操作手册编制工作。扎实开展执法监督、行政复议及应诉、法制宣传，稳步推进多元调解工作，涉及合同金额2.7亿元。有序推进1980年至今由住建部门牵头起草的160件政府文件清理工作，全面梳理住建系统现行652件规范性文件，并已废止106件，修订10件。

二是强化综治维稳，做好应急保障。继续抓好信访接待，开展咨询服务，围绕领导干部接访、带案下访督办、信访积案化解、矛盾纠纷排查调处、诉访分离制度改革等工作，市区两级密切协作、积极应对，信访形势实现整体好转。三支建筑工程事故市级专业应急队伍率先通过市级认定验收，启动应急机制期间全员在岗待命，圆满完成住建系统各项保障任务。

三是改善服务质量，提升工作效率。市区两级综合服务部门认真贯彻落实政务管理各项要求，规范审批行为，提高服务质量。充分发挥信息化建设的创新引领、统筹监管和保障支撑作用，推进系统整合，与京东、链家、伟业我爱我家等企业合作落实大数据战略，与公安、民政、社保、工商、税务等部门数据实现共享。通过让数据多跑路，实现群众少跑腿，企业、群众办事往返次数减少40%。

四是深化政策研究，强化宣传创新。加强资源整合和课题统筹，大力开展工作调研和专题研究，创建并发挥智库作用，为科学决策和行业发展建言献策、增效助力。全面强化新闻宣传工作，积极推进新媒体平台建设。“安居北京”新媒体涵盖微信、微博、今日头条号、北京时间号、现场云、知乎、喜马拉雅等平台，粉丝总数接近130万，总阅读数超过8000余万次，宣传工作更立体、更鲜活。

2018年，将以十九大精神为指引，认真学习贯彻习近平总书记两次视察北京重要讲话精神，精心组织实施新版北京城市总体规划，以疏解北京非首都功能为“牛鼻子”推动京津冀协同发展，全力筹办好2022年北京冬奥会冬残奥会，树牢“四个意识”，加强“四个中心”功能建设，提高“四个服务”水平，坚持以人民为中心，坚持稳中求进工作总基调，坚持“房子是用来住的、不是用来炒的”的定位，构建多主体供给、多渠道保障、租购并举的住房制度，加快实现住有所居目标；继续围绕重点工程，紧抓质量安全不放松，推动城市高质量建设发展。

一、保持房地产调控的连续性和稳定性，完善租购并举的住房制度

一是保持定力，坚持调控目标不动摇、力度不放松，继续严格执行各项调控措施，稳定市场、稳定房价、稳定预期。严格管控需求端，抑制投机投资需求。扩大住房供给，大力推进已供地项目开工和入市，配合落实1200公顷居住用地供应计划，优化住房供应结构。落实新版总规，编制实施住宅

专项规划。

二是培育发展住房租赁市场特别是长期租赁，完善租购并举住房制度。优化住房租赁监管平台和交易服务平台功能，畅通部门信息共享机制。规范住房租赁市场管理，落实承租人稳定居住和享受公共服务的各项保障政策，将“给承租人赋权”落到实处。推动规模化、专业化住房租赁经营机构发展，鼓励开发企业持有经营租赁住房。

三是整顿规范市场秩序，完善房屋交易管理服务措施。加大日常监督和重大案件查处力度，持续保持执法高压态势。进一步完善经纪行业服务标准，规范服务收费，健全行业信用体系，完善失信联合惩戒和守信联合激励机制，建立机构及人员的行业清退制度，净化行业环境。

二、重点发展租赁住房、共有产权住房、棚改安置房，大力推进住房保障工作

一是统筹协调落实开竣工任务。建设筹集各类保障房 5 万套。着力推进已供地共有产权住房建设，加快推进 4 万套核心区人口疏解安置房建设，同步转移优质公共资源。统筹外部市政基础设施、交通以及所涉公共服务设施的建设时序，确保与保障房项目同步规划、同步建设、同步交用。

二是稳步推进集体土地租赁住房建设管理。优选有信誉有实力的企业和机构作为实施主体参与建设，实现建设和运营管理专业化。鼓励产业园区多渠道解决务工人员住宿问题，开展设计方案竞赛，结合城市运行服务保障和区域产业发展需求，设计市场租赁住房、公租房和职工集体宿舍等，打造灵活多样、精致宜居的租赁住房。探索建立公租房、市场租房补贴与集体土地租赁住房趸租的有效衔接机制，丰富房屋配租和货币补贴并举的保障方式。

三是抓好共有产权住房配套政策落地。指导各区制定符合本区实际的配售办法，逐步完善共有产权住房价格评估等配套政策。完善“新北京人”专项分配长效机制；加强面向人才的分配，助力科技创新中心建设。

四是健全保障房使用监管机制。完善保障房家庭属地社会保障机制，实现需求与服务有效对接。加大查处力度，完善保障房使用监管与司法衔接制度和信用评价体系建设，增强违规行为处理的震慑力。

三、坚持首善标准，保质保量完成全市重点工作任务

一是实施新版老旧小区综合整治工作方案，面向全市逐步扩大整治项目。加快出台既有多层住宅增设电梯指导方案，编制“三年行动计划”。研究出台《关于建立我市实施综合改造老旧小区物业管理长效机制的指导意见》。积极推动《关于加强直管公房管理的若干意见》出台和实施。制订并实施好 2018-2020 年新一轮普通地下室清理整治方案。配合做好群租房和出租大院综合治理工作。

积极稳妥推进棚改。严格棚改项目准入，统筹规范安置政策，严控征拆成本，抓好项目收尾，完成棚改 2. 36 万户。配合有关部门研究制定推进老城整体保护实施方案，统筹老城内房屋腾退和征收政策。

二是为重大工程建设做好服务保障。集中骨干力量，强化协调配合，全力支持行政办公区一期工程收尾和学校、医院、剧院、图书馆、博物馆等重点项目建设。加强协调、严格标准，努力把冬奥会场馆打造为世界一流场馆。坚持绿色发展，努力把城市副中心、冬奥会场馆建设成高标准、高品质绿

色建筑的典范。积极推进重点铁路项目建设，服务京津冀协同发展，指导铁路部门和业主单位完善基础工作、加快工程建设。会同有关部门抓好新机场工程建设，用好联席会议机制，完成年度计划目标。继续加大工作力度，为世园会、“三城一区”等重点区域、重大工程建设保驾护航。

四、强化质量安全监督管理，全力打造精品力作

一是深入开展工程质量安全提升行动。严格执行工程质量终身责任制，构建权责明晰的质量责任体系，重点强化建设单位首要责任。落实质量安全监督检查“双随机一公开”制度，抓好重大民生工程质量监管。加强城市副中心、新机场、冬奥会、世园会等重点工程监督执法工作，确保高标准、高质量完成建设任务。

二是健全质量管理的法规和体系。完善质量管理法规体系，推进《北京市建设工程质量条例》配套规定出台，增强可操作性，确保《条例》贯彻落实。加快推进装配式建筑质量监管体系建设，尽快形成适应装配式建筑发展的政策和技术保障体系。进一步加强装配式混凝土结构建筑工程检验检测和施工质量管控。

三是全面落实安全生产责任。强化建筑施工企业安全生产主体责任，狠抓施工总承包单位对建筑起重机械的安全管理，加强租赁市场源头监管。研究制定相关政策，规范体验式安全培训，弘扬工匠精神，提升作业人员素质。牢固树立安全发展理念，落实城市安全隐患治理三年行动计划，坚决遏制重特大安全事故。深入开展建筑施工企业和施工项目安全生产标准化考评工作，加大“北京市绿色安全工地”和“北京市绿色安全样板工地”的宣传和表彰力度。落实新一轮大气污染防治行动计划，有效管控施工扬尘，督促施工单位落实“六个百分百”要求。

五、坚持改革创新，推进建筑行业持续健康发展

一是继续推进行业改革和信用体系建设。继续贯彻国办发 19 号文精神，加快推行工程总承包，促进建筑业转型发展。推进社会信用体系建设，强化失信人惩戒措施，推进京津冀建筑市场信用一体化建设。研究出台工程建设项目联合验收管理办法。

二是继续推进建筑节能工作。深入开展公共建筑节能绿色化改造，持续开展公共建筑能耗限额管理和超低能耗建筑示范工作。启动民用建筑节能条例立法调研工作。完成农村危房改造和抗震节能改造任务，宣传推广农宅建设抗震、节能等技术。

三是加快绿色建筑、装配式建筑发展。全面推动绿色建筑发展量质齐升，推动政府投资项目和大型公共建筑等全面执行绿色建筑高星级标准。加强部品部件生产企业质量管控，继续实施装配式建筑部品认定和目录管理；加强装配式建筑信息平台建设。严格执行禁限目录，推动建材企业有序发展。市区两级要继续全面清理全市无资质搅拌站点，对非法新建站点发现一家关停一家，禁止有资质站点违法违规扩建。

四是加速科技成果的推广应用。发布指导意见，激发市场创新活力，推动 BIM 技术在建设工程中的应用。开展智慧小区试点项目建设工作，实现试点小区与市级智慧小区服务平台的对接。

六、提高行政管理效能和服务水平

一是深入推进法治政府建设和“放管服”各项工作。重点推进《北京市房屋租赁管理条例》立

法，推动《北京市物业管理条例》《北京市基本住房保障条例》列入市人大立法规划，推进《建设工程造价管理办法》《城市轨道交通工程质量安全管理办法》政府规章立法进度。做好审批制度改革工作，推进简政放权、放管结合、优化服务，做好事中事后监管。

二是全面加强自身建设。落实市委、市政府有关提高政治站位、加强依法行政、持续改进作风、增强工作本领、建设廉洁政府的各项要求。进一步推进“互联网+”政务服务，充分运用信息化、智能化手段，提高工作效率和服务水平。认真贯彻落实《北京市政府信息公开规定》及相关文件要求，建立政府信息公开公众参与工作机制。

第二章

北京国民经济和社会发展

北京市房地产年鉴 2018

2017年，全市人民在党中央、国务院和市委、市政府的坚强领导下，认真学习贯彻党的十九大精神，深入领会把握习近平新时代中国特色社会主义思想的精神实质和实践要求，全面落实市第十二次党代会部署，坚持"稳中求进"工作总基调，以深化供给侧结构性改革为主线，紧紧围绕"四个中心"城市战略定位，坚持创新、协调、绿色、开放、共享的发展理念，扎实有序推进各项工作，实现了经济平稳健康发展与社会和谐稳定。

一、综合

经济增长：初步核算，全年实现地区生产总值28000.4亿元，按可比价格计算，比上年增长6.7%。其中，第一产业增加值120.5亿元，下降6.2%；第二产业增加值5310.6亿元，增长4.6%；第三产业增加值22569.3亿元，增长7.3%。三次产业构成由上年的0.5∶19.3∶80.2，调整为0.4∶19.0∶80.6。按常住人口计算，全市人均地区生产总值为12.9万元。

表2-1　2017年地区生产总值

指　　标	绝对数（亿元）	比上年增长（%）	比重（%）
地区生产总值	28000.4	6.7	100.0
按产业分			
第一产业	120.5	-6.2	0.4
第二产业	5310.6	4.6	19.0
第三产业	22569.3	7.3	80.6
按行业分			
农、林、牧、渔业	122.8	-6.1	0.4
工业	4274.0	5.4	15.3
建筑业	1151.0	1.6	4.1
批发和零售业	2486.8	6.7	8.9
交通运输、仓储和邮政业	1208.4	12.1	4.3
住宿和餐饮业	423.8	2.3	1.5
信息传输、软件和信息技术服务业	3169.0	12.6	11.3
金融业	4634.5	7.0	16.6
房地产业	1766.2	-1.6	6.3
租赁和商务服务业	1965.5	3.2	7.0
科学研究和技术服务业	2859.2	10.7	10.2
水利、环境和公共设施管理业	242.1	12.1	0.9
居民服务、修理和其他服务业	171.3	2.8	0.6
教育	1334.8	8.3	4.8
卫生和社会工作	696.0	7.4	2.5
文化、体育和娱乐业	598.1	2.5	2.1
公共管理、社会保障和社会组织	896.9	6.9	3.2

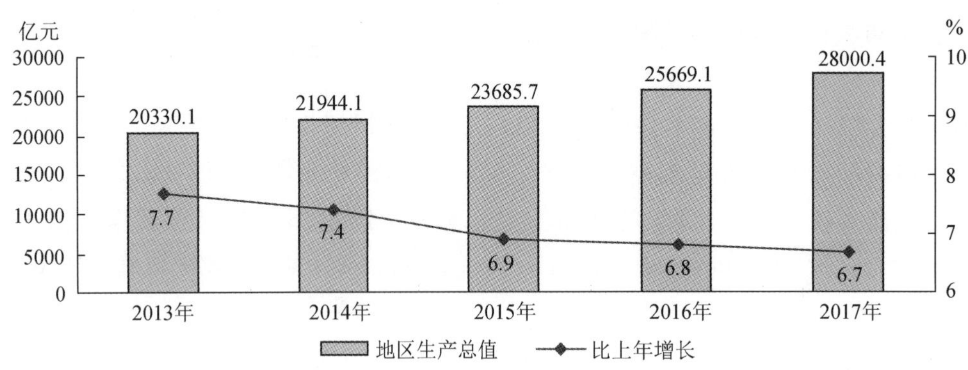

图 2-1 2013-2017 年地区生产总值及增长速度

人口：年末全市常住人口 2170.7 万人，比上年末减少 2.2 万人。其中，常住外来人口 794.3 万人，占常住人口的比重为 36.6%。常住人口中，城镇人口 1876.6 万人，占常住人口的比重为 86.5%。常住人口出生率 9.06‰，死亡率 5.30‰，自然增长率 3.76‰。常住人口密度为每平方公里 1323 人，比上年末减少 1 人。年末全市户籍人口 1359.2 万人，比上年末减少 3.7 万人。

表 2-2 2017 年末常住人口及构成

指　　标	人数（万人）	比重（%）
常住人口	2170.7	100.0
按城乡分：城镇	1876.6	86.5
乡村	294.1	13.5
按性别分：男性	1107.4	51.0
女性	1063.3	49.0
按年龄组分：0-14 岁	226.4	10.4
15-59 岁	1586.1	73.1
60 岁及以上	358.2	16.5
其中：65 岁及以上	237.6	10.9

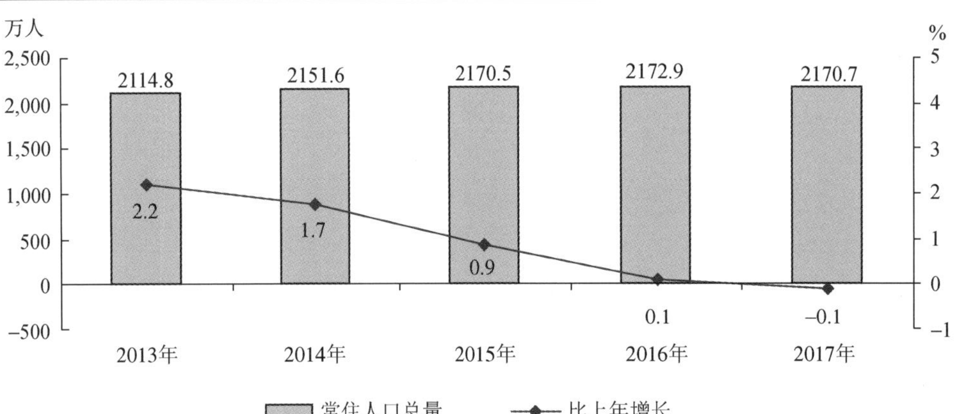

图 2-2 2013-2017 年常住人口总量及增长速度

财政收入：全市完成一般公共预算收入5430.8亿元，比上年增长6.8%（剔除营改增影响，同口径增长10.8%）。其中，与“营改增”相关的增值税等完成1671.9亿元，下降7.1%；企业所得税和个人所得税分别为1229.8亿元和643.2亿元，分别增长12.3%和12.6%。

价格：全年居民消费价格总水平比上年上涨1.9%。其中，食品价格下降0.6%，非食品价格上涨2.4%；消费品价格与上年持平，服务项目价格上涨4.7%。

表2-3 2017年居民消费价格涨跌幅度

单位：%

指　　标	2017年
居民消费价格	1.9
食品烟酒	0.5
其中：粮食	0.9
鲜菜	-10.0
畜肉类	-1.6
鲜瓜果	3.9
衣着	-2.2
居住	3.8
生活用品及服务	0.6
交通和通信	0.3
教育文化和娱乐	2.3
医疗保健	7.4
其他用品和服务	2.7

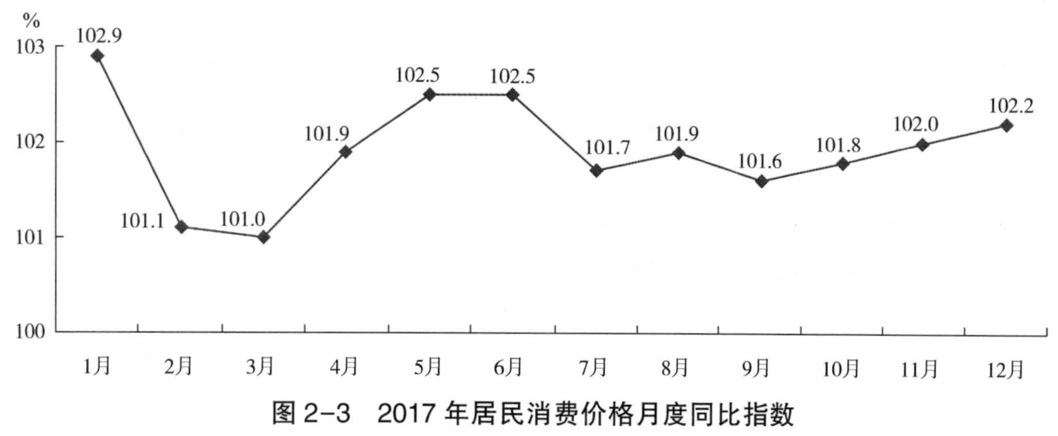

图2-3 2017年居民消费价格月度同比指数

全年农产品生产者价格比上年下降3.8%。工业生产者出厂价格上涨0.7%，工业生产者购进价格上涨4.4%。固定资产投资价格上涨4.7%。

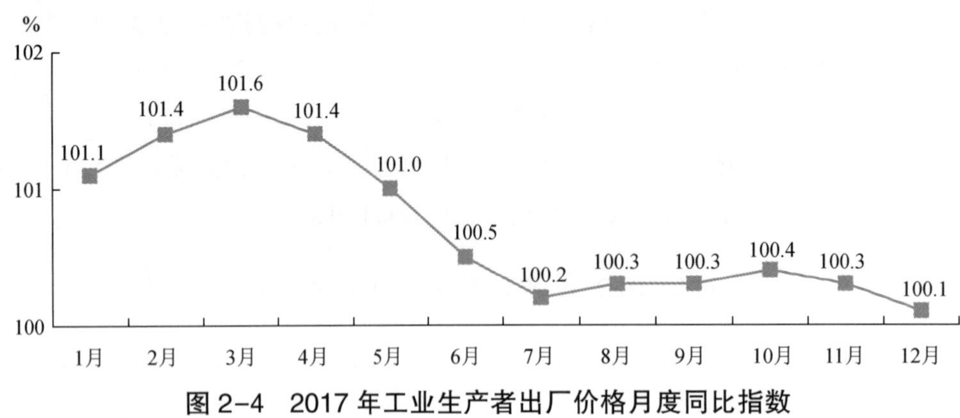

图 2-4　2017 年工业生产者出厂价格月度同比指数

全市二手住宅价格和新建商品住宅价格分别于 4 月份、5 月份结束上涨（环比持平），并保持稳中有降态势。12 月份，新建商品住宅价格环比持平，同比下降 0.2%；二手住宅价格环比下降 0.4%，同比下降 1.6%。

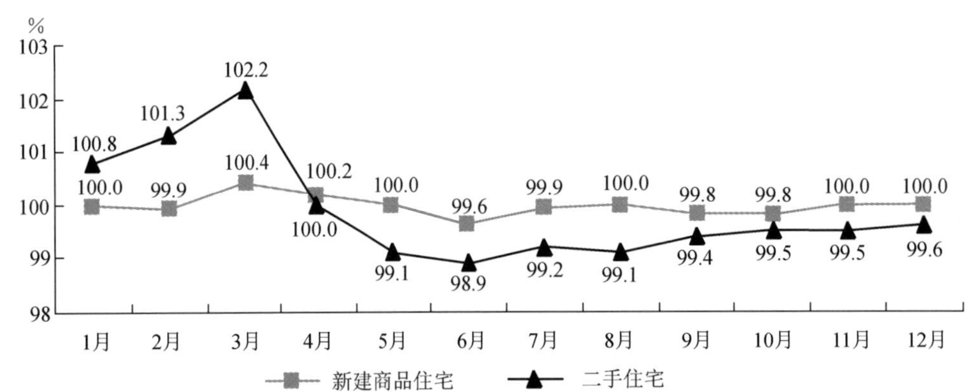

图 2-5　2017 年新建商品住宅和二手住宅销售价格环比指数

二、农业

全市农业观光园 1216 个，比上年减少 42 个；观光园总收入 29.9 亿元，增长 6.9%。设施农业实现收入 54.5 亿元，增长 0.2%。民俗旅游实际经营户 8363 户，减少 663 户；民俗旅游总收入 14.2 亿元，下降 1.1%。种业收入 12.7 亿元，下降 9.1%。全年实现农林牧渔业总产值 308.3 亿元，下降 8.8%。其中，在生态涵养区的生态景观造林和京津风沙源治理等工程带动下，林业产值增长 12.7%。

三、工业和建筑业

工业：全年实现工业增加值 4274 亿元，按可比价格计算，比上年增长 5.4%。其中，规模以上工业增加值增长 5.6%。在规模以上工业中，国有控股企业增加值增长 5.1%；股份制企业、外商及港澳台企业增加值分别增长 7.8%和 1.9%；高技术制造业、现代制造业、战略性新兴产业增加值分别增长 13.6%、5.0%和 12.1%。规模以上工业实现销售产值 18269.5 亿元，增长 4.4%。其中，内销产值 17265.5 亿元，增长 4.3%；出口交货值 1004 亿元，增长 6.0%。

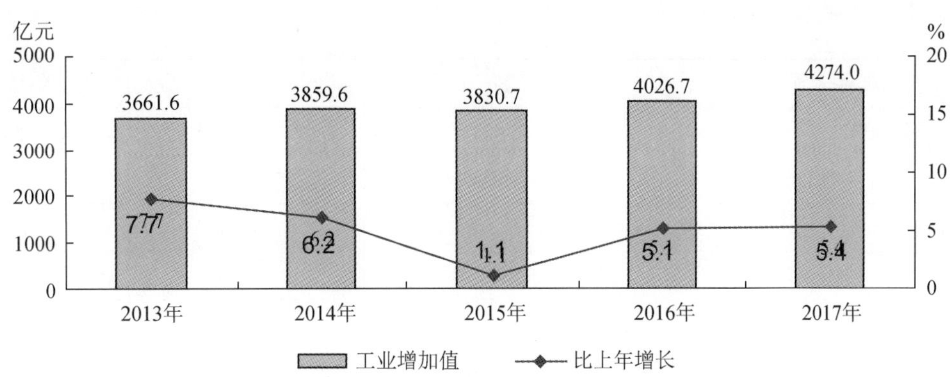

图 2-6　2013-2017 年工业增加值及增长速度

表 2-4　2017 年规模以上工业重点监测行业增加值

单位:%

指　　标	比上年增长	比重
规模以上工业增加值	5.6	100.0
其中：石油加工、炼焦和核燃料加工业	6.6	3.2
化学原料和化学制品制造业	-0.2	2.2
医药制造业	18.8	10.0
非金属矿物制品业	-9.3	2.0
通用设备制造业	13.2	3.7
专用设备制造业	6.6	3.9
汽车制造业	-2.9	20.7
铁路、船舶、航空航天和其他运输设备制造业	7.1	1.8
电气机械和器材制造业	7.0	4.0
计算机、通信和其他电子设备制造业	10.8	7.1
仪器仪表制造业	10.5	2.3
电力、热力生产和供应业	9.3	18.6

表 2-5　2017 年规模以上工业企业主要产品产量

产品名称	单　位	产量	比上年增长（%）
乙烯	万吨	79.3	14.0
金属切削机床	台	15797	20.1
其中：数控金属切削机床	台	14877	19.9
汽车	万辆	225.0	-13.1
其中：基本型乘用车（轿车）	万辆	107.6	-7.9
运动型多用途乘用车（SUV）	万辆	54.9	-26.9

（续表 2-5）

产品名称	单 位	产量	比上年增长（%）
其中：新能源汽车	辆	30031	-45.0
移动通信手持机（手机）	万台	7483.1	8.1
微型计算机设备	万台	742.4	8.5
智能电视	万台	316.6	64.3
显示器	万台	360.8	-32.1
集成电路	亿块	93.1	11.2
饮料酒	万千升	164.9	-1.6
其中：啤酒	万千升	130.0	-3.9
乳制品	万吨	59.7	-4.1

全年规模以上工业企业实现利润 1992.5 亿元，比上年增长 27.5%。重点监测行业中，电力、热力生产和供应业实现利润 736.6 亿元，增长 50.0%；汽车制造业实现利润 400.6 亿元，增长 7.3%；医药制造业实现利润 196.1 亿元，增长 29.5%；计算机、通信和其他电子设备制造业实现利润 167.8 亿元，增长 90.7%；专用设备制造业实现利润 93.6 亿元，增长 24.7%。

建筑业：全市具有资质等级的总承包和专业承包建筑业企业完成建筑业总产值 9736.7 亿元，比上年增长 10.1%。其中，在本市完成 2954.8 亿元，增长 4.1%；在外埠完成 6781.9 亿元，增长 13.0%。本年新签合同额 15508.9 亿元，增长 14.1%。

四、交通运输和邮电

交通运输：全年完成货运量 23879 万吨，比上年下降 0.9%；货物周转量 700.3 亿吨公里，增长 4.3%。客运量 67489.8 万人，下降 2.6%；旅客周转量 2055.1 亿人公里，增长 8.8%。

表 2-6　2017 年各种运输方式完成货运量及货物周转量

指　　标	单 位	绝对数	比上年增长（%）
货运量	万吨	23879.0	-0.9
铁路	万吨	704.0	-2.9
公路	万吨	19373.7	-3.0
民航	万吨	174.7	7.3
管道	万吨	3626.6	12.0
货物周转量	亿吨公里	700.3	4.3
铁路	亿吨公里	246.4	7.6
公路	亿吨公里	159.2	-1.3
民航	亿吨公里	74.4	10.8
管道	亿吨公里	220.2	3.0

表 2-7　2017 年各种运输方式完成客运量及旅客周转量

指　　标	单　位	绝对数	比上年增长（%）
客运量	万人	67489. 8	-2. 6
铁路	万人	13872. 9	3. 7
公路	万人	45011. 7	-6. 3
民航	万人	8605. 2	9. 3
旅客周转量	亿人公里	2055. 1	8. 8
铁路	亿人公里	153. 8	2. 0
公路	亿人公里	99. 7	-15. 3
民航	亿人公里	1801. 6	11. 2

年末全市机动车保有量 590. 9 万辆，比上年末增加 19. 2 万辆。民用汽车 563. 8 万辆，增加 15. 4 万辆。其中，私人汽车 467. 2 万辆，增加 14. 4 万辆；私人汽车中轿车 311. 4 万辆，减少 4. 8 万辆。

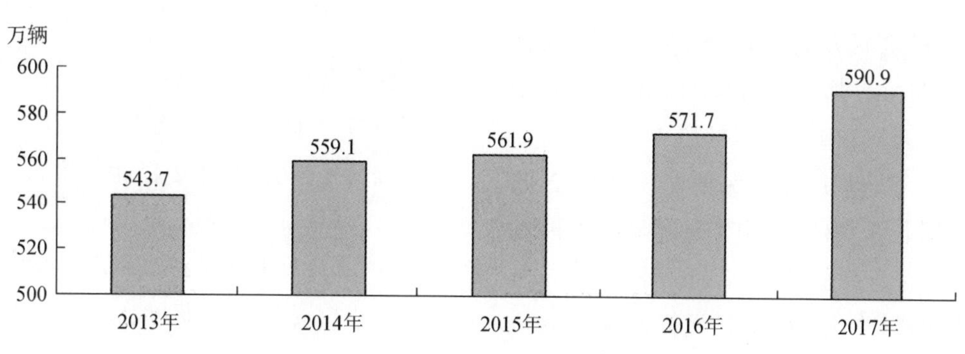

图 2-7　2013-2017 年机动车保有量

邮电：全年实现邮电业务总量 1291. 1 亿元，按可比价格计算，比上年增长 36. 1%。其中，邮政业务总量 419. 3 亿元，增长 8. 6%；电信业务总量 871. 7 亿元，增长 55. 0%。全年发送邮政函件 2. 8 亿件，下降 28. 2%；特快专递 22. 7 亿件，增长 16. 0%。年末固定电话用户达到 649. 4 万户，固定电话主线普及率达到 29. 9 线/百人。年末移动电话用户达到 3752. 1 万户，移动电话普及率达到 172. 9 户/百人。年末固定互联网宽带接入用户数达到 541. 6 万户，增长 13. 9%；移动互联网接入流量 7. 8 亿 G，增长 1. 3 倍。

五、金融

存贷款：年末全市金融机构（含外资）本外币存款余额 144086 亿元，比年初增加 5651. 2 亿元。全市金融机构（含外资）本外币贷款余额 69556. 2 亿元，比年初增加 5816. 8 亿元。

表 2-8　2017 年末金融机构（含外资）本外币存贷款余额

单位：亿元

指　　标	年末数	比年初增加额	增加额比上年增减
各项存款余额	144086.0	5651.2	-4182.4
其中：人民币	137952.1	5134.4	-3887.9
其中：住户存款	28962.2	950.0	-321.5
非金融企业存款	53771.3	2773.7	-4371.8
各项贷款余额	69556.2	5816.8	636.8
其中：人民币	63382.5	6763.7	704.3
其中：短期贷款	20345.1	2647.5	1284.5
中长期贷款	40464.2	5062.9	665.6
票据融资	1500.9	-560.3	-242.6
其中：住户消费贷款	13664.6	1868.4	-1012.5

证券：全年证券市场各类证券成交 446308.3 亿元，比上年增长 5.8%。其中，股票成交额 115095.3 亿元，下降 15.3%；债券成交额 293247.9 亿元，增长 21.8%。年末证券资金账户数 967.7 万户，比上年末增加 84.3 万户。

保险：全年实现原保险保费收入 1973.2 亿元，比上年增长 7.3%。其中，财产险保费收入 404.4 亿元，人身险保费收入 1568.8 亿元。全年各类保险赔付支出 577.7 亿元，下降 3.2%。其中，财产险赔付 212.5 亿元，人身险赔付 365.3 亿元。

六、固定资产投资和房地产开发

固定资产投资：全年完成全社会固定资产投资 8948.1 亿元，比上年增长 5.7%。其中，完成基础设施投资 2984.2 亿元，增长 24.4%。分产业看，第一产业投资 95.9 亿元，比上年下降 3.9%；第二产业投资 893.8 亿元，增长 23.6%；第三产业投资 7958.4 亿元，增长 4.2%。

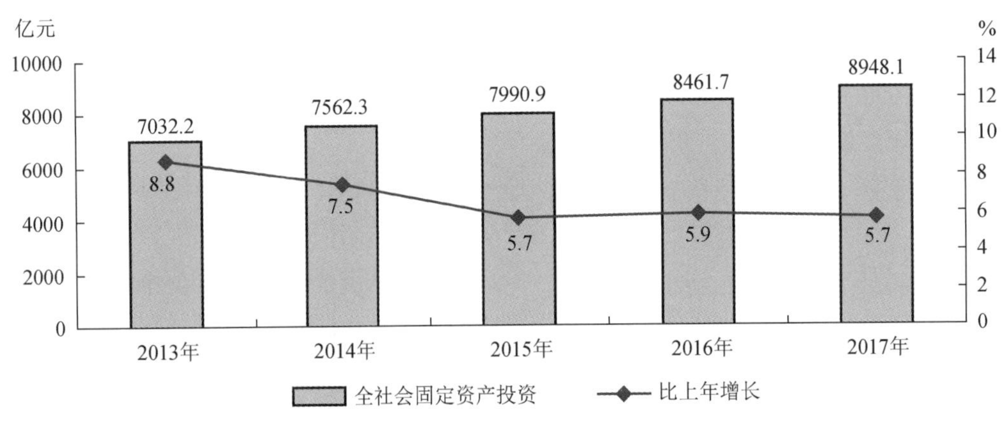

图 2-8　2013-2017 年全社会固定资产投资及增长速度

表 2-9　2017 年分行业固定资产投资

行　业	投资额（亿元）	比上年增长（%）
农、林、牧、渔业	96. 6	-6. 3
采矿业	3. 1	6. 0
制造业	380. 8	-0. 7
电力、热力、燃气及水生产和供应业	511. 3	54. 0
建筑业	6. 3	1. 3
批发和零售业	30. 7	3. 7
交通运输、仓储和邮政业	1349. 6	35. 6
住宿和餐饮业	10. 6	-76. 9
信息传输、软件和信息技术服务业	283. 9	42. 8
金融业	38. 7	-23. 6
房地产业	4663. 6	-3. 0
租赁和商务服务业	283. 8	119. 6
科学研究和技术服务业	81. 9	1. 2
水利、环境和公共设施管理业	813. 8	5. 1
居民服务、修理和其他服务业	0. 1	-99. 6
教育	131. 7	-5. 9
卫生和社会工作	67. 5	15. 9
文化、体育和娱乐业	108. 9	-49. 2
公共管理、社会保障和社会组织	22. 3	-43. 3

房地产开发：全年完成房地产开发投资 3745. 9 亿元，比上年下降 7. 4%。其中，住宅投资 1725. 5 亿元，下降 11. 6%；办公楼投资 742. 9 亿元，增长 6. 3%；商业、非公益用房及其他投资 1277. 5 亿元，下降 8. 5%。年末全市商品房施工面积 12608. 6 万平方米，比上年末下降 3. 7%。其中，本年新开工面积 2475. 7 万平方米，下降 12. 0%。全年商品房竣工面积 1466. 7 万平方米，下降 38. 5%。

表 2-10　2017 年房地产开发和销售主要指标

指　标	单 位	绝对数	比上年增长（%）
房地产开发投资	亿元	3745. 9	-7. 4
其中：住宅	亿元	1725. 5	-11. 6
本年实际到位资金	亿元	6992. 6	-13. 2
其中：国内贷款	亿元	1947. 1	-9. 4
自筹资金	亿元	1732. 5	-12. 5

（续表 2-10）

指　　标	单 位	绝对数	比上年增长（%）
定金及预收款	亿元	2408.9	-4.2
商品房施工面积	万平方米	12608.6	-3.7
其中：住宅	万平方米	5506.6	-7.1
其中：本年新开工面积	万平方米	2475.7	-12.0
其中：住宅	万平方米	1226.7	1.4
商品房竣工面积	万平方米	1466.7	-38.5
其中：住宅	万平方米	604.0	-52.6
商品房销售面积	万平方米	875.0	-47.8
其中：住宅	万平方米	612.8	-38.3
商品房待售面积	万平方米	2092.1	-3.2
其中：住宅	万平方米	811.2	-4.1

七、市场消费

全年实现市场总消费额 23789 亿元，比上年增长 8.5%。其中，实现服务性消费额 12213.6 亿元，增长 11.8%；实现社会消费品零售总额 11575.4 亿元，增长 5.2%，其中限额以上批发和零售企业实现网上零售额 2371.4 亿元，增长 10.9%，占社会消费品零售总额的 20.5%。

全年批发和零售业实现商品购销额 130730 亿元，比上年增长 10.6%。其中，实现购进额 62504.1 亿元，增长 10.6%；销售额 68225.9 亿元，增长 10.5%。

表 2-11　2017 年社会消费品零售总额

指　　标	零售额（亿元）	比上年增长（%）
社会消费品零售总额	11575.4	5.2
按商品用途分		
吃类商品	2489.3	5.6
穿类商品	774.0	3.9
用类商品	7790.8	5.3
烧类商品	521.4	3.5
按消费形态分		
餐饮收入	1028.8	7.7
商品零售	10546.7	4.9

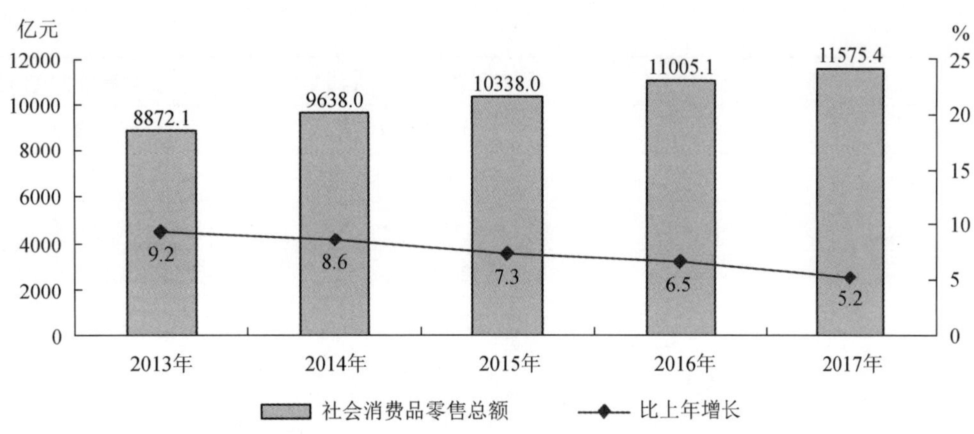

图 2-9　2013-2017 年社会消费品零售总额及增长速度

八、对外经济和旅游

对外经济：全年北京地区进出口总值 21923.9 亿元，比上年增长 17.5%。其中，出口 3962.5 亿元，增长 15.5%；进口 17961.4 亿元，增长 18.0%。

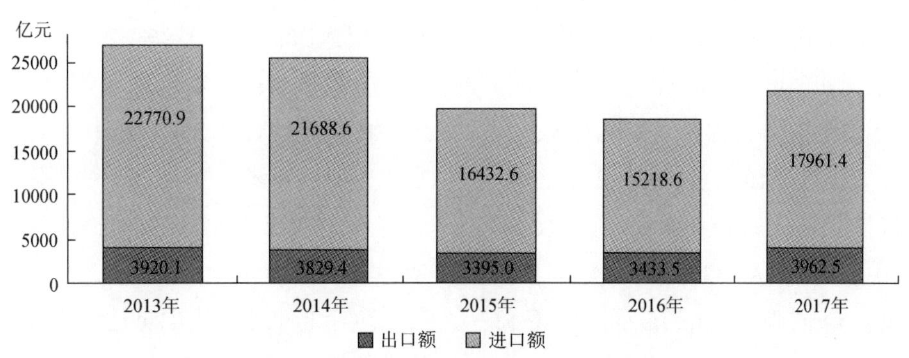

图 2-10　2013-2017 年进出口总值

全年实际利用外资 243.3 亿美元，比上年增长 86.7%。其中，信息传输、计算机服务和软件业占 54.2%，租赁和商务服务业占 9.4%，房地产业占 8.5%，科学研究、技术服务和地质勘查业占 8.3%。

表 2-12　2017 年分行业实际利用外商投资情况

行　　业	实际利用外资（万美元）	比上年增长（%）
总　　计	2432909	86.7
农、林、牧、渔业	838	-63.6
制造业	39318	-38.4
建筑业	2651	2246.0
交通运输、仓储和邮政业	138001	55.0
信息传输、计算机服务和软件业	1317877	1061.2

（续表 2-12）

行　　业	实际利用外资（万美元）	比上年增长（%）
批发和零售业	182005	-68.9
住宿和餐饮业	3161	5.0
金融业	33992	-62.4
房地产业	206915	212.8
租赁和商务服务业	229595	90.7
科学研究、技术服务和地质勘查业	202393	28.5
水利、环境和公共设施管理业	490	-72.1
居民服务和其他服务业	215	1243.8
文化、体育和娱乐业	5144	-17.0

全年境外投资中方实际投资额 61 亿美元，比上年下降 60.7%。对外承包工程完成营业额 40.3 亿美元，增长 61.4%。对外劳务合作人员实际收入 1.6 亿美元，增长 53.2%。

旅游：全年接待国内旅游者 2.9 亿人次，比上年增长 4.4%。国内旅游总收入 5122.4 亿元，增长 9.4%。接待入境旅游者 392.6 万人次，下降 5.8%。其中，外国人 332 万人次，下降 6.4%；港、澳、台同胞 60.6 万人次，下降 2.0%。旅游外汇收入 51.2 亿美元，增长 0.9%。国内外旅游总收入 5468.8 亿元，增长 8.9%。全年经旅行社组织的出境游人数 511.5 万人次，下降 10.5%。

九、城市建设和安全生产

道路建设：年末全市公路里程 22242 公里，比上年末增加 216 公里。其中，高速公路里程 1013 公里，与上年末持平。年末城市道路里程 6360 公里，比上年末减少 13 公里。

公共交通：年末公共电汽车运营线路 881 条，比上年末增加 5 条；运营线路长度 19299 公里，减少 519 公里；运营车辆 24131 辆，增加 1443 辆；全年客运总量 33.3 亿人次，下降 9.8%。

年末轨道交通运营线路 22 条，比上年末增加 3 条；运营线路长度 609 公里，增加 35 公里；运营车辆 5210 辆，增加 6 辆；全年客运总量 37.8 亿人次，增长 3.2%。

公用事业：全年自来水销售量 11.6 亿立方米，比上年增长 7.3%。其中，工业和建筑业用水 1.3 亿立方米，下降 2.2%；服务业用水 4 亿立方米，增长 3.8%；居民家庭用水 6 亿立方米，增长 13.1%。

全年北京地区用电量达到 1066.9 亿千瓦时，比上年增长 4.6%。其中，生产用电 848.8 亿千瓦时，增长 2.9%；城乡居民生活用电 218 亿千瓦时，增长 11.6%。

全年液化石油气供应总量 47.3 万吨，比上年下降 5.4%；天然气供应总量 163 亿立方米，增长 2.5%。年末共有燃气家庭用户 945 万户，增长 4.9%；其中天然气家庭用户 645 万户，增长 7.8%。年末燃气管线长度达到 27500 公里，增长 16.7%。

全市 10 万平方米以上的集中供热面积 6.3 亿平方米，比上年增长 2.9%。

安全生产：全年共发生工矿商贸生产安全事故、生产经营性道路交通事故、生产经营性火灾事故、铁路交通事故、农业机械事故 569 起，死亡 631 人。道路交通每万车死亡人数为

2.33人；煤矿每百万吨死亡人数为0.78人。

十、人民生活和社会保障

人民生活：全年全市居民人均可支配收入为57230元，比上年增长8.9%；扣除价格因素后，实际增长6.9%。按常住地分，城镇居民人均可支配收入62406元，增长9.0%；农村居民人均可支配收入24240元，增长8.7%。扣除价格因素后，城乡居民收入实际增速分别为7.0%和6.7%。

全年全市居民人均消费支出为37425元，比上年增长5.7%。按常住地分，城镇居民人均消费支出40346元，增长5.5%；农村居民人均消费支出18810元，增长8.5%。

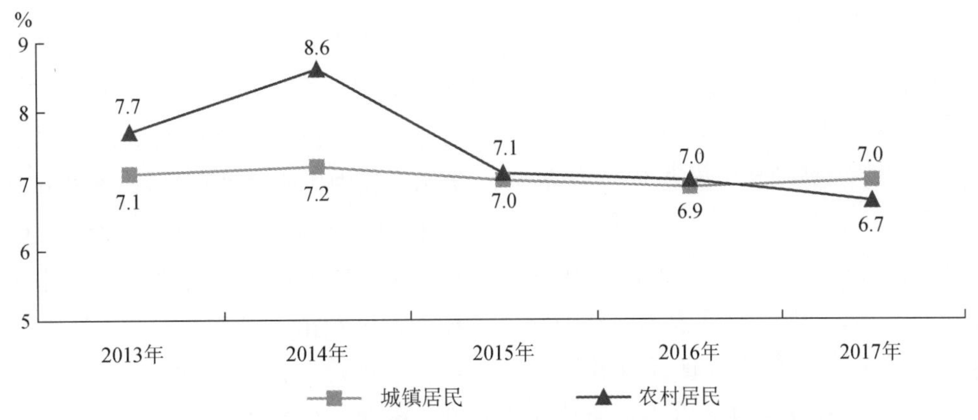

图2-11 2013-2017年城乡居民人均可支配收入实际增速

社会保障：年末参加企业职工基本养老、职工基本医疗、失业、工伤和生育保险的人数分别为1514.3万人、1569.2万人、1170.2万人、1117.9万人和1035.2万人，分别比上年末增加55.2万人、51.6万人、52.7万人、57.7万人和54.2万人。

年末参加城乡居民养老保障的人数为213.1万人，参加城镇居民基本医疗保险的人数为202.2万人，参加新型农村合作医疗的人数为186.9万人。

全市享受城市居民最低生活保障的人数为7.8万人，享受农村居民最低生活保障的人数为4.4万人。

表2-13 社会保障相关待遇标准

单位：元/月

指　　标	2017年	2016年
失业保险金最低标准	1292	1212
城市居民最低生活保障标准	900	800
职工最低工资标准	2000	1890

年末各类收养性单位683家，床位15.6万张，年末在院人数9.4万人。建立各种社区服务机构11816个，其中社区服务中心203个。

十一、教育、科技、文化、卫生、体育

教育：全市共有58所普通高校和88个科研机构培养研究生，全年研究生教育招生11.2万人，在学研究生31.2万人，毕业生8.5万人。全市92所普通高等学校全年招收本专科学生15.3万人，在校生58.1万人，毕业生15.3万人。全市成人本专科招生6.1万人，在校生15.6万人，毕业生6.9万人。

全市普通高中招生5.4万人，在校生16.4万人，毕业生5万人。普通初中招生10.3万人，在校生26.6万人，毕业生8.2万人。普通小学招生15.8万人，在校生87.6万人，毕业生12.6万人。幼儿园入园幼儿17.7万人，在园幼儿44.6万人。各类中等职业教育（含技工学校）招生2.5万人，在校生9.2万人，毕业生3.6万人。特殊教育招生907人，在校生6440人，毕业生1545人。

全市共有民办高校16所，在校学生6万人。民办中等教育118所，在校学生3.3万人。民办小学59所，在校学生5.1万人。民办幼儿园664所，在园幼儿16万人。

科技：全年专利申请量与授权量分别为18.6万件和10.7万件，分别比上年增长4.7%和4.5%。其中，发明专利申请量与授权量分别为9.9万件和4.6万件，分别增长1.8%和11.3%；有效发明专利20.5万件，增长26.3%。全年共签订各类技术合同81266项，增长8.4%；技术合同成交总额4485.3亿元，增长13.8%。

文化：年末共有公共图书馆25个，总藏量6409万册；档案馆18个，馆藏案卷829.1万卷件；博物馆179个，其中免费开放81个；群众艺术馆、文化馆21个。北京地区登记在册的报刊总量3375种；出版社238家；互联网出版服务单位350家；出版物发行单位7598家；全年引进出版物版权9596件，版权（著作权）登记81万件。年末有线电视注册用户为586.2万户，其中高清交互数字电视用户500.7万户。北京地区25条院线209家影院，共放映电影273.7万场，观众7636.3万人次，票房收入34亿元。全年制作电视剧73部3140集，电视动画片22部6321分钟，电影350部。

卫生：年末共有卫生机构10986个，比上年末增加349个；其中医院732个。医疗机构共有床位12.1万张，增加0.4万张；其中医院11.4万张。卫生技术人员达到27.7万人，增加1.2万人；其中执业（助理）医师10.6万人，注册护士12.3万人。医疗机构总诊疗23884.4万人次。全年报告甲乙类传染病发病率150/10万，死亡率0.8/10万。婴儿死亡率2.29‰，孕产妇死亡率8.17/10万。

体育：全市运动员共获得国际性比赛奖牌24枚，其中金牌14枚，银牌6枚。获得全国性比赛奖牌202枚，其中金牌64枚，银牌60枚。

十二、资源和城市环境

土地供应：全年国有建设用地供应总量2826.5公顷。其中，住宅用地1087公顷（其中保障性安居工程用地366公顷），工矿仓储用地132.6公顷，商服用地254公顷，基础设施等其他用地1353公顷。

水资源：全年水资源总量29亿立方米，比上年下降17.3%。年末大中型水库蓄水总量27.9亿立方米，比上年末多蓄水3.6亿立方米。全市年末平原区地下水埋深为24.97米，比上年末回升0.26米。全年总用水量39.5亿立方米，增长1.8%。其中，生活用水14.7亿立方米，增长2.4%；生态环境用水12.2亿立方米，增长9.7%；工业用水3.4亿立方米，下降8.1%；农业用水5.1亿立方米，下降16.2%。

城市环境：全市污水处理率为92.0%，其

中城六区污水处理率达到98.5%，分别比上年提高2个和0.5个百分点。全市生活垃圾无害化处理率（根据垃圾清运量计算）为99.9%，提高0.1个百分点。全年完成造林绿化面积11853公顷。全市林木绿化率达到59.6%，比上年提高0.3个百分点。森林覆盖率达到43.0%，提高0.7个百分点。城市绿化覆盖率为48.42%，提高0.02个百分点。人均公园绿地面积为16.2平方米/人，增长0.1%。

十三、发展质量和效益

动能转换：全年实现新经济增加值9085.6亿元，按现价计算，比上年增长9.8%，占全市地区生产总值的比重为32.4%，比上年提高0.2个百分点。

结构优化：全年高技术产业实现增加值6387.3亿元，按现价计算，比上年增长9.5%；占地区生产总值的比重为22.8%，比上年提高0.1个百分点。信息产业实现增加值4186.9亿元，现价增长10.3%；占地区生产总值的比重为15.0%，比上年提高0.2个百分点。文化创意产业实现增加值3908.8亿元，现价增长9.2%；占地区生产总值的比重为14.0%，与上年持平。

创新驱动：全年研究与试验发展（R&D）经费支出1595.3亿元，比上年增长7.5%，相当于地区生产总值的比例为5.7%。全市研究与试验发展（R&D）活动人员38.8万人，增长3.9%。每万人口发明专利拥有量为94.6件，比上年增加17.8件。全年中关村国家自主创新示范区规模（限额）以上高新技术企业实现总收入51157.9亿元，增长11.1%；其中实现技术收入8327.7亿元。

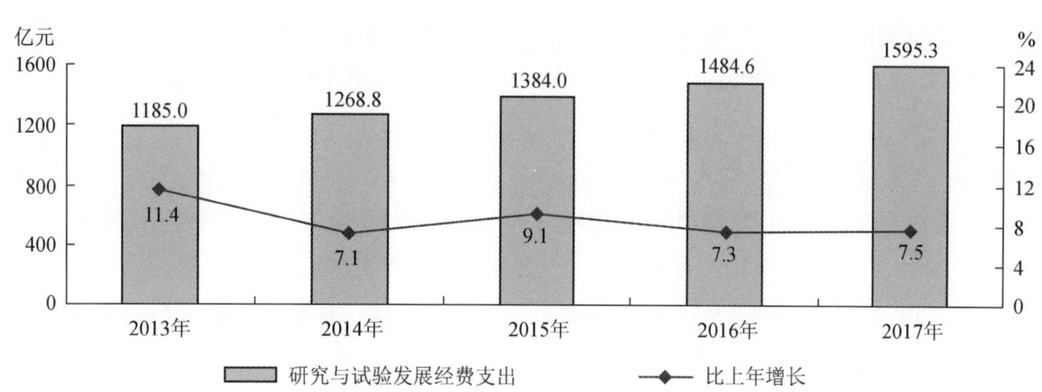

图2-12 2013-2017年研究与试验发展经费支出及增长速度

企业增效：全年规模以上工业企业主营业务收入利润率为9.8%，比上年提高1.7个百分点；每百元主营业务收入中的成本为82.95元，减少0.27元；年末企业资产负债率为44.6%，下降1.2个百分点；全员劳动生产率为40.8万元/人，提高3.5万元/人。规模以上信息传输、软件和信息技术服务业企业收入利润率为35.2%，比上年提高10.3个百分点；成本费用利润率为38.9%，提高12.1个百分点。

民生改善：全年完成一般公共预算支出6819.5亿元，比上年增长6.4%。其中，用于一般公共服务、公共安全、交通运输、节能环保的支出分别增长34.3%、30.4%、26.3%和26.2%。全年城镇新增就业42.2万人，年末城镇登记失业率为1.43%。基础设施投资投向交通运输和公共服务业的比重分别为44.5%和23.3%。全年新开工、筹集各类保障性住房6.5万套，竣工9.1万套，公开配租1.3万户。全年居民收入增速快于经济增速0.2个百分点。

绿色发展：全市万元地区生产总值水耗为

14.1立方米/万元，按可比价格计算，比上年下降4.63%。规模以上工业能源消费中，天然气和电力所占比重比上年提高4.7个百分点。全市细颗粒物（$PM_{2.5}$）年均浓度值为58微克/立方米，下降20.5%。二氧化氮和二氧化硫年均浓度值分别为46微克/立方米和8微克/立方米，分别下降4.2%和20.0%。

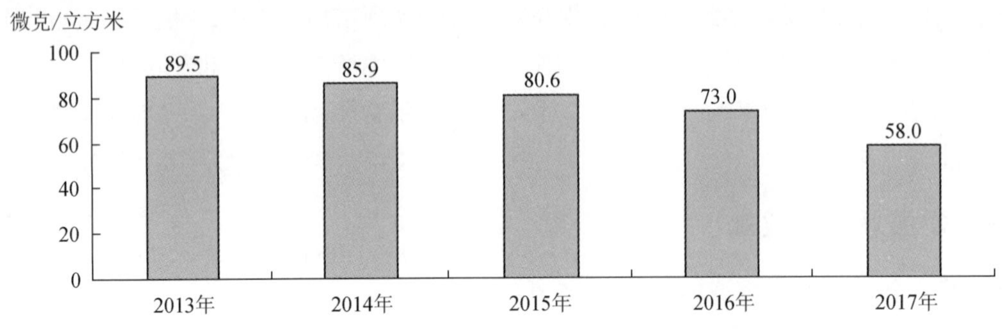

图2-13 2013-2017年细颗粒物（$PM_{2.5}$）年均浓度

注释：

1. 2017年数据均为初步统计数。

2. 地区生产总值、规模以上工业增加值、全社会固定资产投资行业划分标准依照《国民经济行业分类》（GB/T4754-2011），三次产业划分标准根据《三次产业划分规定》（国统字〔2012〕108号）。外商直接投资行业划分标准仍沿用《国民经济行业分类》（GB/T4754-2002）。

3. 2016年开始实施地区研发支出核算方法改革，将研发支出未计入地区生产总值部分进行补充核算，历史数据进行相应调整。

4. 农、林、牧、渔业增加值含农、林、牧、渔服务业增加值。

5. 规模以上工业企业是指年主营业务收入2000万元及以上的全部法人工业企业；限额以上批发零售企业是指年主营业务收入2000万元及以上的批发企业和年主营业务收入500万元及以上的零售企业。

6. 2017年电信企业的电信业务总量计算由执行2010年不变价标准调整为执行2015年不变价标准，增速为可比口径数据。

7. 天然气供应总量不包含对燕山石化的供应量。

8. 卫生机构和卫生技术人员等相关数据均含驻京部队、武警医院数据，床位数不含。

9. 平原地区地下水埋深是指平原地区地下水水面至地面的距离。

10. 按2015年价格计算，2017年万元地区生产总值水耗为14.6立方米/万元。

11. 按照国家知识产局相关要求，2017年对专利相关数据的统计范围进行调整，增速为可比口径数据。

12. 部分数据合计数或相对数由于计量单位取舍不同而产生的计算误差，均未作机械调整。

资料来源：

户籍人口数据来自北京市公安局；财政数据来自北京市财政局；机动车数据来自北京市公安局公安交通管理局；存贷款数据来自中国人民银行营业管理部；保险数据来自中国保险监督管理委员会北京监管局；保障性住房数据来自北京市住房和城乡建设委员会；进出口数据来自北京海关；合同外资、实际利用外资、境外投资、对外承包工程、对外劳务合作数据来自北京市商务委员会；旅游外汇收入、国内旅游数据来自北京市旅游发展委员会；道路建设、公共交通数据来自北京市交通委员会；自来水销售、水资源、城市污水处理数据来自北京市水务局；用电量数据来自北京市电力公司；液化石油气及天然气供应量、燃气家庭用户、燃气管线、集中供热面积、垃圾处理数据来自北京市城市管理委员会；安全生产数据来自北京市安全生产监督管理局；就业、社会保障、新型农村合作医疗数据来自北京市人力资源和社会保障局；卫生数据来自北京市卫生和计划生育委员会；低保、收养性单位、社区服务机构数据来自北京市民政局；教育数据来自北京市教育委员会；专利数据来自北京市知识产权局；技术市场数据来自北京技术市场管理办公室；公共图书馆、文化馆数据来自北京市文化局；档案馆数据来自北京市档案局；博物馆数据来自北京市文物局；电影、电视数据来自北京市新闻出版广电局；体育数据来自北京市体育局；国有建设用地供应数据来自北京市规划和国土资源管理委员会；空气质量数据来自北京市环境保护局；造林、绿化数据来自北京市园林绿化局；新设企业数据来自北京市工商行政管理局；其他数据来自北京市统计局、国家统计局北京调查总队。

第三章

城市规划与建设

第一节　2017年北京市城市规划综述

2017年，北京城乡规划工作精心编制、实施城市总体规划，有力开展疏解整治促提升专项工作，全面深化改革，拆除违法建设取得历史性突破，圆满完成各项任务。

一、发挥规划引领作用，加快非首都功能疏解和首都功能提升

全力推进城市总体规划编制实施。5月17日，市委召开十一届十四次全会，同意将《北京城市总体规划（2016年-2030年）（送审稿）》上报党中央、国务院审定。9月13日，新版城市总体规划获党中央、国务院批复。为推进城市总体规划实施，制定实施工作方案，确定四方面102项任务，建立“一办八组”总规实施工作专班。

加强“四个中心”功能建设。保障中央政务功能，开展建筑高度管控专项工作，启动核心区控规编制。配合开展长安街沿线、天安门广场周边景观提升和建筑物外立面整治。配合做好中轴线申遗准备，推进“两轴、三带”保护利用。开展雁栖湖国际会都扩容、新国际交往中心规划选址研究。深化“三城一区”规划方案。

高水平规划建设北京城市副中心。深化完善通州区总体规划，完成城市副中心城市设计方案征集和综合汇总，编制城市副中心控规和近40项专项规划、23个规划设计导则。深入推进“城市绿心”等重点地区规划设计及图书馆、剧院、博物馆等建筑设计方案征集工作，高标准规划建设城市副中心绿色市政基础设施。加强项目设计方案审查，积极推进重点项目建设，保障城市副中心项目顺利落地。

加强非首都功能疏解相关工作。建立新增建设用地供应与减量腾退用地挂钩机制，研究制定非首都功能疏解腾退空间管理使用政策。批复新首钢地区控规，推进天坛医院等市属医院迁建。加强京津冀交界区域统一规划和共管共治，编制通州区与廊坊北三县地区整合规划，积极推进北京新机场及临空经济区、冬奥会及冬残奥会、世园会相关项目规划编制和审批。

二、提高依法行政水平，建设和谐宜居之都

加强历史文化名城保护。起草北京老城整体保护行动方略。组织中心城核心地区、“三山五园”等重点地区专项整治，启动历史文化街区划定和历史建筑确定，对历史文化街区改造模式进行多样化探索。编印《北京传统村落一村一表一图》等。

提高城市设计水平。构建城市设计管理体系和机制，建立街道公共空间“一机制两平台”，分级分类划定城市设计重点地区。编制“两导则一图集”，组织北京城市基调和多元化战略方案征集。以国家会议中心二期项目为试点，探索将城市设计纳入控规和土地出让条件。维修城市雕塑21件。

助力美丽乡村建设。启动71个美丽乡村建设试点的村庄规划编制。发布北京市村庄规划导则和村庄规划用地分类标准，编制北京市村庄布局规划，制定北京市乡村责任规划师制度工作方案，开展特色小城镇实施策略研究。

加强基础设施规划建设。加强各类交通基

础设施项目规划建设，组织制定各区公共停车场规划，提级改造普通公路，构建区域高速公路网，推进京津冀交通一体化。轨道在建线路20条，里程约354公里，年底通车线路3条，全网运营里程达608公里。推进冬奥会、新机场、雄安新区交通规划和项目建设。推进冬奥会延庆赛区、怀柔科学城及新机场市政专项规划。统筹规划建设地下综合管廊、固废集中处置设施、城市供排水和防洪防涝工程、环境整治架空线入地等重大市政建设工程项目。落实清洁空气行动计划，保障城市能源供应安全。

严格规划验收和执法监督。加强项目事中事后监管，实现项目规划核验关口前移。建立市级机关联合惩戒违法用地违法建设工作机制，加大违法建设查处力度，处罚面积42.96万平方米，限期拆除2.58万平方米。违法建设治理专项行动成效显著，拆除违建5985万平方米，计划完成率150%，腾退占地9464万平方米。

全面加强综合性基础性工作。推进依法行政，清理权力清单。推进测绘地理信息大数据应用，建设“城市副中心智慧三维平台”，开展地下管线普查，完成地理国情普查。推进城乡规划标准工作，发布实施《北京市城乡规划与土地利用用地分类对应指南》等标准。推进北京市第二次全国地名普查和地名文化保护工作，开展无名路及不规范路名专项整治。

三、发挥机构改革效能，规划管理实现新突破

深化规划国土机构改革，加强规划编制实施、名城保护、城市设计、规划监督，推进审批事项集中规范办理；增设城市副中心规划建设指挥部；完善首规委办职能；推进系统行政处罚权内部集中，构建覆盖城乡的三级联动执法体制。

深化“放管服”改革，优化行政审批事项和流程，平均减少审批环节约35.7%，减少审批时限约23%；落实“一会三函”工作机制，推进公共服务类建设项目投资审批改革试点；完善控规编制、审批和调整机制；持续推进“一站式”审批服务。

推进城市规划建设管理专项改革，采取“清单制+责任制”方式，建立抓改革落实台账和“清单式督查”制度，完成各项重点改革任务。

第二节　规划研究和规划编制

一、冬奥会冬残奥会延庆赛区外部交通规划

3月，市规划院编制完成《2022冬奥会和冬残奥会延庆赛区外部交通系统规划》。该规划分为北京市域外围到达延庆赛区交通、延庆赛区与北京赛区和张家口赛区间的交通、延庆赛区各功能区间的交通三个层次，旨在解决中心城区到延庆区外围通道交通布局和调整，合理安排交通基础设施建设时序，主要为2022冬奥会和冬残奥会提供交通保障，兼顾2019世园会交通需求，并为延庆区未来发展提供交通支撑。

二、怀柔科学城核心区控规深化方案

8月30日，市规划院编制完成《怀柔科学城核心区控制性详细规划深化方案》。该方案围绕怀柔科学城目标定位与环境特色，统筹多种规划前置要素，优化功能结构体系布局，高标

准构建绿色、智慧、高效基础设施，营造公共服务设施与开放空间系统有机结合的活力创新环境，提出弹性布局方案，为重要科学装置建设预留充分条件。

三、北京城市总体规划

9 月 13 日，《北京城市总体规划（2016 年—2035 年）》获党中央、国务院批复，成为首都发展的法定蓝图。2014 年，北京市组织开展北京城市总体规划编制工作。2017 年 5 月 17 日，中共北京市委召开十一届十四次全会，同意将《北京城市总体规划（2016 年-2035 年）（送审稿）》上报党中央、国务院审定。6 月 27 日，习近平总书记主持中央政治局常委会会议，专题听取北京城市总体规划编制工作汇报，并发表重要讲话。

四、北京市村庄规划导则

12 月 7 日，市规划国土委印发《北京市村庄规划导则（试行）》。该导则从总体规划层面完善乡村规划编制体系和规划审批流程，明确村庄分类和村庄建设规划条件，包括村庄规划的基本原则、分区分类引导策略、主要内容、目标指引、实施保障等内容，为美丽乡村建设提供规划依据。

五、集体用地建设租赁住房规划研究

12 月 25 日，市规划院完成《北京市集体用地建设租赁住房规划研究》。该研究以“符合两规、落实三个毗邻、保障规划实施”为原则，保障项目及相关区域用地功能协调、职住平衡布局、公共服务与市政交通设施配套完善，保障了全市住宅用地供应工作。

六、下苑村更新改造实施研究

12 月 25 日，市规划院完成昌平区下苑村调查与更新改造实施研究。该研究从 2016 年开始，为期 2 年，以一手数据测度了保留型村庄基层治理的农村社区生态，以艺术家为样本人群分析了市民“逆城市化”对原生农村社区的影响，建构了基于公众参与的多主体“乡村社区营造”平台，提出了“从艺术乡村化到乡村艺术化”的总体定位，以及“艺术复兴——产业复兴——村庄复兴”的初步规划实施方案，对全市乡村振兴、城乡融合、美丽乡村建设有重要启示。

七、通州区绿地系统规划

12 月 28 日，市规划院编制完成《通州区绿地系统规划》。该规划确定通州区绿地系统功能定位和发展目标，分层级提出绿地系统的结构、布局和实施策略；谋划公园体系、绿道系统、大运河生态景观带等重点内容的规划策略及实施路径；规划大型生态廊道的布局和建设要求，重点规划通州区与廊坊北三县地区沿潮白河的生态协同发展带，与中心城的主副共建共享的生态隔离带。

八、城市副中心行政办公区综合防灾规划

12 月 30 日，市规划院编制完成《北京城市副中心行政办公区综合防灾专项规划》。该规划明确了先期示范建设区域，重点推进防冲撞示范街道、自融雪道路、综合管廊智能化巡检系统、隔震减震技术、防灾公园的落实，设置了由 25 项指标构成的防灾减灾指标体系。

九、特色小城镇实施策略研究

12 月 30 日，市规划院完成《特色小城镇实施策略研究》。该研究梳理总结相关政策及各类试点小城镇实施模式，全面分析北京市小城镇发展现状和问题，在对 11 个典型乡镇实地调研基础上，从产业特色、小城镇分类、规划编制、集体建设用地减量和集约利用四个方面提出特

色小城镇实施策略。

十、北京城市消防规划

年内，市规划院编制完成《北京城市消防规划》。该规划选取火灾风险影响要素，开展全市消防安全综合评估，合理确定消防安全格局，科学引导公共消防设施合理布局，完善消防队空间布局，加强应急通道建设，保障消防用水需求，提出规划实施与管理对策建议。

十一、北京市综合管廊规划设计导则

年内，市规划院编制完成《北京市综合管廊规划设计导则》。该导则研究制定综合管廊规划编制及管理工作流程，提出“分阶段、分层次”规划体系；对各阶段综合管廊规划编制的主要内容及技术深度提出要求，对制图标准做出规定；通过对城市集中建设区、城市道路、轨道交通、地下空间、旧城更新等不同类型综合管廊项目解析，总结提炼出不同类型综合管廊规划编制技术。

十二、轨道交通网综合管廊布局及若干工程规划

年内，市规划院编制完成《北京市轨道交通网综合管廊布局规划及若干新建改建道路的综合管廊工程规划》。该规划提出结合新建轨道交通线路规划建设综合管廊的系统布局，开展了北京地铁 3、12、17 号线，新机场高速公路、广渠路东延、永定河引水渠南路等综合管廊工程规划。

十三、北京城市色彩及第五立面规划

年内，市规划院编制完成《北京城市色彩及第五立面规划》。该规划构建北京城市景观眺望系统、第五立面空间秩序；汲取古都五色系统精髓，形成规划策略；与城市修补、生态修复相结合，提升城市第五立面与城市色彩整体品质；探索第五立面与城市色彩的内在逻辑，建立分区分级分类引导机制，按不同风貌地区的环境特征、风貌特色、管控要求，提出针对性规划要求。

十四、北京市河湖水系蓝线规划

年内，市规划院编制完成《北京市河湖水系蓝线规划》。该规划结合现行法规和技术要求，制定北京市河湖水域蓝线划定技术标准；划定中心城河湖水系蓝线、市域五大水系干流及其主要一级支流蓝线、各新城规划集中建设区河湖水系蓝线，共 226 条河道，总长度 1766 公里。

十五、通州区总体规划

年内，市规划国土委会同通州区政府编制完成《通州区总体规划（2016 年–2035 年）》。该规划是落实北京城市总体规划的第一个分区规划，重点统筹通州区与城市副中心一体发展、通州全区城乡协调发展、通州区与北京东部地区及河北廊坊北三县地区协同发展，构建全要素指标体系和全域空间管控底线要求，划定战略留白区，预留镇级、区级、远期有条件三级建设用地指标，增强对未来发展的动态适应和调控能力。

十六、通州区与廊坊北三县地区整合规划

年内，市规划国土委会同河北省住建厅继续推进通州区与廊坊北三县地区整合规划。该规划立足京津冀区域协同发展和北京非首都功能疏解，重点解决京冀交界地区规划建设管理问题，以实现统一规划、统一政策、统一管控。两省市多次就生态空间严管严控、贴边发展、城乡建设用地开发强度和设施共建共享等进行研究，达成初步共识。

十七、城市副中心控规（街区层面）

年内，市规划国土委编制完成《北京城市副中心控制性详细规划（街区层面）》。该规划从功能疏解、底线管控、交通组织、建设标准四方面入手，构建水绿交融的空间格局和紧凑集约的功能体系，形成5-15-30分钟生活圈；统筹生产、生活、生态空间，提高本地就业率，实现职住平衡发展；加强建筑高度、开发强度、色彩与第五立面的空间管控，塑造独具魅力的城市风貌；完善交通、市政、民生服务、公共安全和智慧管理体系，建设可持续发展的健康城市；确定管控区划，做好刚性管控与弹性预留；借鉴雄安新区规划思路，建立质量评价指标体系，落实管控要求。

十八、城市副中心综合交通规划

年内，市规划院编制完成《北京城市副中心综合交通规划》。该规划将副中心打造为区域交通中心，转变东部地区面向中心城区依附型的向心交通状况；推动交通规划设计精细化和智慧化，促进副中心新老融合发展；践行“小街区、密路网”规划理念，发挥步行、自行车在中短距离出行和公交接驳换乘中的主体作用；实行分区管控，对小客车拥有和使用实行双控。

十九、城市副中心防洪防涝规划

年内，市规划院编制完成《北京城市副中心防洪防涝规划》。该规划确定了城市副中心防洪防涝总体格局、总体目标及规划策略，以安全保障、径流削减、资源涵养为方向，编制防洪防涝系统规划方案，为城市副中心可持续发展打下基础。

二十、城市副中心历史水系恢复研究

年内，市规划院完成《北京城市副中心历史水系恢复规划研究》。该研究通过梳理和挖掘通州水文化历史价值，识别并明确水文化变迁过程及相关历史遗存；以建设千年城市为目标，提出历史水系保护总体格局及规划设想，制定历史河道保护与恢复方案，对现存历史文化遗迹提出保护与利用要求，重构城市与水、人与水的和谐关系。

二十一、新机场临空经济区总体规划

年内，市规划国土委联合河北省住建厅共同组织编制《北京新机场临空经济区总体规划》，从临空经济区、总体管控区、统筹协调区三个层次对北京新机场临空经济区进行研究，确定了区域生态格局和交通组织、产业组织和布局、空间结构和形态、城乡体系、功能区布局和用地规模、交通市政基础设施等方面内容。市规划院完成北京新机场临空经济区（北京部分）规划，形成总体管控区规划管控要点，提出京冀两地统一管控要求；形成街区层面控规，为下一层次的详细规划编制及规划管理提供依据，为近期建设项目落地提供基础。

二十二、邻近区域基础设施协同发展规划

年内，市规划院与河北省规划院、天津市规划院共同完成《北京与邻近区域重大基础设施协同发展战略规划》。该规划紧密围绕京津冀区域资源统筹管理、流域协调共治、设施共建共享三大领域，提出邻近区域防洪协作和生态协同对策、京津冀能源消费总量和能源结构优化双控目标。

二十三、回龙观至上地地区自行车专用路规划

年内，市规划院编制完成《北京市自行车出行环境改善示范项目——回龙观地区至上地地区自行车专用路规划》，这是北京市第一条自行车专用路规划。该规划直面回龙观——上地

地区出行难问题，回应市民改善出行条件诉求，以自行车交通基础设施供给侧改革为抓手，通过公众参与、政策引导、理念突破、难点攻关、改善示范、保障机制等，加快推动连续、安全的自行车网络体系建设和出行环境品质提升。

二十四、北京韧性城市规划纲要

年内，市规划国土委完成《北京韧性城市规划纲要》研究。该研究开展了北京市单一灾种和多灾种的综合风险评估，创新性地提出了北京韧性城市评价指标体系，进行了城市区域综合风险评估，绘制了全市综合风险图；并以洪涝和健康风险为重点，提出具体的韧性规划目标和对策，对北京市及国内其他城市提升韧性能力具有借鉴意义。

二十五、基于生物多样性的区域生态网络构建

年内，市规划国土委完成《基于生物多样性的区域生态网络构建研究》。该研究以环北京区域和北京平原区为研究范围，以保护区域和城市的生物多样性及栖息地为目的，在实地调研基础上，分别开展了区域大型绿色空间景观生态连通性分析、平原地区生物栖息地筛选评估，构建了环北京区域大型绿色景观的连通路径和平原区的生态网络，为北京与河北环京区县的生态空间共建共享提供了研究基础。

二十六、促进社会公平与包容的规划策略

年内，市规划国土委完成《促进社会公平与包容的规划策略研究》。该研究建立了社会公平与包容的规划框架，构建城市层面综合评估指标体系，对北京城市进行综合评估和比较；开展了公平与包容空间评估，识别弱势地区；选取8个典型地区，对公平与包容发展现状进行调查；从规划理念、目标、聚焦、实施四个方面，提出促进社会公平与包容的规划策略。

二十七、城市体检评估研究

年内，市规划国土委完成《智慧城市背景下的城市体检评估研究》。该研究形成了面向城市总体规划评估的城市体检指标体系及“一库、一平台、N个专题研究”技术体系；对城中村和小学周边交通拥堵等城市典型问题开展专题研究；开展了石景山区商业设施专项评估和月坛街道城市体检。

二十八、玉泉山周边地区慢行系统规划

年内，市规划国土委组织编制《玉泉山周边地区慢行系统规划》。该规划以“落实政治中心集中承载地环境要求、疏解过境客流、引导游客有序出行”为原则，提出了慢行系统改造方案。

二十九、大红门博物馆群规划研究

年内，市规划国土委组织开展丰台区大红门博物馆群规划研究。该研究结合大红门地区功能疏解，以北方世贸轻纺城疏解提升改造为契机，将大红门地区打造成以博物馆群为主体的文化创意产业园，带动大红门地区商业建筑改造和业态提升，促使大红门地区成为北京南部地区新的增长极。截止年底，已确定在大红门地区选址建设新地质博物馆，同步研究大红门博物馆群文化创意产业园的综合规划实施方案。

第三节 规划管理与城市景观

一、行政许可概况

2017年，市规划国土委核发城镇建筑工程建设用地规划许可总用地规模1522.79公顷（其中，建设用地1234.31公顷）、建设工程规划许可总建筑规模3837.01万平方米；市政基础设施工程建设用地规划许可总用地规模2454.00公顷，建设工程规划许可市政建筑工程建筑规模57.73万平方米、市政线性工程建设规模156.15万延米；乡村一般建设项目建设规划许可总用地规模2311.35公顷、建设规模132.56万平方米，临时乡村建设规划许可总用地规模6.54公顷、建设规模12.90万平方米；规划监督1496件，其中规划验线313件、规划验收1183件。规划验线合格规模999.36万平方米，其中城镇建筑工程994.87万平方米、市政基础设施工程4.49万平方米。规划验收合格规模3516.80万平方米，其中城镇建筑工程3489.77万平方米、市政基础设施工程27.03万平方米。

二、城乡规划与土地利用用地分类对应指南

9月20日，市规划国土委印发《北京市城乡规划与土地利用用地分类对应指南（试行）》。该指南对北京市《城乡规划用地分类标准（DB11/996—2013）》《土地利用现状分类（GB/T 21010-2007）》《地类认定规范（DB11/T 1108-2014）》进行梳理，将不同体系下的用地分类进行对应，规范了城乡规划和土地利用用地分类的对照使用，适用于市域范围内城乡规划与土地利用规划编制、建设管理及权籍登记等，有利于城乡规划和土地利用数据的对接。

三、城市总体规划实施

9月28日，市委、市政府组织召开北京城市总体规划实施动员和部署大会，全面部署城市总体规划实施工作。11月15日，市委办公厅、市政府办公厅印发《北京城市总体规划实施工作方案（2017年—2020年）》。该方案从规划编制、重点功能区和重大项目建设、专项工作、政策机制四个方面，提出102项任务。为统筹推进城市总体规划实施，市规划国土委建立综合统筹办公室、分区规划组、专项规划组、重点功能区重大项目组、政策机制组、信息平台组、城市副中心组、宣传培训组、体检督察组“一办八组”总规实施工作专班，推进近期任务实施。

四、历史文化名城名镇名村保护交叉评估

11月21日至11月23日，市规划国土委接待上海评估检查组对北京市历史文化名城名镇名村保护交叉评估检查。上海评估检查组听取北京历史文化名城保护总体情况介绍，实地检查房山区南窖乡水峪历史文化名村、杨梅竹斜街、东四南历史文化街区、故宫博物院文保单位的保护利用工作，对北京市历史文化名城名镇名村保护工作给予肯定。

五、“两图合一”区级细化和管理机制

年内，市规划国土委完成《“两图合一”区级细化和管理机制研究》。该研究基于市级层面

"两图合一"的工作底图和相关技术指南，指导各区开展区级"两图合一"规划编制工作，细化落实北京城市总体规划确定的建设用地指标、空间管控分区等要求，全面梳理城乡建设用地减量任务，构建规划及现状"双管控"管理机制，为完成建设用地减量任务奠定基础。

六、乡村规划（区级）编制指导意见

年内，市规划国土委完成《北京市乡村规划（区级）编制指导意见》研究。该研究落实城市总体规划给北京市乡村建设提出的新要求，进一步完善北京市乡村地区的规划管理体系，明确乡村规划（区级）编制内容和要求，明确乡村规划（区级）编制指导意见的价值导向、管理重点，提高乡村地区资源统筹和空间管控能力。

七、城乡建设用地评估办法研究

年内，市规划国土委组织开展《基于"两规合一"的城乡建设用地评估办法研究》。该研究以城市总体规划确定的城乡建设用地管控目标为前提，明确北京市实现"减量、疏解、提质"的工作框架、重点任务和评估机制，为评估城乡建设用地供应与减量实施情况提供标准，为下达城乡建设用地供应与减量计划提供依据。

八、"一绿"地区试点乡镇规划实施方案

年内，市规划国土委会同市城乡办等部门，继续指导相关区开展第一道绿化隔离地区（以下简称"一绿"地区）城市化建设试点乡镇规划实施方案编制和实施。完成"一绿"地区第一、二批试点乡镇审批工作。8月1日，"一绿"地区第三批试点乡镇总体实施方案经市政府专题会审议通过。开始编制"一绿"地区第四批试点乡镇规划实施方案。

九、传统村落一村一表一图

年内，市规划国土委编制"北京传统村落一村一表一图"，研究市级传统村落的现况、历史、遗存、产业、风貌等基本情况，全面梳理传统村落在不同区的分布、特色与保护进展，传统村落规划编制情况和获得的政策支持等。

十、长安街及其延长线环境品质提升

年内，市规划国土委牵头成立长安街及其延长线周边规划及环境品质提升专班，组织开展长安街及其延长线管理提升方案研究，以新兴桥与国贸桥之间为重点，提出行动计划及任务清单，重塑"神州第一街"。

十一、非首都功能疏解

年内，市规划国土委扎实做好中央芭蕾舞团、司法部国家律师学院规划选址工作，妥善处理国家信访局来访接待场所迁出核心区有关事宜；结合疏解腾退区域性商品交易市场，与丰台区政府沟通落实北京矿冶研究总院"动批"市场跨区疏解工作；结合疏解大型医疗机构，引导鼓励大型医院在核心区外围地区建设新院区，完成北京口腔医院新院区、北京大学第一医院南城院区规划选址。

十二、新机场规划建设

年内，市规划国土委完成东航基地机务维修及特种车辆维修区一期工程、生活服务区一期，南航基地机务维修设施、航空食品工程、单身倒班宿舍，新机场油库配套业务楼、空防安保培训中心，口岸办海关国检综合办公楼、出入境边防检查站工程、国检口岸疾控中心等工程的规划设计方案审核；对跨京冀的新机场信息中心及指挥中心先期进行规划意见函审核。

十三、高精尖产业项目落地

年内，市规划国土委着力加强规划用地政

策综合研究，推进高精尖产业项目落地。按照市工业科研供地联审会制度要求，严格项目准入退出机制，会同北京经济技术开发区制定促进“高精尖”产业发展用地政策；会同丰台区政府、市发展改革委、市经信委、市科委等部门对丰台区榆树庄村集体产业项目进行研究，推进榆树庄产业用地集体产业项目先期启动；落实中国中医科学院中药科技园一期青蒿素研究中心及园区基础设施建设项目规划选址工作；积极研究京东集团在京发展面临的产业发展及职住不平衡问题，支持互联网+创新发展，促进产城融合。

十四、选址意见书与土地预审合并办理

年内，市规划国土委实现选址意见书和土地预审合并办理，并开展一个项目试点。合并办理后，办理时限由36个工作日压缩到20个工作日，并逐步实现项目从收件到存档全流程统一，提高了规划实施管理效能。

十五、历史文化街区划定和历史建筑确定

年内，市规划国土委开展历史文化街区划定和历史建筑确定工作，核查全市符合条件的历史文化街区和历史建筑基本情况和保护情况，制定历史建筑认定标准。截至2017年底，主要完成工作框架制定，不同特点的历史街区和历史建筑试点遴选，形成技术规程。

十六、城市副中心市政规划许可

年内，市规划国土委办理完成北京城市副中心行政办公区配套变电站、综合管廊、景观水系工程、能源站工程等项目规划行政许可相关工作；开展环球影城周边配套道路、综合管廊、萧太后河分洪渠工程等项目设计方案研究，办理完成部分项目设计方案审查意见函及规划许可。

十七、冬奥会冬残奥会市政专项

年内，市规划国土委组织编制2022年冬奥会及冬残奥会延庆赛区市政专项规划，并获市政府批复。配合延庆区水务局深化研究各专项设计方案，完成造雪引水、应急水源、佛峪口水库改造、生态廊道等4项涉水项目；冬奥延庆赛区外部市政配套综合管廊；完成张北柔性直流，张昌500千伏输电线路工程，西白庙220千伏，玉度、海坨110千伏输变电工程等电力配套项目及高塔西路等道路工程设计方案审查并办理相关手续。开展北京赛区配套市政规划，加快推进北京赛区场馆市政方案工作。

十八、新机场外部市政配套设施规划建设

年内，市规划国土委组织协调市区相关部门，梳理完善新机场外部市政方案综合成果，编制完成新机场应急市政保障方案；研究批复新机场配套市政管线涉及永兴河北路、大礼路、青礼路道路工程设计方案及随路综合管廊规划方案，核发新机场高速地下综合管廊（南四环~新机场），新机场供水干线，大兴区青礼路、大礼路、永兴河北路道路及随路综合管廊工程设计方案审查意见函；组织开展北京新机场水厂、南水北调大兴支线规划选线工作；开展外围交通市政保障方案编制。

十九、怀柔科学城市政专项规划研究

年内，市规划国土委按照怀柔科学城规划范围扩大至100平方公里的规划方案，积极开展怀柔科学城市政专项规划研究，提出水、电、气等市政供应方案，并结合怀柔科学城核心区工作进度要求，根据已备案的街区深化方案和已批复的地块控规，提出核心区市政工程项目综合方案、防洪排涝规划方案、综合管廊规划

方案。

二十、“煤改清洁能源”配套工程

年内，市规划国土委完成新建或改造的46项输变电工程选址、选线，完成395项“煤改清洁能源”配套燃气工程设计方案审查，并办理相关规划、国土手续；办理完成涿州-房山供热工程规划条件，组织初步设计方案评审。

二十一、中心城水环境治理

年内，市规划国土委积极配合相关部门完善中心城区污水处理设施体系，以中心城区及其城乡结合部再生水厂、雨污分流和污水收集管网建设为重点，加快推进再生水厂、污泥处理设施及配套管线的规划选址及审批；按“一会三函”要求，对城六区雨污合流管线改造工程项目核发设计方案审查意见函；会同市水务局组织开展中心城合流制改造规划——前三门盖板河流域深隧工程初步方案研究。

二十二、核心区架空线入地

年内，市规划国土委统筹完成核心区电力架空线入地68条约65.7公里、电信架空线入地39条约36.6公里、路灯架空线入地23条约27.4公里、电车馈线架空线入地23条约27.4公里的方案审查，核发设计方案审查意见函及后续规划手续。

二十三、违法建设治理专项行动

年内，北京市拆除违法建设5985万平方米，其中拆除新生违法建设36万平方米，计划完成率150%，腾退占地9464万平方米。全市十六个区均完成年度目标，石景山区率先建成“基本无违建”城区。

二十四、逾期临建调研与排查

年内，市规划监察执法大队组织开展逾期临建调研，对2002年前城六区临建审批档案进行分类整理，建立电子档案，进行落图、属性挂接等操作，形成逾期临建治理措施。对全市逾期临建进行全面排查，涉及11个区，调档查询2万余个项目，现场摸排251个项目。对全市已开通运营的轨道交通线路临时用地及施工暂设情况进行摸底排查，建立专项行动台账，督促建设单位进行整改。

二十五、北京市中央商务区规划评估

年内，市规划监察执法大队组织开展北京市中央商务区城市规划情况调查和评估（二期）。在一期调研基础上，本次评估将范围由0.79平方公里扩大到现状区3.99平方公里，通过对比规划编制、审批、实施使用情况，分析配套服务设施供需差异，研究问题成因及对策，立足规划层面对样本区域配套服务提出改善意见。

二十六、城六区代征道路用地未腾退及侵占调查

年内，市规划监察执法大队开展北京市城六区代征道路用地未腾退、二次侵占现状情况调查。该调查以中心城六区为范围，对90余项目、219条涉及未完全腾退的次支路及小区道路进行现场勘查、系统梳理，为下一步腾退代征道路工作提供依据，为政府部门精准查补城市交通短板提供决策支持。

二十七、“三山五园”绿道总体规划设计

年内，北京城市雕塑建设管理办公室（以下简称“市雕办”）完成“三山五园”绿道总体规划与设计。该规划设计的研究范围为东到清华西门，西到香八拉地区，合理处理绿道与现状公园的关系、绿道与机动车道的关系，设置不同路径，提供多元选择，将“三山五园”绿道设计成串联沿线游园、融合历史文化、适

合市民游赏健身的慢行系统，营造有历史文化感的高品质公共空间。

二十八、阜内大街治理与景观提升

年内，市雕办配合西城区政府开展阜内大街治理与景观提升项目，将街道专项设计及实施作为提升城市环境品质重要切入点，深入挖掘阜内地区文化与历史背景，重塑阜成门原有街道的空间尺度和肌理，恢复老街区原有的历史文化氛围和场所精神，形成《首都老城区公共空间设计落地主要问题分析》《首都老城区街道环境整治工程实施现场主要问题整理》，为今后老城改造和品质提升提供借鉴。

二十九、特殊设施建设规范

年内，市雕办配合住建部全国城雕委编制完成《特殊设施建设规范》。作为课题组成员，市雕办参与了《特殊设施建设规范》（公共环境艺术设施部分）的编制，负责雕塑维护与拆除规范细则编写。

三十、地铁燕房线车站艺术品

年内，市雕办与市轨道交通建管公司合力推动地铁公共空间艺术化理念，结合房山的历史遗存、地域文化、民风民俗、山水风光，精心设计施工，在地铁燕房线阎村东站、饶乐府站、大石河东站、燕山站四个站建成一批车站艺术品。

三十一、城市雕塑工程建设质量技术规范

年内，北京市地方标准《城市雕塑工程建设质量技术规范》通过复审，获继续使用。该标准由市雕办、城市公共艺术研究中心编制完成，2010 年 4 月 1 日正式实施。

第四节　工程设计与标准

一、城市道路与管线地下病害探测评价技术规范

3 月 24 日，市规划国土委、市质监局联合发布《城市道路与管线地下病害探测及评价技术规范》。该规范将传统的“应急抢险、事后补救”工作理念转变为“提前探测、及时预防”新工作理念，对各类地下病害致灾性和危害性指标提出评价标准和综合风险分级标准，对地下病害分级管控和处置要求提出明确要求。从 2017 年 10 月 1 日起实施。

二、市政基础设施专业规划负荷计算标准

6 月 29 日，市规划国土委、市质监局联合发布《市政基础设施专业规划负荷计算标准》。该标准规范了供电、供热、燃气、通信、有线广播电视、供水规划、污水排除、雨水排除、再生水利用、环卫等十个专业的规划负荷计算方法及负荷指标，形成互相衔接的市政基础设施专业规划指标体系，规范了北京市基础设施规划管理工作。从 2018 年 1 月 1 日起实施。

三、三项地理国情标准

6 月 29 日，市规划国土委、市质监局联合发布《地理国情信息内容与指标》《地理国情信息内业采集与编辑技术规程》《地理国情信息外业调查与核查技术规程》。《地理国情信息内容与指标》明确地理国情信息包含的内容，界定各项内容的范围，说明各项内容的采集要求；

《地理国情信息内业采集与编辑技术规程》规范作业流程、作业方法、成果内容和成果形式；《地理国情信息外业调查与核查技术规程》针对内业遥感影像解译采集的地表覆盖和国情要素进行实地调查核查，以发现和更正内业判读采集过程中的错误。均从2018年1月1日起实施。

四、村庄规划用地分类标准

9月18日，市规划国土委、市质监局联合发布《村庄规划用地分类标准》。该标准明确了村庄规划用地分类的类级和类别代码、用地类别名称及对应的具体内容解释，明确在村庄规划及用地统计汇总时应参照的统计表基础格式。从2018年4月1日起实施。

五、电动汽车充电基础设施规划设计标准

9月18日，市规划国土委、市质监局联合发布《电动汽车充电基础设施规划设计标准》。该标准对各类生活场所的充电设施规划设计提出要求；对办公类建筑、商业类建筑、旅游场所配建停车场、社会公共停车场、换乘停车场充电桩设置做出最低安装比例要求；明确新建居住区要预留充电桩安装条件；提出将充电基础设施的设计要求纳入城市规划；明确电动汽车充电基础设施防漏电安全措施，提出了充电设施防火灾设计要求。从2018年4月1日起实施。

六、三项地下管线标准

9月18日，市规划国土委、市质监局联合发布《地下管线现状及竣工数据汇交标准》《地下管线数据库建设标准》《地下管线信息管理技术规程》，指导和规范北京市地下管线信息管理、现状及竣工数据汇交及数据建库工作。均从2018年4月1日起实施。

七、城市综合管廊工程设计规范

12月15日，市规划国土委、市质监局联合发布《城市综合管廊工程设计规范》。该规范从规划布局、规划断面、三维控制、监控中心四个方面对综合管廊工程规划提出技术要求；对城市副中心及旧城区地下管廊综合规划设计提出要求；规定综合管廊地面附属构筑物及设施应与周边景观协调统一；从结构和附属系统方面完善并强化防灾系统及管理系统相关规定；在各舱温度控制、墙体防护、应急隔离等方面分别进行针对性设计，确保管廊内作业人员、管廊及入廊管线安全；为监控、防火等新技术引进预留空间。从2018年7月1日起实施。

八、基础测绘技术规程修订

12月15日，市规划国土委、市质监局联合发布《基础测绘技术规程》。该规程修改了水准测量的部分技术指标、基础地理底图编制的部分技术规定；增加了GNSS网络RTK测量、高分辨率立体卫星影像测量数字线划图（DLG）、数字表面模型（DSM）生产的技术方法及技术要求；增加了基础地理信息数据库建设与维护有关技术要求；删除了质量验收章节。从2018年7月1日起实施。

九、北京市城市设计试点

年内，市规划国土委会同各区政府和北京经济技术开发区组织开展城市设计试点工作，确定以各区政府和亦庄为主体，采取“政府组织、专家领衔、部门协作、公众参与”工作模式，选取辖区内至少1处具备城市设计实施条件的地段或街道作为试点项目，推动建立健全北京市城市设计管理制度，实现城市设计与城市规划、建筑设计管理工作的有效衔接。

十、北京街道空间设计参考资料合集

年内，市规划国土委完成《北京街道空间

设计参考资料合集》汇编，在系统梳理既有工作基础上，筛选出能够直接指导街道环境整治工作的街道设计标准、指南和图集资料9部，明确要求在街道环境整治工作中应参照标准规范编制设计方案，以保证各环节落地实施。

十一、国家会议中心二期项目规划设计方案

年内，市规划国土委完成国家会议中心二期项目规划设计方案国际征集工作。该项目位于奥林匹克公园中心区，建设用地面积约13.8公顷，地上建筑规模约41万平方米。本次征集从全球20多家报名单位中，选取8家单位参与方案设计，并邀请城市设计、建筑、结构、会展等领域的知名专家对方案进行评审，选出3个优胜方案。通过征集工作，探索了在重点项目建设中提前开展方案征集、明确城市设计要求并纳入土地招拍挂条件的管理模式。

十二、第四使馆区城市设计导则图则

年内，市规划国土委开展北京市第四使馆区城市设计导则图则编制，探索以城市设计推导地区控规的路径机制，推动国际交往中心功能建设，保障国家外交。

十三、西单文化广场改造项目规划条件及城市设计

年内，市规划国土委完成西单文化广场升级改造项目规划条件及城市设计研究。该项目位于西单路口东北角，设计范围约1.8万平方米，总建筑面积约3.4万平方米，是长安街沿线重要景观节点之一。该研究对西单文化广场的功能定位、建筑规模、交通组织、历史文化保护、景观设计等进行了统筹考虑和细化要求，实施后能提升西单地区商业品质，改善广场绿化及周边交通状况，消除消防安全隐患。

十四、多项通用图集发布

年内，市规划国土委发布《建筑外遮阳》(BJ2-10)，《钢筋混凝土盾构管片衬砌环结构构造》（内径5.8m、环宽1.2m、壁厚0.3m）》(16BGJG1)，《后张法预应力混凝土双箱单室双线预制简支梁通用图》(16BGQL1)，《信号系统图例符号》(16BGXH1)，《通信系统图例符号》(16BGTX1)，《区间疏散平台》(16BGZH1)，《风机、水泵及照明控制原理图》(16BGQD2)，《轨道交通基坑钢支撑构造通用图》(16BGJG1)，《车站孔洞封堵》(16BGJZ1)，《自动售检票系统安装详图》(16BGAFC1)，《火灾自动报警系统安装图集》(16BGFAS1)，《门禁系统设备安装图》(16BGACS1)等12项北京市通用图集，为工作开展提供支撑。

十五、多项城乡规划地方标准复审

年内，市标办组织开展北京市城乡规划地方标准复审工作，对《雨水控制与利用工程设计规范》《绿色建筑设计标准》《建筑太阳能光伏系统设计规范》《再生混凝土结构设计规程》《人行天桥与人行地下通道无障碍设施设计规程》《城市雕塑工程建设质量技术规范》《市政工程通用混凝土模块砌体构筑物结构设计规程》《城市地理编码-道路、道路交叉口和空间单元代码》《住宅区及住宅楼房邮政信报箱》《建筑物供配电系统谐波抑制设计规程》《供热采暖系统水质及防腐技术规程》等11项地方标准开展复审。除《建筑太阳能光伏系统设计规范》停止使用，其他10项标准继续有效。

十六、多项标准评估

年内，市标办针对居建节能、雨水控制与利用、轨道交通、无障碍等多项标准，面向设计人员、施工图审查人员和行业管理人员开展标准评估工作，跟踪项目执行地方标准和标准

设计的情况，掌握设计人员在标准执行方面存在问题，促进标准在全行业执行力度的提升。

十七、城市道路空间规划设计规范评估

年内，市标办开展《城市道路空间规划设计规范》专项评估工作，抽选全市20条道路开展道路设计施工图专项审查。评估认为，《规范》强调“以人为本”“绿色出行”理念，统筹规范了城市道路空间各项规划设计，在路权划分及道路空间布局上给出了有力的约束和要求，具有可操作性。

十八、施工图专项抽审及整改

年内，市标办组织开展施工图专项抽审工作，抽选28项居住建筑项目、8项公共建筑项目，针对居住建筑节能、雨水控制与利用、抗震、消防、无障碍设计开展施工图设计专项审查，督促各行业单位加强施工图质量管理，提升标准执行水平和设计质量。抽审结果向32家设计单位、13家施工图审图机构通报，对抽审中出现问题较多的6家单位进行约谈并提出整改要求。

第五节 勘察、设计、测绘管理

一、北京历史地图集

5月5日，《北京历史地图集》发布。该图集由市测绘院牵头编纂，历时37年完成，分为《政区城市卷》《文化生态卷》《人文社会卷》三卷，计75万余字、460幅地图、100余幅历史照片，成为北京历史地图的“家谱”。

二、行政处罚事项调整

年内，市勘办积极清理规范权力清单，对199项行政处罚事项做出调整，其中取消14项，将另外185项合并为66项。

三、行业诚信体系建设

年内，市勘办研究、加强北京市勘察设计行业诚信体系建设，梳理非处罚类不良行为53项，录入非处罚类不良行为531条。

四、施工图审查

年内，市勘办完成房屋建筑和市政基础设施类勘察设计施工图审查备案2486项，发现并纠正违反强制性条文1836条、一般规范条文5.3万条。

五、测绘成果审批管理

年内，市勘办审批涉密测绘成果479项；办理测绘作业证1046件；提供北京市各类地形图4751幅，控制点631个。

六、装配式建筑

年内，市规划国土委积极推进装配式建筑发展，落实实施装配式建筑的招拍挂出让项目762万平方米，保障性住房307万平方米。开展绿色建筑设计标识项目评审36个，评选出大望京科技商务创新区、中关村高端医疗器械产业园2个北京市绿色生态示范区。

七、建设工程招投标备案

年内，市勘办受理建设工程招投标备案项目1397项，招投标项目总投资约58415万元，设计总建筑面积约7507万平方米。

八、第一次全国地理国情普查

年内，市测绘院承担的北京市第一次地理国情普查项目通过验收。通过普查，理清了种植土地、林草覆盖、房屋建筑（区）、道路、构筑物、人工堆掘地、荒漠与裸露地、水域、地理单元、地形等 10 大类地表覆盖要素和 165 小类地理国（市）情要素的总量及空间分布情况。该成果为北京市开展严厉打击违法用地违法建设第三方核验工作提供了服务。

九、地下管线普查

年内，市测绘院完成大兴、顺义、亦庄、门头沟、昌平、密云、平谷区等新城地下管线普查，普查总长度达 16717 公里。完成东城、西城、朝阳、海淀、丰台、石景山区等六区管普图集制作。推进新城管普数据入库、管线三维建模及 2016-2018 年管线竣工数据核查入库等项目。

第六节　地名变更和地名规划

一、概况

年内，《北京城市副中心行政办公区及配套生活区地名规划（2016 年—2035 年）》《北京丽泽金融商务区地名总体规划（2014 年—2020 年）》获批，命名地名 246 个，其中道路 225 个、轨道交通车站 21 个。

道路命名（225 个）

东城区（11 个）：察慈小区东路、胡家园路、胡家园北小街、胡家园东小街、东单公园北路、风箱胡同、莲子胡同、新怡家园西路、新怡家园东路、胜古南巷、西花市西街

西城区（10 个）：广莲路北巷、莲花河西一巷、莲花河西二巷、莲花河西巷、木樨地北里滨河路、白云观滨河路、真武庙南一巷、真武庙南二巷、真武庙南三巷、木樨地南里滨河路

朝阳区（26 个）：安苑北里中街、安苑北里路、坝河北街、汇泉二街、常吉路（向南延长）、朝新大街、丰和园路、慧辰街、惠福路、建东苑路、老君堂路、六里屯中街、南楼梓庄路、青年西路、容盛路、达德南一路、青年西一路、神木路、东九路、仰山路、悦水东街、安慧路、北辰西一路、东宁路、顺远街、马各庄东路

海淀区（19 个）：厂西门南路、厂西门中街、环山村路、林风二路、四道口南一街、四道口南二街、图景嘉园路、西冉西街、西冉中街、德顺北路、德顺南路、西冉东街、羊坊店南小街、什坊院环路、木楼西小街、木楼北小街、永丰南路、永玉路、连桥二街

丰台区（8 个）：为民街、二通路、四顷地街、金榴街、恒谊西路、榴谊街、榴花路、槐房西路

石景山区（31 个）：八角北小路、八角南里南路、八角南里中街、八角南里小街、北重南街、法海寺公园路、法海寺路、法海寺北路、福寿岭南路、高井东小街、古城公园西街、古城南里东街、河堤东路、琅山南街、莲石湖公园东路、莲石南街、麻峪北街、麻峪中街、模式口北街、模式口东里北路、石府南路、拾景北路、田顺庄北路、田顺庄小街、西下庄南路、永引渠北街、西下庄小街、燕堤北路、永引渠

南小路、永引渠北小路、玉泉西里中街

大兴区（10个）：丰达街、庆丰南路、丰远街、兴华大街、枣西街、站前北巷、德茂街、德源街、德广路、德宏路

顺义区（7）：东丰乐路、唐土新河环路、于庄南街、裕航路、瑞兆街、瑞兆东街、民泰路

通州区（43个）：古月佳园、通运东路、运河东大街（东延段）、潞源北街、含英西路、含英东路、镜澄街、尚明南街、尚明中街、尚明北街、崇善南街、崇善中街、崇善北街、前北营路、后北营街、郝家府路、留庄路、临镜路、清风路、胡各庄路、承安路、清盛路、涌翠西路、涌翠东路、览秀东路、览秀西路、景行路、达济街、通源街、宏安街、辛安屯街、胡各庄路西巷、大台巷、潞源南街、潞源中街、东古城街、兆善大街、通济路、畅和西路、运潮南路、云帆路、永济东里、永济西里

房山区（11个）：永兴街、紫光街、万紫西街、云峰寺路、明德街、兴礼南街、长泉街、云锦路、云舒路、翠枫路、福通路

门头沟区（2个）：金安路、金沙桥

延庆区（3个）：百莲路、西外大街、建业胡同

密云区（4个）：农园路、绿地环路、阳光南路、行宫后街

亦庄经济技术开发区（40个）：北环北一小街、北环北二小街、康定南小街、康定北小街、建安北小街、宏达西路、东环西一路、东环西二路、东环西三路、东环西四路、东环西五路、东环西六路、西环东一路、西环东二路、安定营东路、安定营南街、孟庄西街、崔家窑北街、泰河北小街、运成北小街、永昌西一路、永昌西二路、永昌西三路、永昌东一路、永昌东二路、永昌东三路、永昌东四路、万源北小街、荣昌北小街、荣京南小街、荣京北小街、荣华西一路、荣华西二路、荣华西三路、荣华西四路、荣华西五路、荣华东一路、荣华东二路、荣华东三路、科创八街

轨道交通车站命名（21个）

西郊线（5个）：颐和园西门站、植物园站、香山站、万安站、茶棚站

S1线（7个）：石厂站、金安桥站、四道桥站、小园站、栗园庄站、桥户营站、上岸站

燕房线（9个）：阎村东站、燕山站、房山城关站、饶乐府站、马各庄站、大石河东站、星城站、阎村站、紫草坞站

二、第二次全国地名普查

年内，北京市第二次地名普查成果通过市级验收。共采集地名信息条目73万余条，调查历史地名1万余条，审定跨界自然地理实体地名160条，地名读音用字审定14条，形成综合地名数据库；启动北京市地名和区划数据库建库工作，研究建立普查数据信息共享与联动机制，积极推进地名普查成果转化；地名图、录和地名典、志编纂工作有序推进。

三、无名道路认定与命名

年内，市规划国土委研究建立北京市无名道路认定标准，梳理出全市无名道路1906条，对其中的部分道路进行了命名，并将更新后的道路地名数据通过“天地图·北京”向社会发布。

第四章

土地供应与市场

第一节　2017年北京市土地管理综述

2017年，北京市国土资源管理工作严守耕地红线，启动新一轮市级土地利用总体规划编制，完成区乡两级土地利用规划调整，积极从供给侧参与房地产市场调控并取得明显成效，圆满完成各项工作任务。

一、严守耕地红线，推进国土资源节约集约利用

全面完成151.6万亩永久基本农田划定工作。出台加强耕地保护和改进占补平衡实施意见，严格落实耕地保护目标责任制，严控建设项目占用耕地。开展城乡建设用地增减挂钩试点，推进土地整治项目建设，加快形成新增耕地。开展征地补偿多元化试点，维护被征地农民长远生计。开展开发区、全市及中心城区建设用地节约集约利用评价和北京市“十三五”时期单位国内生产总值建设用地下降目标分解落实等工作。积极推进闲置土地问题整改。

二、创新供地方式，扩大有效供给

优先安排保障性安居工程等民生用地，加快推进棚户区改造，支持高精尖产业项目落地。制定支持构建高精尖经济结构的用地政策，试点土地弹性年期出让和年租制。全市供应国有建设用地2827公顷，其中保障性住房用地366公顷、商品住宅用地721公顷、共有产权住房用地207公顷、集体土地租赁住房用地204公顷，首次将共有产权住房用地和集体土地租赁住房用地列入年度计划并超额完成。全年土地市场成交土地856.34公顷。全市划拨用地634.17公顷，出让用地826.83顷。从供给侧扩大供应、稳定预期，发布《北京市2017-2021年及2017年度住宅用地供应计划》，制定加强利用集体土地建设租赁住房相关政策。

三、加强地籍管理，深化不动产统一登记

完成各类专项土地资源调查，扎实开展权籍调查，组织开展全市宅基地确权政策研究。完善不动产登记相关政策，制定北京市不动产登记规范化建设考核办法，开展不动产登记规范化检查。推进自然资源统一确权登记试点，推动林权登记改革，完成不动产登记历史数据整合。全年完成登簿107.26万件。

四、统筹矿产资源勘查利用管理，加强地质环境保护

扎实开展矿业权管理、储量管理、地质勘查行业管理工作。加强城市地质调查，优化矿产资源开发利用结构，推进绿色矿山建设。竣工验收123个矿山地质环境治理示范工程项目、25个废弃矿山生态环境修复治理项目。加强地质灾害防治，严格汛期应急值守，实现首都安全平稳度汛。

五、积极稳妥推进各项改革

推进全委系统行政处罚权内部集中，构建覆盖城乡的三级联动执法体制，解决了长期困扰国土分局执法队和国土所的人员身份问题。从单项推进到三项统筹，积极推进农村集体经营性建设用地入市、土地征收、宅基地三项农村土地制度改革试点，大兴区瀛海镇、黄村镇等5个租赁住房地块以作价入股、租赁等方式入

市交易。积极推进乡镇统筹集体产业用地试点，13个试点乡镇完成实施方案编制。顺利推进耕地保护与集体建设用地利用联动试点、房山建设用地使用权二级市场试点、集体土地建设租赁住房试点等多项改革工作。

六、严格国土执法监督

研究协调市级机关联合惩戒违法用地违法建设工作机制，从严查处“大棚房”、浅山区违法用地违法建设和土地矿产违法违规行为。全市列入问责耕地面积172亩，问责比例2.3%。积极落实国家土地例行督察整改任务，2016年发现问题整改到位率60.5%，达标率98.9%；2017年《督察意见书》指出的17561个问题，有11740个问题已整改到位。

第二节 征地管理

一、确保重点工程和民生项目落地

多次组织召开城市副中心、北京新机场、世园会、冬奥会、京张高铁等重点工程协调会，指导用地单位解决地类、权属和转非人员安置等问题。优化审批环节，征地报批时，对保障性住房、民生工程项目实行“特事特办”，先行上报市政府，而后在市建设用地审查小组会议备案。

二、依法开展农用地转用和集体土地征收

按照国土资源部要求，上报北京市2017年土地利用计划、中心城建设用地计划。对农用地转用和集体土地征收项目，在保护被征地农民合法利益、集约节约用地前提下，认真审查、依法报批。

三、推进征地制度改革

按照国家关于征地制度改革总体要求，结合大兴区征地制度改革试点工作，印发《北京市征地制度改革试点深化实施意见》，在缩小征地范围、规范征地程序等方面进一步开展征地制度改革。

四、开展征地补偿费到位情况清查

对2014年至2016年全市222个项目的征地补偿费支付及转非人员安置补助费进行清理，市相关部门及有关区政府积极落实整改工作，切实保障了被征地农民的合法权益。

五、征地及农用地转用审批情况

2017年，审批征地及农用地转用总用地面积1874.24公顷，涉及新增建设用地786.51公顷，其中农用地转用742.67公顷（含耕地339.90公顷）。

第三节　国有土地使用权出让情况

一、2017年北京市国有土地使用权出让情况

2017年，全市共出让土地223宗，出让土地面积826.83公顷。其中，通过招拍挂方式出让93宗，出让土地面积652.35公顷；通过协议方式（不含现状补办）出让48宗，出让土地面积79.36公顷；现状补办协议出让82宗，出让土地面积95.12公顷。

二、推进房山二级市场试点工作

2017年，房山区被列为全国34个土地二级市场试点之一。全市成立由市领导任组长、17个部门为成员的领导小组，制定了领导小组和领导小组办公室工作规则。制定《北京市房山区关于完善国有建设用地使用权转让、出租、抵押二级市场试点实施方案》，并通过国土部批复。

三、形成协议出让土地估价委托评估体系

市土地利用中心代表北京市政府开展协议出让项目委托评估工作，结合现有地价评审流程形成较完整的土地估价委托评估体系。年内，共委托评估宗地185宗，其中协议出让项目121宗，协议变更项目61宗，棚户区改造一次性招标项目2宗，先审定价格后报供地方案类项目1宗。

四、开展出让项目地价款欠费专项追缴

年内，对2016年至2017年度出让项目地价款缴纳及欠缴数据进行核实，共核实《国有建设用地使用权出让合同》340项，其中2016年度出让合同139项、2017年度出让合同201项。发放《告知函》6份，对数额较大的欠费项目进行重点约谈。完成欠费企业信息和欠费数据更新。对即将通过土地市场取得项目的房地产开发企业以往的出让合同履约信息进行核实。

五、完成出让合同条款修订

年内，根据《关于基准地价更新成果在国有建设用地使用权协议出让地价评审中应用有关问题的通知》《北京市土壤污染防治工作方案》要求，完成《国有建设用地使用权出让合同》条款修订，在《国有建设用地使用权出让合同》中增加相应条款。

六、出让土地利用动态巡查

年内，市土地利用中心将1995年至2017年度出让项目总计4417个纳入动态监测系统，并对其中的1752个项目进行监测，实现数据实时更新，占需监测项目数量总数的96.21%。

第四节　划拨城镇建设用地情况

2017年，北京市共办理划拨用地审批233宗（不含保密项目），规划用地面积634.17公顷，规划建筑面积1050.33万平方米。

表 4-1　2017 年北京市按划拨土地用途分类统计

项目类型	宗地数（宗）	面积（公顷）
商服用地	1	0.14
经济适用住房用地	32	242.35
廉租住房用地	16	43.95
公共管理与公共服务用地	113	227.91
交通运输用地	70	59.75
水域及水利设施用地	1	60.07
总计	233	634.17

表 4-2　2017 年北京市按各项目用地位置分类统计

区	宗地数（宗）	面积（公顷）
东 城 区	4	3.12
西 城 区	2	2.22
朝 阳 区	11	38.82
丰 台 区	28	120.76
石景山区	5	5.63
海 淀 区	75	85.21
门头沟区	21	182.42
房 山 区	16	67.37
通 州 区	6	14.90
顺 义 区	5	15.54
昌 平 区	4	3.72
大 兴 区	21	44.69
怀 柔 区	4	13.25
平 谷 区	10	7.71
亦庄开发区	3	2.31
密 云 区	9	8.72
延 庆 区	9	17.79
合　　计	233	634.17

第五节　土地储备和一级开发

一、土地储备开发

年内，市土地整理储备中心按照“政府主导、储备机构管理、国有专业公司等企业具体实施”模式推进土地储备开发，探索土地储备资金管理模式。完成土地储备开发面积 930.38 公顷，实现投资 371.97 亿元；新增土地储备开发面积 669 公顷；发行土地储备专项债券 424 亿元。

二、政府土地储备

年内，市级新增收购储备项目 3 个，土地面积约 180 公顷。

三、土地一级开发

2017 年，市规划国土委核批土地一级开发授权批复 54 个（含延期批复），土地面积 1963 公顷。

四、土地市场供应

年内，北京市土地交易市场共成交土地 106 宗，土地面积 856.34 公顷，规划建筑面积 1415.00 万平方米，成交价款 2845.42 亿元，其中政府土地收益 1684.65 亿元。

表 4-3　2017 年北京市国有建设用地使用权入市交易成交统计

交易地点	成交宗数	土地总面积（万平方米）		规划建筑面积（万平方米）	成交价款（亿元）
		合计	其中建设用地		
市土地交易市场	93	669.77	637.81	1181.54	2789.41
远郊区县土地交易市场	13	186.56	171.58	233.46	56.01
合计	106	856.34	809.39	1415.00	2845.42

表 4-4　2001-2017 年北京市国有建设用地使用权入市交易成交统计

年度	成交宗数	交易类型			土地面积（万平方米）		规划建筑面积（万平方米）	成交价款（亿元）	
		招标	拍卖	挂牌	合计	其中建设用地		合计	其中政府收益
2001	1	1	0	0	13.97	13.97	14.14	3.17	0.59
2002	8	2	1	5	250.48	174.79	331.26	61.35	14.93
2003	48	3	1	44	201.7	158.7	277.87	49.14	19.05
2004	89	4	0	85	537.92	403.53	609.51	115.31	32.85
2005	50	2	0	48	357.39	242.12	451.97	117.51	39.31
2006	87	29	1	57	856.2	594.96	935.05	257.67	92.11
2007	85	41	0	44	897.92	600.63	1233.01	438.1	204.34

（续表 4-4）

年度	成交宗数	交易类型			土地面积（万平方米）		规划建筑面积（万平方米）	成交价款（亿元）	
		招标	拍卖	挂牌	合计	其中建设用地		合计	其中政府收益
2008	184	26	0	158	1573.43	1110.19	1810.43	500.12	170.82
2009	250	20	1	229	1965.16	1385.27	2391.19	966.28	556.76
2010	280	81	0	199	3012.04	2070.15	3350.46	1677.27	948.05
2011	257	52	0	205	2044.54	1447.75	2481.32	1113.29	463.17
2012	169	27	0	142	1340.4	995.17	1722.22	670.61	238.09
2013	223	53	0	170	2118.64	1342.34	2448.74	1853.15	846.81
2014	141	16	0	125	1295.28	937.67	1663.01	1916.90	964.77
2015	114	10	0	104	896.89	714.57	1532.04	2027.98	1129.02
2016	47	7	0	40	477.29	448.23	669.59	929.99	472.84
2017	106	6	0	100	856.34	809.39	1415.00	2845.42	1684.65
合计	2139	380	4	1755	18695.59	13449.43	23336.81	15543.26	7878.16

第六节 地价监测

一、城市地价动态监测

2017年，城市地价动态监测通过确定地价监测范围、设立标准宗地、组织土地估价师及时跟踪采集标准宗地地价信息，委托技术实施单位定期收集、汇总、整理、分析形成季度和年度监测成果，实现对地价变动情况的实时监测，及时准确把握土地市场运行态势和价格走势，为国土资源管理部门加强市场监管和参与宏观调控提供决策依据，为社会公众提供地价信息参考。

二、北京市地价监测

自2001年以来，北京市作为国家首批地价监测城市之一，监测工作已开展17年。2014年，为更准确反映土地市场情况，北京市对国家级监测范围、地价区段、标准宗地、地价内涵等进行了调整，委托北京房地产估价师和土地估价师与不动产登记代理人协会专业实施和管理，聘请估价机构和估价师采集地价信息，建立了监测成果专家会商制度。

北京市地价动态监测分国家级监测范围和市级监测范围，国家级监测范围为中心城区的居住和商业以及全市工业集聚区的工业三种用途，市级监测范围为城市副中心和十个规划新城的居住、商业以及全市范围内办公用途。

三、2017年北京市地价监测工作

截至2017年4季度，北京市总计监测标准宗地588宗，其中国家级监测范围内标准宗地276宗（居住97宗、商业94宗、工业85宗），市级监测范围内标准宗地339宗（居住99宗、商业83宗、办公157宗），国家级和市级同时监测的标准宗地27宗（居住13宗、商业14宗）。

2017 年，监测工作启用了由市规划国土委主导研发的“北京市地价监测信息采集与管理系统”，并进行与老系统衔接的评估，建立与国土部实施数据对接的地价监测体系，全面提升北京市地价监测工作的信息化水平。

四、2017 年北京市地价监测主要成果

2017 年北京市国家级监测范围内地价监测结果见表 4–5、表 4–6，市级监测范围内地价监测结果见表 4–7。

表 4–5　2017 年北京市国家级监测范围各用途增长率（季度）

土地用途	一季度	二季度	三季度	四季度
居住	3.92%	3.82%	3.24%	1.71%
商业	1.92%	2.00%	2.11%	1.78%
工业	1.58%	1.68%	1.72%	1.43%
平均	3.45%	3.40%	2.98%	1.71%

表 4–6　2016–2017 年北京市城市地价动态监测指数（年度）

年度	2016 年	2017 年
全市平均水平	392	439
一、住宅用地	553	627
二、工业仓储用地	266	283
三、商业、旅游、娱乐用地	302	327

表 4–7　2017 年北京市市级监测范围各用途增长率（季度）

土地用途	一季度	二季度	三季度	四季度
居住（规划新城）	4.88%	4.07%	1.81%	1.02%
商业（规划新城）	2.09%	2.86%	2.39%	1.65%
办公（规划新城）	2.49%	3.56%	1.96%	1.32%
办公（中心城区）	1.58%	2.94%	2.04%	1.16%

第五章

房地产税收与金融

北京市房地产年鉴 2018

第一节　2017 年房地产税收情况

一、税源及税收整体情况

（一）税源户数增长较快

截至 2017 年 12 月，房地产行业税务登记户数共计 32045 户。其中，正常状态纳税人 31856 户，非正常状态纳税人 189 户，无停业状态纳税人。与 2016 年同期相比，行业登记总户数增加 1450 户，增长 4.7%；正常状态纳税人增加 1851 户，增长 6.2%；非正常状态纳税人减少 400 户，降低 67.9%；停业状态纳税人户数减少 1 户。

单位：户

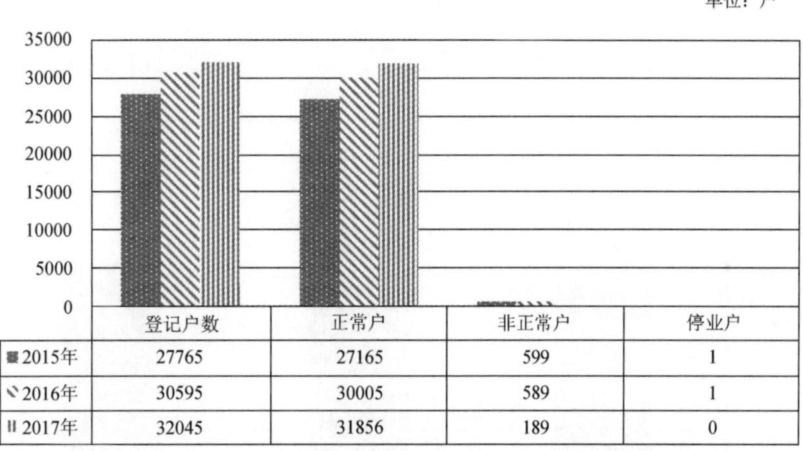

	登记户数	正常户	非正常户	停业户
2015年	27765	27165	599	1
2016年	30595	30005	589	1
2017年	32045	31856	189	0

图 5-1　2015-2017 年北京市房地产行业税务登记情况

（二）行业税费收入实现反弹

2017 年，房地产行业各项税费收入共计 1319.0023 亿元，同比增收 197.4772 亿元，增长 17.6%，自 2015 年以来保持了较为平稳的发展态势。

单位：万元

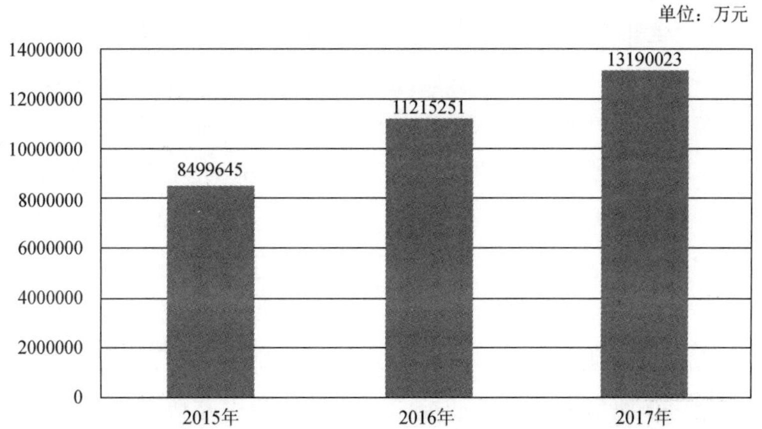

图 5-2　2015-2017 年北京市房地产行业各项税费收入情况

（三）存量房交易税款征收情况

2017年，我市存量房交易缴税业务的总量、成交金额、交易面积、税费收入等数据均大幅减少。全年全市共受理存量房交易缴税业务168938份，同比减少152916份，减幅47.5%；各项税费收入合计约169.5亿元，同比减少104亿元，减幅38%；总交易面积1596万平方米，同比减少1407万平方米，减幅46.8%；总成交金额4002亿元，同比减少2807亿元，减幅41.2%。其中，契税收入69.5亿元，同比减少41%，在存量房交易税款收入中所占比重为41%；增值税收入35.7亿元，同比减少36.2%，占比21.1%；个人所得税收入46.7亿元，同比减少40.7%，占比27.5%；土地增值税收入17.2亿元，同比减少13.9%，占比10.1%。

二、主要税种收入情况

（一）增值税（含原营业税）收入情况

2017年，受营改增后企业税负有所下降以及房产交易市场宏观调控政策影响，房地产行业的增值税（含原营业税）税款入库2131712万元，同比下降27.5%。

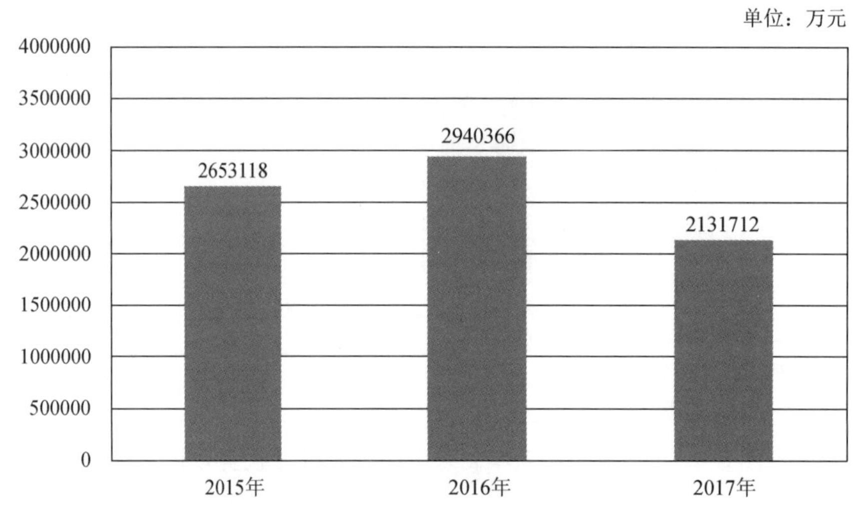

图5-3 2015-2017年北京市房地产行业增值税（含原营业税）税收入情况

（二）契税收入情况

从总体上看，存量房交易量下降是契税减收的主要因素。2017年，全市全部契税入库税款197.46亿元，同比减收56.83亿元，减幅22.3%。其中，房地产行业契税入库税款1593914万元，占契税入库税款的80.7%，同比增长34.3%。契税减收明显的主要原因是受“3·17”房地产市场系列宏观调控影响，存量房交易量大幅下降。

一方面，存量房交易受理量大幅降低。2017年，北京市连续出台了近30项房地产市场调控政策，使购房资格门槛提高，房贷银根收紧，符合购房条件的人群范围缩窄，带动存量房市场快速转冷，房价相应回调。并着手建立租购同权、租购并举的多层次住房制度，有效引导买房人的居住需求从“购房”向“租房”转移，在“3·17”系列宏观调控政策的影响下，存量房交易量大幅下降。全市全年存量房交易缴税业务共16.89万笔，同比减少45.6%，

另一方面，增量房业务增长，房价稳中略降。通过国家统计局发布的全国70个大中城市住宅销售变动情况表可以看出，北京市新建商品住宅价格保持环比零增长，二手住宅转让价格同比稳中略降。全市全年增量房缴纳契税业务共18.94万笔，同比增加29.21%，

表 5-1 2017 年北京市契税分项目统计

序号	项　目	契税收入（万元）			套数（套）		
		本期	同期	增减	本期	同期	增减
1	一、土地情况	464039	575901	-111862	508	586	-78
2	二、房屋情况	1583107	1999509	-416402	360149	466024	-105875
3	1. 增量房	870282	865639	4643	190128	182831	7296
4	2. 存量房	712824	1133870	-421046	170021	283192	-113171
5	三、其他	-72512	-32504	-40008	——	——	——
6	合计	1974634	2542906	-568272	360657	466610	-105953

从区域分布上看，城区收入占比仍然较大，但远郊区收入增长较快。2017 年，契税收入超过 20 亿的区有两个，分别是东城区和朝阳区，占全市契税收入总额的 42. 8%；收入在 10 亿至 20 亿的区有 7 个，分别是西城区、海淀区、丰台区、昌平区、通州区、顺义区和大兴区，占全市契税收入总额的 44%；收入在 10 亿元以下的区有 9 个（含燕山、开发区），占全市契税收入总额的 13. 2%。另一方面，全市契税收入增长最快的是门头沟，同比增长 91. 5%；增长速度在 10%以上的区还有平谷区、延庆区和开发区；增长速度在 10%以下的区有 4 个，分别是燕山、通州区、顺义区和密云区；其他区收入均为下降。

表 5-2 2017 年北京市契税分区域统计

序号	区域	本期（万元）	增减额（万元）	增减%	比重%
1	东城	487261	-147188	-23. 2	24. 7
2	西城	105614	-21482	-16. 9	5. 3
3	朝阳	357170	-208475	-36. 9	18. 1
4	海淀	154062	-117853	-43. 3	7. 8
5	丰台	116340	-45826	-28. 3	5. 9
6	石景山	35487	-12363	-25. 8	1. 8
7	门头沟	24951	11922	91. 5	1. 3
8	燕山	1733	96	5. 9	0. 1
9	昌平	136846	-22852	-14. 3	6. 9
10	通州	126084	6953	5. 8	6. 4
11	顺义	100701	3623	3. 7	5. 1
12	大兴	130250	-20258	-13. 5	6. 6
13	房山	68314	-9788	-12. 5	3. 5
14	怀柔	11271	-6478	-36. 5	0. 6
15	密云	19981	1288	6. 9	1. 0

(续表 5-2)

序号	区域	本期（万元）	增减额（万元）	增减%	比重%
16	平谷	15067	1434	10.5	0.8
17	延庆	4882	925	23.4	0.2
18	开发区	78622	18052	29.8	4.0
19	合计	1974634	-568272	-22.3	100.0

（三）土地增值税收入情况

从总体上看，土地增值税收入增幅明显。2017 年，北京市土地增值税入库税款 288.99 亿元，同比增收 111.64 亿元，增幅 62%。其中，房地产行业土地增值税入库税款 2685603 万元，占比为 92.9%，同比增长 66.7%。房地产开发项目清算税款同比增收 133.39 亿元，占整体收入增幅的 119%，是土地增值税收入保持增长的最主要因素。

表 5-3　2017 年北京市土地增值税分项目统计

项目	本期（万元）	同期（万元）	增减额（万元）
一、房地产开发小计	2715176	1525809	1189367
1. 预缴	1222542	1129812	92730
2. 清算	1389914	327098	1062816
其中：清算退税	78	——	——
3. 清算后继续销售	102721	68898	33823
二、转让存量房小计	171793	206651	-34858
1. 单位转让	158867	183937	-25070
2. 个人转让	12925	22714	-9789
三、其他情况	2888	40991	-38103
合计	2889857	1773397	1116406

2017 年以来，税务机关进一步加大土地增值税征管工作力度，通过购买第三方服务引入中介机构参与工作，在本期完成清算的 103 个房地产开发项目中有 53 个引入了第三方中介，有效提升了土地增值税清算审核工作质量。清算税款超亿元的房地产开发项目有 21 个，合计入库 106.53 亿元。大额清算项目数量的增长与清算力度的增长带来了清算税款收入的增长。

从区域分布上看，仍然是城区收入占比较大，但远郊区收入也保持稳定增长。2017 年，朝阳区土地增值税收入超过 50 亿，占全市土地增值税收入总额的 19.9%；收入在 10 亿至 50 亿的区有 8 个，分别是东城区、西城区、海淀区、丰台区、昌平区、通州区、顺义区和大兴区，占全市土地增值税收入总额的 64.8%；收入在 10 亿元以下的区有 9 个，占全市土地增值税收入总额的 15.3%。另一方面，全市土地增值税收入实现增长的有 14 个区，其中，东城区、海淀区、丰台区和延庆区增加速度都超过了100%；收入下降的区有四个，下降幅度最大的是门头沟区，降幅为28%。

表 5-4　2017 北京市土地增值税分区域统计

序号	区域	本期（万元）	增减额（万元）	增减%	比重%
1	东城	447465	404258	935.6	15.5
2	西城	120826	30071	33.1	4.2
3	朝阳	576509	110641	23.8	19.9
4	海淀	323003	208688	182.6	11.2
5	丰台	196698	101278	106.1	6.8
6	石景山	50817	-8930	-15.0	1.8
7	门头沟	46524	-18095	-28.0	1.6
8	燕山	7	7		0.0
9	昌平	113888	29057	34.3	3.9
10	通州	299062	128166	75.0	10.3
11	顺义	187518	38532	25.9	6.5
12	大兴	183070	49051	36.6	6.3
13	房山	88108	18587	26.7	3.0
14	怀柔	55296	-17950	-24.5	1.9
15	密云	59239	23223	64.5	2.0
16	平谷	87931	19756	29.0	3.0
17	延庆	6980	4704	206.6	0.2
18	开发区	46918	-4639	-9.0	1.6
19	合计	2889857	1116406	63.0	100.0

（四）耕地占用税收入情况

2017 年，全市 14 个区局共受理 134 笔耕地占用税申报，入库税款 2.72 亿元，比上年同期减收 0.62 亿元，减幅 18.7%。其中，房地产行业耕地占用税入库税款 9716 万元，占比为 35.7%，同比下降 46.6%。主要减收原因是耕地供地面积减少，全年申报应税面积为 734 万平方米，同比减少 316 万平方米，减幅 30%。

从区域分布上看，耕地占用税主要集中在郊区。2017 年，有耕地占用税收入的区有 14 个，其中同比增收的有 7 个，同比减收的有 7 个。增收最多的区是门头沟区，减收最多的区是朝阳区。

表 5-5　2017 年北京市耕地占用税分区域统计

序号	项 目	本期（万元）	增减额（万元）	增减%	比重%
1	东城	——	——	——	——
2	西城	——	——	——	——

（续表 5-5）

序号	项 目	本期（万元）	增减额（万元）	增减%	比重%
3	朝阳	311	-2900	-90.3	1.1
4	海淀	1906	-2168	-53.2	7.0
5	丰台	2570	1737	208.3	9.4
6	石景山	313	143	84.7	1.2
7	门头沟	2325	2188	1601.1	8.5
8	燕山	——	——	——	——
9	昌平	1010	-458	-31.2	3.7
10	通州	1635	-3241	-66.5	6.0
11	顺义	1776	-1459	-45.1	6.5
12	大兴	6379	2396	60.1	23.5
13	房山	3682	705	23.7	13.5
14	怀柔	672	-4670	-87.4	2.5
15	密云	684	226	49.3	2.5
16	平谷	482	-574	-54.4	1.8
17	延庆	3453	1836	113.6	12.7
18	开发区	——	——	——	——
19	合计	27197	-6240	-18.7	100.0

（五）企业所得税收入情况

2017 年，房地产行业企业所得税入库税款 367.2446 亿元，同比增收 49.5495 亿元，增幅 15.6%，连续三年实现了较为稳定的增长。

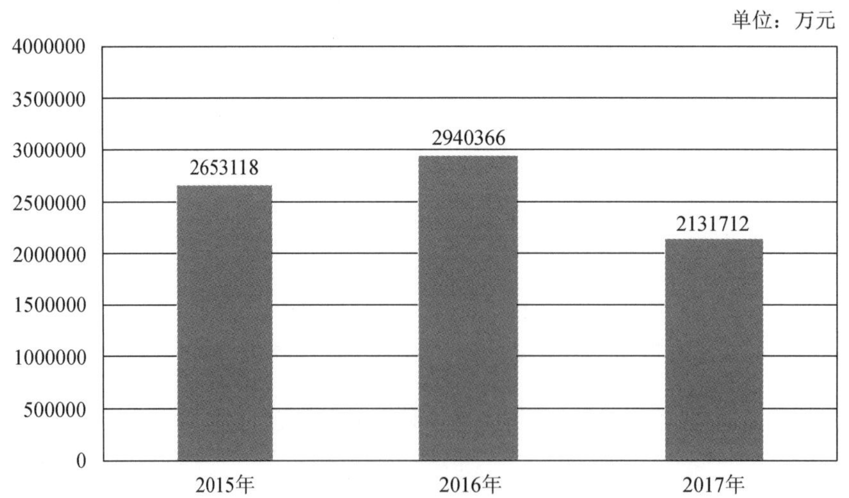

图 5-4 2015-2017 年北京市房地产行业企业所得税收入情况

（六）个人所得税收入情况

2017 年，受房产交易市场价稳量跌的影响，房地产行业的个人所得税增幅有所放缓。全年房地产行业个人所得税入库税款 98 亿元，同比增收 17 亿元，增幅 21%。

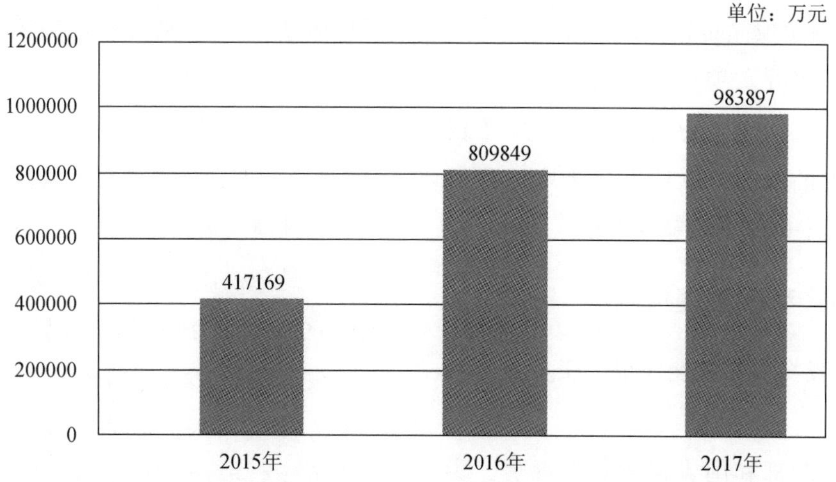

图 5-5　2015-2017 年北京市房地产行业个人所得税收入情况

三、主要税收政策调整情况

2017 年，财政部、国家税务总局围绕与房地产相关的契税、个人所得税等出台了相关政策。主要涉及以下内容：

1.《国家税务总局关于个人转让住房享受税收优惠政策判定购房时间问题的公告》（国家税务总局公告 2017 年第 8 号），明确个人转让住房，因产权纠纷等原因未能及时取得房屋所有权证书（包括不动产权证书，下同），对于人民法院、仲裁委员会出具的法律文书确认个人购买住房的，法律文书的生效日期视同房屋所有权证书的注明时间，据以确定纳税人是否享受税收优惠政策。

2.《财政部 税务总局关于支持农村集体产权制度改革有关税收政策的通知》（财税〔2017〕55 号），明确了对进行股份合作制改革后的农村集体经济组织承受原集体经济组织的土地、房屋权属，免征契税等税收政策，自 2017 年 1 月 1 日起执行。

3.《北京市地方税务局 北京市住房和城乡建设委员会关于进一步严格购房资格审核中个人所得税政策执行标准的公告》（2017 年第 1 号），明确了进一步严格购房资格审核执行标准，“连续 5 年（含）以上在本市缴纳个人所得税”，是指按“工资、薪金所得”缴税的纳税人，从申请月的上一个月开始往前推算 60 个月在本市连续缴纳个人所得税；按“个体工商户生产、经营所得”缴税的纳税人，根据其适用的计税期间，从申请月的上一个月（或上一季度）开始往前推算 60 个月（或 20 个季度）在本市连续缴纳个人所得税。

4.《财政部 税务总局关于承租集体土地城镇土地使用税有关政策的通知》（财税〔2017〕29 号），明确了在城镇土地使用税征税范围内，承租集体所有建设用地的，由直接从集体经济组织承租土地的单位和个人，缴纳城镇土地使用税。

5.《北京市规划和国土资源管理委员会 北京市国家税务局 北京市地方税务局 北京市财政局关于土地一级开发项目涉及增值税发票等有关问题的通知》（市规划国土发〔2017〕186号），明确了政府土地储备机构为主体、委托企业实施的土地一级开发项目中，受托企业从政府储备机构收取款项并代为支付的行为属于代收转付，其收取的该部分款项不属于增值税征收范围，不开具增值税发票等税收政策。

四、房地产税收管理措施

（一）充分发挥税收职能作用，服务首都科学发展大局

一是落实财政部和国家税务总局部署，参与开展契税立法、土地增值税暂行条例执行情况、企业改制重组涉及契税、土地增值税优惠政策执行情况、科技创新、体育场馆涉及房土两税优惠政策等调查研究工作，认真研提意见建议，服务上级决策和地方税制改革。二是为疏解非首都功能，推动京津冀协同发展提供政策支持和助力，多次深入企业解决疏解中遇到的涉税问题，确保税收优惠政策落地。三是贯彻“放管服”理念，全面优化个人存量房交易税收征管服务措施。全面推广网络预审系统，修订完善《个人存量房交易业务征收工作规范》，实现“网上预审、随机分配、信息共享、同城通办”，全年通过“网络预审”模式办理个人存量房业务7.6万笔，被税务总局财产行为税司作为经验交流材料在全国推广。

（二）加强房地产交易管理力度，促进房地产市场健康发展

一是积极配合“3.17”房地产宏观调控系列新政实施，与住建委、规土委等部门密切配合，集体约谈部分违规经纪机构涉税问题，发挥税务震慑作用，维护房地产市场秩序。二是配合市住建委加强我市自住型商品房、共有产权住房政策研究，做好税负测算，研提政策意见，服务领导决策，确保政策落地实施。三是加强土地增值税预征和清算管理，发挥税收导向作用，促进房地产市场健康发展。全年累计预征土地增值税95.1亿元；完成房地产开发清算项目103个，清算入库税款166.1亿元，比上年同期增加133.4亿元。

第二节　住房公积金与政策性住房金融

一、2017年度住房公积金归集情况

（一）住房公积金覆盖范围

截至2017年底，北京地区建立住房公积金单位19.25万个，职工988.62万人。当年新增开户人数88.81万人。

（二）住房公积金归集、提取情况

截至2017年底，当年归集住房公积金1711.59亿元，提取1261.91亿元，净增449.68亿元。累计归集住房公积金11116.27亿元，提取7396.91亿元，余额3719.37亿元。

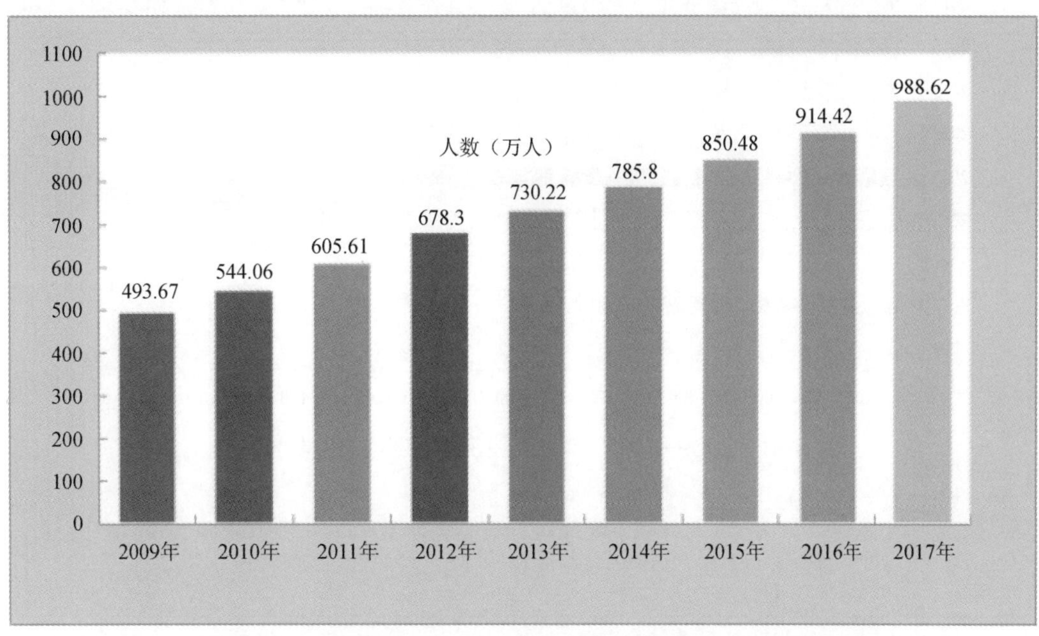

图 5-6　2009-2017 年北京住房公积金建立人数统计

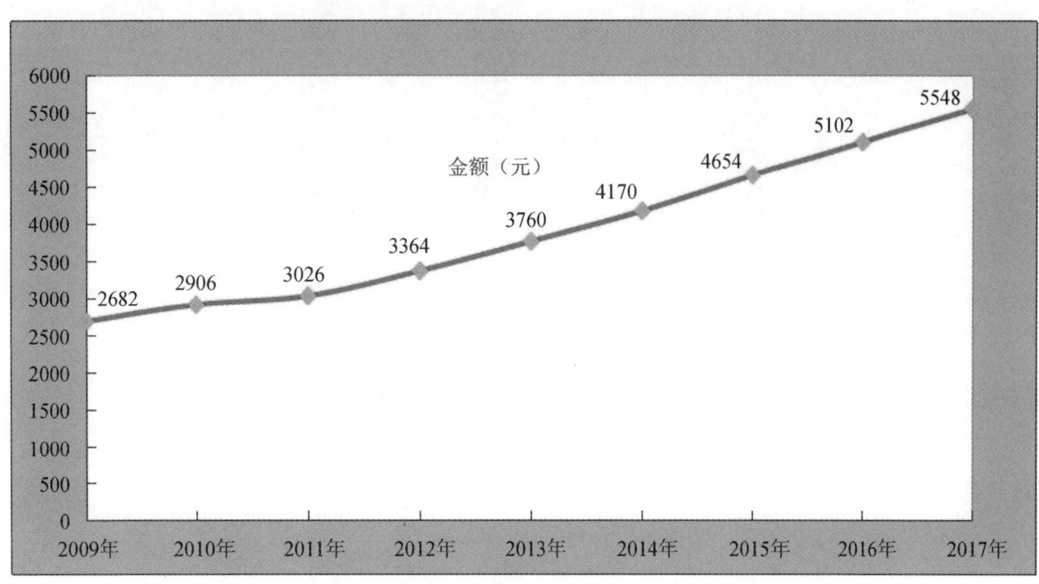

图 5-7　2009-2017 年北京住房公积金月缴存额上限

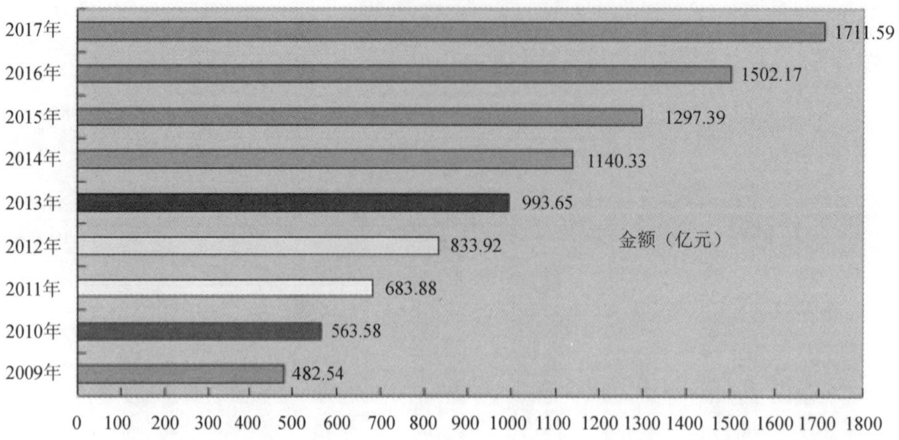

图 5-8　2009-2017 年北京住房公积金归集情况统计

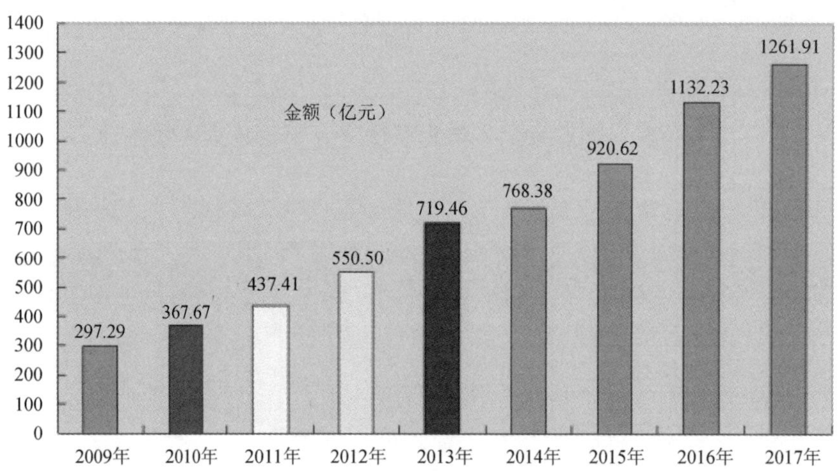

图 5-9　2009-2017 年北京住房公积金提取情况统计

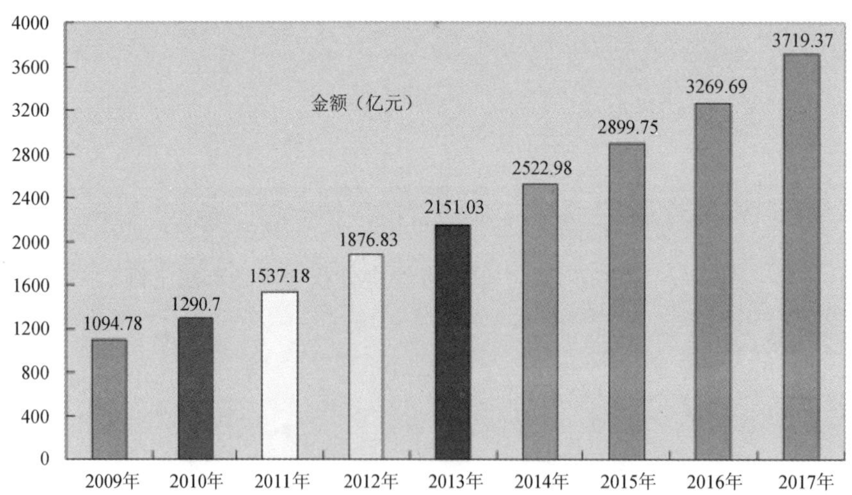

图 5-10　2009-2017 年北京住房公积金余额统计

二、2017 年度政策性住房金融

(一) 住房公积金贷款情况

截至 2017 年底，当年发放住房公积金个人贷款 5.78 万笔，金额 535.78 亿元，回收金额 269.02 亿元，净增 266.76 亿元。累计发放住房公积金个人贷款 102.77 万笔，金额 5527.32 亿元。累计回收个贷金额 2027.13 亿元，余额 3500.20 亿元。累计发放政策性贴息 13525 笔，贴息额度 49.61 亿元。

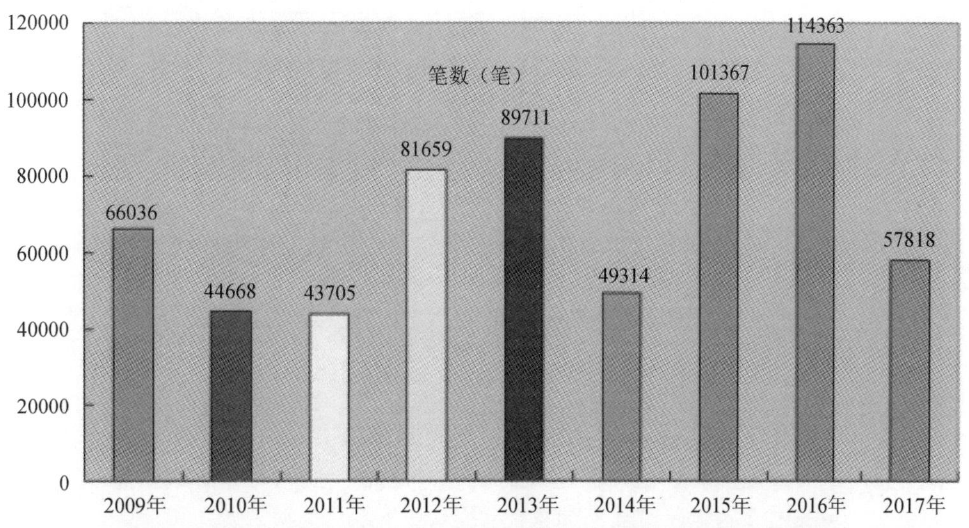

图 5-11　2009-2017 年北京住房公积金贷款发放笔数统计

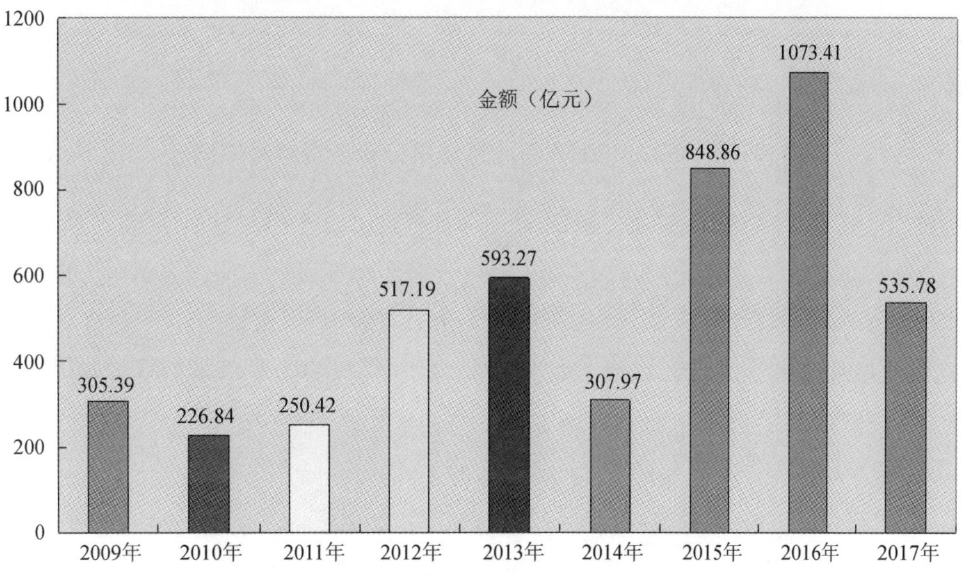

图 5-12　2009-2017 年北京住房公积金贷款发放金额统计

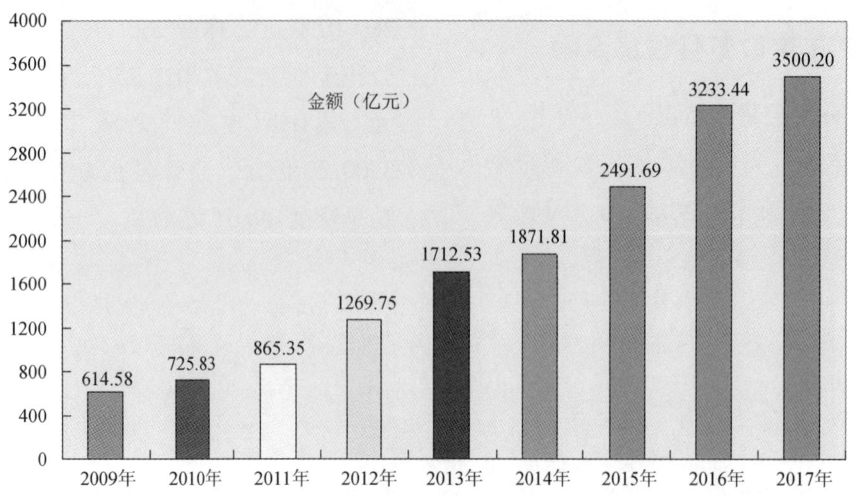

图 5-13　2009-2017 年北京住房公积金贷款发放余额统计

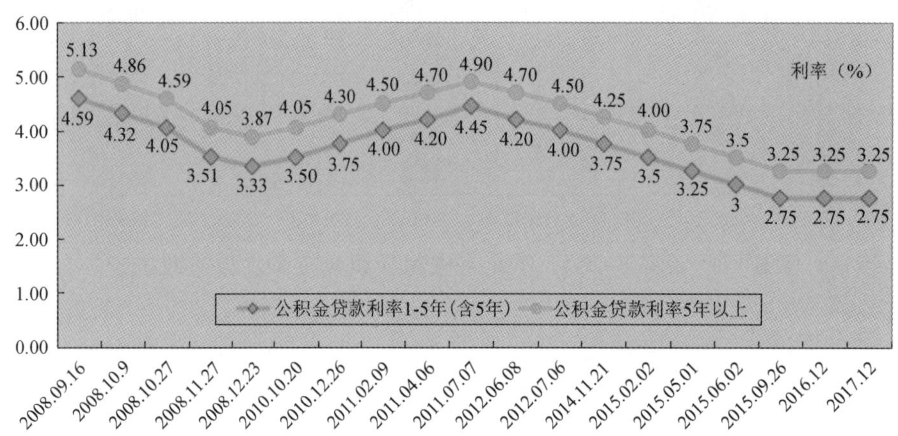

图 5-14　2008-2017 年北京住房公积金贷款利率调整

截至 2017 年底，住房公积金发放公租房项目贷款 4 个，余额 30.07 亿元，其中北京地方在贷公租房项目 3 个，余额 15.07 亿元，资金使用方为亦庄开发区下属房地产公司所建两个公租房项目，以及房山区住建委下属公租房中心所建公租房项目；中央国家机关分中心在贷项目 1 个，余额 15 亿元。

（二）2017 年发放的住房公积金贷款结构

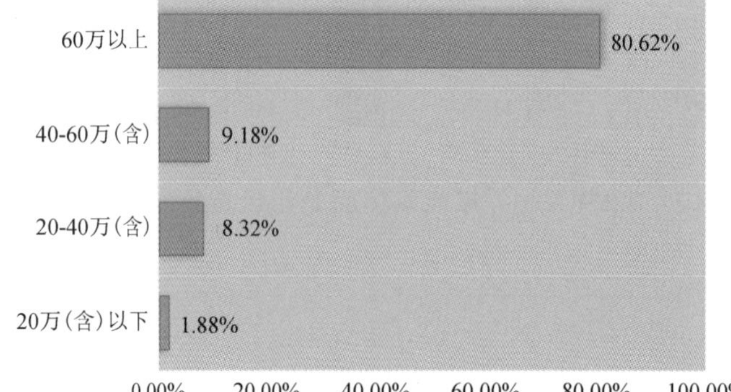

图 5-15　2017 年新发放住房公积金贷款笔数按贷款额度分类

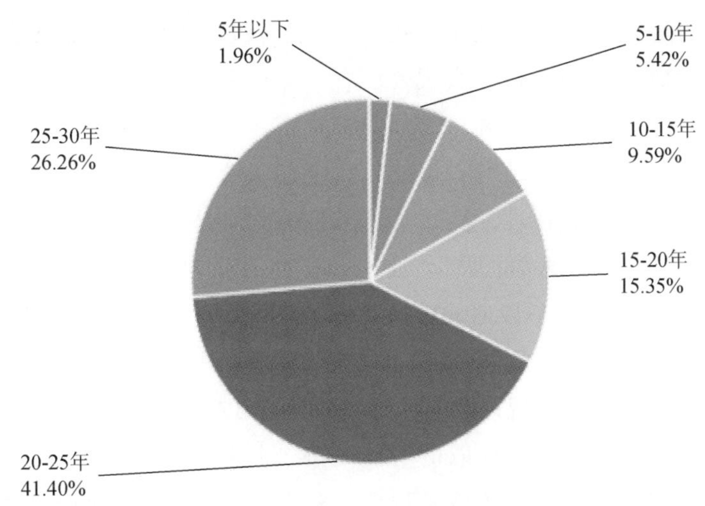

图 5-16　2017 年新发放住房公积金贷款笔数按贷款年限分类

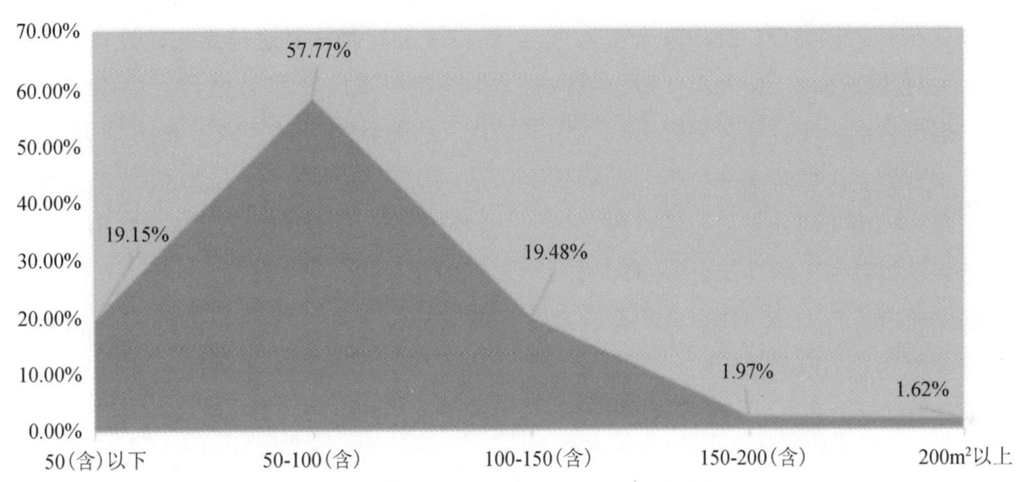

图 5-17　2017 年新发放住房公积金贷款笔数按房屋建筑面积分类

三、住房公积金和政策性住房金融管理措施

（一）持续助推企业减轻负担增强活力

持续推进《关于调整住房公积金缴存比例的通知》，北京地区企业缴存继续实行 5%—12%比例政策，其他性质单位的缴存继续实行 12%比例政策；单位和个人月缴存基数上限（全市上年度职工月平均工资 3 倍）为 23118 元，下限（全市最低工资标准）为 2000 元，为此按照 12%比例计算的职工和单位月缴存额上限均为 2774 元，下限为 240 元。共有 1018 家企业按规定在 5%-11%之间确定了缴存比例，审批同意 1 家企业缓缴住房公积金，切实减轻企业单位尤其是小企业缴存公积金的负担，增强了企业的市场活力。

（二）全面提升住房公积金归集管理服务水平

充分践行五大发展理念，出台《北京住房公积金管理中心关于进一步改进服务加强住房公积金归集管理有关事项的通知》（京房公积金发〔2017〕58 号），与北京市住房和城乡建设委员会、北京市规划和国土资源管理委员会、北京市人力资源和社会保障局实现互联互通和住房公积金缴存人住房和社保信息的共享，提高审核材料的准确性。协同经办银行，实现外部转移、法定退休、单位开户一站办理，方便办事群众。按照“简政放权、放管结合、优化服务”要求，加强对外服务规范管理，简化提取材料，取消“异地购房证明”“离职证明”“收入证明”等多项证明类材料，畅通了异地购房提取的业务办理渠道，全面提升客户服务水平。

（三）加大打击违规提取防范骗提风险

将近两年来遏制骗提、打击违规提取的有效做法固化为风险防控制度性成果，防范骗提住房公积金风险。实施一岗双审，定期轮岗，规范中介公司代办提取业务，首次采用“授权+承诺”形式加大失信惩戒力度，提取资金打入个人联名卡，加大对违法违规工作人员、缴存单位以及提取人的追责力度。配合住建部打击全国性住房公积金违规提取，协助公安部、市公安局核实违规提取信息。推动与河北省、天津市建立住房公积金信息共享机制和三地住房公积金违规人员失信惩戒联动机制。与天津市住房公积金管理中心联合排查疑似违规提取信息，防止利用城市间差异化政策套取住房公积金。

（四）实施差别化信贷政策

积极参与“3·17”房地产调控新政，与北京市住建委等四部门联合印发了《关于完善商品住房销售和差别化信贷政策的通知》（京建法〔2017〕3号），实行差别化信贷政策，停止发放25年期以上住房公积金个人贷款；与中国人民银行营业管理部等四部门印发了《关于加强北京地区住房信贷业务风险管理的通知》（银管发〔2017〕68号），对离婚一年内申请贷款的，按二套房贷款政策执行，坚决遏制投资、投机需求，发挥公积金对合理住房消费的支持作用。全面放开二手房住房公积金贷款评估机构范围，推动建立更加公平的评估市场环境。

（五）加快推进信息化建设

按照建设“科技强国、网络强国、数字中国、智慧社会”的要求，全力推进新系统建设。适应新常态，创新工作方式，充分利用现代化网络平台大幅提升“互联网+”服务能力，完成新版政务网站、微信服务号、支付宝城市服务和移动客户端对接旧系统的查询和宣传咨询模块。对接北京住房租赁监管平台，为租房人提取住房公积金提供便利服务。

第三节　商业性房地产金融

2017年，“3·17”系列房地产调控政策出台以后，北京市住房交易量显著回落，价格指数同比下降；房地产信贷增长趋于合理，个人住房贷款比上年少增超过1000亿元，首套房贷平均首付比例及利率水平稳步提升。

一、房地产开发投资连续两年同比下降

2017年，北京市完成房地产开发投资3745.9亿元，同比下降7.4%，降幅比上年同期扩大3.1个百分点；其中，住宅完成投资1725.5亿元，同比下降11.6%，降幅比上年同期扩大11.0个百分点。房地产开发投资占全社会固定资产投资的比重为41.9%，比上年同期下降5.9个百分点。受土地购置费用持续下降影响，房地产开发投资连续两年同比下降。

二、房地产贷款增速、增量全面回落

2017年末，北京辖内金融机构本外币房地

产贷款余额为 16358.4 亿元，比年初增加 1932.0 亿元，比上年同期少增 858.7 亿元；同比增长 13.4%，比上年同期下降 10.6 个百分点，为 2015 年 6 月以来最低增速。从结构来看，主要是因为购房贷款增速回落，2017 年购房贷款比年初增加 1533.3 亿元，较 2016 年少增 1126.7 亿元，同比增长 16.1%，比上年同期下降 22.7 个百分点；房地产开发贷款比年初增加 386.6 亿元，2016 年为比年初减少 228.6 亿元。

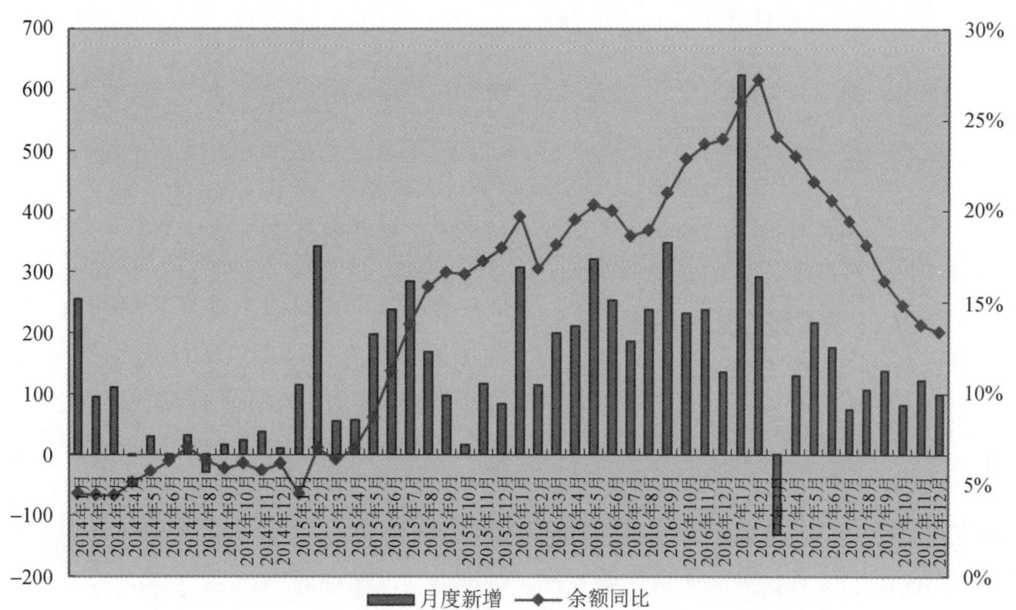

图 5-18　北京市房地产贷款余额月度新增及同比增速情况

三、个人住房贷款同比少增超过 1000 亿元

2017 年末，辖内金融机构本外币个人住房贷款余额 9688.6 亿元，同比增速自 2016 年 11 月的历史高点（42.6%）回落至 16.3%；比年初增加 1360.4 亿元，比上年同期少增 1075.6 亿元，对房地产贷款下拉作用明显。个人商业用房贷款余额 826.5 亿元，比年初增加 109.6 亿元，同比少增 34.1 亿元；同比增长 15.3%，比 2016 年下降 9.8 个百分点。

四、二手房贷款同比增速大幅回落

2017 年末，辖内金融机构二手住房贷款余额 5584.6 亿元，同比增长 24.2%，比 2016 年降低 47 个百分点；比年初增加 1087.2 亿元，比 2016 年少增 783.0 亿元。2017 年 1 月起，辖内金融机构二手住房贷款月度新增额逐月下降，12 月当月本外币二手住房贷款新增 2.9 亿元，为 2012 年 6 月以来最低水平。个人新建住房贷款余额 4103.9 亿元，同比增长 7.1%，比 2016 年增幅降低 10.2 个百分点；比年初增加 273.2 亿元，比 2016 年少增 292.6 亿元。

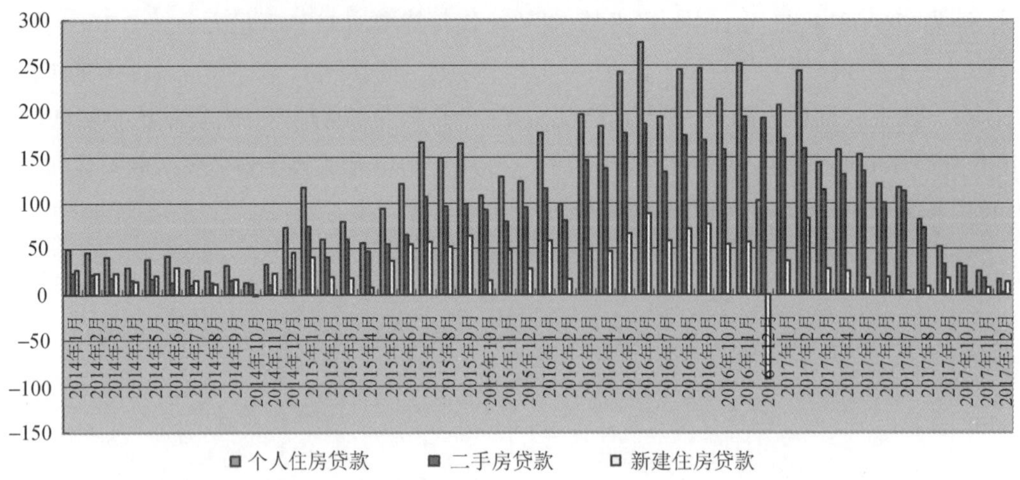

图 5-19　2014—2017 年北京市个人住房贷款月度新增情况

五、房地产开发贷款余额同比恢复增长

2017 年末，辖内金融机构本外币房地产开发贷款余额 5166.4 亿元，比年初增加 411.6 亿元，同比增长 8.7%，上年同期为负增长；房地产开发贷款余额同比自 4 月份触底后呈逐步上升趋势。其中，政府土地储备机构贷款余额 74.9 亿元，比年初减少 464.0 亿元，同比减少 86.1%，政府土地储备机构贷款逐步被地方政府债券置换；住房开发贷款余额 1595.5 亿元，同比增长 8.5%，上年同期为下降 16.0%；商业用房开发贷款余额 1224.5 亿元，同比增长 18.4%，增速比上年同期提高 14.4 个百分点。

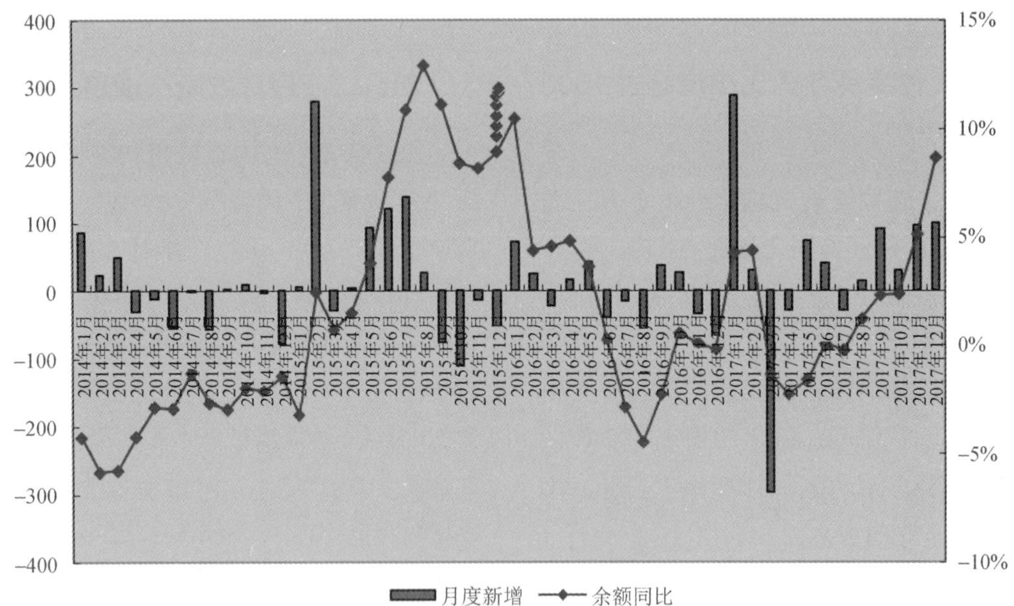

图 5-20　2014—2017 年北京市房地产开发贷款余额月度新增及同比增速情况

六、首套住房贷款利率水平、平均首付比例提高

辖内中资银行首套住房贷款平均利率水平稳步提高，从2016年12月开始，辖内首套住房贷款平均利率水平从基准利率的0.86倍逐步提高至2017年12月的1.03倍。首套房贷平均首付比例从2016年6月的34.2%回升至2017年12月的43.2%。受“3·17”新政中“认房又认贷”的住房套次认定标准影响，首套房贷笔数占比逐月下降，2017年12月首套房贷笔数占比69.5%，同比下降27.0%。

第四节　房地产金融政策调整

一、近年来房地产金融政策调整

2003年以前，房地产金融政策的主要目的在于支持住房体制改革，促进房地产金融产品的推出与发展。2003年6月，针对局部房地产市场过热，中国人民银行出台《关于进一步加强房地产信贷业务管理的通知》（银发〔2003〕121号），加强房地产开发贷款管理、引导规范贷款投向，严格控制土地储备贷款的发放，加强个人住房贷款管理。

2004年至2007年中国人民银行先后9次上调存贷款基准利率，并取消个人住房贷款利率优惠。加息周期有效抑制了非理性住房消费需求，居民购房更侧重于自住和改善住房条件。

2007年《关于加强商业性房地产信贷管理的通知》（银发〔2007〕359号）及其《补充通知》（银发〔2007〕452号）明确了二套房的执行标准，规定二套（含）房贷款首付款比例不得低于40%，贷款利率不得低于基准利率的1.1倍，有效约束了二套房贷杠杆比例，对降低信贷风险、打击房地产投机、保障自住性需求、平抑房价过快上涨发挥了积极作用。此外，银发〔2007〕359号文还进一步严格规范了房地产贷款管理、风险监测及防范工作，要求贷款使用与开发项目配套专款专用，有效避免滚动开发模式下企业挪用贷款资金的行为，防范金融风险。

金融危机以来，随着适度宽松货币政策的实施，自2008年9月起，中国人民银行先后5次下调存贷款基准利率，先后4次下调存款准备金率，并印发了《中国人民银行关于扩大商业性个人住房贷款利率下浮等有关问题的通知》（银发〔2008〕302号）等文件，将商业性个人住房贷款利率的下限扩大为贷款基准利率的0.7倍，最低首付比例调整为20%，要求商业银行充分考虑各种因素按照风险原则合理确定利率水平。房贷利率下限降低使得金融机构房贷利率浮动权限进一步扩大，金融机构具有了更大的自主决策空间。同时也更好地支持了居民购买普通住房，有力促进了内需扩大和民生改善。

2010年2月，中国人民银行、中国银行业监督管理委员会联合出台《关于贯彻落实〈国务院办公厅关于促进房地产市场平稳健康发展的通知〉的通知》（银发〔2010〕58号），加强对房地产贷款业务的窗口指导，加大差别化信贷政策执行力度，严格抑制投资投机性购房需求。9月，又出台了《中国人民银行 中国银行业监督管理委员会关于完善差别化住房信贷政策有关问题的通知》（银发〔2010〕275号），明确提出“暂停发放居民家庭购买第三套及以

上住房的贷款”；对贷款购买商品住房的，“首付款比例调整至30%及以上”，“对贷款购买第二套住房的家庭，严格执行首付款比例比低于50%、贷款利率不低于基准利率1.1倍的规定”。

2011年1月，根据《国务院办公厅关于进一步做好房地产市场调控工作有关问题的通知》（国办发〔2011〕1号）要求，贷款购买第二套住房的家庭，首付款比例不低于60%，贷款利率不低于基准利率的1.1倍。《中国人民银行关于做好差别化住房信贷政策实施工作的通知》（银发〔2011〕66号）明确各地实施差别化住房信贷政策的基本条件、程序和管理要求。

为发挥好金融对公共租赁住房等保障性安居工程建设的支持作用，人民银行会同银监会联合印发《关于认真做好公共租赁住房等保障性安居工程金融服务工作的通知》（银发〔2011〕193号），进一步完善公共租赁住房等保障性安居工程建设的信贷支持政策体系，明确贷款期限最长不超过15年。

2012年9月，住房城乡建设部、财政部、中国人民银行联合印发《关于做好扩大利用住房公积金贷款支持保障性住房建设试点范围工作的通知》（建金〔2012〕130号），确定石家庄等64个城市为新增试点城市，北京等18个城市为新增贷款额度城市，290个建设项目为新增利用住房公积金贷款支持保障性住房建设试点项目。2012年11月，国土资源部、人民银行与银监会出台了《关于加强土地储备与融资管理的通知》（国土资发〔2012〕162号），明确土地储备机构将实行“名录制”管理，各银行机构只能对经过资质认定的名录范围内的土地储备机构发放土地储备贷款；土地储备贷款的期限最长可延至五年。2012年3月，北京市金融工作局、中国人民银行营业管理部、北京市住房和城乡建设委员会等五部门联合出台了《关于印发北京市金融支持保障性住房建设意见的通知》（京金融〔2012〕107号），完善保障性住房相关融资管理制度，吸引各类金融机构及社会资金参与北京市保障性住房建设工作。

2013年2月，根据《国务院办公厅关于继续做好房地产市场调控工作的通知》（国办发〔2013〕17号）要求，继续严格实施差别化住房信贷政策。银行业金融机构要进一步落实好首套房贷款的首付款比例和贷款利率政策，严格执行第二套（及以上）住房信贷政策。

2013年4月，为贯彻落实各项房地产调控政策要求，按照北京市新建商品住房价格控制目标和政策要求，人行营业管理部出台了《中国人民银行营业管理部关于调整北京市差别化住房信贷政策的通知》（银管发〔2013〕116号），对贷款购买第二套住房的家庭，首付款比例不低于70%；同时明确，对在北京市住房和城乡建设委员会房屋登记信息系统中显示无房、在中国人民银行个人信用信息基础数据库中有一笔住房贷款记录、第二次申请贷款购买住房的家庭，仍执行首付款比例不低于60%的政策。北京是2013年国内率先对差别化住房信贷政策进行调整的城市。

2014年9月30日，为进一步改进对保障性安居工程建设的金融服务，继续支持居民家庭合理的住房消费，促进房地产市场持续健康发展，人民银行和银监会联合转发了《关于进一步做好住房金融服务工作的通知》（银发〔2014〕287号），规定对拥有一套住房并已结清相应购房贷款的家庭，为改善居住条件再次申请贷款购买普通商品住房的，银行业金融机构可执行首套房贷款政策。继续支持房地产开发企业的合理融资需求。

为进一步完善个人住房贷款信贷政策，支持居民自住和改善性住房需求，2015年4月20日，人行营业管理部联合市住建委和北京银监局转发了《中国人民银行 住房城乡建设部 中国银行业监督管理委员会关于个人住房贷款政策有关问题的通知》（银管发〔2015〕122号），规定对拥有1套住房且相应购房贷款未结清、再次申请商业性个人住房贷款购买普通住房的居民家庭，最低首付比例和利率水平由北京地区市场利率定价自律机制协商确定。

2015年10月14日，人行营业管理部联合北京银监局转发了《中国人民银行 中国银行业监督管理委员会关于进一步完善差别化住房信贷政策有关问题的通知》（银发〔2015〕305号），要求人民银行、银监会各派出机构应按照“分类指导，因地施策”的原则，加强与地方政府的沟通，根据辖内不同城市情况，在国家统一信贷政策的基础上，指导各省级市场利率定价自律机制结合当地实际情况自主确定辖内商业性个人住房贷款的最低首付款比例。

2016年2月2日，人民银行和银监会联合印发了《中国人民银行 中国银行业监督管理委员会关于调整个人住房贷款政策有关问题的通知》（银发〔2016〕26号），在不实施“限购”措施的城市，进一步降低最低首付款比例。

2016年9月30日，人行营业管理部与相关部门联合印发《北京市人民政府办公厅转发市住房城乡建设委等部门〈关于促进本市房地产市场平稳健康发展的若干措施〉的通知》（京政办发〔2016〕46号），将首套房贷的最低首付比例从30%提高至普通住房35%、非普通住房40%。同时，根据借款人申请住房贷款时拥有的房屋套数认定贷款套次，原来已经拥有一套住房并结清相应住房贷款的家庭，再次申请住房贷款的从原来执行首付房贷政策调整为执行二套房贷政策。

针对住房贷款的阶段担保风险等问题，人行营业管理部经过与北京银监局沟通，于2016年10月24日联合印发《关于进一步加强住房信贷风险管理的通知》（银管发〔2016〕282号），要求银行规范与房企、中介合作，落实开发商的阶段性担保责任，加强住房信贷风险敞口管理。

二、2017年房地产信贷政策调整情况

2017年3月17日，为促进房地产市场平稳健康发展，控制住房市场杠杆水平，人行营业管理部与相关部门联合出台《关于完善商品住房销售和差别化信贷政策的通知》（京建法〔2017〕3号），将首套房贷认定标准由“认房”调整为“认房又认贷”；二套房贷首付比例普通自住房从不低于50%提高至60%、非普通自住房从不低于70%提高至80%；最长贷款期限由30年缩短至25年（含住房公积金贷款）。

针对房贷业务中日渐增多的“假离婚”“学生贷”等问题，2017年3月24日，人行营业管理部会同有关部门联合印发《关于加强北京地区住房信贷业务风险管理的通知》（银管发〔2017〕68号），对离婚一年以内申请住房贷款和公积金贷款的、已成年但未参加工作且无固定收入申请住房贷款的，均按二套房贷政策执行。

2017年3月26日，人行营业管理部会同有关部门联合印发《关于进一步加强商业、办公类项目管理的公告》（京建发〔2017〕第112号），此文出台后个人将不能购买北京市新建商办项目，购买二手商办项目要符合一定条件，但银行暂不提供购房贷款。

第五节 2017年相关房地产金融政策文件

关于完善商品住房销售和差别化信贷政策的通知

京建法〔2017〕3号

各有关单位：

为促进本市房地产市场平稳健康发展，自本通知发布次日起，商品住房销售和居民家庭申请商业性个人住房贷款执行以下规定：

一、企业购买的商品住房再次上市交易，需满3年及以上，若其交易对象为个人，按照本市限购政策执行。

二、居民家庭名下在本市无住房且无商业性住房贷款记录、公积金住房贷款记录的，购买普通自住房的执行现行首套房政策，即首付款比例不低于35%，购买非普通自住房的首付款比例不低于40%（自住型商品住房、两限房等政策性住房除外）。

居民家庭名下在本市已拥有1套住房，以及在本市无住房但有商业性住房贷款记录或公积金住房贷款记录的，购买普通自住房的首付款比例不低于60%，购买非普通自住房的首付款比例不低于80%。

三、暂停发放贷款期限25年（不含25年）以上的个人住房贷款（含住房公积金贷款）。

北京市住房和城乡建设委员会　中国人民银行营业管理部

中国银行业监督管理委员会北京监管局　北京住房公积金管理中心

2017年3月17日

关于进一步加强商业、办公类项目管理的公告

京建发〔2017〕第112号

为进一步规范本市商业、办公类项目管理，促进房地产市场平稳健康发展，现公告如下：

一、商业、办公类项目（以下简称商办类项目）应当严格按规划用途开发、建设、销售、使用，未经批准，不得擅自改变为居住等用途。

二、开发企业新报建商办类项目，最小分割单元不得低于500平方米；不符合要求的，规划部门不予批准。

三、开发企业新建的商办类项目，应当按照批准的规划用途建设、销售，违反规定的，规划国土、住建部门依法处理。

四、开发企业在建（含在售）商办类项目，销售对象应当是合法登记的企事业单位、社会组织。购买商办类项目的企事业单位、社会组织不得将房屋作为居住使用，再次出售时，应当出售给企事业单位、社会组织。

五、本公告执行之前，已销售的商办类项目再次上市交易时，可出售给企事业单位、社会组织，也可出售给个人，个人购买应当符合下列条件：

1. 名下在京无住房和商办类房产记录的。

2. 在申请购买之日起，在京已连续五年缴纳社会保险或者连续五年缴纳个人所得税。

六、对规划用途为商办类的房屋，中介机构不得以任何方式宣传房屋可以用于居住。对违规代理商办类房屋销售或者虚假宣传商办类房屋居住用途的中介机构，依法注销机构备案，直至吊销营业执照。

七、商业银行暂停对个人购买商办类项目的个人购房贷款。

八、本公告发布之日起，开发企业将新开工的商办类项目违规改为居住用途的，一经查实，规划国土部门依法收回土地，商业银行对该企业在本市所有项目暂停授信。

九、开发企业、中介机构违反本公告依法受到处理的处罚信息纳入本市企业信用信息系统。

本公告自发布之日起执行，与本公告不符的，按本公告执行。

北京市住房和城乡建设委员会　北京市规划和国土资源管理委员会
北京市工商行政管理局　人民银行营业管理部　银监会北京监管局
2017年3月26日

关于加强北京地区住房信贷业务风险管理的通知

银管发〔2017〕68号

2016年以来，北京市银行个人住房贷款快速增长，各商业银行在拓展房贷业务的过程中累积了一定风险。为进一步落实四部门《关于完善商品住房销售和差别化信贷政策的通知》（京建法〔2017〕3号），防范住房信贷业务操作风险、信用风险、合规风险等，现将有关事项通知如下：

一、严格落实各项房地产信贷调控措施

各商业银行要坚决落实中央关于“房子是用来住的，不是用来炒的”总体要求，继续从严控制个人购房贷款增量，严格落实差别化的房地产信贷调控政策，配合做好北京市房地产调控工作，促进北京市房地产市场平稳健康发展。北京银监局、人民银行营业管理部将适时会同相关部门对辖区内商业银行房地产信贷调控政策落实情况进行定期检查和不定期抽查，对存在违法违规行为的机构进行严肃问责。

二、对离婚一年内的贷款人实施差别化住房信贷政策，从严防控信贷风险

据有关方面反映，近期，购房家庭通过离婚手段享受首套住房贷款政策的情形有所增加，这既影响了调控政策效果，也容易产生财产纠纷、还款能力下降等问题，增加商业银行住房信贷风险。因此，对于离婚一年以内的房贷申请人，各商业银行应参照二套房信贷政策执行；申请住房公积金贷款的，按二套住房公积金贷款政策执行。

三、认真查询住房贷款记录和公积金贷款记录，严格执行首套房贷认定标准

各商业银行在审核住房信贷业务过程中要严格按照规定查询北京房屋交易权属信息查询系统、人民银行个人信用信息基础数据库。在公积金贷款数据接入征信系统前，各商业银行定期汇总房贷客户信息提交住房公积金中心，由公积金中心查询查证后统一将公积金贷款记录反馈给各商业银行。对于经查询人民银行个人信用信息基础数据库，已确认购房家庭有商业性住房贷款记录的，可不再查询公积金贷款记录，按照二套房贷政策执行。各商业银行对于购房家庭住房记录、商业性住房贷款记录、公积金贷款记录等查询情况要留档备查。

四、严格审核个人住房贷款首付款资金来源，严禁各类“加杠杆”金融产品用于购房首付款

各商业银行要根据“了解你的客户”的原则，加强对客户的尽职调查，认真核查购房人首付款资金来源，对使用“首付贷”等金融产品加杠杆的客户，应拒绝发放贷款。同时，各商业银行应加强消费贷及其他无抵押信用贷款的管理，严禁以消费贷、个人经营性贷款等名义贷出资金用于支付购房首付。

五、严格审核借款人的还款能力，防范投资投机购房带来的信贷风险

各商业银行要严格落实月供收入比（不超过50%）等政策要求，强化审核购房人收入证明材料。对于购房人提供虚假收入证明或不符合月供收入比要求的，不得放贷。对于已成年、未就业且没有固定收入的借款人，商业银行应进一步严格住房贷款条件，原则上可参照二套房信贷政策执行。

六、合理评估房屋价值，增强住房信贷风险的识别和防范能力

各商业银行要加强对房地产真实价值的评估，要提高对房产价值真实客观的判断和评估能力，要依据房屋的合理评估价值而不能简单依据成交价格进行放贷。商业银行与房地产价格评估机构合作进行评估的，要加强对合作方的约束和考核，避免道德风险。

七、加强对支行网点的业务指导和管理，严格落实差别化住房信贷政策

各商业银行要加强对支行网点个人住房贷款业务的管理和指导，督促支行网点严格遵守差别化住房信贷政策及自律机制确定的自律要求。对支行网点违反相关规定的，要及时纠正、严肃处理。

八、规范房地产中介机构与商业银行业务合作，建立商业银行合作中介机构退出机制

各房地产中介机构不得提供或与其他机构合作提供首付贷、尾款贷等违法违规金融产品和服务。对于经有关部门查实存在违法违规问题的中介机构，各商业银行应立即中止与其业务合作。

本通知自发布之日起执行。

中国人民银行营业管理部　中国银行业监督管理委员会北京监管局

北京市住房和城乡建设委员会　北京住房公积金管理中心

2017 年 3 月 24 日

第六章

房地产开发投资与建设

北京市房地产年鉴 2018

2017年，在中央对“房子是用来住的，不是用来炒的”的明确定位下，我市密集出台调控措施限贷限购，全市房地产市场持续降温。同时，扎实推进住房供给侧改革，坚持“房住不炒”，从源头发力，增加保障性质住房供给，将转变调控思路的理念落实到行动上，以长效机制为目标努力推进房地产市场健康可持续发展。

注：（根据国家统计局提高投资统计起点的相关规定，2010年数据为调整后数据）

第一节　2017年房地产开发投资概述

2017年，全市完成房地产开发投资3745.9亿元，比上年下降7.4%，受供地减少、储备项目不足等因素影响，全市房地产开发投资持续下降。其中，全年土地购置费用为1744.6亿元，占开发投资比重为46.6%，下降10.7个百分点（见图6-1）。

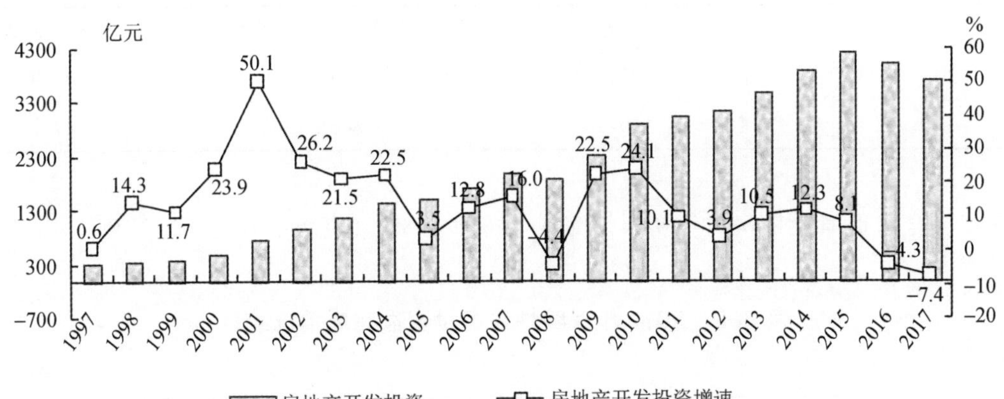

图6-1　1997年以来北京市房地产开发投资增速

房地产开发投资中，住宅投资完成1725.5亿元，下降11.6%；办公楼投资完成742.9亿元，增长6.3%；商业、非公益用房及其他投资完成1277.5亿元，下降8.5%。

从地区投资结构看，2017年核心区、拓展区、发展新区和生态涵养区房地产开发投资占全市房地产开发投资的比重分别为4.8%、45.3%、40%和9.9%。核心区和拓展区分别比上年提高2个和2.6个百分点，发展新区和生态涵养区分别下降3.7个和0.9个百分点（见图6-2）。

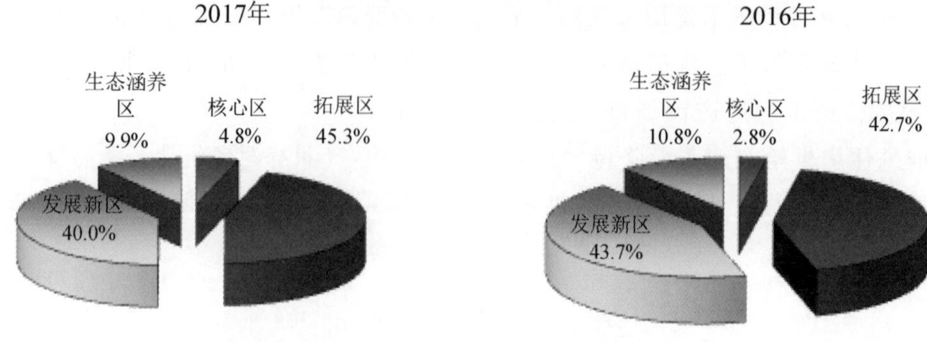

图 6-2 四大功能区房地产开发投资占全市比重

2017 年，全市房地产开发投资为 3745.9 亿元，比上年下降 7.4%，占全社会固定资产投资比重为 41.9%，比上年降低 5.9 个百分点。

表 6-1 2017 年房地产开发投资情况统计

单位：亿元，%

	房地产开发投资	全社会固定资产投资	所占比重
2017 年	3745.9	8948.1	41.9
2016 年	4045.4	8461.7	47.8

2017 年，全市保障性住房自年初累计完成投资 851.6 亿元，比上年下降 9%（见表 6-2）。

表 6-2 2017 年保障性住房投资额完成情况统计

单位：亿元，%

	2017 年	2016 年	同比增长
自年初累计完成投资	851.6	936.2	-9.0
其中：经济适用房	31.9	22.6	41.3
价房	100.3	277.8	-63.9
公租（廉租）房	86.6	213	-59.4
定向安置房	632.8	422.8	49.7

一、2017 年房地产开发投资及投资完成情况（分区）

从完成房地产开发投资的区域分布看，朝阳区仍是投资的大户，其次是丰台区；比重分别为 21.8%和 10.8%（见表 6-3）。

表 6-3　2017 年按区域划分房地产开发投资完成情况统计

单位：亿元

区域		完成投资合计
功能核心区	东城区	46.0
	西城区	132.9
功能拓展区	朝阳区	815.8
	丰台区	405.0
	石景山区	186.1
	海淀区	289.3
发展新区	房山区	250.8
	通州区	295.9
	顺义区	210.3
	昌平区	339.1
	大兴区	402.8
生态涵养保护区	门头沟区	246.2
	怀柔区	34.4
	平谷区	34.7
	密云区	39.3
	延庆区	17.2

二、历年房地产开发投资完成情况(分用途)

2017 年全市房地产开发投资中，用于住宅完成投资 1725.5 亿元，下降 11.6%；办公楼投资完成 742.9 亿元，增长 6.3%；商业、非公益用房及其他投资完成 1277.5 亿元，下降 8.5%(见图 6-3)。

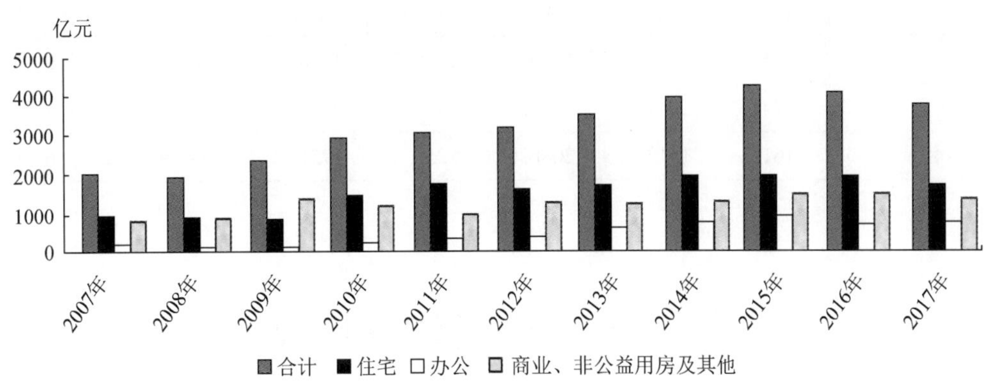

图 6-3　2007-2017 年按用途划分房地产开发投资完成情况

三、房地产开发投资构成及变动情况

在2017年全市房地产开发投资中，用于建筑工程投资为1127.9亿元，同比下降13.8%；用于安装工程的投资为38.6亿元，同比增长15.9%；用于设备、工器具购置的投资为22.4亿元，增长7.8%；用于其他费用的投资为2557亿元，同比下降4.7%（见表6-4）。

表6-4 2017年房地产开发投资构成及变动情况统计

单位：亿元，%

指标	2017年	2016年	同比增长
建筑工程	1127.9	1308.4	-13.8
安装工程	38.6	33.3	15.9
设备、工器具购置	22.4	20.8	7.8
其他费用	2557	2683	-4.7

四、房地产开发资金来源情况

2017年，全市房地产开发项目本年到位资金小计6992.6亿元，比上年下降13.2%。其中，国内贷款为1947.1亿元，下降9.4%；自筹资金为1732.5亿元，下降12.5%；定金及预收款为2408.9亿元，下降4.2%（见表6-5）。

表6-5 2010-2017年房地产开发资金来源情况统计

单位：亿元

	2010	2011	2012	2013	2014	2015	2016	2017
上年末结余资金	1543.8	1879.9	2287.1	2387.4	2808.3	3201.6	3643.0	3775
本年资金来源小计	5790.6	5358.1	6112.4	7300.2	6730.4	7282.1	8059.6	6992.6
#国内贷款	1439.1	1168	1498.4	1836.9	2183.7	1971.0	2148.5	1947.1
利用外资	13.9	2.6	4.2	11.6	7.8	5.7	1.1	18.6
自筹资金	1763	1746.2	1626.1	2138.2	1898.1	2277.2	1978.9	1732.5
其他资金来源	2574.6	2441.4	2983.7	3313.4	2640.8	3028.2	3931.1	3294.4
#定金及预付款	1611	1518.1	2086.8	2257.5	1751.6	1764.9	2515.6	2408.9

第二节 房屋建设情况

一、房屋建设总体情况

截至2017年12月末，全市商品房施工面积为12608.6万平方米，比上年下降3.7%。商品房新开工面积为2475.7万平方米，比上年下降

12%。(见图 6-4)。

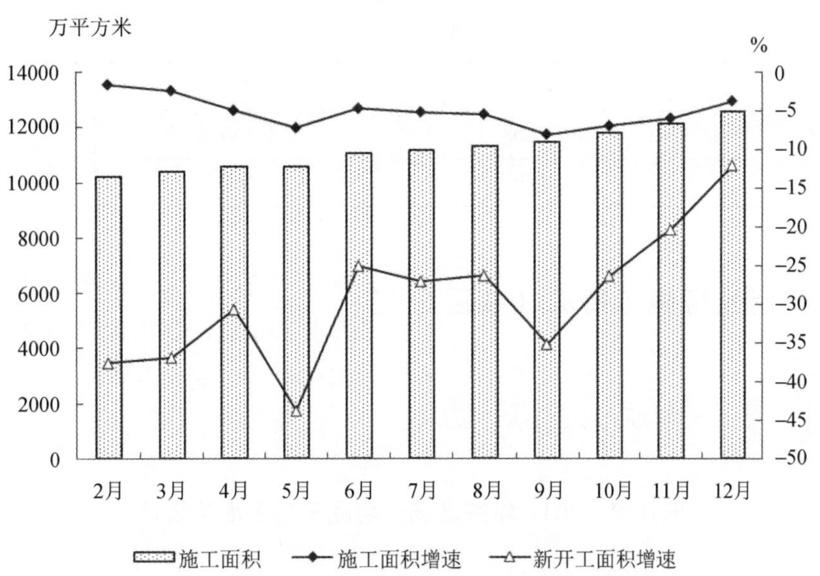

图 6-4 2017 年商品房施工面积及增速走势

截至 12 月底，住宅施工面积为 5506.6 万平方米，下降 7.1%；其中，住宅新开工面积为 1226.7 万平方米，增长 1.4%。

2017 年，全市完成保障性住房投资 851.6 亿元，同比下降 9%。年末保障性住房施工面积 4277.5 万平方米，增长 8.2%。全年保障性住房竣工面积 351.7 万平方米，下降 47%（见表 6-6）。

表 6-6 2017 年保障性住房建设情况统计

单位：亿元，万平方米,%

	2017 年	2016 年	同比增长（%）
完成投资	851.6	936.2	-9.0
其中：住宅	579	695.2	-16.7
房屋施工面积	4277.5	3952.4	8.2
其中：住宅	3056.7	2923.2	4.6
房屋新开工面积	1023.1	1051.9	-2.7
其中：住宅	689.2	737.9	-6.6
房屋竣工面积	351.7	663.9	-47.0
其中：住宅	277.3	514.5	-46.1

二、商品房新开工及施工情况概述

截至 2017 年 12 月末，全市商品房施工面积为 12608.6 万平方米，比上年下降 3.7%。商品房新开工面积为 2475.7 万平方米，下降 12%。(见表 6-7)。

表 6-7　2016-2017 年商品房施工面积及新开工情况统计

单位：万平方米,%

	2017 年	2016 年	同比增长
施工面积	12608.6	13089.8	-3.7
新开工面积	2475.7	2813.7	-12

三、2017 年商品房施工情况（按区域分）

从区域上看，施工面积朝阳区最大，为 2158 万平方米，大兴区位于第二，为 1564.3 万平方米，分别占全市商品房施工面积的 17.1% 和 12.4%（见表 6-8）。

表 6-8　2017 年按区域分商品房施工面积统计

单位：万平方米

区域	施工面积	区域	施工面积
东城区	154.9	通州区	1456.7
西城区	117.7	顺义区	1108.3
朝阳区	2158.0	昌平区	1114.7
丰台区	1523.0	大兴区	1564.3
石景山区	383.1	怀柔区	151.7
海淀区	1109.2	平谷区	217.0
门头沟区	419.4	密云区	248.0
房山区	779.5	延庆区	103.1
合计	12608.6		

四、历年商品房新开工情况（按用途分）

2017 年，全市全年商品房新开工面积为 2475.7 万平方米，比上年下降 12%。其中，住宅新开工面积为 1226.7 万平方米，增长 1.4%；办公楼为 364.6 万平方米，下降 21.5%；商业、非公益用房及其他用房为 884.4 万平方米，下降 22.4%（见图 6-5）。

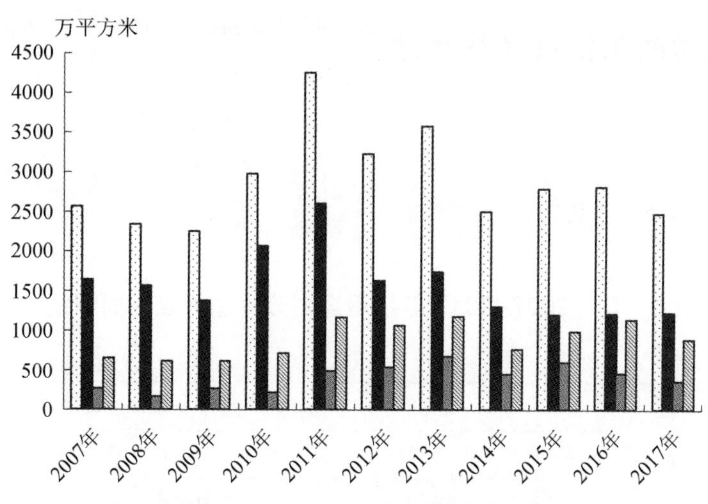

图 6-5　2007-2017 年商品房新开工面积情况

五、商品房竣工情况

2017 年，全市全年商品房竣工面积为 1466.7 万平方米，比上年下降 38.5%。其中，住宅竣工面积为 604 万平方米，下降 52.6%（见表 6-9）。

表 6-9　2017 年商品房竣工面积统计

单位：万平方米,%

	2017 年	2016 年	增长（%）
竣工面积	1466.7	2383.1	-38.5
其中：住宅	604	1275.2	-52.6

六、2017 年商品房竣工情况（按区域分）

从区域上看，全市商品房竣工面积为 1466.7 万平方米，丰台区最多，朝阳区位居第二，分别占 16.7%和 16.1%（见图 6-6）。

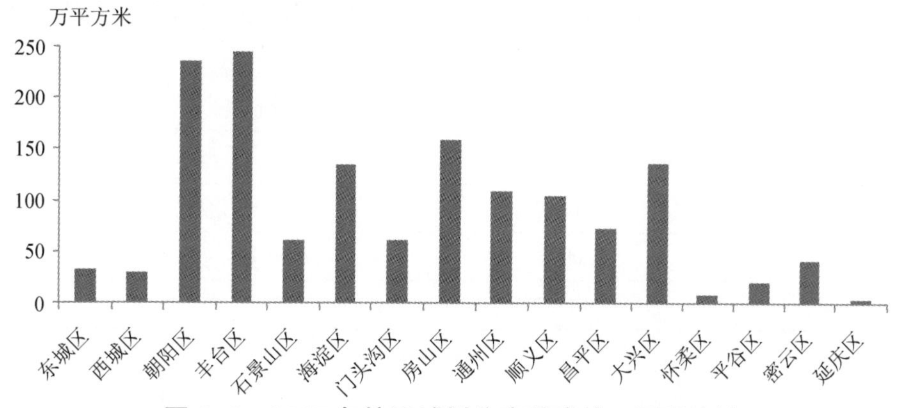

图 6-6　2017 年按区域划分商品房竣工面积统计

七、历年商品房竣工情况（按用途分）

2017 年，全市商品房竣工面积为 1466.7 万平方米，比上年下降 38.5%。其中，住宅竣工面积为 604 万平方米，下降 52.6%；办公楼为 321.2 万平方米，下降 6.8%；商业、非公益用房及其他用房为 541.5 万平方米，下降 29.1%（见表 6-10）。

表 6-10 2007-2017 年按用途划分商品房竣工面积统计

单位：万平方米

	合计	住宅	办公楼	商业、非公益用房及其他
2007 年	2891.7	1854	314.8	722.9
2008 年	2558	1399.3	364.6	794.1
2009 年	2678.6	1613.2	316.6	748.7
2010 年	2386.7	1498.5	198.4	689.8
2011 年	2245.2	1316.1	245.2	683.9
2012 年	2390.9	1522.7	226.8	641.4
2013 年	2666.4	1692	273.1	701.3
2014 年	3054.1	1804.3	387.5	862.3
2015 年	2631.5	1378.2	385.4	867.8
2016 年	2383.1	1275.2	343.7	764.2
2017 年	1466.7	604	321.2	541.5

第三节 商品房待售情况

截至 2017 年 12 月底，全市商品房待售面积为 2092.1 万平方米，比 2016 年末减少 68.7 万平方米。其中，住宅待售面积为 811.2 万平方米，比 2016 年末减少 34.6 万平方米（见表 6-11）。

表 6-11 2017 年商品房待售情况统计

单位：万平方米，%

	2017 年	2016 年	同比增长
待售面积	2092.1	2160.8	-3.2
其中：住宅	811.2	845.8	-4.1

一、2017 年商品房待售情况（分区域分用途）

2017 年末，全市商品房待售面积从区域分布看，朝阳区待售面积最大，达 545.4 万平方米，占 26.1%；其次是昌平区，267.7 万平方米，占 12.8%，第三是通州区，243.7 万平方米，占 11.6%（见图 6-7）。

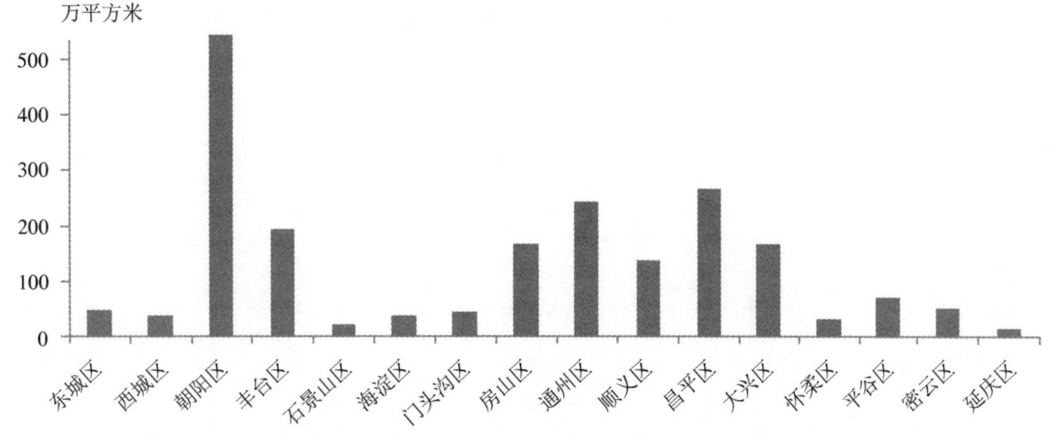

图 6-7　2017 年按区域划分商品房待售面积情况统计

2017 年末，全市商品房待售面积按时间划分，待售 1 年以内的面积为 1190.4 万平方米，1 年至 3 年的面积为 355.7 万平方米；3 年以上的面积为 546 万平方米（见表 6-12）。

表 6-12　2007-2017 年按用途分待售一年以内商品房面积

单位：万平方米

一年以内待售面积	合计	住宅	办公	商业、非公益用房及其他
2007 年	439	177	40.5	221.6
2008 年	493.2	187.4	59.4	246.5
2009 年	583.4	159.8	92.3	331.3
2010 年	672.3	209.6	109.8	352.9
2011 年	771.1	252.2	115.4	403.5
2012 年	953.1	326.9	103.7	522.5
2013 年	939.1	430.1	96	413
2014 年	944.3	406.5	127.3	410.5
2015 年	1016.4	434.5	138.5	443.5
2016 年	1197.1	396.3	230.7	570.1
2017 年	1190.4	382	233.9	574.5

二、历年商品房待售情况（分用途）

2017年商品房待售面积为2092.1万平方米，比上年末减少68.7万平方米。从用途上看，住宅待售面积为811.2万平方米，下降4.1%；办公楼待售面积为336.1万平方米，增长4.8%；商业、非公益用房及其他待售面积为944.8万平方米，下降5%（见表6-13）。

表6-13　2007-2017年商品房待售情况统计

单位：万平方米

待售	合计	住宅	办公	商业、非公益用房及其他
2007年	1136.2	411.8	198.1	526.3
2008年	1438.3	522.7	244.6	671
2009年	1351.4	426.8	246.5	678.1
2010年	1482.7	511.9	223.9	746.9
2011年	1792.6	699.8	250.2	842.6
2012年	1911.8	789.5	198.2	924.1
2013年	1861.4	829.3	180.1	852
2014年	2065.7	964.8	307.2	893.7
2015年	2168.1	867.7	332.5	968
2016年	2160.8	845.8	320.7	994.3
2017年	2092.1	811.2	336.1	944.8

第四节　房屋征收拆迁

一、房屋征收拆迁情况综述

2017年，《北京城市总体规划》经中共中央国务院批复实施。为落实总规“双控”“三线”要求及市政府指示精神，北京市住建委加大征收拆迁政策统筹研究，开展宅基地上房屋拆迁补偿安置政策专项调研；以破解房屋征收拆迁前期手续慢及后期执行难问题为导向，研究推动出台相关政策文件；加强与市高级法院、市四中院及市司法局沟通交流，推动建立房屋征收拆迁行政司法衔接工作机制，加大司法保障；同时加强对重点工程指导协调，全市房屋征收拆迁工作总体平稳有序推进，项目签约率高，为城市副中心建设、群众居住条件改善及铁路、轨道交通等重点工程建设提供了重要支撑。

二、房屋征收拆迁情况统计

1. 房屋征收拆迁项目启动情况

2017年，全市共启动房屋征收拆迁项目47个（其中核发房屋征收决定项目17个，核发房屋拆迁许可证项目30个），征收拆迁住宅户数22121户（其中征收涉及14046户，拆迁涉及

8075户），涉及住宅建筑面积约220万平方米。

2. 房屋征收拆迁项目签约情况

2017年，全市房屋征收拆迁共签约住宅户数20357户（其中征收签约11197户，拆迁签约9160户），涉及住宅建筑面积约215万平方米（其中征收涉及约57万平方米，拆迁涉及158万平方米）。全市共清理完成在征在拆项目85个，其中征收项目12个，拆迁项目73个。

自2011年《国有土地上房屋征收与补偿条例》实施以来，截至2017年底，北京市共启动105个房屋征收项目，涉及住宅约6.8万户，征收项目整体签约率达到96%。

三、征收拆迁管理工作情况

1. 研究出台相关政策，推动前期手续及后期执行难等问题解决

一是为破解房屋征收拆迁“滞留”难题，推进重点工程早落地，研究出台《政府组织实施房屋征收拆迁强制执行工作的指导意见》，从实施主体、实施程序及善后保障方面，分3个阶段13个步骤，指导各区政府组织实施房屋征收补偿决定、拆迁裁决强制执行行为，确保行为依法合规、群众利益切实维护。二是落实“一会三函”审批制度改革要求，研究简化纳入“一会三函”工作流程项目房屋征收拆迁前期立项、规划、用地手续要件，缩短审批时限。2017年7月，市政府办公厅印发《关于完善公共服务类建设项目投资审批改革试点工作的意见》，对相关手续要件予以明确。三是为规范安置房源的管理，做好房屋征收拆迁与住房保障工作的衔接，北京市住建委印发《关于加强征收拆迁安置房源统筹管理工作的通知》，明确各区应建立安置房源统筹管理长效机制，做好安置房源的建设、分配、销控和收回等工作，指定专人加强相关补偿安置信息填报，逐步实现全市房屋征收拆迁补偿工作精细化、信息化管理。

2. 开展宅基地上房屋拆迁补偿安置政策统筹调研

为落实“双控”“三线”及建设用地减量集约发展要求，确保补偿安置公平合理，项目成本可控，按照市领导指示要求，成立由北京市住建委牵头，市发展改革委、市规划国土委、市估价师协会等组成的工作专班，加强本市宅基地上房屋补偿安置政策统筹研究。梳理汇总各区拆迁补偿安置政策，进行典型项目新旧补偿安置方案数据测算和推演，北京市住建委徐贱云主任、邹劲松副主任带队赴朝阳、海淀、房山、顺义、大兴、昌平六个区开展拆迁腾退补偿安置情况专项调研，听取相关意见建议。

3. 加强行政司法机关工作衔接，依法推进房屋征收拆迁工作

一是加强与市法院系统沟通协调，加大征收拆迁司法保障。建立市区两级行政司法衔接工作机制。召开全市棚改征收拆迁行政司法衔接工作会，就深化行政司法良性互动，积极推进“裁执分离”，加大征收拆迁案件快审快裁快执等达成共识。加强与市高级法院、市四中院等沟通，多次召开专题研讨会，共同研究破解拆迁许可续证、房屋征收中相关涉法难题，推动依法行政工作。梳理、汇总各区已经法院执行立案但尚未执行完毕的案件情况，加强与市高级法院执行局工作对接，推动法院加快对待执行案件的执行力度。二是加强与市司法局沟通交流，加大工作对接，规范承办房屋征收拆迁业务律师行为。建立常态化沟通会商机制。会同市司法局、市重大项目办联合印发《关于进一步规范房屋征收拆迁类案件律师代理工作的通知》，建立征收拆迁管理部门、司法行政部门常态化沟通会商机制，加强工作对接，将司法协助落实到具体项目；加大对从事征收拆迁类业务的律师和律所监管，加大对违法行为的查处，不给无良律师留下插手代理空间。协调

市律师协会出台《律师承办房屋征收和征地拆迁业务指引》及《告知书》，加强承办房屋征收拆迁业务律师行业监管，规范律师执业行为。建立重大项目律师执业行为通报机制。将各区重点项目实施中不良律师恶意介入征收拆迁项目情况及时通报给司法行政机关，提请约谈告诫。

4. 加大征收拆迁工作指导，提升征收拆迁管理人员依法行政能力

一是加强培训指导。北京市住建委分别于2月、12月组织召开了全市房屋征收拆迁系统工作会及培训会。传达市政府“双控”“三线”及合理控制征收拆迁成本的总体要求，明确各区做好政治定位、职责定位及风险定位，加强依法履责、依法行政的意识。宣贯培训《北京市房屋征收服务机构服务行为动态评价暂行办法》《北京市国有土地上房屋征收评估暂行办法》及《政府组织实施房屋征收拆迁强制执行工作的指导意见》，开展业务培训，规范房屋征收拆迁信息管理工作。加强典型示范引领，通过朝阳区、石景山区、通州区典型发言，宣传加强司法行政对接、部门统筹联动，做好房屋征收拆迁工作的经验做法。邀请市高级法院法官、政府法律顾问就征收拆迁涉法涉诉问题及法律风险防范做专题讲座。二是加强重点项目房屋征收拆迁工作指导。北京市住建委通过一线挂职、主动跟踪、现场调研、专题研讨等方式，积极回应各区需求，加大对重点项目推进中疑难问题解决的指导、协调，推动了重点工程建设。

5. 加大房屋征收拆迁信息系统建设，推进精细化、信息化管理

2017年3月1日，北京市国有土地上房屋征收信息系统正式上线运行后，北京市住建委逐区开展信息系统培训工作。房山、顺义、密云等区已正式使用该系统，加强信息化管理，其他各区正在积极推进过程中。

6. 落实“放管服”要求，加强拆迁行业管理改革

按照国务院及北京市“放管服”要求，加强拆迁单位管理方式改革，印发《关于废止房屋拆迁单位管理办法相关文件的通知》，取消房屋拆迁单位资质核准，破除行业壁垒，引导各区房屋拆迁管理部门建立服务行为动态评价制度，加强对房屋拆迁服务机构事前提醒和事中、事后监管，规范服务行为，提升服务质量。

7. 加强课题调研，为相关政策出台提供重要支撑

为推进京津冀协同发展规划纲要及北京城市总体规划实施，开展《深化改革背景下我市集体土地房屋拆迁政策优化》课题研究。通过分析本市集体土地宅基地上房屋拆迁补偿中存在的主要问题，剖析典型项目补偿安置现状等，提出政策统筹主要思路，并就典型项目进行新旧补偿方案成本测算，提出政策优化建议，为我市拆迁政策统筹提供重要储备。

第七章

房地产交易市场运行

第一节 2017年房地产交易市场综述

2017年首都房地产市场调控，坚持以习近平新时代中国特色社会主义思想为指导，以习总书记视察北京重要讲话精神为根本遵循，坚持“贯彻落实房子是用来住的、不是用来炒的定位，加快建立多主体供给、多渠道保障、租购并举的住房制度，让全体人民住有所居”目标要求，增供控需、精准施策，稳定房价、稳定市场、稳定预期，有效防范化解各类风险，保证了首都房地产市场的平稳健康发展。全年新建房屋①共计上市1108.2万平方米、成交1003.6万平方米，其中新建商品住房②上市523.7万平方米（4.2万套），成交446.5万平方米（3.3万套）；存量房③成交1319.6万平方米，其中商品住房1174.4万平方米（13.1万套）。

一、新建商品房市场成交情况

1. 新建商品房成交情况

2017年，北京市新建房屋成交面积1003.6万平方米，同比减少49.3%；成交金额3090.1亿元，同比减少44.5%。其中预售成交面积535.7万平方米，同比减少53.6%；成交金额2097.6亿元，同比减少41.8%；现房成交面积467.9万平方米，同比减少43.4%；成交金额992.5亿元，同比减少49.5%。

2. 新建住房④成交情况

2017年，北京市新建住房成交面积559.8万平方米，同比减少43.1%；成交金额2029.9亿元，同比减少33.4%。其中新建预售商品住房成交面积262.4万平方米（2.0万套），同比减少48.2%，成交金额1311.4亿元，同比减少28.3%；新建预售经济适用住房和限价房成交面积86.1万平方米（1.2万套）；新建现售商品住房成交面积184.1万平方米（1.3万套），同比减少40.1%，成交金额575.2亿元，同比减少45.2%；新建现售经济适用住房和限价房销售面积27.2万平方米（3414套）。

二、存量房成交情况

2017年，北京市存量房成交面积1319.6万平方米，同比减少50.8%，成交金额3688.3亿元，同比减少45.2%。其中存量住房成交面积1174.4万平方米，同比减少50.8%，成交金额3438.3亿元，同比减少44.6%。从成交比重来看，存量住房成交13.1万套，占87.3%；存量办公用房成交0.8万套，占5.1%；存量商业营业用房成交0.3万套，占1.7%；其他类型存量房屋成交0.9万套，占5.8%。

① 新建房屋包括新建（含预售及现售）的经济适用房、限价房等政策性住房以及自住房（含共有产权住房）、商品住房、商业、办公、工业、车库、其他等所有规划用途房屋。

② 新建商品住房包括新建（含预售及现售）的自住房（含共有产权住房）和商品住房，不包含经济适用房、限价房等政策性住房。

③ 存量房包括二手的商品住房、商业、办公、工业、车库、其他等所有规划用途房屋。

④ 新建住房包括新建（含预售及现售）的经济适用房、限价房等政策性住房及自住房、商品住房。

第二节　新建商品房批准预售情况

一、新建商品房批准预售总体情况

2017 年，北京市共批准预售许可证 232 个，面积 737.0 万平方米，同比减少 34.3%；其中批准住房类房屋 4.7 万套，面积 503.4 万平方米，面积比 2016 年减少 10.0%，批准办公用房、商业用房面积分别为 127.6 万平方米、39.6 万平方米，比 2016 年分别减少 65.1%、61.3%。

表 7-1　2010-2017 年北京市新建房屋批准预售面积

单位：万平方米

年份	合计	住房	商业	办公	其他
2010 年	1620.8	1197.6	92.5	222.4	108.3
2011 年	1554.7	1079.3	95.1	302.5	77.8
2012 年	1379.2	1036.1	53.9	232.4	56.8
2013 年	1174.1	781.8	76.7	251.3	64.3
2014 年	1565.3	1150.9	74.1	246.3	94.0
2015 年	1308.3	807.1	75.7	321.0	104.5
2016 年	1121.7	559.5	102.4	365.3	94.5
2017 年	737.0	503.4	39.6	127.6	66.4

从区域分布看，顺义、昌平 2 区新建住房批准预售面积均超过 100 万平方米，合计达 219.1 万平方米，占全市批准预售总量的 29.7%，其余 15 个区批准预售面积为 517.8 万平方米，所占比重为 70.3%。

表 7-2　2017 年北京市新建房屋各区批准预售情况

区	上市套数（套/或单元）	上市面积（万平方米）
顺义区	14227	112.9
昌平区	8710	106.2
通州区	8656	83.5
朝阳区	9655	80.9
大兴区	8937	70.7
门头沟区	5246	56.5
丰台区	4189	47.6

（续表 7-2）

区	上市套数（套/或单元）	上市面积（万平方米）
房山区	6367	45.6
密云区	4516	33.7
平谷区	4731	29.9
石景山区	2757	18.7
海淀区	1782	16.1
延庆区	1486	12.6
开发区	788	11.7
西城区	362	5.4
怀柔区	715	4.8
东城区	0	0.0
合计	83124	737.0

二、不同用途房屋批准预售情况

1. 住房

2017 年北京市住房批准预售面积为 503.4 万平方米，比 2016 年减少 56.1 万平方米，降幅为 10.0%。从用途看，商品住房批准预售面积为 398.8 万平方米，同比减少 2.2%；经济适用住房批准预售面积为 4.7 万平方米，同比减少 88.1%，限价房批准预售面积为 99.9 万平方米，同比减少 10.9%。

表 7-3　2010-2017 年北京市住房分类型批准预售面积

单位：万平方米

年份	住房	其中		
		商品住房	经济适用住房	限价房
2010 年	1197.6	981.3	40.7	175.6
2011 年	1079.3	812.7	22.3	244.3
2012 年	1036.1	831.9	32.4	171.8
2013 年	781.8	602.9	64.0	114.9
2014 年	1150.9	995.4	21.1	134.4
2015 年	807.1	638.6	37.5	131.0
2016 年	559.5	407.8	39.5	112.2
2017 年	503.4	398.8	4.7	99.9

从区域分布看，北京市预售商品住房供应集中在朝阳、昌平、顺义、大兴、丰台、门头沟六区，2017 年这 6 个区住房批准预售面积为 284.3 万平方米，占全市住房批准预售面积总量的 71.3%（其中，朝阳区批准预售面积为 69.1 万平方米，居各区之首）。东城区、怀柔区住房批准预售面积均为 0。其余 9 个区住房批准预售面积为 120.2 万平方米，占全市总量的 28.7%。

表 7-4　2010-2017 年北京市各区批准预售商品住房面积

单位：万平方米

区	2010 年	2011 年	2012 年	2013 年	2014 年	2015 年	2016 年	2017 年
东城区	15.9	0.0	4.2	0.0	0.0	9.4	0.0	0.0
西城区	11.7	13.6	14.1	6.0	3.1	0.0	0.0	5.4
朝阳区	191.2	146.8	125.7	65.1	124.5	98.7	48.1	69.1
海淀区	54.9	36.7	46.5	10.0	54.3	25.8	33.8	12.7
丰台区	27.3	49.8	51.2	26.4	37.7	47.5	29.9	34.9
石景山区	26.3	4.4	1.2	6.6	0.0	23.9	0.0	2.8
通州区	123.9	66.5	91.5	118.8	129.5	50.7	17.7	25.4
房山区	93.9	99.4	100.5	79.3	111.7	60.8	77.5	17.0
顺义区	113.9	45.1	61.5	56.6	95.5	37.9	43.6	50.9
门头沟区	0.0	14.1	52.0	16.2	38.8	66.4	45.7	31.0
大兴区	169.1	123.8	101.6	107.3	138.7	55.3	15.0	37.6
怀柔区	17.9	25.0	20.2	1.8	2.8	9.2	0.0	0.0
密云区	51.1	56.9	40.1	28.8	45.1	33.8	11.0	24.9
昌平区	64.0	118.1	95.8	43.4	139.3	63.8	61.5	60.7
延庆区	5.5	9.1	14.5	0.0	0.0	2.2	0.0	7.8
平谷区	10.2	0.0	11.3	22.9	59.5	28.7	18.3	13.9
开发区	4.5	3.4	0.0	13.7	14.9	24.5	5.8	4.6
合　计	981.3	812.7	831.9	602.9	995.4	638.6	407.8	398.8

2. 办公用房

2017 年，北京市办公用房批准预售面积 127.6 万平方米，比 2016 年减少 237.7 万平方米，降幅为 65.1%。办公用房供应以顺义、通州、昌平、平谷、门头沟区为主，五个区的办公用房批准预售面积占全市供应总量的 70.9%，其中顺义的供应量最大，为 25.5 万平方米，占全市的比重为 19.9%。东城、西城、海淀、石景山、怀柔、延庆批准预售面积均为 0。

表 7-5　2010-2017 年北京市办公用房分区批准预售面积

单位：万平方米

区	2010 年	2011 年	2012 年	2013 年	2014 年	2015 年	2016 年	2017 年
东城区	16.3	4.2	0.0	2.1	0.8	0.0	6.4	0.0
西城区	12.2	8.9	2.0	0.0	20.4	11.2	0.0	0.0
朝阳区	52.9	52.8	28.3	59.7	36.0	14.7	8.3	3.4
海淀区	15.9	9.2	7.8	4.2	9.1	7.1	21.2	0.0
丰台区	22.1	37.8	9.6	13.1	5.1	41.9	18.8	9.9
石景山区	17.0	6.9	1.9	10.0	6.4	48.5	10.3	0.0
通州区	0.0	35.2	18.3	66.4	42.1	32.0	35.6	24.1
房山区	0.4	17.8	0.0	31.8	20.6	33.4	48.0	8.5
顺义区	11.5	18.6	71.1	16.3	20.0	36.2	40.4	25.5
门头沟区	1.8	0.0	0.0	2.9	13.4	16.0	32.9	10.9
大兴区	11.6	12.1	67.0	25.2	15.6	63.3	76.4	5.7
怀柔区	1.2	0.5	14.3	0.0	8.8	2.8	0.0	0.0
密云区	0.0	0.0	0.0	0.0	2.3	0.0	0.0	3.5
昌平区	25.7	30.7	7.9	5.6	20.0	9.5	20.0	15.3
延庆区	0.0	0.0	0.0	0.0	0.0	0.0	1.8	0.0
平谷区	0.0	0.0	0.0	7.5	3.4	4.4	33.3	14.6
开发区	33.8	67.8	4.2	6.5	22.3	0.0	11.8	6.2
合　计	222.4	302.5	232.4	251.3	246.3	321.0	365.3	127.6

3. 商业用房

2017 年，北京市商业用房批准预售面积 39.6 万平方米，比 2016 减少 62.8 万平方米，降幅为 61.3%。商业用房的供应主要分布在大兴、房山、门头沟、通州、顺义五区，供应量占全市供应总量的 82.0%。

表 7-6　2010-2017 年北京市商业营业用房批准预售面积

单位：万平方米

区	2010 年	2011 年	2012 年	2013 年	2014 年	2015 年	2016 年	2017 年
东城区	9.2	1.2	0.2	0.08	0.01	1.2	4.8	0.0
西城区	1.0	1.0	1.3	0.0	0.27	0.5	0.5	0.0
朝阳区	37.5	26.1	16.6	11.4	9.5	10.9	1.2	2.0
海淀区	7.0	0.7	2.0	4.4	5.2	0.0	3.6	0.0
丰台区	4.4	12.4	2.6	2.6	4.4	8.4	15.7	1.1
石景山区	0.9	9.3	3.4	7.7	1.5	10.8	5.4	0.0
通州区	21.4	2.7	3.2	16.0	9.5	7.3	16.0	4.8

（续表 7-6）

区	2010 年	2011 年	2012 年	2013 年	2014 年	2015 年	2016 年	2017 年
房山区	1.4	0.5	0.8	4.9	15.5	8.8	13.2	6.7
顺义区	1.0	1.8	6.1	10.1	6.4	13.1	6.6	4.5
门头沟区	0.0	0.5	0.0	0.03	3.0	0.5	12.2	6.6
大兴区	0.9	6.4	8.6	15.6	12.3	11.9	12.6	9.9
怀柔区	1.0	0.9	0.4	0.71	0.0	0.1	0.0	0.0
密云区	0.4	0.3	0.0	0.0	0.0	0.0	0.0	0.5
昌平区	5.3	7.9	2.4	2.9	3.2	1.1	1.1	2.8
延庆区	0.3	5.0	0.0	0.0	0.83	0.0	0.0	0.0
平谷区	0.0	0.0	5.0	0.24	0.0	0.8	8.9	0.6
开发区	0.8	18.4	1.3	0.0	2.5	0.3	0.6	0.1
合　计	92.5	95.1	53.9	76.7	74.1	75.7	102.4	39.6

三、可售期房情况

截止到 2017 年底，北京市期房可售面积 709.0 万平方米；其中，可售住房 3.2 万套，面积 371.2 万平方米；可售商业 5268 套或单元，面积 67.5 万平方米；可售办公 2.3 万套或单元，面积 187.7 万平方米。

表 7-7　2017 年底北京市可售期房按用途分类情况

用途	可售套数（套）	可售面积（万平米）
住房	31672	371.2
商业	5268	67.5
办公	22990	187.7
其它	19234	82.6
合　计	79164	709.0

第三节　新建商品房成交情况

一、新建房屋成交情况

1. 期房成交情况

2017 年，北京市新建预售房屋成交 5.5 万套，成交面积 535.7 万平方米，比 2016 年分别减少 59.7%和 53.6%。其中住房成交 3.2 万套，成交面积 348.5 万平方米，比 2016 年分别减少 47.3%和 45.5%，办公、商业成交面积分别为

117.8 万平方米、35.5 万平方米，比 2016 年分别减少 69.8%、54.6%。

表 7-8 2017 年北京市新建预售房屋成交情况（按用途分类）

用途	成交套数（套或单元）	成交面积（万平米）
住宅	31624	348.5
商业	2929	35.5
办公	13359	117.8
其它	7234	33.9
合　计	55146	535.7

从区域分布看，新建预售房屋成交主要集中在昌平、通州、顺义、房山、大兴、丰台区，成交面积均高于 50 万平方米。六区成交面积为 332.1 万平方米，占全市新建预售房屋成交总量的 62.0%（其中昌平区成交 75.5 万平方米，居各区之首）。延庆、怀柔、西城、东城等四区成交面积均低于 10 万平方米。

表 7-9 2010-2017 年北京市新建预售房屋分区成交情况

单位：万平方米

区	2010 年	2011 年	2012 年	2013 年	2014 年	2015 年	2016 年	2017 年
东城区	47.1	9.1	6.0	3.8	0.6	2.8	4.7	2.7
西城区	38.8	44.0	17.2	11.2	26.7	11.0	8.3	3.4
朝阳区	330.6	254.1	278.4	214.9	138.8	119.1	104.2	42.6
海淀区	117.5	70.1	78.4	32.8	29.0	53.0	37.9	25.0
丰台区	73.4	70.5	79.8	82.4	47.5	95.0	82.4	50.1
石景山区	40.4	30.9	17.1	43.9	9.2	52.9	47.2	29.3
通州区	128.4	78.5	145.6	198.3	129.9	139.8	125.6	53.4
房山区	74.3	100.8	121.5	139.4	120.5	117.4	131.2	50.4
顺义区	99.6	77.4	103.0	120.8	89.2	93.7	142.5	52.4
门头沟区	2.5	1.7	43.2	28.0	29.2	65.1	98.1	28.4
大兴区	174.6	147.7	195.4	203.5	160.1	102.4	132.1	50.4
怀柔区	15.7	21.6	19.7	16.9	11.9	5.0	19.5	6.8
密云区	41.4	35.1	45.5	43.8	24.7	28.5	32.0	27.0
昌平区	114.3	111.6	163.3	86.5	98.2	120.7	99.6	75.5
延庆区	2.7	9.5	13.9	2.9	0.4	6.2	4.4	7.1
平谷区	9.6	4.7	3.2	16.4	25.0	49.3	48.5	20.9
开发区	17.0	25.3	23.7	33.0	18.4	34.2	35.5	10.3
合　计	1327.8	1092.4	1354.8	1278.4	959.3	1096.2	1153.7	535.7

2. 现房成交情况

2017 年，北京市新建现售房屋转移登记 5.1 万套，面积 467.9 万平方米，比 2016 年分别减少 37.6%、43.4%，其中住房 1.7 万套、211.3 万平方米，比 2016 年分别减少 32.7%、38.8%，办公用房为 62.1 万平方米，比 2016 年减少 68.9%，商业用房为 61.5 万平方米，比 2016 年减少 37.8%。

表 7-10 2017 年北京市现售房屋转让成交情况

用途	成交套数（或单元）	成交面积（万平方米）
住房	16539	211.3
办公	3442	62.1
商业	2834	61.5
其它	28186	133
合　计	51001	467.9

二、住房期房成交情况

1. 成交量价情况

2017 年，北京市新建住房期房成交 3.2 万套，成交面积 348.5 万平方米，经济适用住房成交 10.3 万平方米，限价房成交 75.8 万平方米。从区域分布看，住房成交主要集中在昌平、顺义、朝阳、丰台、房山、密云、通州区，七区住房成交 249.5 万平方米，占全市住房成交总量的 71.6%（其中昌平区成交 62.5 万平方米，占全市住房成交总量的 17.9%，居于各区之首）。其余各区商品住房成交面积占全市住房成交总量的 28.4%，其中平谷、延庆、怀柔、开发区、西城、东城等六区成交面积均低于 10 万平方米，合计成交占比为 8.5%。

表 7-11 2017 年北京市新建住房期房分区成交情况

单位：万平方米

区	住房	其中		
		商品住房	经济适用住房	两限房
东城区	1.7	1.7	0.0	0.0
西城区	3.1	3.1	0.0	0.0
朝阳区	34.0	24.1	7.2	2.7
海淀区	18.5	18.5	0.0	0.0
丰台区	31.4	31.4	0.0	0.05
石景山区	15.0	1.7	0.0	13.3
通州区	21.6	8.9	0.9	11.7
房山区	30.4	22.7	1.8	6.0
顺义区	46.8	34.7	0.0	12.1

（续表 7-11）

区	住房	其中		
		商品住房	经济适用住房	两限房
门头沟区	19.7	19.4	0.2	0.1
大兴区	16.1	12.2	0.0	3.9
怀柔区	5.1	1.6	0.0	3.6
密云区	22.8	21.6	0.0	1.3
昌平区	62.5	41.9	0.2	20.4
延庆区	7.1	6.5	0.0	0.7
平谷区	9.0	9.0	0.0	0.0
开发区	3.6	3.6	0.0	0.0
合　计	348.5	262.4	10.3	75.8

2. 购买对象情况

从购买对象分析，2017 年，北京市新建住房期房购买主要以本地居民购买为主。本地居民购买住房 2.7 万套，面积 281.4 万平方米，成交套数占全市新建住房期房成交总套数的 84.7%。外省市个人购买商品住房 0.3 万套，面积 40.7 万平方米，成交套数占全市的 8.4%。境外个人购买住房 57 套，面积 1.4 万平方米，成交套数占全市的 0.2%。

表 7-12　2017 年北京市新建住房期房购买对象情况

单位：套、万平方米

购买对象	成交套数	成交面积	住房	
			成交套数	成交面积
本市个人	36626	344.9	26788	281.4
外省市个人	9167	81.3	2660	40.7
华侨、港澳台同胞、外国人购买	74	1.5	57	1.4
境内单位	9279	108.0	2119	24.9
境外单位	0	0	0	0

表 7-13　2010—2017 年北京市新建住房期房购房对象所占比重情况

时间	本地居民	外省市个人	境外个人
2010 年	58.2%	39.3%	0.3%
2011 年	76.1%	18.0%	0.4%
2012 年	80.5%	17.2%	0.3%
2013 年	77.2%	18.1%	0.2%

（续表 7-13）

时间	本地居民	外省市个人	境外个人
2014 年	81.2%	17.1%	0.1%
2015 年	86.3%	12.5%	0.07%
2016 年	86.1%	12.2%	0.1%
2017 年	84.7%	8.4%	0.2%

三、办公用房期房成交情况

2017 年，北京市新建办公用房期房成交面积 117.8 万平方米（1.3 万套或单元），成交金额 471.0 亿元。从区域分布看，办公用房成交主要集中在大兴、通州、房山、平谷、石景山五个区，共成交 80.8 万平方米，占全市办公用房成交总量的 68.7%。其中大兴区成交面积居于各区之首，为 27.8 万平方米，所占比重为 23.6%。

表 7-14　2017 年北京市新建办公用房期房分区成交情况

区	办公		
	成交套数（或单元）	成交面积（万平方米）	成交金额（亿元）
东城区	67	0.9	5.6
西城区	0	0.0	0.0
朝阳区	79	2.4	22.2
海淀区	463	5.9	19.9
丰台区	492	3.4	20.7
石景山区	1177	10.9	56.3
通州区	1119	17.9	89.7
房山区	2024	12.7	34.1
顺义区	279	1.7	5.1
门头沟区	590	3.3	13.5
大兴区	3867	27.8	140.7
怀柔区	29	1.7	2.9
密云区	332	2.5	2.6
昌平区	873	8.8	26.1
延庆区	0	0.0	0.0
平谷区	1718	11.5	19.1
开发区	250	6.2	12.6
合　计	13359	117.8	471.0

四、商业营业用房期房成交情况

2017 年，北京市新建商业营业用房期房成交面积 35.5 万平方米（2929 套或单元），成交金额 148.1 亿元。从区域分布看，商业营业用房成交主要集中在丰台、房山、通州三区，成交 23.8 万平方米，占全市商业营业用房成交总量的 67.1%。

表 7-15　2017 年北京市新建商业营业用房期房分区成交情况

区	商业		
	成交套数（或单元）	成交面积（万平方米）	成交金额（亿元）
东城区	5	0.1	1.0
西城区	87	0.4	4.4
朝阳区	17	0.4	3.3
海淀区	20	0.3	1.5
丰台区	290	14.2	48.3
石景山区	143	1.7	12.1
通州区	371	3.8	23.3
房山区	938	5.8	18.8
顺义区	171	1.6	6.3
门头沟区	236	1.3	9.6
大兴区	381	2.9	13.0
怀柔区	0	0.0	0.0
密云区	51	0.4	0.5
昌平区	127	2.3	4.8
延庆区	0	0.0	0.0
平谷区	86	0.3	0.9
开发区	6	0.1	0.2
合　计	2929	35.5	148.1

第四节　存量房成交情况

一、存量房交易总体情况

2017 年，北京市存量房成交面积 1319.6 万平方米，同比减少 50.8%，成交金额 3688.3 亿元，同比减少 45.2%。

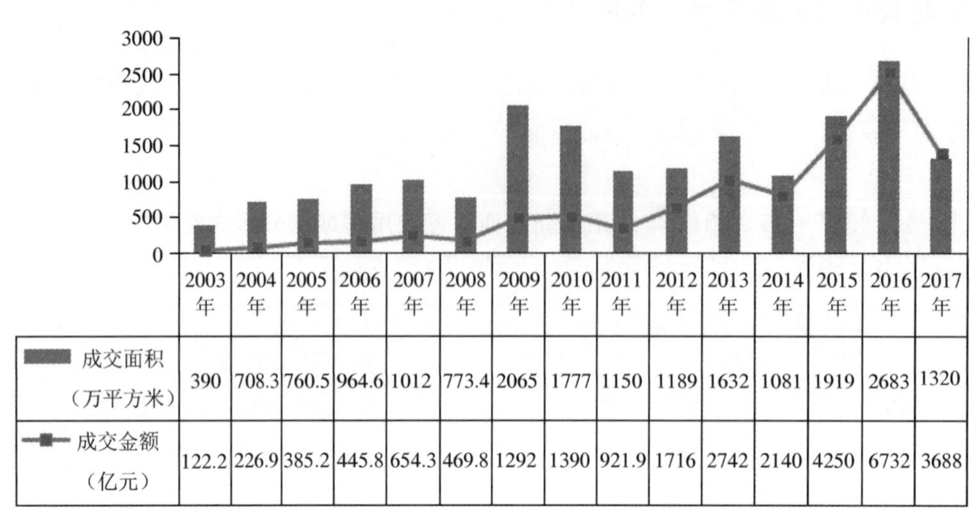

图 7-1　2003-2017 年度北京市存量房交易情况

2017 年全市存量房成交 15.0 万套，其中存量住房成交 13.1 万套，占 87.3%；存量办公用房成交 0.8 万套，占 5.1%；存量商业营业用房成交 0.3 万套，占 1.7%；其他类型存量房屋成交 0.9 万套，占 5.8%。

2017 年全市存量房成交 1319.6 万平方米，存量住房 1174.4 万平方米，占 89.0%；存量办公用房成交 62.9 万平方米，占 4.8%；存量商业营业用房成交 36.4 万平方米，占 2.8%；其他类型房屋成交 45.8 万平方米，占 3.5%。

表 7-16　2017 年北京市存量房成交总体情况

类别	成交套数（套）	成交面积（万平方米）	成交金额（亿元）
存量住房	130546	1174.4	3438.3
存量办公	7693	62.9	137.0
存量商业	2600	36.4	74.1
其他	8705	45.8	38.9
合计	149544	1319.6	3688.3

从区域分布上看，朝阳区、昌平区、海淀区与丰台区成交面积居于各区县前列。朝阳区成交面积 357.5 万平方米，远高于其他区县，其次是昌平区、海淀区、丰台区，分别是 148.8 万平方米、146.4 万平方米、122.6 万平方米。

表 7-17　2017 年北京市各区存量房成交情况

区	成交套数（套）	成交面积（万平方米）
东城区	6039	48.8
西城区	9827	70.1

（续表 7-17）

区	成交套数（套）	成交面积（万平方米）
朝阳区	39486	357.5
海淀区	17637	146.4
丰台区	15598	122.6
石景山区	4889	38.1
通州区	7024	64.0
房山区	8298	68.6
顺义区	6302	68.0
门头沟区	1525	11.7
大兴区	9478	85.3
怀柔区	1442	16.1
密云区	3039	30.2
昌平区	14710	148.8
延庆区	1117	12.8
平谷区	1411	13.4
开发区	1722	17.2
合计	149544	1319.6

二、存量商品住房成交情况

2017 年全市存量商品住房成交 13.1 万套，同比减少 49.8%；成交面积 1174.4 万平方米，同比减少 50.8%。

表 7-18　2010-2017 年北京市存量商品住房成交情况

年度	2010 年	2011 年	2012 年	2013 年	2014 年	2015 年	2016 年	2017 年
成交套数	149167	97100	124737	150495	98807	189888	260277	130546
成交面积（万 m^2）	1394.2	907.9	1090.0	1374.4	877.1	1714.3	2384.9	1174.4

从区域分布上来看，朝阳区成交面积居于各区县之首，成交面积 313.4 万平方米，远高于其他区县，其次是昌平区、海淀区、丰台区，分别是 135.2 万平方米、130.7 万平方米、113.4 万平方米。

表 7-19　2017 年北京市各区存量商品住房成交情况

区	成交套数（套）	成交面积（万平方米）
东城区	5539	43.0
西城区	9131	64.3
朝阳区	33288	313.4
海淀区	15273	130.7
丰台区	14281	113.4
石景山区	4452	33.0
通州区	6052	53.9
房山区	7544	64.9
顺义区	5358	62.2
门头沟区	1371	10.8
大兴区	8194	75.1
怀柔区	1295	13.7
密云区	2785	27.8
昌平区	12682	135.2
延庆区	1055	9.6
平谷区	1358	12.8
开发区	888	10.5
合　计	130546	1174.4

三、已购公房和经济适用房再上市成交情况

2017 年北京市已购公房和经济适用房再上市成交 41348 套，成交面积 292.4 万平方米。成交套数同比减少 43.3%，成交面积同比减少 45.0%。

表 7-20　2010-2017 年北京市已购公房和经济适用住房再上市情况

年度	2010 年	2011 年	2012 年	2013 年	2014 年	2015 年	2016 年	2017 年
成交套数	51052	35642	42390	50528	35848	56986	72945	41348
成交面积（万 m^2）	431.4	290.1	311.6	378.5	254.7	410.1	531.2	292.4

从区域分布上来看，朝阳区、海淀区、丰台区、西城区、昌平区成交面积居于各区县前列。朝阳区成交面积 74.8 万平方米，为最高，其次是海淀区、丰台区、西城区、昌平区，分别是 46.0 万平方米、39.4 万平方米、34.9 万平方米、32.2 万平方米。

表 7-21　2017 年已购公房和经济适用住房再上市成交分区情况

区	成交套数（套）	成交面积（万平方米）
东城区	2734	18.2
西城区	5343	34.9
朝阳区	10957	74.8
海淀区	6756	46.0
丰台区	5609	39.4
石景山区	2080	13.9
通州区	762	5.5
房山区	1680	11.6
顺义区	401	2.8
门头沟区	442	2.9
大兴区	1108	8.5
怀柔区	148	1.0
密云区	1	0.0
昌平区	3231	32.2
延庆区	92	0.7
平谷区	0	0.0
开发区	4	0.04
合　计	41348	292.4

第五节　住房租赁市场交易情况

2017 年北京住房租赁市场交易量增幅有所扩大、租金总体平稳，租赁市场总体处于平稳上行态势。

一、2017 年北京市住房租赁市场交易情况

根据伟业我爱我家、链家、中大恒基、中原等 13 家交易均价信息采集单位 2017 年租赁成交数据测算，中介机构全年租赁成交 94.4 万套左右，日均成交 2586 套左右，同比增加约 25.4%。全市成交 246.8 万套左右，同比增加约 22.3%，呈现淡季不淡的特点。

2017 年住房平均租金为 75.6 元/建筑平方米·月，租金均价同比涨幅为 2.4%，比上年回落 13.3 个百分点，年内租金走势总体稳定。

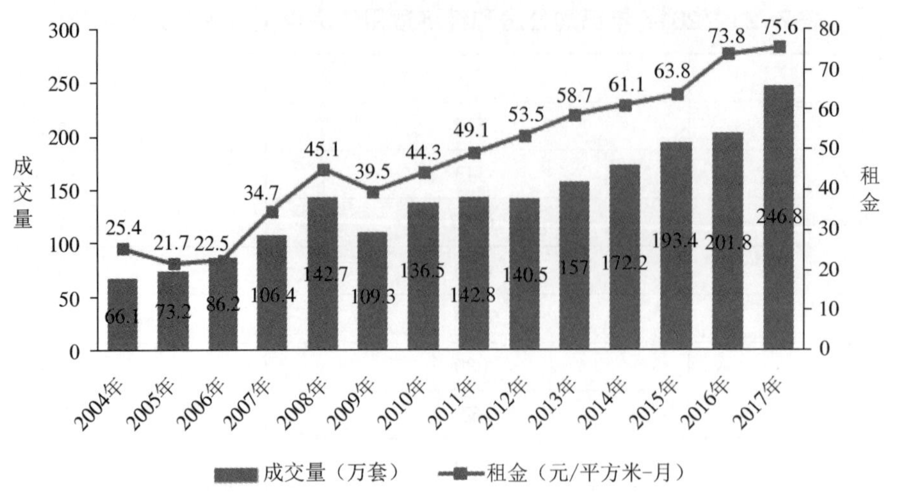

图 7-2　2004-2017 年住房租赁市场量价情况

二、租售比情况

2017 年存量住房交易均价年度涨幅为 32.8%，住房租赁均价年度涨幅为 2.4%。存量房交易涨幅较快，租赁价格总体平稳。住房租赁与买卖量之比为 18.4：1。租金售价比（平均租金与二手住房均价之比）为 1：846。

第六节　房屋市场价格

2010 年以来，北京严格落实党中央、国务院关于房地产市场调控的各项要求，在房地产市场出现过热苗头的不同时间点，及时出台了“京 12 条”、“京 15 条”、“京 19 条”、“9.30 新政”、“3.17 新政”等相应的调控政策，引导供需双方回归理性，促进房地产市场平稳健康发展。通过对比分析各轮调控政策的具体效果，2017 年的“3.17 新政”以中央“房子是用来住的，不是用来炒的”定位为指导思想，从严、从全、从实、从细制定调控政策并落实到位，政策效果明显。2017 年 12 月份，全市新建商品住宅价格同比下降 0.2%（上年同期为同比上涨 28.4%），较上年同期回落 28.6 个百分点。二手住宅价格同比下降 1.6%（上年同期为同比上涨 36.7%），较上年同期回落 38.3 个百分点。

一、最严新政，楼市调控力度前所未有

“3.17 新政”政策覆盖面广、协同部门多、市场监管力度大，为历次调控之最。政策效果符合预期，市场降温迅速，投机炒房行为得到明显遏制。

（一）从政策覆盖面看，基本无漏洞

“3.17 新政”以“认房又认贷”为起点，通过提高信贷门槛、规范学区房认定标准、堵住假离婚规避限购漏洞、打击商改住等违规行为、增加保障性住房供应、严格监管市场运行等多项措施，从需求端、供给端和市场监管等三个方面全方位、深层次推进房地产市场调控，与以往单一限购或提高首付比例的政策相比，

本轮政策覆盖范围更广，基本做到无死角、无　　漏洞。

表 7-22　2010 年以来北京市房地产市场主要调控政策

政策时间	政策核心内容	政策简称
2010. 4. 30	同一家庭限新购 1 套住房；二套房认房不认贷。	"京 12 条"
2011. 2. 15	京籍家庭限购 2 套住房；非京籍限购 1 套，且需缴纳 5 年社保或个税。	"京 15 条"
2013. 3. 30	1. 首次将二手房纳入调控，出售住房按个人所得的 20%征收个人所得税，满五唯一住房免征个税； 2. 京籍单身居民限购 1 套住房。	"京 19 条"
2016. 9. 30	首套房首付比例为 35%/40%；二套房首付比例为 50%/70%；二套房认房不认贷。	"9. 30 新政"
2017. 3. 17	1. "认房又认贷"，二套房首付 60%/80%；贷款年限降至 25 年； 2. 购房资质由交满五年社保，转变为连续交满 60 个月； 3. 严控平房、异形房落户； 4. 离婚一年内的男女双方贷款购房，按二套房贷认定； 5. 幼升小，扩大多校划片范围；中小学不得到外地办学，不得与房地产商合作办学； 6. 严控商改住、科改住等； 7. 平房、法拍房纳入限购； 8. 首套房执行基准利率；二套利率最低上浮 20%。	"3. 17 新政"

（二）从协同部门看，成立"专班"

本轮调控，住建、规划国土、金融、税务、教育、发改等多个部门在各自职权范围内先后出台了相关调控措施。同时，市政府成立了由 15 个部门组成的房地产调控工作专班，各部门各司其职、通力协作，严格落实各项调控措施。"3. 17 新政"体现出的房地产市场调控的系统性、整体性和协同性，是以往历次调控所未有的，是调控政策能够取得实效的可靠保障。

（三）从市场监管力度看，前所未有

"3. 17 新政"实施以来，市住建部门通过约谈、资质降级、责令关停、吊销执照、注销备案、媒体曝光等多种方式，及时、密集地对违规经营的房地产开发商和二手房中介机构进行警示和处罚，有力打击了顶风作案的违法违规行为，有效维护了房地产市场的正常运行秩序。

二、最快降温，房价走势符合调控预期

（一）最严调控封堵投机漏洞，楼市降温"速度、力度"尽显

2010 年以来，北京市数次楼市调控政策均取得预期成效，及时抑制了房价的过快上涨。从调控效果对比看，"3. 17 新政"采取"组合拳"方式，多部门协同出台调控措施，政策覆盖面广、协调性强，有效地封堵住投机炒房的漏洞，京城楼市降温的速度和幅度前所未有。

此轮调控中新建商品住宅、二手住宅价格降温速度比 2011 年分别快 11 个月和 10 个月①，

① 降温速度：是指调控政策实施后，同比价格指数下降相同或相近幅度的月数之差。

力度分别大 14.0 个百分点和 24.9 个百分点①。数据显示，在调控力度较大的 2011 年，“京 15 条”出台后 3 个月，新建商品住宅同比价格指数下降 5.8 个百分点，二手住宅下降 2.3 个百分点；截至该轮调控的最低点，新建商品住宅同比价格指数下降 10.0 个百分点，耗时 15 个月；二手住宅下降 6.6 个百分点，耗时 12 个月。与此相比，“3.17 新政”出台后，北京市新建商品住宅同比价格指数由 3 月份的 120.6%降至 12 月份的 99.8%，下降 20.8 个百分点；二手住宅同比价格指数由 3 月份的 127.0%降至 12 月份的 98.4%，下降 28.6 个百分点，同比降幅年内首次领跌全国。楼市降温的速度和力度远超 2011 年。

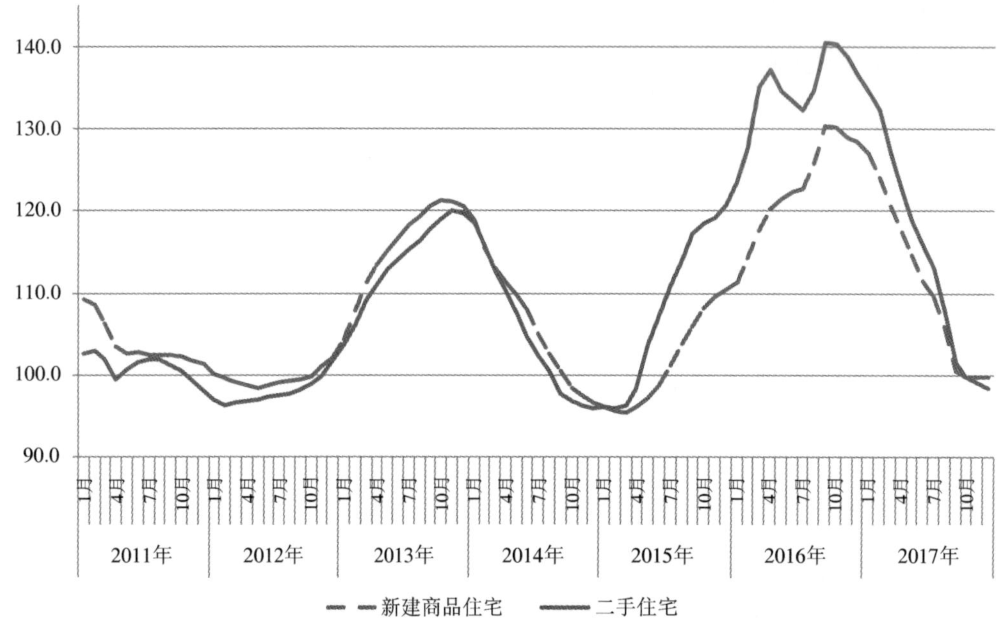

图 7-3　2011 年以来新建商品住宅和二手住宅价格同比指数（%）

（二）“3.17 新政”后住宅成交量快速收缩，环比价格由升转降

1. 成交量快速回落。2017 年全市新建商品住宅成交量低位徘徊，二手住宅交易由热转冷。相关部门资料显示，全年新建商品住宅销售 4.3 万套，同比下降 49.3%，月均销售 0.4 万套，仅为上年的一半。二手住宅全年累计成交 13.4 万套，同比下降 49.8%；3 月份交易量环比猛增 1.1 倍，达到 2.6 万套，在“3.17 新政”作用下交易量快速收缩，4-12 月的月均交易量为 0.9 万套，仅为新政前的 55.9%。

2. 销售价格迅速下行。2017 年，全市新建商品住宅价格实现由升转降，同比价格由 1 月份的上涨 27.0%逐月回落，至 10 月份首次同比下降 0.2%，11 月份、12 月份继续保持下降态势；从环比价格看，“3.17 新政”出台后有 4 个月环比下降，有 4 个月环比持平，仅在 3 月份和 4 月份分别环比上涨 0.4%和 0.2%。二手住宅价格回落速度更为明显。同比价格由 1 月份的上涨 34.6%回落至 11 月份的下降 0.9%，12 月份同比降幅进一步扩大至 1.6%。4 月份二手住宅价格环比持平，涨幅回落 2.2 个百分点；从 5 月份

① 降温力度：是指调控政策实施后，相同月数下，同比价格指数下降幅度之差。

开始，环比价格连续 8 个月下降，其中有 7 个月领跌全国。

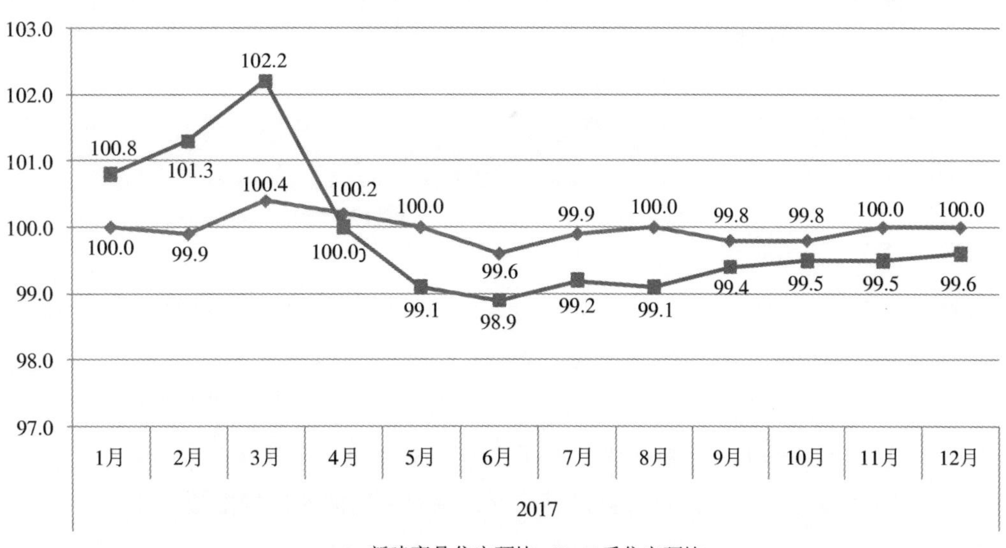

图 7-4　2017 年新建商品住宅和二手住宅价格环比指数（%）

3. 大户型新房和二手房对调控政策更加敏感。3 月份 144 平方米以上新建商品住宅环比价格指数达到全年的最高点，为 100.7%，与 6 月份的最低点 99.5%相差 1.2 个百分点；90 平方米及以下和 90-144 平方米户型的环比价格指数，最高点与最低点之差分别为 1.0 个和 0.8 个百分点，变动幅度小于大户型住宅。二手住宅方面，90 平方米及以下、90-144 平方米和 144 平方米以上户型的环比价格指数，全年的最高点和最低点分别出现在 3 月份和 6 月份，指数高低之差分别为 3.2 个、3.4 个和 3.3 个百分点。“3.17 新政”前后二手住宅的价格波动幅度明显高于新建商品住宅。

三、京津冀协同，环京楼市同步降温

随着京津冀协同发展不断深化，三地在房地产调控领域的协同性也不断增强。数据显示，京津冀重点城市的房地产市场在密集调控政策的作用下降温明显，其中天津和石家庄的新建商品住宅同比价格指数由 1 月份的 124.4%和 118.9%，回落至 12 月份的 100.1%和 102.9%；唐山和秦皇岛的同比价格指数在三季度开始回落，与年内高点相比，回落幅度分别为 2.1 个和 3.9 个百分点。

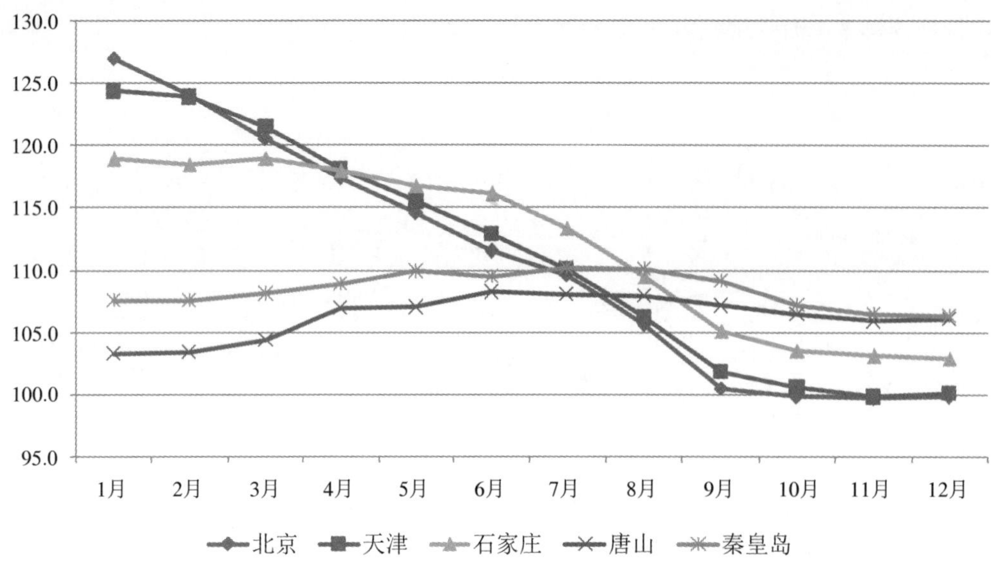

图 7-5 2017 年京津冀重点城市新建商品住宅同比价格指数（%）

二手住宅方面，除唐山和秦皇岛低位波动外，天津二手住宅同比价格逐月下降，全年同比涨幅回落 24.2 个百分点；1-3 季度石家庄二手住宅同比价格持续下降，4 季度企稳回调，全年同比涨幅回落 17.1 个百分点。

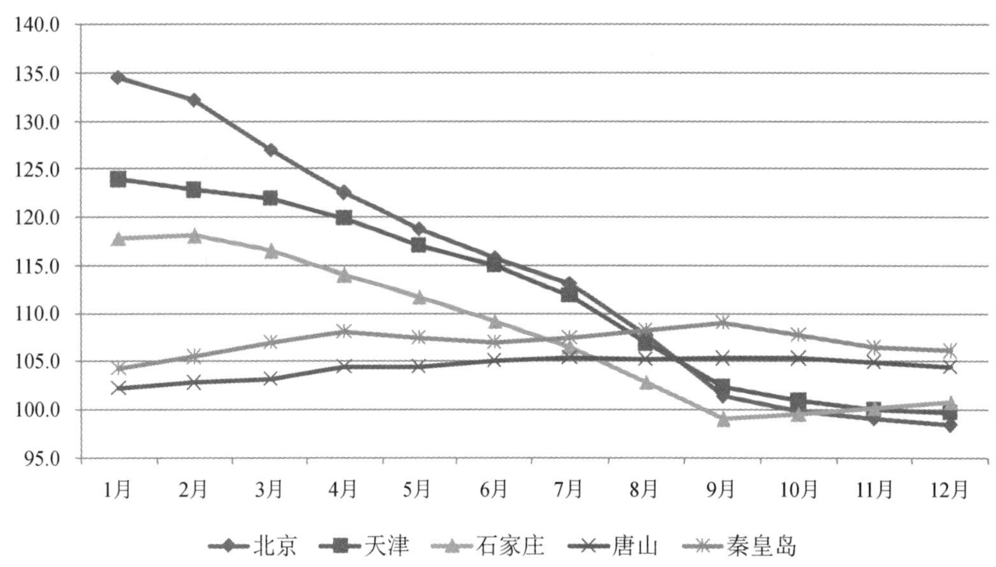

图 7-6 2017 年京津冀重点城市二手住宅同比价格指数（%）

第八章

房地产市场监管

北京市房地产年鉴 2018

第一节　2017年房地产开发监管概况

一、加快推进商品住宅项目开工入市，全面提升商品住房供给能力

加快推进在途房地产项目开工入市，在做好需求端调控的同时，全面增强商品住宅市场供应能力，是落实市委、市政府房地产调控总体部署的一项重要举措。从3月中旬开始，市、区两级住建委积极配合全市房地产市场调控，全面启动了“1300万+950万”在途商品住宅专项任务的推进工作，对全市拿地未开工和开工未入市项目实施专项推进，加大供给力度，提升有效供给，稳定房地产市场预期。

二、资质管理工作

一是强化基础政策研究，以上位法为依据，本着为社会、为市场、为企业服务的原则，逐步改进现行政策中与行业发展要求不相适应的内容、流程、环节、标准等，充分发挥资质管理在行业发展中的基础性作用。落实11部委要求，取消房地产开发企业二级及以下资质证书作废声明。二是深化开发企业负责人面谈制度，市、区两级住建委依管理权限，在各自资质办理过程中，由资质业务管理部门主动约企业主要负责人面谈，强调开发企业从事房地产开发经营活动中应遵守的法律法规和应履行的责任义务等事项，要求企业依法依规经营，增强企业法律责任意识。针对企业违法违规行为，市区两级住建委及时约谈企业负责人，责令其及时改正。

三、狠抓配套设施建设管理

一是深入开展多项次专项清理排查，主要包括：居住项目代征城市道路建设移交问题梳理、住宅小区公共服务设施建设移交问题梳理、全市房地产开发项目配套项目建设、移交情况排查、住宅项目配套幼儿园建设移交接收情况专项核查等，梳理了问题及成因，为分类制定解决措施提供了数据。二是印发《关于进一步加强居住项目代征城市道路用地和配套设施建设管理的通知》。《通知》针对全市居住项目在配套设施建设管理，特别是随项目代征城市道路建设工作的现状以及存在的问题，以《居住项目建设方案》备案和监管为抓手，将《居住项目建设方案》纳入到项目招投标、施工许可、质量监督、竣工验收备案和测绘备案、销售等管理环节之中，强调了开发企业在居住项目代征城市道路用地和配套设施建设工作中应承担的责任，使事前、事中、事后的全过程监管链条更加清晰，对形成部门间联动监管机制、提升行业监管水平起到了非常积极的促进作用。

四、抓调度、促开工、保增长，积极推进商品房投资任务落地

以“1300万+950万”专项清单任务推进为载体，持续发力，持续推进，在提高房地产市场供给的同时，有效促进了投资任务的落实。制定促进项目落地方案，梳理投资促进重点项目，确定对已拿地并有可能在年底前形成投资预期的项目，纳入重点督促、重点协调范围。全面做好项目的协调和服务，尽可能压缩手续办理周期，努力在年底前形成开工投资。在加快推进保障性住房项目的开工建设中，全面落实“一会三函”工作机制，使其更好地为促进

投资服务。全力推进已开工项目的建设进度，对进度缓慢的项目及存在的问题，作为促投资重点，实施部门联动，重点协调调度。

五、持续做好以项目为核心的动态监管

一是做好全市开发项目数据监测。依托项目动态监管平台，将全市房地产项目拿地、招标、开工、竣工、销售等信息全部纳入平台，为开展数据分析和形势研判提供支撑。二是深化市、区开发主管部门、区内开发企业和开发项目负责人开发项目“四方”联动机制，做到信息畅通，协调有效，随时对项目开展协调与服务。三是做好数据的收集掌控，强化市、区主管部门加大对项目走访巡查力度，随时掌握管理区域内开发项目的动态进展，遇问题随时联系协调，做到项目情况心中有数、项目数据实时共享，着力提高项目进展实际情况与平台数据统计的拟合度。

第二节　房地产交易市场监管

2017 年，积极贯彻落实国家和北京市委、市政府工作要求，北京市房地产调控工作以“房住不炒”为根本工作遵循，通过完善政策措施、创新体制机制、强化执法监督、规范行业行为、加强自身建设等综合作用下，取得明显成效。全市新建商品住房成交量明显减少，价格环比连续 14 个月不增长，二手房量缩价稳，市场运行总体平稳，市场预期更加理性，市场秩序明显好转。一是新建商品住房需求明显回落，价格稳定。2017 年新建商品住房网签量为 4. 3 万套，同比减少 25. 6%，基本上稳定在每月 3000-4000 套左右的较低水平。商品住房成交价格全面回落，2017 年本市新建商品住房网签均价为 3. 79 万元/平方米，自 2016 年 10 月份以来连续 15 个月实现环比不增长目标，其中 12 月为 3. 78 万元/平方米，较 2016 年 10 月份下降 1%。二是二手住房成交量价连续回落、趋稳。2017 年全市二手住房网签量为 13. 4 万套，同比减少 49. 8%。二手房网签量从 3 月份的 2. 55 万套（日均 820 套）下降至 12 月份的 1. 01 万套（日均 327 套），降幅为 60. 3%；购房资格申请量从 3 月份的 5.22 万笔降至 12 月份 1.64 万笔，降幅为 68.7%。全市五家主要经纪机构三方协议的二手住房成交均价 6. 08 万元/平方米，环比下降 0. 1%，连续 6 个月环比下降，较价格高点时的 3 月份下降 10. 5%。三是商办类项目成交明显减少。2017 年全市新建商业办公项目网签量为 276. 9 万平方米，“3. 26”新政以来，全市新建商业办公类新房签约量持续低位，基本在月均 17. 9 万平方米的水平，较“3. 26”调控政策出台前的 3 月份减少 72%。其中，12 月网签 29. 6 万平方米，较 3 月份水平减少 54%。

一、密集出台 18 项调控政策措施，有效抑制投资投机需求。

按照市委、市政府统一决策部署和市住建委具体工作要求，会同相关部门针对房地产市场出现的不良倾向、热点现象及政策漏洞，及时果断强化调控措施，3 月以来，连续、密集出台了 10 个方面、18 项政策措施，疏堵结合，有效抑制投资投机需求。

一是，进一步收紧限购限贷政策。对非京

籍居民家庭以纳税为依据购房的，由连续五年调整为连续60个月在本市缴纳个人所得税；对住宅平房实施限购。提高二套房贷款首付款比例并“认房又认贷”，且对离婚一年以内的房贷申请人，参照二套房贷款政策执行，暂停发放25年以上贷款，并对购房资金等严格监管，防止“热钱”炒房。

二是，坚决遏制炒作“天价”学区房。明确住宅平房不得一间擅自分割为多间。明确对过道、廊道等“异形房”，一律不得单独办理过户、落户、子女入学等。

三是，彻底整治“商改住”。商办类项目未经批准不得擅自改变为居住用途，新建商办类项目最小分割单元不得低于500平方米，在建、在售项目不得面向个人销售，此前已售项目再交易时如出售给个人，严格执行限购政策，并暂停办理个人购房贷款。

四是，严格产业项目管理。加强土地供应环节管控，新增产业必须符合首都功能定位，严禁科研、工业等产业用地改作居住使用。严格销售条件，买受人必须具备相应条件。

五是，配合国土部门增加住房供应。研究分析本市住房供需关系，提出未来五年供应住房150万套的方案，其中产权类住房100万套、租赁住房50万套。合理确定供应结构，将租与购、基本需求与改善性需求、市场与保障、本市与非本市的四类供应实行“三七开”，满足多层次住房需求。

二、完善商品房交易监管机制，促进交易规范安全、便捷高效。

一是，加强商品房销售监管，完善精准调控机制措施。截至2017年12月底，全市共批准商品房预售许可证216个，面积685.4万平方米，其中商品住宅项目120个、面积348.9万平方米、2.6万套；保障性住宅项目18个、面积94.5万平方米、1.3万套。商品现房销售确认面积205.3万平方米，其中住宅74.6万平方米。严格商品住房预售、现售的价格引导，严格执行一房一价，明码标价，指导各区落实好稳定房价的属地责任。

二是，建立预售项目售前约谈机制。自2016年“9.30”开始，对新批准的预售项目负责人、销售负责人逐个进行约谈，详细讲解我市调控政策，逐条讲明价格管控、现场公示、销售人员管理，销控管理、预售资金监管等环节工作要求，要求企业严守承诺，遵守政策。通过约谈，企业违规行为逐步减少，销售行为进一步规范。

三是，优化存量房交易、登记信息系统，畅通办理流程。在将系统发证房屋的房源核验时限由10个工作日压缩至5个工作日基础上，积极协调不动产登记部门压缩整体购房资格审核和非系统发证房屋的房源核验时限。研究实施“交易告知单”制度，在确保交易登记安全的基础上，压缩各环节工作时限、精简审核要件，逐步提高二手房交易效率。赴杭州开展存量房交易一站式服务调研工作，研究制定关于规范存量房交易服务平台网签工作的政策措施。

四是，研究规范新建商品房销售场所信息公示措施。梳理整合既有规范性文件，研究制定关于规范新建商品房销售场所信息公示和加强销售机构、人员管理的政策措施，进一步规范商品房销售场所销售行为。

五是，会同工商部门，抓紧研究修订《存量房买卖合同示范文本》。通过合同示范文本规范买卖双方当事人及经纪机构行为，维护各方合法权益。

第三节　房屋租赁监管

一、房屋租赁情况

住房租赁市场平稳发展。根据主要中介机构提供的数据测算，2017 年全市住房租赁累计交易约 246.8 万套次，同比增加 22.3%，主要是受租赁利好政策以及二手住房买卖市场转冷供求双方由售转租的影响。2017 年全市住房平均租金为 75.6 元/平方米・月，同比上涨 2.4%，涨幅比 2016 年同期回落 13.3 个百分点。

二、着眼长效机制建设，推动建立租购并举的住房制度。

一是，制定出台规范住房租赁市场政策文件。9 月 29 日北京市住建委会同公安等八部门联合发布《关于加快发展和规范管理本市住房租赁市场的通知》，从增加租赁住房供应、建立监管平台、明确行为规范、加强市场监管等方面明确提出规范发展住房租赁市场的具体措施要求，《通知》10 月 31 日正式实施，租赁监管平台和交易服务平台同步上线运行。

二是，加快落实住房租赁政策配套措施。组织房地产经纪机构、住房租赁企业开展政策宣贯及业务培训；积极推进住房租赁监管平台和交易服务平台的优化升级，与市人力社保局、公积金中心积极推进住房租赁登记备案信息共享；会同相关部门研究起草住房租赁合同示范文本；深入研究公租房和直管公房承租人户口登记和迁移手续办理实施细则；积极做好承租家庭适龄子女接受义务教育相关工作的研究部署；着手组建住房租赁公益律师队伍，将“为承租人赋权”落到实处。

三是，出台自持商品租赁住房管理政策文件。为切实做好本市“限房价 竞地价”项目自持商品住房租赁管理工作，2017 年 4 月 14 日北京市住建委会同市规划国土委联合发布《关于本市企业自持商品住房租赁管理有关问题的通知》，从自持年限、出租期限、项目转让、网上签约等方面严格规范自持租赁住房经营管理，明确禁止“以租代售”。

四是，推进住房租赁条例立法工作。通过组织专题调研、专家论证、企业座谈等形式，抓紧推进《北京市住房租赁条例》立法工作，积极参与国家《住房租赁管理条例》调研起草相关工作。

五是，推动发展租赁型职工集体宿舍。2017 年 11・18 大兴火灾发生后，为切实解决外来务工人员居住问题，抓紧研究起草关于发展租赁型职工集体宿舍的意见，并已上报市政府。

六是，做好住房租赁政策研究储备。完成《培育企业持有经营租赁住房的政策研究》课题调研和报告起草工作。组织专家学者、企业机构等座谈，专题研究长租公寓、短租行业等规范发展。

第四节　房地产开发项目监测监管

2017年以来，全市项目监测紧紧围绕房地产调控工作大局，以项目手册备案工作为抓手，紧抓潜在供应项目促开工促上市、居住项目配套、促投资等重点工作；长效机制方面，逐渐将潜在供应由商品住宅向商业办公覆盖，由二级开发项目向土地一级开发项目过渡：

一、稳步推进项目手册备案日常管理，提前预判市场供应趋势

2017年全年，北京市城建研究中心（房地产市场管理事务中心）项目监测室共办理房地产开发项目手册备案164份次，涉及开发项目134个，备案建筑面积844万平方米，同比大幅下降50%。其中，备案商品住宅（含自住房）351万平方米，同比下降29%，占备案总量的42%，涉及项目108个；备案自住房14.9万平方米、保障房108万平方米、商业办公191万平方米。

二、加快推进商品住宅开发项目开工入市

按照市住建委房地产市场调控工作专题部署，会同开发处对我市161个拿地未开工、282个开工未入市商品住宅项目进行全面梳理，自3月份启动“1300+950”潜在供应促开工、促上市专项工作，加快推进商品住宅项目开发建设进度，尽快形成有效供给。截至11月底，1300万拿地未开工项目推进873.3万平方米，推进率66.5%；950万开工未入市项目推进612.1万平方米，推进率63.4%。充分发挥市区联动、部门联动、专班等有效方式，朝阳、丰台、通州区多个“8.31”前出让项目实现开工。

三、加强代征道路等配套设施监管

“葛宇路”道路名牌事件曝光后，按照市委、市政府提出的“吸取教训、举一反三、完善提升”的要求，为加强对房地产开发项目代征城市道路用地工作的管理，确保住宅与各类公共服务设施、市政公用设施同步建设、同步交付使用，进一步规范房地产开发企业建设行为，项目监测室会同开发处研究制定“京建发〔2017〕406号”《关于进一步加强居住项目代征城市道路用地和配套设施建设管理的通知》及相关“工作指引”。通过建章立制的方式，在施工招投标、预售现售、竣工备案、房屋预测备案五个环节设立抓手，确保教育、医疗、社区服务、代征道路等配套设施与住宅同步。

四、促进全年2500亿投资任务尽快落地

为加快推进由市住建委承担的政策性住房、商品房及配套设施2500亿投资任务落地，项目监测室会同开发处，在详细梳理各区县已落实投资并与市统计局充分沟通的基础上，针对各区制定《关于加快推进2017年房地产开发投资任务的通知》；委内制定促进投资落地的工作方案，主要领导牵头，相应业务部门牵头对接投资任务完成缺口较大的昌平、大兴、房山、丰台、顺义、通州等六个区。

针对市房地产中心对接的通州区，中心王争主任牵头，项目监测室严密对接区住建委及市区统计部门，主动服务，主动帮区里谋划统

筹、梳理项目，截至11月底，通州区已完成房地产开发投资237亿元，占全市任务的9.5%，完成本区全年任务82.6%，一举摘掉“完成投资缺口较大”的帽子。

五、拓宽项目手册课题研究的深度和广度

按照弄清楚“碗里有多少、锅里有多少、缸里有多少”的基础上，逐步厘清“地里有多少”的精神，项目监测室在2017年的项目手册管理课题中，逐步试点尝试拓宽潜在供应研究的深度，按项目逐项调查土地一级开发项目预计供应情况，分析其供应数量，从一级、二级两个维度，全面掌握本市商品住宅潜在供应情况，并在此基础上，适时实现商业办公项目潜在供应的覆盖。截至2017年底，已完成《丰台区房地产市场潜在供应量研究报告》，正在对通州区的项目进行研究。

六、大数据整合应用取得新进展

一是2017年新查勘整理了1700个项目信息，项目信息、边界地理坐标、项目地址辞典等信息已全部导入系统，截至2017年底系统中已实现了数据整合功能的项目数量达到6700个，涉及住宅占全市总量的80%。二是增加了项目类型设置，非住宅项目校验，提示预警优化等功能模块。完善了外部数据整合的部分算法，提高了数据整合的效率。三是数据整合成果应用于自住房等三类房价格测算，提高价格测算工作效率。

表8-1　2017年北京市备案项目商品住宅情况

区	企业名称	项目推广名	本年度申请规模（万平方米）
西城	北京富饶房地产开发有限公司	紫金印象	3.3
	北京信达置业有限公司	国安雅居	12.3
朝阳	北京昭泰房地产开发有限公司	景粼原著	8.4
	北京知泰房地产开发有限责任公司	和光尘樾	2.2
	北京致泰房地产开发有限公司	和锦园	1.8
	北京兴园置业发展有限公司	富兴鹏城、兴盛怡景苑	5.1
	北京紫玉山庄房地产开发有限公司	紫玉山庄五期	4.0
	北京远洋一品房地产开发有限公司	远洋一品家园	1.2
	北京首城置业有限公司	首城珑玺	0.7
	北京诚通华亿房地产有限公司	九章别墅	1.1
海淀	北京中铁永兴房地产开发有限公司	中铁·碧桂园	5.3
	北京华润新镇置业有限责任公司	橡树湾	3.0
	北京强佑房地产开发有限公司	强佑清河新城	7.0
	北京旭嘉置业有限公司	首创·天阅西山	3.1
	北京金隅嘉业房地产开发有限公司	金玉府	2.5
	北京德成兴业房地产开发有限公司	冠城大通百旺府	7.2

（续表 8-1）

区	企业名称	项目推广名	本年度申请规模（万平方米）
丰台	北京西海龙湖置业有限公司	燕西华府	2.8
	北京鋆庄房地产开发有限公司	北京金茂府	2.5
	北京悦恒置业有限公司	天悦壹号	7.0
	北京亚林西房地产开发有限公司	昆仑域	2.5
	北京科技园置地有限公司	翡翠山	6.8
	北京侨禧投资有限公司	新著东方	2.7
	北京全营房地产开发有限公司	珠光·御景西园	5.2
	北京西海龙湖置业有限公司	燕西华府	2.4
	北京卓丰投资有限公司	元熙华府	3.6
石景山	北京远奥置业有限公司	远洋天著春秋	3.4
通州	北京首开万科置业有限公司	翡翠四季	2.0
	北京首都开发股份有限公司	缇香郡	7.1
	北京永乐花园发展有限公司	十里春风	6.2
	北京润锦房地产开发有限公司	通州万国城 MOMA	4.5
	北京君合百年房地产开发有限公司	玫瑰东筑家园	1.5
	北京顺开房地产开发有限公司	中国阙	7.7
	北京鑫博泰来房地产开发有限公司	阳光花庭	4.9
大兴	北京绿地京翰房地产开发有限公司	海珀云翡	9.1
	北京兴创中和房地产开发有限公司	创采嘉园	4.1
	北京中信新城逸海房地产开发有限公司	中信墅	4.9
	北京中铁华兴房地产开发有限公司	中铁华侨城·和园	3.3
	北京鸿坤伟业房地产开发有限公司	林语墅	0.6
昌平	北京文华盛达房地产开发有限公司	国瑞熙墅家园	4.9
	北京未来科技城昌融置业有限公司	未来时代中心	3.3
	北京世纪鸿城置业有限公司	龙樾华府	3.2
	北京市八仙房地产开发有限责任公司	世纪星城住宅小区	6.9
	北京未来科技城昌金置业有限公司	未来融尚家园	1.5
	北京未来科技城润昌置业有限公司	未来城市	1.1
	北京昌基鸿业房地产开发有限公司	拾景家园	4.0
	北京大成昌润置业有限公司	上城小区	4.2
	北京未来科技城润昌置业有限公司	华润未来城市	3.0
	北京京投银泰尚德置业有限公司	京投银泰·公园悦府	2.2

（续表 8-1）

区	企业名称	项目推广名	本年度申请规模（万平方米）
昌平	北京泰禾嘉兴房地产开发有限公司	承文家园	9.1
	北京科技园建设(集团)股份有限公司	领秀慧谷	4.0
	北京昌业房地产开发有限公司	翡萃家园	3.9
	北京原创住业房地产开发有限公司	壹仟栋	7.0
顺义	北京联创盛业房地产开发有限公司	禧澜家园	3.0
	北京顺义新城建设开发有限公司	优山美地 D 区	1.3
	北京天智盈置业有限公司	瀛泽家园	1.5
	北京顺鑫佳宇房地产开发有限公司	顺鑫·颐和天璟	6.5
	北京福兴晟房地产开发有限公司	阳光城檀悦	1.0
	北京城建兴顺房地产开发有限公司	平悦园	2.9
	北京英才房地产开发有限公司	龙之湾嘉园	2.6
	北京市迈宇房地产开发有限公司	石园北区 7#楼	1.8
门头沟	北京绿城中交房地产开发有限公司	西山燕庐家园	8.3
	北京骏宇房地产开发有限公司	中骏西山天璟	6.4
	北京城建兴云房地产有限公司	北京城建·龙樾西山	4.4
	北京金水永业房地产开发有限公司	金地华宸	8.2
	中电建西元(北京)房地产开发有限公司	泷悦长安嘉园	0.6
门头沟	华润置地发展(北京)有限公司	润西山苑	3.7
	北京捷海房地产开发有限公司	翡翠长安	6.9
房山	北京恒乐置业有限公司	04 街区	4.8
	北京城建兴泰房地产开发有限公司	国誉府	0.6
	北京稻香四季房地产开发有限公司	中粮·京西祥云	2.9
	北京万年基业长阳置业有限公司	广阳郡 9 号	1.1
	北京天恒立信置业有限公司	天恒·摩墅	3.9
	北京金阳置业有限公司	五矿铭品	2.2
	北京天恒乐活城置业有限公司	水岸壹号	1.7
	北京天恒乐活城置业有限公司	绿湾星苑	5.5
	北京盛鹏置业有限公司	旭辉城	6.5
	北京金良兴业房地产开发有限公司	金樾和著	8.6
密云	北京古北水镇房地产开发有限公司	龙湖·长城源著	5.0
	北京新博城房地产开发有限公司	首创·澜茵山	0.8
	北京宝驰通置业有限公司	禧悦府	4.1

（续表 8-1）

区	企业名称	项目推广名	本年度申请规模（万平方米）
密云	北京紫金长宁房地产开发有限责任公司	益田·远洋万和风景	6.0
	北京世纪光华房地产开发有限公司	观唐·云鼎	2.1
	北京宁溪房地产开发有限责任公司	弗农小镇	9.0
	北京碧桂园文化发展有限公司	琅辉小区	2.3
延庆	北京城建万科天运置业有限公司	城建万科城	4.2
	北京天润诚泽房地产开发有限公司	天润·和丽嘉园	5.0
平谷	北京京投兴平置业有限公司	瑾悦府	2.7

表 8-2　2017 年北京市备案项目保障住房情况

区	企业名称	项目推广名	本年度申请规模（万平方米）
西城	北京富饶房地产开发有限公司	紫金印象	4.1
朝阳	华瀚投资集团有限公司	华瀚福园	0.7
	北京致泰房地产开发有限公司	和锦园	2.8
海淀	北京中铁永兴房地产开发有限公司	中铁·碧桂园	3.6
丰台	北京侨禧投资有限公司	新著东方	2.4
石景山	北京首钢房地产开发有限公司	金铸阳光苑	2.9
通州	北京房地天锐鑫洋房地产开发有限公司	逸山水	11.5
	北京铭通房地产开发有限公司	惠铭苑	3.5
	北京正阳恒瑞置业公司	东惠家园	17.4
	北京运潮和房地产开发有限公司	西仪佳园	6.9
大兴	北京城建兴业置地有限公司	兴悦居	12.2
昌平	北京未来科技城昌融置业有限公司	未来时代中心	1.3
	北京汇超房地产开发有限公司	绿海家园	12.8
	北京未来科技城润昌置业有限公司	未来城市	1.7
	北京昌基鸿业房地产开发有限公司	拾景家园	4.5
	北京泰禾嘉兴房地产开发有限公司	承文家园	2.3
顺义	北京首开中晟置业有限责任公司	品晟嘉园	12.2
	北京市大龙房地产开发有限公司	裕龙君享	5.2
房山	北京长龙房地产开发有限公司	长龙家园	0.5

表 8-3 2017 年北京市备案项目商业、办公用房情况

区	企业名称	项目推广名	本年度申请规模（万平方米）
西城	北京富饶房地产开发有限公司	紫金印象	1.7
朝阳	北京金隅嘉业房地产开发有限公司	金隅・汇景苑	0.9
	北京致泰房地产开发有限公司	和锦园	0.3
	北京宝鸿天城房地产开发有限公司	哈银国际中心	8.2
	北京昭泰房地产开发有限公司	景粼原著	0.4
	北京联星房地产开发有限责任公司	北小营商务综合楼	6.0
丰台	北京金隅房地置业有限公司	悦村中心	4.4
	北京鎏庄房地产开发有限公司	北京金茂府	3.7
通州	北京富润万嘉房地产开发有限公司	滨江凯旋门	17.7
	北京首开万科置业有限公司	翡翠四季	5.4
	北京润锦房地产开发有限公司	通州万国城 MOMA	0.5
	北京顺开房地产开发有限公司	中国阙	3.3
	北京合生北方房地产开发有限公司	合生世界村	6.6
大兴	北京城建兴业置地有限公司	兴悦居	10.6
昌平	北京未来科技城昌融置业有限公司	未来时代中心	21.0
	北京未来科技城昌金置业有限公司	未来融尚家园	4.7
	北京昌基鸿业房地产开发有限公司	拾景家园	6.4
	北京大成昌润置业有限公司	上城小区	0.3
顺义	北京联创盛业房地产开发有限公司	禧澜家园	0.2
	北京贵佳茂置业有限公司	鸿堂苑	3.8
门头沟	北京新都致远房地产开发有限公司	华远华中心	18.9
	北京屹泰房地产开发有限公司	四季怡园	6.7
	北京骏宇房地产开发有限公司	中骏西山天璟	5.3
	北京捷海房地产开发有限公司	翡翠长安	0.5
房山	北京远山置业有限公司	远洋・新仕界	0.4
	北京恒隆兴置业有限公司	恒大滨河左岸	3.0
	北京中粮万科房地产开发有限公司	紫云家园	1.0
	北京星华蓝光置业有限公司	蓝光星华海悦城	5.4
开发区	北京经开工大投资管理有限公司	北京经开・壹中心	16.1

第五节　商品房预售资金监管

为加强北京市商品房预售资金的监督管理，完善商品房预售制度，防范市场风险，保障购房人合法权益，根据《中华人民共和国城市房地产管理法》《城市商品房预售管理办法》《关于进一步加强房地产市场监管完善商品住房预售制度有关问题的通知》等相关法律法规和规范性文件，2010年12月，本市出台了《北京市商品房预售资金监督管理暂行办法》，确立商品房预售资金监管制度。此项政策的实施有效规范了房地产开发企业对商品房预售资金的收存和使用，很大程度上规范了房地产市场秩序，并促进房地产市场平稳健康发展。

2013年6月，为进一步完善商品房预售资金监管制度，结合《暂行办法》实施两年多以来的具体情况，市住房城乡建设委会同人行营管部、北京银监局对预售资金监管政策进行了修订，印发《北京市商品房预售资金监督管理办法》（京建法［2013］11号）。《办法》在继续遵循政府指导、银行监管、多方监督、专款专用原则的基础上，重点调整、完善四项内容：一是合理增加项目资金使用节点。考虑到部分项目建筑规模较大、建设周期较长，地下结构完成到结构封顶节点时间跨度较大，期间将发生大量工程建设费用，《办法》规定，拟预售楼栋中含7层以上建筑的预售项目，可根据工程建设实际需要，适当增加用款节点，保障项目建设资金。二是引入余额控制监管模式提高资金使用效率。《办法》规定，入账资金超出剩余工程建设节点所需费用时，房地产开发企业可申请使用超出部分资金。即重点监管工程建设未完成部分所需资金额度，切实实现预售资金“管好而不管死”。三是规范监管银行变更流程。考虑到房地产开发企业的融资需要，且防范房地产开发企业以更换监管银行为由挪用资金，《办法》明确了监管银行变更操作流程及各环节所需材料。四是加大预售资金入账监督力度。《办法》要求，监管银行发现房地产开发企业未按时、足额将预售资金存入专用账户的，应将相关情况报送区县住房城乡建设主管部门；市、区县住房城乡建设主管部门发现项目出入账存在问题的，要责令房地产开发企业限期改正，未按期改正的限制网上签约，情节严重的，可暂停该房地产开发企业在本市全部房地产开发项目的网上签约。

2015年底，为贯彻落实国务院关于“简政放权、放管结合、优化服务”的精神，加强预售资金的使用和管理，提高企业资金利用率，缓解企业资金周转压力，市住房城乡建设委出台了《关于加强本市商品房预售资金使用管理的通知》，进一步对政策进行了调整，规定商品房预售项目网上签约面积不足该预售许可证许可面积的二分之一时，开发企业可自行支取专用账户内的资金用于工程建设；开发企业能够提供非监管银行出具的现金保函的，可以免除同等额度的监管资金。此次政策调整通过简化支取手续和拓宽履约担保渠道，从而在保证预售资金用于工程建设的前提下，提高预售资金的使用效率。同时，更加重视房地产准入门槛的提高和日常监管，规范和净化市场，推动市场向大而强的开发模式转型，降低烂尾系数，保障购房人权益。

2017年，本市商品房预售资金监管工作有序开展，着力做好预售项目入账监测预警工作。截至2017年12月31日，全市共监管在途预售项目1316个，涉及房屋59.7万套，购房合同金额9976.8亿元，专用账户入账6886.6亿元。按照2015年底出台的《关于加强本市商品房预售资金使用管理的通知》，适度放宽企业用款要求。截至2017年12月31日，有512个销售面积未达二分之一的项目支取预售资金377.4亿元；有11个项目采用现金保函方式，涉及担保金额15.89亿元。与此同时，进一步规范相关业务流程，明确了新增预售资金监管银行支行的具体条件和办理流程。

2017年，市区建设房管部门继续做好预售资金出入账监测预警工作，有序开展日常监管，对涉嫌违规项目按月进行重点执法，全市预售资金总体入账率稳步提高。与此同时，进一步完善现金保函制度，明确了保函申请、使用流程。截至2017年12月31日，全市在途监管预售项目940个，涉及房屋39.7万套。其中833个项目有网签记录，网签房屋26.4万套，涉及购房合同金额7541.2亿元，专用账户入账5752.1亿元，总体入账率76.2%。此外，有175个项目在销售面积未达二分之一节点支取预售资金585.4亿元；有23个项目采用现金保函方式，涉及担保金额28.4亿元。

第六节　购房资格审核管理

一、继续严格执行限购政策

2017年，继续从严执行房屋限购政策，购房资格审核、复核工作运行平稳。作为商品住房成交量的先行指标，全年审核商品住房购房资格核验业务30.6万笔，同比减少47.4%，通过23.6万笔，通过率77.1%（同期，商品住房成交总量16.7万套，同比减少48.6%）。其中新建商品住房资格审核4.1万笔，同比减少44.6%，通过率75.5%；存量住房资格审核26.5万笔，同比减少47.9%，通过率77.4%。全年审核商业、办公类项目购房资格核验业务0.5万笔，通过0.2万笔，通过率43.1%

二、不断完善资格审核机制

依据本市住房限购政策，结合实际工作，不断完善本市购房资格审核复核机制。一是，积极落实“3.17”系列调控政策。制定各项政策执行口径，包括企业购房满三年再上市审核标准，商业、办公类项目限购政策执行口径，平房限购审核口径，个人所得税审核标准等；会同市高院、市规土委制定法拍房产竞拍人购房资格审查流程。二是，完善购房资格审核系统。增加存量房网签规则，具备资格的审核人必须作为签约人之一；规范存量房购房资格核验流程，督促网签机构严格执行限购政策；完善限购黑名单功能，经核查存在违规骗购行为人员加入其中，暂不出具审核结果；配合市地税局，对涉嫌通过提供虚假证明材料补缴个人所得税人员进行核查，并按照税务部门意见，取消部分人员本市购房资格。三是，加强执法检查，督促房地产开发企业、代理销售机构严格执行本市住房限购政策。对经纪机构炒作学区房、未严格执行房屋限购政策情况进行专项执法检查；对近年来为购房家庭提交资格核验信息时，仍存在较多填报错误的开发企业进行约谈，再次强调有关政策，督促企业落实。四是，开展课题研究。2017 年，积极开展《北京市商品住房限购政策研究》课题研究工作，从促进住房市场平稳健康发展及完善购房资格审核机制角度出发，提出有针对性的政策建议。

第七节 经纪、评估行业监管及市场专项整治

一、加强中介行业秩序整顿，提升行业专业化、规范化服务水平

一是，严格中介机构备案管理，为避免行业无序发展和扩张，充分发挥各区及中介行业协会作用，限制机构新设立门店，注销未在备案地经营的 245 家经纪机构备案。二是，会同市工商局加大对违规中介机构惩罚力度。三是，完善房地产经纪、评估机构及从业人员信用档案建设。推进房地产中介信用体系建设，研究制定《关于加强北京市房地产经纪机构备案及经营场所公示管理的通知》。四是，会同综合服务中心，进一步理顺工作职能，明确中介机构、开发企业钥匙盘发放与激活、销售人员备案、特殊网签注销等事项的职能分工、办理标准等。五是，积极推动北京市房地产经纪地方规章立法进程，完善经纪行业管理政策法规体系。六是，以通州区为试点，研究起草通州区单边独家代理试行制度。七是，通过加强对房地产经纪行业自律指导，引导行业履行社会责任，推进社会治理创新。八是，开展全市房地产估价行业管理工作会暨房地产估价师证书挂靠专项治理工作。九是，估价机构备案工作中启动市区两级联动管理，2017 年先行在朝阳区展开。

二、市区联动综合执法，确保各项政策落到实处

市区两级住建（房管）部门通过开展持续、不间断的日常巡查和专项检查，做到主动出击、“逢涨必查、逢炒必办”，冒头就打，严查开发企业捂盘惜售、无资质经营；严厉打击以学区房名义哄抬房价行为；严查违规代理虚假宣传商办类项目行为；严查违规房产网站；对金融机构开展专项检查；严查预售资金监管情况；加强与周边区域协调联动执法，对房地产市场违法违规行为形成有力震慑。

2017 年全年，市区两级共检查房地产销售现场 591 项/次，下发《责令改正通知书》67 份，行政处罚 218 起，罚款 2811998 元，限制网上签约 165 家，1 家开发建设单位被吊销营业执照，1 家开发商资质降级，2 家开发企业被暂停拿地资格。市区两级共检查经纪机构和分支机构 8684 家/次，下发《责令改正通知书》76 份，行政处罚 208 起，罚款 4205000 元，限制网上签约 497 家，约谈告诫 125 家，53 家中介机构被公开曝光，423 家违规经营的中介机构被注销备案，333 家中介门店被关停整改，198 家中介门店自行关停。执法查处效果明显，新政贯彻落到实处。

三、全力做好信访维稳和全市疏解整治促提升工作

一是实现信访维稳态势总体可控。全年共办理各类来信来访 4124 件，做到件件有落实、有回声。“3. 17 信贷新政”实施后，共有 388 批次 508 人次上访，会同信访处全力做好接访工

作，并会同高院明确受新政影响的合同履约纠纷口径，2017 年 5 月份此类信访诉求已基本化解。“3.26 商办新政”实施至今，先后共有 71 批次 525 人次上访，会同相关部门及时出台政策口径，多次深入群众反映比较集中的区开展现场矛盾排查化解和稳控工作，商办群访事件基本平息，维稳形势总体可控。二是严格落实商改住专项治理工作。围绕 2017 年我市商改住清理整治工作目标“研究清理整治商改住存量政策，严格控制商改住增量”，通过制定出台长效政策、加大执法检查力度、做好政策宣传引导工作、加强各区督导，商改住治理取得明显成效。三是配合开展违法群租房和城乡结合部地区安全隐患问题专项整治工作。配合首都综治办研究制定违法群租房和城乡结合部地区安全隐患问题专项整治工作方案，做好房地产经纪机构的检查监督，严查重罚房地产经纪机构、人员参与违法群租房行为。指导房地产中介行业协会引导机构加强行业自律。进一步畅通群众投诉举报渠道，做好群租线索收集、办理、移送工作。

第八节　房产测绘成果审核

一、加强住宅平房房产测绘成果管理

2017 年 4 月，为加强国有土地上住宅平房房产测绘管理，防止“过道房”问题再次出现，市住房城乡建设委印发了《关于加强住宅平房房产测绘成果管理工作的通知》（京建发〔2017〕125 号），将国有土地上住宅平房房产测绘成果纳入审核范围，明确审核标准、审核材料，特别强调了住宅平房房产测绘成果需按房屋自然状况出具、且应与原房屋登记或规划许可内容一致，对通道、廊等实际建筑状况予以标注等，规范了住宅平房的房产测绘行为。

二、研究解决落实私房发还房产测绘和产权登记问题

2017 年 9 月，市住房城乡建设委会同市规划国土委召开专题会议，明确了落实私房房产发还、测绘、不动产登记工作相互衔接的基本原则和流程，规定落实私房发还房产申请房产测绘时，应以发还时点现状实测为准，同时规定了落私部门、房产测绘成果审核部门、房屋管理单位和测绘机构须现场指验发还房屋。

三、加强居住项目配套设施测绘成果管理

2017 年 9 月，根据市住房城乡建设委出台的《关于进一步加强居住项目代征城市道路用地和配套设施建设管理的通知》（京建发〔2017〕406 号）规定，在房产实测绘成果审核过程中增加审查要件《居住项目配套设施移交情况确认单》。

四、加强对市、区两级审核部门业务指导

年内，市住房城乡建设委每季度对市级房产测绘成果审核部门的审核工作质量进行检查，每半年对各区审核部门的审核工作质量进行检查，并利用检查时机主动深入各区进行实地指导，协调解决各类项目审核中遇到的问题。

五、组织开展行业政策宣传培训

年内，为进一步宣传和贯彻各项管理政策，规范房产测绘成果审核部门和房产测绘机构行为，促进我市房地产市场健康发展，市住房城乡建设委召开全市房产测绘成果审核部门政策培训会2次，全市房产测绘机构工作会1次，对房地产调控政策和相应审核要求进行讲解和答疑。

六、利用新媒体开展测绘知识普及教育

年内，通过“安居北京”微信公众号向社会公众普及房产测绘政策和专业知识，在不增加行政管理成本的情况下，利用新媒体平台达到了预期宣传效果。

七、推进历史遗留和疑难问题解决

年内，与市规划国土委召开会议，研究解决12个历史遗留项目的规划许可、竣工验收、房产测绘及不动产登记等问题。

八、开展房产测绘制度课题研究

年内，完成住建部委托《房产测绘制度研究》课题的调研和起草工作，并开始对研究成果征求意见。

九、房产测绘成果审核完成情况

全年，我市通过用于预售许可的房产预测绘成果审核业务共计194笔，建筑面积1188.1万平方米，与2016年相比减少594.4万平方米，同比下降33.3%；通过用于不动产登记的房产实测绘成果审核业务共计1171笔，建筑面积3675.7万平方米，与2016年相比增加94.4万平方米，同比增长2.6%。通过国有土地上住宅平房房产测绘成果审核业务465笔，建筑面积15934.41平方米。

表8-4　2017年度各区预测成果审核情况

序号	统计单位	审核通过件数	建筑面积(平方米)	面积所占百分比
1	西城区	3	528072.46	4.44%
2	朝阳区	29	1464293.48	12.33%
3	海淀区	8	538418.64	4.53%
4	丰台区	20	1000214.15	8.42%
5	石景山区	1	30557.23	0.26%
6	昌平区	28	1133387.95	9.54%
7	大兴区	11	746332.27	6.28%
8	通州区	21	1865237.06	15.70%
9	顺义区	16	1205822.94	10.15%
10	门头沟区	23	1083579.2	9.12%
11	房山区	14	1083196.96	9.12%
12	怀柔区	2	184612.26	1.55%
13	平谷区	5	170018.13	1.43%
14	密云区	10	508113.64	4.28%

（续表 8-4）

序号	统计单位	审核通过件数	建筑面积(平方米)	面积所占百分比
15	延庆区	2	207624. 87	1. 75%
16	开发区	1	131136. 46	1. 10%
合计		194	11880617. 7	100%

表 8-5　2017 年度各区实测成果审核情况

序号	统计单位	审核通过件数	建筑面积(平方米)	面积所占百分比
1	东城区	21	506893. 84	1. 38%
2	西城区	6	293037. 59	0. 80%
3	朝阳区	163	5789965. 9	15. 75%
4	海淀区	93	2442209. 85	6. 64%
5	丰台区	88	3373428. 17	9. 18%
6	石景山区	25	1190804. 46	3. 24%
7	昌平区	94	3304342. 68	8. 99%
8	大兴区	132	4665794. 33	12. 69%
9	通州区	120	3059466. 03	8. 32%
10	顺义区	99	3042876. 1	8. 28%
11	门头沟区	38	1089463. 37	2. 96%
12	房山区	127	3423146. 01	9. 31%
13	怀柔区	29	258867. 48	0. 70%
14	平谷区	34	522724. 73	1. 42%
15	密云区	49	736809. 25	2. 00%
16	延庆区	6	71180. 39	0. 19%
17	开发区	47	2985866. 43	8. 12%
合计		1171	36756876. 61	100%

第九章

住房保障

北京市房地产年鉴 2018

第九章

住房保障

北京市房地产年鉴 2018

第一节 2017年北京市住房保障制度建设

2017年是贯彻《北京城市总体规划（2016年—2035年）》、落实“十三五”规划的重要一年，北京市在基础性制度和长效机制建设上持续发力，符合国情市情、具有首都特色的住房保障制度更加完善，保障房建设管理科学化、精细化水平明显提高，多项工作取得开创性、突破性成就。

一、深入研究，租购并举的住房制度逐步完善

一是出台共有产权住房管理政策。9月30日，《北京市共有产权住房管理暂行办法》（京建法〔2017〕16号）正式实施，由市住建委、市发改委、市财政局、市规土委四部门联合印发，共六章38条，对共有产权住房的规划建设、审核配售、产权约定和监督管理等方面进行了明确规定，通过产权共有的方式，科学确定个人与政府利益分配机制，实行封闭管理、内部流转，打消投资投机空间，回归住房居住属性。《北京市共有产权住房规划设计宜居建设导则（试行）》同步实施，由市住建委与市规土委联合印发，明确了共有产权住房设计、建造、评价、管理等标准化技术体系。截至2017年底，共有产权住房项目共有42个、4.4万套，启动网申项目5个项目、3937套。

二是发布集体土地建设租赁住房工作意见。10月31日，市住建委、市规土委联合发布《关于进一步加强利用集体土地建设租赁住房工作的有关意见》（京规划国土发〔2017〕376号），明确集体租赁住房的准入条件、建设地点、申报主体、资金筹集、租赁模式等相关政策措施。项目未经批准，不得出让、转让，不得转租，不得改变土地用途，不得对外出售或以租代售。集体经济组织可自行建设，也可与国有企业合作开发，农村集体经营性建设用地入市试点区域，也可在项目地块公开入市交易后，由土地竞得者进行开发建设。鼓励趸租作为公租房使用，面向公租房备案家庭或人才配租。年内，我市共供应集体土地租赁住房地块39个、203.8公顷，

三是深化保障房运营主体改革，打造市场化、专业化管理平台。5月印发《关于完善区级保障性住房专业运营管理机构的指导意见》，指导各区组建成立保障房专业运营企业，并作为共有产权住房政府份额的代持机构，力求打造优势互补的两级平台。全年已成立5个区级运营企业，其余区也正在积极组建中。

二、完善机制，加强保障房建设和品质管理

一是创新加快审批手续办理。2017年，我市保障房（含棚改和重点工程安置房）项目全部纳入“一会三函”审批改革试点，将新建项目全部纳入“一会三函”试点，前期审批流程进一步规范和简化，项目手续办理全面提速。同时，倒排手续办理时间节点，加快完善历史遗留保障房项目建设手续。

二是加强保障房配套设施建设。11月7日，市住房保障和住房制度改革工作领导小组办公室印发《关于进一步加强保障房项目红线外配套市政基础设施建设的通知》（京住保〔2017〕17号），落实属地管理责任，要求各区落实属地

管理责任，完善项目台账，统筹推进红线外配套市政基础设施建设、投资等工作；各市政专业公司要优先投资建设；严格按既定时间节点推进列入2016-2018年建设计划的项目，确保市政配套设施与住宅同步建设、同步交用。

三是优化保障房设计方案专家审查机制。严格执行设计方案专家审查制度，全年组织专家评审会39次，从专业技术角度，评审、优选、改进了49个项目、9万套房源的规划设计方案。同时将区级安置房项目审查下放各区，由区规划、住建部门组织专家联审，实行规划方案、设计方案“两审合一”，共召开区级评审会11次，审查项目15个。

四是全面落实装配式建筑新要求。在新纳入建设计划的保障房项目中全面推行装配式建筑。郭公庄一期等3个装配式建造公租房项目荣获中国人居环境奖，通州马驹桥项目荣获中国土木工程詹天佑奖优秀住宅小区金奖，保障房精品宜居工程取得阶段性成果。

三、聚焦精准，不断完善保障房审核分配体系

一是建立“新北京人”专项分配长效机制。全面贯彻落实中央“以满足新市民为主要出发点”有关要求，在园区人才公租房基础上，从共有产权住房、公租房拿出不少于30%的房源，面向符合条件的非京籍家庭配租配售。全年推出面向“新北京人”共有产权住房1182套、公租房项目774套。此外，结合三城一区和重点功能区建设，面向各类人才、为首都城市运行提供服务和保障的有关行业人员开展公租房专项配租。

二是推行“以区为主”分配模式。进一步完善保障房分配政策，房源分配实行年度计划管理，由各区政府根据区域功能定位和发展方向确定配售对象及排队规则，各区房源优先面向本区户籍或在本区工作的家庭分配，不再组织全市大摇号，有效促进职住平衡、产城融合。同时发挥市级房源统筹作用，在城市发展新区调配公租房对接东城、西城区，为疏解工作创造条件。

三是简化保障性住房审核流程。进一步精简申请材料，申请家庭无需提交公积金纸质证明材料，通过信息共享方式，让群众少跑腿。优化资格查询流程，单位查询的，由需求方向区住房保障部门统一提出申请；个人查询的，通过市住建委官网直接查询，解决资格查询“最后一公里”问题。

四、严格监管，着力提升后期服务管理水平

一是完善区级保障房专业运营管理平台。5月10日，市住房保障和住房制度改革工作领导小组办公室印发《关于完善区级保障性住房专业运营管理机构的指导意见》（京住保〔2017〕6号），要求各区组建本区保障性住房专业运营管理企业，负责本区保障房投融资、建设收购、运营管理等职责，并作为共有产权住房政府份额的代持机构，力求通过打造优势互补的市区两级平台，促进保障房运营管理市场化、专业化、规范化。截至年底，全市已有顺义、通州、海淀、昌平、门头沟5个区组建成立区级保障房专业运营企业。

二是全面推广人脸识别等新技术　加大科技创新应用力度，在公租房小区全面推广人脸识别系统。截至年底，金隅翡丽等9个小区已投入使用，北京保障房监管手段向智能化、数字化、网络化迈进。

三是严格保障房使用监督管理。开展公租房年度检查工作，对138个公租房项目的运营管理、使用监管、物业服务进行专项检查，公租房满意度打分连续五年上升。严厉查处公租房转租转借等违规行为，注重运营管理“精细度”。

加大社会公共服务协调力度。市保障房中心持有公租房项目承租家庭子女就近入学需求基本满足，燕保京原家园等8个公租房小区首次列入全市社区规范化建设试点、获得市社会办专项资金支持，社会服务均等化水平进一步提升。

2017年，我市坚持租购并举，持续加大住房供应，圆满完成了住房保障各项工作任务，有效调整了住房供应结构，同时对促进非首都功能疏解、提升首都核心功能，改善城市整体环境、助力城市发展发挥了积极重要作用。

第二节　公共租赁住房建设情况

2017年，全市共建设筹集公共租赁住房项目10个，约0.76万套房源（见表9-1）。实现竣工项目24个，约2.3万套房源（见表9-2）。

表9-1　2017年公共租赁住房项目开工情况汇总

序号	项目所属区	项目名称	套数（套）
1	海淀区	田村路39号R2二类居住用地配建公租房项目	134
2	海淀区	永丰产业基地（新）HD00-0401-0146地块R2二类居住（配建公租房项目）	872
3	海淀区	市场筹集	1198
4	丰台区	丰台区城乡一体化槐房村、新宫村旧村改造项目第一期B组团配建公共租赁住房	977
5	丰台区	丰台区城乡一体化槐房村、新宫村旧村改造项目第一期A组团配建公共租赁住房	950
6	丰台区	花乡樊家村危改6号地公租房	707
7	顺义区	天竺苗圃职工宿舍项目	1300
8	顺义区	北汽顺通路公租房项目	694
9	昌平区	小汤山镇（未来科技城北区）CP05-0801-0011、0013、0015、0017地块F1住宅混合公建用地、F2公建混合住宅用地（配建“人才公共租赁住房”）	186
10	昌平区	中关村科技园区昌平园东区二期0303-07地块项目（配建人才公租房）	580

表9-2　2017年公租房项目竣工情况汇总

序号	项目所属区	项目名称	套数（套）
1	朝阳区	西大望路24号地公租房项目	526
2	朝阳区	孙河乡西甸村HIJ地块居住及配套项目	454
3	海淀区	清河盒子房厂公租房项目	327
4	海淀区	唐家岭租赁房	1498

（续表 9-2）

序号	项目所属区	项目名称	套数（套）
5	丰台区	花乡樊家村危改 9 号地项目	203
6	石景山区	五里坨 02 号地 B 地块公租房	1003
7	通州区	台湖镇 4-1-017、4-1-010 地块居住、医疗卫生项目	644
8	通州区	台湖镇 4-1-014、4-1-015、4-1-019 地块居住、托幼项目	1584
9	通州区	光机电一体化产业基地 B-03 地块	1447
10	通州区	台湖镇 4-1-028、4-1-030、4-1-033 地块居住、小学、托幼用地（配建公共租赁住房）项目	2058
11	通州区	于家务乡乡中心 A 地块项目（配建公共租赁住房）	160
12	通州区	通州新城南部 0803-015A 地块 F1 住宅混合公建项目	512
13	通州区	永顺镇 0204-A 地块 R2 二类居住用地和 0204-B 地块 R53 托幼用地（配建公共租赁住房、限价商品住房、安置用房和自住型商品住房）	450
14	顺义区	顺义新城望泉寺公租房	3780
15	大兴区	生物医药基地东配套 4#地项目	200
16	大兴区	万科橙（生物医药基地东配套 5#地）	588
17	大兴区	孙村组团 B-07 地块公租房项目	193
18	大兴区	旧宫镇绿隔地区建设旧村改造二期 A2-1 地块二类居住用地项目（配建公共租赁住房）	197
19	大兴区	旧宫镇绿隔地区建设旧村改造二期 A1 地块	99
20	昌平区	沙河镇 C-X06、C-X07、C-X10 地块二类居住、公建混合住宅、托幼用地项目	749
21	昌平区	沙河高教园区住宅及配套设施二期（一）项目	3622
22	昌平区	东小口镇住宅混合公建用地（配建公共租赁住房）	1453
23	昌平区	中关村科技园昌平园东区二期 0303-04 地块住宅混合公建用地	700
24	北京经济技术开发区	X87 地块公租房项目	929

第三节　经济适用住房建设情况

2017 年，全市经济适用住房项目实现竣工 4　　个，约 0.6 万套房源（见表 9-3）。

表 9-3 2017 年经济适用房项目竣工情况汇总

序号	项目所属区	项目名称	套数（套）
1	朝阳区	驹东经适房	2571
2	丰台区	中奥嘉园	1806
3	门头沟区	潭柘寺 MC01-0003-0067 等地块 R2 二类居住用地、F1 住宅混合公建用地等用途用地（配建经济适用住房）（原门头沟区潭柘寺镇中心区 C 地块项目）	104
4	大兴区	三合庄经济适用住房项目	1703

第四节 共有产权住房（含限价商品房、自住房）建设情况

2017 年，全市新开工建设共有产权房（含限价商品房、自住房）项目 9 个，约 0.38 万套房源（见表 9-4）。实现竣工项目 34 个，约 3.4 万套房源（见表 9-5）。

表 9-4 2017 年共有产权住房（含限价商品房、自住房）项目开工情况汇总

序号	项目所属区	项目名称	套数（套）
1	朝阳区	常营乡 1201-602、603 地块住宅混合公建用地（配建自住房）	427
2	朝阳区	常营乡 1201-602、603 地块住宅混合公建用地（配建限价房）	437
3	朝阳区	富兴鹏城	382
	海淀区	永丰产业基地（新）HD00-0401-0146 地块 R2 二类居住用地（配建自住房项目）	616
5	丰台区	王佐镇魏各庄村 A01、A02 公建混合住宅用地项目	464
6	房山区	中粮稻田雅筑	260
7	房山区	阎村镇 04 街区 04-0005 等地块综合性商业金融服务业、二类居住用地及体育用地（配建“限价商品房”）项目	430
8	大兴区	黄村镇四街、五街、六街村 DX00-0208-6001 等地块自住房项目（海珀云翡）	171
9	延庆区	延庆新城 05 街区 05-043 地块 R2 二类居住用地项目	620

表 9-5 2017 年共有产权住房（含限价商品房、自住房）项目竣工情况汇总

序号	项目所属区	项目名称	套数（套）
1	朝阳区	金隅汇星苑	1882
2	朝阳区	金隅汇景苑	3300
3	朝阳区	东坝南区 1105-655、657 号地二类居住、小学用地（配建限价商品住房）	485
4	朝阳区	东坝南区 1105-660、661、665、666 号地（配建限价房）	578

（续表 9-5）

序号	项目所属区	项目名称	套数（套）
5	朝阳区	东坝南区 1106-692、634、693 地块二类居住、基础教育用地	237
6	朝阳区	百子湾路 14 号住宅混合公建项目	360
7	朝阳区	东坝南区 1105-660、661、665、666 号地（配建限价房）	112
8	朝阳区	东坝南区 1105-655、657 号地二类居住、小学用地（配建限价商品住房）	116
9	丰台区	西局旧村改造项目	923
10	石景山区	第二水泥管厂自住型商品房项目	744
11	石景山区	老古城综合改造 C 地块自住型商品房项目	997
12	石景山区	第二水泥管厂配建限价房项目	432
13	石景山区	老古城综合改造 C 地块配建限价房项目	203
14	石景山区	五里坨南宫住宅小区 AB 地块限价房项目	120
15	石景山区	五里坨 02 号地 B 地块限价房	1854
16	房山区	长阳镇 18-02-03 等地块	1433
17	房山区	拱辰街道及长阳镇（良乡高教园区 4 号地）09-05-10 地块 F1 住宅混合公建用地（配建“限价商品住房”）	420
18	房山区	长阳镇 18-02-13（理工大学 9 号地）住宅及体育用地项目	645
19	通州区	永顺镇 0204-A 地块 R2 二类居住用地和 0204-B 地块 R53 托幼用地（配建公共租赁住房、限价商品住房、安置用房和自住型商品住房）	1497
20	通州区	永顺镇居住、托幼及小学项目（配建限价商品住房和自住型商品住房）	3317
21	通州区	永顺镇居住、托幼及小学项目（配建限价商品住房和自住型商品住房）	2000
22	通州区	永顺镇 0204-A 地块 R2 二类居住用地和 0204-B 地块 R53 托幼用地（配建公共租赁住房、限价商品住房、安置用房和自住型商品住房）	558
23	顺义区	金地悦景台自住房项目	583
24	顺义区	福环二期东侧地块配建限价房项目	585
25	顺义区	鼎顺嘉园	2272
26	顺义区	景泽园（板桥一期限价房）	675
27	顺义区	板桥地块三期配建限价房	379
28	大兴区	大兴区亦庄新城 B01 地块	1238
29	大兴区	瀛海镇西区 C2 组团 C07-5 地块限价房项目	1910
30	大兴区	亦庄新城 B02 地块	1369
31	昌平区	平西府组团一级开发项目（北区）	672
32	昌平区	沙河镇南一村二类居住项目用地	902
33	昌平区	平西府组团一级开发项目（北区）	496
34	延庆区	沈家营天成家园限价商品房项目	552

第五节　定向安置房建设情况

2017年，全市新开工建设定向安置房项目36个，约5.4万套房源（见表9-6）。竣工项目21个，约2.7万套房源（见表9-7）。

表9-6　2017年定向安置房项目开工情况汇总

序号	项目所属区	项目名称	套数（套）
1	东城区	朝阳区豆各庄3、4号地通惠灌渠西侧地块东城区旧城保护定向安置房	823
2	东城区	朝阳区豆各庄地块东城区旧城保护定向安置房项目4#地块	1967
3	西城区	华嘉胡同0110-633地块C2商业金融用地、0110-634地块R2二类居住用地项目	402
4	朝阳区	太阳宫乡回迁安置房	452
5	朝阳区	动感花园	1166
6	朝阳区	将台乡农民回迁安置房项目	3960
7	朝阳区	南磨房乡石门定向安置房项目	1418
8	朝阳区	百子湾定向安置房项目	2848
9	海淀区	两园之间村庄安置房（一亩园安置房）	2015
10	海淀区	北京电影洗印录像技术厂北三环中路40号院危旧房改造	130
11	海淀区	京昌路楔形绿地项目回迁安置房	357
12	海淀区	田村路43号棚改定向安置房项目	2300
13	海淀区	西北旺C2地块	1418
14	丰台区	分钟寺回迁安置房项目	2202
15	丰台区	花乡樊家村危改6号地回迁房	879
16	丰台区	分钟寺回迁安置房项目	1328
17	石景山区	西黄村棚户区改造土地开发安置房项目	414
18	石景山区	北辛安棚户区改造B区土地开发项目	2500
19	门头沟区	液压支架厂项目	1122
20	门头沟区	水煤浆厂项目	615
21	房山区	河北镇棚户区改造水泥一厂片区土地开发项目（回迁安置房地块）	689
22	房山区	城关中心区棚户区改造土地开发项目二期安置地块FS00-YF06-0004，0005，0009项目	700
23	房山区	拱辰街道办事处渔儿沟村棚户区改造土地开发项目（回迁安置房）	696

（续表 9-6）

序号	项目所属区	项目名称	套数（套）
24	房山区	良乡镇中心区改造定向安置房	975
25	房山区	河北镇棚户区改造水泥一厂片区土地开发项目	1000
26	房山区	房山新城良乡组团梅花桩旧村改造项目南区 08-05-01、08-05-03 限价住房项目	450
27	通州区	西集镇综合配套区定向安置房项目	688
28	通州区	潞城镇棚户区改造土地开发项目 BCD 区后北营东侧二期地块及西北角地块安置房项目	4504
29	通州区	潞城镇棚户区改造土地开发项目 A 区后北营西南角及东侧地块安置房项目	1807
30	通州区	西集镇综合配套区定向安置房项目	576
31	大兴区	2016 年世界月季洲际大会配套安置房项目	6372
32	昌平区	中关村生命科学园三期及“北四村”棚户区改造和环境整治安置房项目	2190
33	平谷区	马坊镇中心区南区定向安置房（一期）	1956
34	怀柔区	怀柔新城 03 街区下元、钓鱼台及东关棚户区改造安置房项目	1050
35	怀柔区	怀柔区庙城村棚户区改造土地开发安置房项目	769
36	密云区	十里堡镇王各庄棚户区改造安置房项目	1336

表 9-7　2017 年定向安置房项目竣工情况汇总

序号	项目所属区	项目名称	套数（套）
1	朝阳区	洼里 5 号地	1433
2	朝阳区	宝成雅园	643
3	海淀区	西郊机场	1424
4	海淀区	吴家场安置房	594
5	丰台区	市政服务中心拆迁安置房	612
6	丰台区	长辛店棚户区辛庄 D 地块安置房项目	3459
7	丰台区	辛庄村（一期）农民回迁安置房项目	1242
8	丰台区	小屯馨城	217
9	丰台区	万泉寺回迁安置房项目	2301
10	丰台区	青塔南里危改小区项目	175
11	丰台区	白盆窑旧村改造回迁房	1507
12	石景山区	中关村科技园区北Ⅰ区定向安置房	456
13	房山区	B01#回迁楼等 3 项（房山区黄辛庄小区二期项目）	372
14	通州区	永顺镇 0204-A 地块 R2 二类居住用地和 0204-B 地块 R53 托幼用地（配建公共租赁住房、限价商品住房、安置用房和自住型商品住房）	2156

（续表 9-7）

序号	项目所属区	项目名称	套数（套）
15	大兴区	大兴新城核心区定向安置房项目	4202
16	大兴区	西广德定向安置房项目	1250
17	昌平区	霍营回迁楼	1398
18	昌平区	沙河高教园区住宅及配套设施二期（一）项目	2408
19	昌平区	政府街商住楼项目 3#回迁楼	72
20	昌平区	平西府组团一级开发项目（北区）	1070
21	昌平区	沙河镇南一村二类居住项目用地	120

第六节　棚户区改造和老城整体保护工作

在市委市政府的领导下，我市贯彻习近平总书记“老城不能再拆了”的重要指示精神，以新城市总规为引领，促进老城整体保护、棚户区改造、征收拆迁管理和住房保障工作有机结合，实现疏解与提升并举。

一、超额完成 2017 年棚户区改造各项目标任务

2017 年，北京市计划完成棚户区改造 3.6 万户，实际完成棚户区改造（签订协议、搬迁腾退及修缮加固）49540 户，占全年任务的 138%，16 个区全部完成与市政府签订责任书目标。

二、编制准备新一轮棚改计划

梳理制定未来三年棚改计划，经市政府批准，我市确定 2018-2020 年棚改计划，涉及 154 个项目、10.2 万户。同时完成 2018 年棚改工作计划编制工作，经市政府批准，2018 年棚改工作计划共 236 个项目，涉及改造任务 23550 户，其中，中心城区 92 个项目，改造任务 15300 户，远郊区共 144 个项目，改造任务 8250 户。

三、深入完善规范棚户区改造政策

一是从严规范棚改工作。市住建委、市重大办联合印发《关于进一步规范我市棚户区改造工作的若干意见》（京建发〔2017〕481 号），从项目准入、项目规模、纳入程序、过程监管等四个方面对我市棚户区改造工作进行了从严规范。进一步严格项目程序，严把棚改关键性指标。

二是规范棚户区改造融资政策。市住建委与市财政局、市重大项目办联合印发《关于做好政府购买棚户区改造服务有关工作的通知》（京财经二〔2017〕1343 号），要求各区不得要求或决定企业为政府举债或变相为政府举债，不得为融资平台公司融资提供担保。此外，市住建委与市财政局、市金融局、市重大项目办联合印发《关于进一步规范棚户区改造项目融资工作的通知》（京财经二〔2017〕2294 号），坚决杜绝政府违规担保等违反地方政府债务管理的行为，进一步完善棚改项目融资工作相关政策。

四、积极推进中心区人口疏解安置房建设

按照市政府统一部署，十三五期间，在昌平、房山、大兴和顺义四区集中建设核心区人口疏解安置房4万套（每区1万套），四区政府选取了房山区长阳镇06、07街区等10个地块。截至2017年底，顺义区临河村项目和房山区长阳镇06、07街区项目已经开工8000套。

五、加大老城整体保护力度

为处理好古都风貌保护与改善民生的关系，有效降低改造成本，推动老城特别是核心区历史文化街区内直管公房平房区腾退和恢复性修建，按照市委市政府的要求，研究了以居民自愿腾退方式为主、征收为辅的“保障对保障”模式。与之前市场化运作的改造模式相比，“保障对保障”模式更加符合总规要求，回归了改善居民居住条件的社会保障性质。同时，该模式中的外迁房源均对接公共租赁住房和共有产权房，便于今后按照统一政策进行管理，实现了与现有保障性住房政策的有效对接。

第七节　住房保障资格审核与配租配售

一、资格审核情况

2017年，全市住房保障资格受理申请6.6万户，市级备案通过6万户。其中公共租赁房实物申请5.1万户，市级备案通过4.6万户（含三房轮候家庭0.13万户），申请量同比增长77%，备案量同比增长104%。

二、配租配售情况

2017年，我市公开分配公共租赁住房1.16万套，累计启动分配15.76万套，整体分配率达78.8%。全年，市场租房补贴发放1.93万户、1.86亿元，累计发放4.97万户、14.51亿元；公共租赁房租赁补贴发放1.97万户、2.23亿元，累计发放2.32万户、5.42亿元。共有产权住房累计入市42个项目、4.4万套，启动网申5个项目、3937套。

第十章

物业服务和管理

北京市房地产年鉴 2018

第一节　2017年北京市物业管理基本情况

一、物业服务企业数量

截止到2017年年底，全市物业企业总数为3135家，其中一级企业166家，二级企业404家，三级企业2237家，三级企业（暂定）200家，外埠在京企业128家。

二、物业项目数量及分布

截至2017年底，全市有物业服务项目6815个，建筑面积6.2亿平方米，约占全市房屋总规模的63%。其中，住宅类项目3825个、44972万平方米，商业类项目319个、1472.55万平方米，商住类项目185个、1808.81万平方米，写字楼项目755个、3027.33万平方米，行政办公楼项目722个、2141.36万平方米，工业类项目217个、1218.31万平方米，综合类项目792个、7174.34万平方米（各类物业服务项目建筑面积比例见图10-1）。

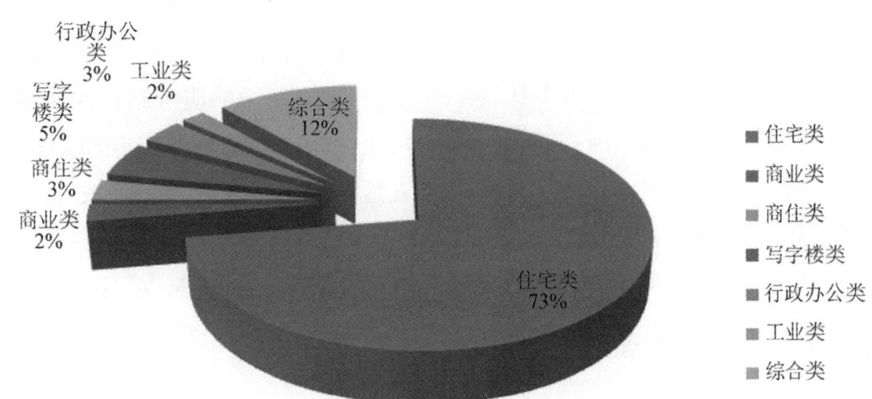

图10-1　各区物业服务企业数量（单位：家）

三、业主大会相关情况

一是响应各区需求，搞好政策培训。对海淀、丰台、石景山、大兴、开发区、通州、怀柔、密云区所属街道乡镇和社区工作人员、部分业主委员会委员共计2100余人进行了业主大会相关政策的培训。二是深入属地，做好指导工作。到海淀区甘家口街道、学院路街道、北下关街道，丰台大红门街道，石景山八角街道，昌平北七家镇等进行业主大会建设指导，分析街道在政策指导方面遇到的困惑和难题，共同研讨解决方案；与石景山法院座谈，研究业主大会临时会议发起及活动的法律程序，进一步确定业主大会活动规范。三是梳理相关问题，抓好分类研究。业主、开发建设单位、物业企业反映的主要问题集中在街道指导不到位；政策把握不准；筹备组工作不规范、不透明；业委会运作违规；物业交接不规范等。物业服务中心会同区住建委、房管局采取一事一议、现场办公等方式方法进行分类指导，讲清政策，促进问题解决；撰写业主大会和业主委员会指导规范，进一步完善业主大会和业主委员会运作程序。四是试行业主共同决定平台。为解决业主共同决定真实性、有效性争议问题，提高业主共同决定的效率，本着真实、公正、方便、高效的原则，物业服务中心会同信息中心研发业主决策与物业服务合同网签系统，系统依托居住类项目调查的项目数据与委房屋全生活周期平台的房屋数据，通过技术设计与管控，实现业主认证、业主投票与业主共同决定结果的唯一真实，贯穿街道乡镇指导、监督环节，目前已进入了试运行阶段。截至2017年底，北京市业委会累计备案921个，建筑面积1046万平方米；年度减少备案125个，减少备案建筑面积1501万平方米。

第二节　物业管理法律法规政策

一、北京市物业管理条例立法

2月份起草《北京市物业管理条例立法说明及立法进展情况》，并上报了市政府法制办。同时，制定了《北京市物业管理条例立法工作计划》，对全年的立法工作做出具体安排。分别于6月底和9月中旬调研上海、深圳、广州、安徽及合肥等地物业管理立法情况，并对顺义区、通州区以及万科物业等进行了立法调研和座谈。

二、研究制定安全生产管理措施

一是制定《关于全市物业管理区域“两节、两会”期间开展安全生产专项检查工作的通知》；二是牵头制定《北京市住房和城乡建设委员会高层建筑消防安全综合治理工作方案》；三是修订《北京市实施物业管理区域防汛指导手册》，建立防汛响应机制；四是制定《关于开展物业管理行业安全生产专项治理行动的通知》；五是制定《物业管理行业安全生产排查要点》，提出87条具体要求。

第三节　物业服务监管

一、加强行业管理

2017年1月13日，国务院印发了《关于第三批取消中央指定地方实施行政许可事项的决定》（国发〔2017〕7号）后，根据该决定和《国务院关于取消一批行政许可事项的决定》（国发〔2017〕46号），市住建委分别于2017年2月22日、10月31日，印发了《关于取消我市二级、三级及三级（暂定）物业服务企业资质认定的通知》（京建发〔2017〕36号）、《关于取消物业服务企业一级资质核定通知》（京建发〔2017〕450号），停止了我市物业服务企业一级资质初审、二级和三级资质认定工作。同时，加强物业服务合同备案工作，凡在本市行政区域内承接物业项目的物业服务企业（包括外埠企业）均须自物业服务合同签订之日起15日内，到物业服务项目所在地区房屋行政主管部门备案。2017年，继续坚持扶持和支持企业到外埠扩展业务，共为物业服务企业开具了诚信证明50多个。严格审查一级资质变更申报资料，上半年，完成一级资质变更25家。

二、推进简政放权放管结合

按照北京市《关于印发2016年推进简政放权放管结合优化服务改革工作要点的通知》要求，已对《北京市物业服务企业信用信息管理办法》等规范性文件中物业管理行业协会承担的行政职能进行修改，并删除了有关文件条款。

三、开展安全生产培训

会同市消防局、市物业协会及各区住建委（房管局）组织开展2017年物业管理区域安全生产实务培训。累计组织18场培训，培训8000余人，培训人数比上年增加11.7%。培训针对设施设备隐患排查、房屋本体安全检查、专项维修基金使用等重要内容，通过专家授课、实例分析、现场答疑等方式，指导物业服务企业落实各项安全生产责任，扎实做好物业管理区域安全生产工作。

四、开展安全生产标准化二级评审工作

分别于4月6日和5月11日，会同北京物业管理行业协会举办“2017年安全生产标准化评审宣贯会”，近160余家企业的500名项目负责人参会。共有48个项目最终参加现场评审，21个项目达到了标准化二级标准。36个项目参加了试评工作，5个项目完成了复评。

五、组织物业管理项目检查工作

一是开展两节两会专项检查。对全市物业管理区域开展抽查，共组织专项检查47批次，检查项目137个。重点检查了物业管理项目开展日常消防安全宣传教育和应急预案演练情况、消防相关设施设备运行及维护养护情况和公共区域安全隐患排查情况等内容。二是组织高层消防专项检查30批次。累计检查36个项目，对西局欣园、曙光花园、建欣苑、兆丰家园、紫竹花园、润丰欣尚等19个项目下发了整改通知书，市、区建委、房管局进行了复查。三是组织开展物业管理区域防汛专项检查工作。要求物业企业定期开展全面自查，加强应急值守。四是梳理“十九大”驻地周边500米范围内物业管理区域台账，要求各区房屋行政管理部门全面开展检查，加强隐患排查，重点问题及时上报。五是完成国务院安全大巡查、国务院安全生产督查、国务院安全生产考核、公安部消防安全考核的迎检工作，形成佐证材料四批次，共374份。

第四节　商品住宅专项维修资金管理

一是开展全市专项维修资金使用检查。会同市质监局、市消防局和市物业协会于6月5日至6月15日对各区商品住宅维修资金审批情况进行了专项检查。检查覆盖全市17个区，44个

项目。检查内容包括：住宅专项维修资金审核岗位人员设置情况、规定性文件执行情况、审批后工程实施情况、审批后维修资金支付情况等。检查中发现了各区存在审核标准和档案管理不统一、资金一次性拨付后工程施工缺乏有效监管、区审核人员专业知识不足以及使用审批过程透明度不高等问题，为加强住宅专项维修资金使用管理夯实了基础。二是会同市财政局、市住房资金管理中心和中国人民银行营业管理部联合印发了《关于解决本市商品住宅专项维修资金划转后存在问题的通知》（京建发〔2017〕345号），并组织了“345号文件”专题培训。拟定了《加强维修资金划转后管理的通知》《加强维修资金使用的通知》《关于开展维修资金补建、续筹的通知》《商品住宅维修资金使用审核系统方案》《建议维修资金收益率调增的函》《住宅维修资金检查方案》等文件。

截至2017年12月底，我市已累计归集商品住宅专项维修资金476.94亿元（不含结息），归集套数356.67万套，其中本年度归集资金28.09亿元、17.61万套。共有4978个小区使用商品住宅专项维修资金34.73亿元（不含退款和划转），本年度使用资金7.19亿元（不含退款和划转），比上年增加0.42亿元。共有311个小区将商品住宅专项维修资金划转至业主大会开户银行，累计划转资金28.01亿元，本年度划转资金0.44亿元。

表10-1　2001~2017年商品住宅专项维修资金归集金额统计

单位：亿元

年份	2000	2001	2002	2003	2004	2005	2006	2007	2008	2009	2010	2011	2012	2013	2014	2015	2016	2017	合计
金额	2.29	3.7	7.77	11.87	17.72	43.18	33.92	34.26	30.66	37.08	48.6	32.26	29.09	33.08	28.37	27.79	27.21	28.09	476.94

注：本市自2000年2月13日开始对1999年1月1日以后售出的新建商品住宅（含经济适用住房）归集专项维修资金。归集金额均以2000年至2017年实际归集到“北京市住宅专项维修资金专用银行账户”的金额统计。

第五节　取消物业服务评估监理机构备案

截至2017年11月底，北京市有备案物业服务评估监理机构48家。物业管理行业专家388人，其中：综合类专家205人，专业类（土建、电气、暖通、给排水、结构、经济、财务等7类）专家172人，综合及专业双重专家11人。2017年1月1日至11月14日，完成评估业务226个，其中：新增物业服务费用评估项目213个；物业服务质量评估项目1个；物业项目承接查验评估项目12个。按照北京市《关于印发2016年推进简政放权放管结合优化服务改革工作要点的通知》的要求，多年来已停止办理物业服务评估监理机构备案，结合现实情况，取消物业服务评估监理机构备案，进行市场化运行。同时废止北京市住房和城乡建设委员会《北京市物业服务第三方评估监理管理办法》（京建发［2010］383号）、《关于发布北京市物业服务评估监理机构备案程序的通知》（京建发［2010］573号）、《关于加强物业服务评估监理机构管理有关问题的通知》（京建法［2016］11号）及关于印发《北京市物业管理行业专家管理办法》（京建发［2010］340号）。根据上述要求，相应调整了相关文件的相关内容：一是将《关于〈北京市物业管理办法〉实施中若干问题的通知》（京建法【2010】506号）第二条修改为由建设单位对服务费用进行测算。第四条修改为物业共用部分经查验符合相关标准并公示之日起30日后，业主应当交纳物业服务费；二是对《关于修订〈北京市前期物业服务合同〉等示范文本的通知》（京建发【2010】622号）中合同第七、九、十条做了相应修改。

第六节　其他工作

一、小客车自用充电设施工作平稳推进

一是完成新能源汽车移动充电设施社区示范运行专项工作课题。该专项工作在11月底前顺利结题并通过审计验收。2017年该项目累计在204个小区投放502台移动充电设备并陆续投入运营。二是完成充电设施建设奖励资金工作。由国网北京市电力公司在500个社区完成自用充电设施电源建设，物业服务中心向配合完成电源条件改造的小区物业服务企业按照每个项目1万元的标准拨付奖励资金，2017年累计完成了412个项目的申请材料审核和奖励资金拨付，拨付奖励资金总额412万元。

二、完成居住类物业项目调查工作

针对北京市居住类物业存在年代跨度大、体量大、产权和使用人状况复杂、维修资金使用状况和设备损耗状况复杂等特点，从2015年开始至2017年分两期委托第三方机构开展了居住类物业服务项目调查工作，累计调查10600个住宅项目，调查数据完成了系统录入，项目范围圈定，实现了与我委房屋全生命周期平台的对接。中心针对项目调查可行性论证、招投标、调查内容、调查方案、调查方式等环节，采取统筹协调、专家研讨、会议决策、现场跟踪、随机调度、抽样调查、数据统计等方式进行监管指导，把握调查进度，确保调查质量。此项工作顺利通过了市财政局的绩效审计，为提升行业信息化管理水平打下了基础。

三、完成物业管理智能化调研工作

物业中心委托物业管理行业协会开展了“物业管理智能化发展问题研究”的课题研究。课题从物业智能化发展的作用、未来发展趋势、存在的主要问题及对策建议等方面进行系统的分析和阐述。于11月30日顺利通过了专家验收。

第十一章

住房制度改革与不动产登记

第一节 2017 年住房制度改革综述

一、存量公房改革

（一）公有住房出售

截至 2017 年底，本市累计出售公房 14401.37 万平方米，占可售公有住房总量的 96.66%。年内出售公有住房 118.93 万平方米、1.82 万套。

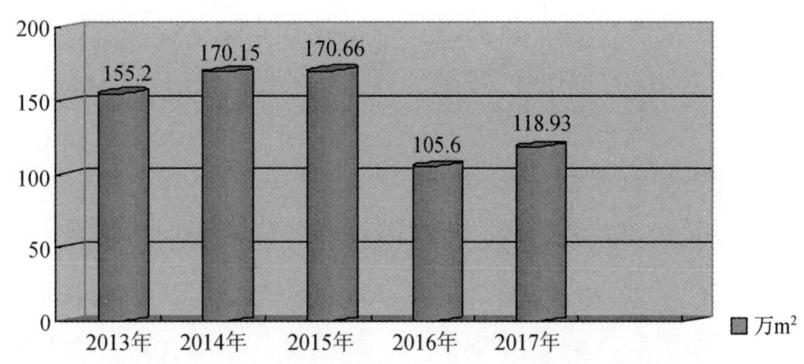

图 11-1 2013-2017 年北京市房改售房情况

（二）公有住房调整

2017 年各区房改部门总计核准 286 家单位调整公有住房方案，涉及住房 1332 套，面积 9.15 万平方米。

二、住房分配货币化

2017 年全市机关事业单位为 30.99 万人发放住房补贴，涉及资金 76.85 亿元。

三、集资合作建房监管

按照国家和我市的有关政策，做好集资合作建房遗留项目善后收尾工作，继续严格复核集资建房遗留项目。为 13 家住宅合作社办理了年检审查备案工作。委托会计事务所对市属 13 家住宅合作社进行专项审计。

四、其他住房资金管理

按照政策规定，公有住房售后维修资金在市住房资金管理中心专户存储、专项使用。截至 2017 年年底，累计归集公有住房售房款 563.99 亿元，支取 468.14 亿元，余额 95.85 亿元；累计归集公有住宅专项维修资金 81.07 亿元，支取 19.66 亿元，余额 61.41 亿元；本年度归集公有住房售房款 25.38 亿元，支取 6.56 亿元，年内净增额 18.82 亿元；本年度归集公有住宅专项维修资金 3.3 亿元，支取 1.95 亿元，年内净增额 1.35 亿元。

第二节 不动产登记

一、概况

(一) 日常业务有序开展

日常登记秩序平稳。全年完成登簿 107.26 万件，登簿量前六名分别为朝阳、昌平、丰台、海淀、通州、大兴；核发不动产权属证书 92.5 万本，其中不动产证书 57.7 万本、不动产登记证明 34.8 万本。

未公证继承（受遗赠）转移登记新程序进入实施阶段。2017 年 1 月 1 日，正式实施《北京市继承（受遗赠）不动产登记工作程序（试行）》。全年共有 8 个登记中心开展了继承查验，完成 81 件，为办事群众节省公证费用约 80 余万元。

加强政策研究，完善相关政策。针对住宅平房、商业、办公类项目及产业项目的调控政策，联合有关部门出台《关于加强国有土地上住宅平房测绘、交易及不动产登记管理的通知》《关于进一步加强产业项目管理的通知》《房地产调控涉及房屋交易和不动产登记有关问题的工作口径（一）》等多项政策措施。结合新颁布的《民法总则》，对《北京市不动产登记工作规范（试行）》总则部分进行修订。与住建委、市民政局共同研究出台《关于共有产权养老服务设施不动产登记和交易有关问题的意见》，促进本市养老服务业发展。

(二) 重点工作取得进展

完成不动产登记历史数据整合。2016 年 4 月启动该项工作，成立市不动产登记档案历史数据整合领导小组办公室，每月形成监理报告指导各分局数据整合工作。制定《北京市不动产登记存量数据（历史档案数据）整合市级质量检查实施方案》《北京市不动产登记存量数据（历史档案数据）整合质量检查方案》，对各区历史数据按比例进行质量检查。各分局共计完成档案数字化 113.48 万卷，房屋外业调查确定自然幢 20.9 万幢。在验收阶段，编制《北京市不动产登记历史档案数据整合项目验收方案》，2017 年 12 月 22 日，工作成果通过验收。

制定和完善制度深入推进规范化建设。制定《北京市不动产登记规范化建设考核办法》，以不动产登记工作管理制度、登记大厅建设、登记业务办理、登记档案管理及信息利用、登记信息系统管理和应用、登记人员管理、行政诉讼、行政复议和信访办理为重点考核内容，采取分局自检、市级考核和重点巡查相结合的形式对各登记中心的工作进行全面考核。2017 年 9 月，对各区不动产登记中心的案卷办理质量情况进行检查。2017 年 11 月，组成市级考核领导小组结合各区创建“全国百佳不动产登记便民利民示范窗口”实地检查，开展市级规范化考核。

持续推进不动产登记信息化建设工作。不动产登记预约系统 PC 端在全市上线运行，全面实现了网上预约、现场取号相结合的方式，为群众办事提供更大便利。开展不动产登记信息系统二期建设前期工作。完成存量数据汇交和接入国家级信息平台任务。

开展新物权纳入统一登记改革相关工作。推进自然资源统一确权登记试点工作。将密云区作为该项改革任务的试点区，制定《密云区自然资源统一确权登记技术方案》，形成《北京市自然资源统一确权登记办法（初稿）》。推动林权登记改革。赴延庆、平谷、怀柔分局调研分散登记时林权登记情况，实地调研林权发证情况，了解林权登记有关资料的特点及存在的突出问题，完成了林权登记基本规则的起草工作，研究了林权调查工作方案。

二、在京中央单位不动产登记业务办理情况

2017年，北京市不动产登记事务中心共办理在京中央单位、驻京部队、保密单位不动产登记业务1527件，其中在京中央单位378件，部队、保密单位1149件，均在规定时限内办结。

三、北京市不动产登记事务中心服务窗口进驻市政务服务中心

12月15日，按照市政府审改办统一部署，北京市不动产登记事务中心承担的中央在京单位、驻京部队等不动产登记进驻市政务服务中心，为保证服务质量提升奠定了基础。

四、排查北京市不动产登记“中梗阻”问题专项工作

年内，市不动产登记事务中心按照国土部办公厅《关于排查不动产登记“中梗阻”问题的通知》要求，组织各区不动产登记机构全面梳理、排查日常工作中存在的问题与困难，结合自身工作特点提出意见、建议，按要求上报国土部办公厅，监督、指导各区严格按照规范执行，杜绝在服务过程中出现各类“中梗阻”问题。

五、创建北京市“全国百佳不动产登记便民利民示范窗口”专项工作

年内，市不动产登记事务中心对各区登记中心创建“百佳窗口”工作的窗口设置、便民服务、咨询引导、受理申请、业务办理、宣传培训、应急处理等基础项目和加分项进行综合验收，并推荐海淀、丰台、经济技术开发区、房山、顺义、延庆6个区不动产登记事务中心上报国土部。

六、开展全市不动产登记规范化检查

9月下旬，市不动产登记事务中心对全市17个区不动产登记中心的案卷办理质量情况进行检查，检查覆盖了各区登记中心日常办理的绝大部分业务类型，并有针对性地检查了部分区非公证继承业务办理情况，以及“为官不为、为官乱为”“群众身边的不正之风”等情况，为进一步推动全市不动产登记规范化建设提供了保障。

第十二章

房屋安全管理

第一节　2017—2018 年城镇房屋和设备安全检查

依据《北京市房屋建筑使用安全管理办法》（北京市政府 229 号令）、《北京市城镇房屋建筑使用安全综合治理办法》（京政发［2010］17 号）、《城市危险房屋管理规定》（建设部 129 号令），为掌握本市城镇房屋安全状况，及时发现和解除危险隐患，合理制订城镇房屋修缮和改造计划，保障房屋住用安全，市住房城乡建设委印发了《关于开展 2018 年度北京市城镇房屋安全检查工作的通知》（京建发［2017］438 号），各区住建委、房管局及各管房单位按市住房城乡建设委统一部署，组织实施城镇房屋安全检查。

一、房屋安全检查总量及其完损状况分析

从 2017 年 11 月至 2018 年 2 月，实查城镇房屋 67938 万平方米，为应查（不包括军产、外事用房及厂矿工业用房等）70315 万平方米的 96.62%，各区查房数量详见图 12-1（图中所标数值为应查房数）。

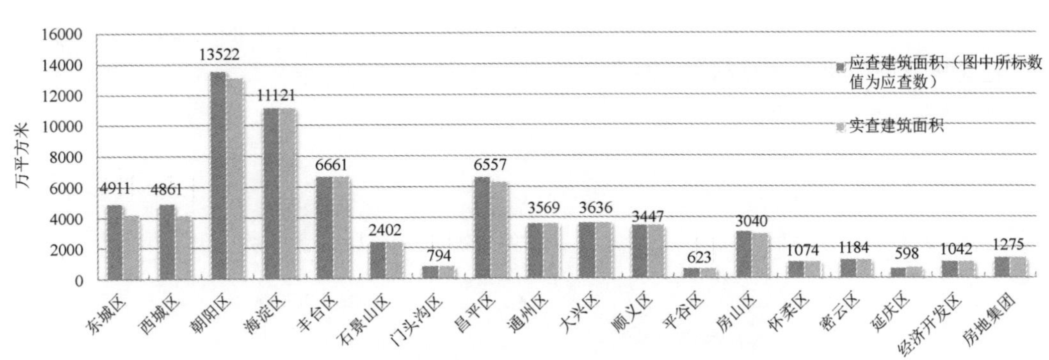

图 12-1　2018 年度城镇房屋安全检查中各区应查和实查建筑面积

在实查城镇房屋 67938 万平方米中，查出疑似危险房屋（未鉴定，以下同）19.8 万平方米，占实查房的 0.03%；严重破损房屋 224 万平方米，占实查房屋的 0.33%；一般破损房屋 1580 万平方米，占实查房屋的 2.33%。按房屋类型划分：疑似危险平房（含中式旧楼）3.27 万平方米，占疑似危险房屋总量 19.8 万平方米的 16.52%；严重破损平房（含中式旧楼）135 万平方米，占严重破损房屋总量 224 万平方米的 60.27%；一般破损平房（含中式旧楼）240 万平方米，占一般破损房屋总量 1580 万平方米的 15.19%。疑似危险楼房 16.53 万平方米，占疑似危险房屋总量 19.8 万平方米的 83.48%；严重破损楼房 89 万平方米，占严重破损房屋总量 224 万平方米的 39.73%；一般破损楼房 1340 万平方米，占一般破损房屋总量 1580 万平方米的 84.81%。按房屋区域划分：东城区和西城区查出疑似危险房屋 0.86 万平方米，占疑似危险房屋总量 19.8 万平方米的 4.34%；东西城严重破损房屋 130 万平方米，占严重破损房屋总量 224 万平方米的 58.04%；东西城一般破损房屋 458 万平方米，占一般破损房屋总量 1580 万平方米的

28.99%。疑似危险房屋分布情况：疑似危险房屋19.8万平方米中所占比例较多的是：海淀区8.12万平方米，占总量的41.01%；大兴区5.14万平方米，占总量的25.96%；石景山区2.36万平方米，占总量的11.92%；(详见表12-1)。

二、直管房屋安全检查分析

直管房屋安全检查从2017年11月15日开始至2018年2月10日结束，历时87天。共组织了194个查房小组，731人参加查房，动员工日2.67万个，人均实际投入查房37天。实查直管房1797.99万平方米，占应查房屋1799.99万平方米的99.89%。其中：实查平房307.79万平方米（包括中式旧楼11.37万平方米），占实查直管房总量1797.99万平方米的17.12%；实查楼房1490.20万平方米，占实查直管房总量的82.88%。

（一）直管房屋完损状况（见图12-2）

（1）直管房屋完好率（完好房和基本完好房）所占的比例由上年的74.07%下降为69.81%，下降4.26个百分点，其中：平房完好率（包括中式旧楼，以下同）由上年的52.65%上升为55.42%，上升2.77个百分点；楼房完好率由上年的78.51%下降为72.78%，下降5.73个百分点。

（2）直管一般破损房所占的比例由上年的20.34%上升为24.69%，上升4.35个百分点。其中：一般破损平房由上年的26.55%下降为24.73%，下降1.82个百分点；一般破损楼房由上年的19.05%上升为24.68%，上升5.63个百分点。

（3）直管严重破损和疑似危险房屋所占比例由上年的5.59%下降为5.50%，下降0.09个百分点。其中：直管严重破损和疑似危险平房由上年的20.80%下降为19.85%，下降0.95个百分点；楼房由上年的2.44%上升为2.54%，上升0.1个百分点。

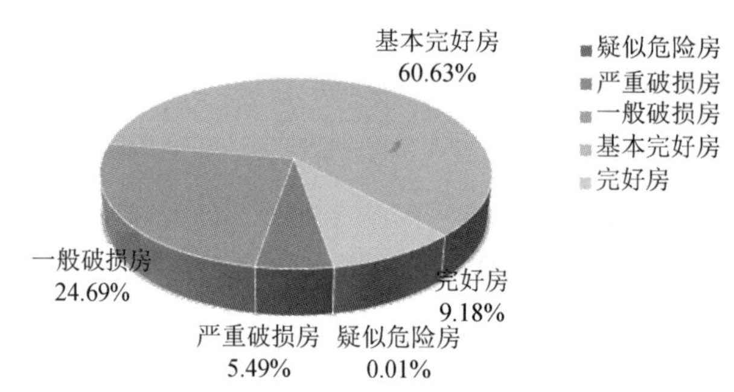

图12-2　直管房屋完损状况比例图

（二）直管房屋应修缮情况

实查直管平房20.98万间（包括中式旧楼0.71万间），实查直管楼房4202幢24.89万套、1490.20万平方米。应修缮项目见表12-2。

表 12-1　2018 年北京市城镇房屋完损状况分析

		应查房屋建筑面积（万平方米）	实查房屋建筑面积												危旧房小计（三四五类）		危破房小计（四五类）	
			合计		完好房屋		基本完好房		一般破损房		严重破损房		疑似危险房					
			万平方米	占应查%	万平方米	占应查%	万平方米	占应查%	万平方米	占应查%	万平方米	占应查%	万平方米	占应查%	万平方米	占应查%	万平方米	占应查%
合　计		70315	67938	96.62	55089	81.09	11025	16.23	1580	2.33	224	0.33	19.80	0.03	1824	2.68	244	0.36
按房屋类型分	楼房	68582	66273	96.63	54368	82.04	10460	15.78	1340	2.02	89	0.13	16.53	0.02	1446	2.18	105	0.16
	平房（含中式旧楼）	1733	1665	96.05	722	43.35	565	33.94	240	14.42	135	8.10	3.27	0.20	378	22.72	138	8.30
按区域分	东城西城	9772	8299	84.93	5511	66.41	2198	26.49	458	5.52	130	1.57	0.86	0.01	590	7.11	131	1.58
	朝海丰石	33705	33256	98.67	27818	83.65	4968	14.94	414	1.24	44	0.13	11.59	0.03	470	1.41	56	0.17
	其它区	25563	25108	98.22	21550	85.83	3128	12.46	414	1.65	10	0.04	7.17	0.03	431	1.72	17	0.07
	房地集团	1275	1275	100	210	16.48	731	57.32	294	23.06	40	3.12	0.18	0.01	334	26.20	40	3.14

表 12-2 直管房屋中查出的应修缮项目

统计单位：平房：间

楼房：万平方米

	平房应修缮						楼房应修缮				
	翻挑大修	木结构加固	墙体整修	屋面维修	改善项目	解除院落积水（米）	综合维修	屋面大修	上下水更新	整楼外墙板缝漏雨或外立面粉饰	屋面维修
数量	33983	820	5181	74893	1954	2	27.16	21.04	88.75	0.87	14.91
占总量%	16.20	0.39	2.47	35.90	0.93	—	1.82	1.41	5.96	0.06	1.00

三、物业和单位自管房屋安全检查分析

（一）实查物业和单位自管房 65909 万平方米，占应查面积 68260 万平方米的 96.56%。其中：完好和基本完好房占 98.24%，比上年上升 1.18 个百分点；一般破损房占 1.62%，比上年下降 1.19 个百分点；严重破损及疑似危险房占 0.14%，比上年上升 0.01 个百分点（详见图 12-3）。

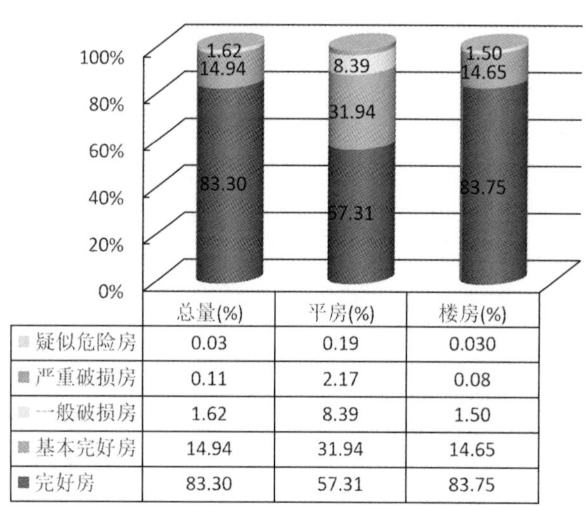

	总量(%)	平房(%)	楼房(%)
疑似危险房	0.03	0.19	0.030
严重破损房	0.11	2.17	0.08
一般破损房	1.62	8.39	1.50
基本完好房	14.94	31.94	14.65
完好房	83.30	57.31	83.75

图 12-3 物业和单位自管房屋完损状况（%）

（二）查出物业和单位自管平房应修 4327 间，占实查平房 29.81 万间的 1.45%。主要修缮项目：（1）应挑翻大修 2119 间；（2）木结构应加固 28 间；（3）平房屋面应补漏 1845 间；（4）应墙体整修 201 间；（5）房屋严重阴暗、潮湿、掉土，需做顶棚、地面、改装修 134 间。

（三）查出物业和单位自管楼房应修 1757.67 万平方米，占实查楼房建筑面积 65909 万平方米的 2.67%。主要修缮项目：（1）楼房应综合维修 184.51 万平方米；（2）整幢楼外墙板缝漏雨应修 92.94 万平方米；（3）外立面应粉饰 230.59 万平方米；（4）楼房屋面应大修及维修 899.55 万平方米；（5）上下水应更新 206.46 万平方米；（6）楼内墙公共部分应粉刷 143.62 万平方米。

四、城镇私有平房安全检查分析

实查城镇私有平房 15.10 万间，占应查

17.29 万间的 87.33%。其中 94.61%为自住私有平房，按其产别分类所占比例见图 12-4。

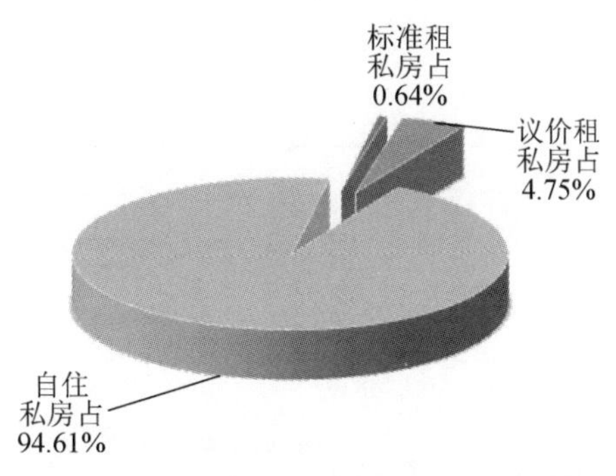

图 12-4　城镇私有平房按产别分类

（一）标准租出租私房：实查标准租私房 1.21 万平方米，占应查 1.31 万平方米的 92.58%，其中：完好和基本完好房占 13.22%，一般破损房占 28.93%，严重破损房占 57.6%，疑似危房占 0.25%。查出应修标准租私房 355 间，占实查 962 间的 36.9%。主要修缮项目：（1）应翻挑大修 257 间，占实查间数的 26.72%；（2）木结构应抢修加固 6 间，占实查间数的 0.62%；（3）应墙体整修 70 间，占实查间数的 7.28%；（4）严重漏雨 22 间，占实查间数的 2.29%。

（二）自住私房及议价租私房（未规定评定房屋完损等级）：共实查 15.01 万间，占应查 17.19 万间的 87.32%。查出应修自住私房及议价租私房 9882 间，占实查 15.01 万间的 6.58%。主要修缮项目：（1）应翻挑大修 9198 间，占实查间数的 7.08%；（2）木结构应抢修加固 422 间，占实查间数的 0.13%；（3）应墙体整修 262 间，占实查间数的 0.43%。

五、房屋设备检查总量分析

（一）2018 年检查电梯 89280 部，电梯检查率为 98.59%，比上年上升 2.1 个百分点。其中检查直管房屋电梯 625 部，检查率为 100%；检查物业管理电梯 74471 部，检查率为 99.48%；检查自管房电梯 14184 部，检查率为 94.13%。

（二）2018 年检查高层二次供水水泵 35236 台，检查率为 97.16%，比上年下降 0.16 个百分点。其中直管房屋高层二次供水水泵 463 台，检查率为 100%；物业管理高层二次供水水泵 26717 台，检查率为 99.34%；自管房高层二次供水水泵 8056 台，检查率为 90.42%。

（三）2018 年检查避雷装置 193235 个系统，检查率为 99.22%，比上年上升 0.52 个百分点。其中直管房屋 2287 个系统，检查率为 100%；物业管理检查避雷装置 143991 个系统，检查率为 99.56%；自管房单位检查避雷装置 46159 个系统，检查率为 98.15%。近几年房屋设备检查数量分析见图 12-5。

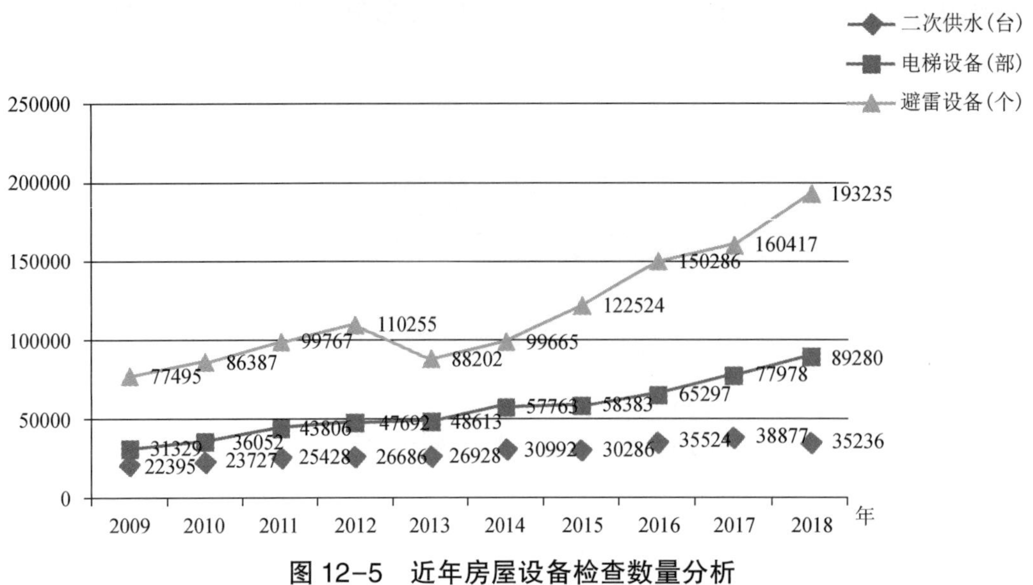

图 12-5　近年房屋设备检查数量分析

六、房屋设备完好状况分析

(一) 电梯设备完好状况：检查电梯 89280 部，其中完好电梯 81916 部，完好率 91.75%，比上年上升 6.15 个百分点；电梯状况一般的 5734 部，占 6.42%，比上年下降 5.93 个百分点；电梯状况较差的 1630 部，占 1.83%，比上年下降 0.22 个百分点。其中：直管电梯设备完好率 68.80%，比上年 69.22%下降 0.42 个百分点；自管电梯设备完好率 90.48%，比上年 79.44%上升 11.04 个百分点；物业管理电梯设备完好率 92.19%，比上年 87.05%上升 5.14 个百分点。

(二) 二次供水设备完好状况：检查二次供水设备 35236 台，其中供水设备完好的 32946 台，完好率为 93.50%，比上年上升 0.09 个百分点；供水设备状况一般的 2034 台，占 5.77%，比上年下降 0.21 个百分点；供水设备状况较差的 256 台，占 0.73%，比上年上升 0.11 个百分点。

(三) 避雷设备完好状况：检查避雷设备 193235 个系统，其中避雷完好的 186835 个系统，完好率为 96.69%，比上年上升 4.83 个百分点；避雷设备状况一般的 5967 个系统，占 3.09%，比上年下降 4.77 个百分点；避雷设备状况较差的 433 个系统，占 0.22%，比上年下降 0.06 个百分点。(详见表 12-3)

表 12-3　2018 年城镇房屋设备完好状况

		应查	实查							
			合计		完好		一般		较差	
			数量	占应查%	数量	占实查%	数量	占实查%	数量	占实查%
甲		1	2	3=2/1	4	5=4/2	6	7=6/2	8	9=8/2
合计	电梯设备（部）	90556	89280	98.59	81916	91.75	5734	6.42	1630	1.83
	二次供水（台）	36267	35236	97.16	32946	93.50	2034	5.77	256	0.73
	避雷设备（个）	194745	193235	99.22	186835	96.69	5967	3.09	433	0.22

（续表 12-3）

		应查	实查							
			合计		完好		一般		较差	
			数量	占应查%	数量	占实查%	数量	占实查%	数量	占实查%
甲		1	2	3=2/1	4	5=4/2	6	7=6/2	8	9=8/2
直管	电梯设备（部）	625	625	100	430	68.80	101	16.16	94	15.04
	二次供水（台）	463	463	100	386	83.37	39	8.42	38	8.21
	避雷设备（个）	2287	2287	100	1889	82.60	362	15.83	36	1.57
自管和物业	电梯设备（部）	89931	88655	98.58	81486	91.91	5633	6.35	1536	1.73
	二次供水（台）	35804	34773	97.12	32560	93.64	1995	5.74	218	0.63
	避雷设备（个）	191654	190150	99.22	184294	96.92	5459	2.87	397	0.21

第二节　城镇房屋防汛工作

在市委市政府、市防办的坚强领导下，深入贯彻习近平总书记系列重要讲话精神，特别是两次视察北京的重要讲话精神，坚决落实国家防总、水利部、市防办等工作部署，牢记“生命至上、安全第一”的工作宗旨，全力以赴、夜以继日、严防死守、顽强拼搏，成功应对汛期每一场降雨，守住了“不死人、少伤人”的工作底线，实现了确保房屋安全度汛的工作目标

一、认真组织筹划做好汛前的准备工作

（一）对各区防汛准备工作进行检查

根据市政府 229 号令和市防汛办关于开展防汛检查工作的通知要求，市住建委 3 月份开始对部分区的防汛准备情况进行检查。检查主要是到基层所听取汇报、查看表格：一是冬季查房完成情况，查看房屋安全检查收集的汇总表；二是汇报 2017 年城镇房屋防汛准备情况和存在的问题。三是汇报 2016 年城镇房屋防汛隐患排查整治完成情况。

（二）印发城镇房屋防汛工作要点

为做好 2017 年北京市城镇房屋防汛工作，市住建委依据国家和本市有关防洪防汛法规办法，落实北京市人民政府防汛抗旱指挥部《关于做好 2017 年北京市防汛抗旱工作的通知》（京政汛［2017］1 号），在认真总结上年房屋防汛工作经验的基础上，研究制订 2017 年工作要点。

（三）组织召开 2017 年房屋防汛演习观摩会

5 月 22 日上午，市住建委联合海淀区海房集团，在海淀区苏家坨镇管家岭村，组织召开 2017 年房屋防汛演习观摩会。十支抢险队分别对人员转移、屋内承重结构加固、屋顶漏雨苫盖、外墙支护、雨水倒灌拦挡 、房屋积水区域排水 6 种情况进行演练。

（四）抓好分级落实抢险队伍人员和物资保障工作

汛前，全市组建房屋防汛抢险队 226 支、4428 人。其中市住建委直属房屋防汛抢险队 2 支、55 人。储备苫盖材料 1701 捆、木材 381 立

方米、水泵660台、发电机100台、运输车153辆。基本能满足就近准备、统一使用的要求。各区建委、房管局以房管所、分公司为单位落实了居民避险转移地点。

二、认真组织落实上汛后的各项工作

2017年汛期降雨次数和降雨量偏多，市住建委房屋防汛主管部门按照市委、市政府和市防办的决策部署，成功应对了“6.22”、“7.6”、“7.20”、“8.12”、“8.22”、“8.26”等强降雨过程。

（一）学习贯彻及时转发市防办通知要求

转发了蔡奇书记批示、学习习近平总书记到北京视察的重要指示和李克强总理的重要批示，科学应对强降雨过程、雨后防止发生次生灾害以及抓好漏雨房屋修缮等32个传真电报；及时提醒各区房屋防汛分指，提前筹划部署，落实各项工作。一是仔细做好强降雨应对工作。组织力量对重点区域、重点房屋进行排查，落实责任解决危险隐患 。二是严格落实24小时值（带）班制度。做到手机要24小时开通，确保通信联络畅通。三是完善信息报送。市住建委房屋防汛主管部门共收集雨情信息32次，8个单位能及时报告情况：海淀区房管局、海房集团、丰台区房管中心、昌平区住建委、大兴区住建委、顺义区住建委、延庆区住建委、房地集团。

（二）抓好房屋安全度汛宣传工作

针对汛期房屋漏雨不知道如何解决的问题，市住建委在接受媒体采访报道中有重点地进行宣传报道，利用“安居北京”微信公众号，对业主在汛期可能遇到的问题都一一进行了解答。汛前在新闻媒体公布各区房屋防汛值班电话。中心城区房管局充分利用媒体、社区宣传栏、社区报等“图解防汛知识”，开展“防汛咨询进社区”等多种活动，发放宣传资料10万余份 。

（三）检查应急值守、履行防汛责任

市住建委从上汛开始到下汛，电话检查值班情况8次。各区参加值班、抢险备勤人员14.88万人次，雨中巡查重点平房18.69万间次、楼房7.83万栋幢次。经巡查和居民报修积水院落165处、雨水进屋131间、地下室倒灌39处；平房漏雨4091间、楼房漏雨2493幢；雨中抢修苫盖或加固房屋3489间，疏通排水561处；汛期业主报修5270个，均在雨中、雨后进行处置。

（四）收集信息、加强横向业务交流

根据市住建委领导检查调研、主管处室收集汇总，将各区主动作为的经验发布到“微信群”供学习借鉴。一是将东城区 、西城区 、朝阳区 、丰台区房屋防汛主管部门、房地集团首华物业、房修一物业等防汛演练图片发布到房屋防汛微信群供各区学习借鉴；二是及时把东城区京诚集团应对6月21-24日强降雨的纪实报道、丰台区房管局应对强降雨，出了八期防汛专报，市住建委通过防汛“微信群”转发给各区学习借鉴 。

（五）落实各级领导批示、及时解决房屋漏雨问题

汛期接到《市长电话要情》第59期、《今日舆情要闻》、委领导批转报刊关于汛期房屋漏雨问题等。各区认真对待密切协作，安排相关人员到点核查，及时解决群众反映的房屋漏雨问题。

三、房屋防汛存在的主要问题

一是房屋拒查、拒修、锁门户仍然较多。拒修的主要原因是：认为北京危改拆迁的速度加快，自己的居住地可能会马上拆迁，腾房修缮比较麻烦，或者无处寻找周转房，且对房屋的危险程度存有侥幸心理；有些住户在装修时为了美观将检查口封闭、木柱包镶，拒绝重新打开检查。为此各单位采取了多次复查、贴通

知单、填写检查记录、住户拒查拒修确认签字等多种手段来督促业主履行责任。二是日常修缮支出资金不足。汛期房屋修缮工作量大，而修缮资金的短缺，日常修缮工作只能侧重于解决危、排水、堵漏等项目，离彻底解决问题还有距离。三是人员队伍老化、专业人员和技术水平相对较低。随着产权单位的改制、重组，人员的退休，造成房屋管理人员不足，产权单位对所管房屋疏于管理。目前，各分中心、房管所人员老化严重，大部分人员已接近退休年龄或已经退休，缺少工程方面的专业技术人员，在日常巡查及抢险修缮时已经明显吃力。四是城区私有平房是房屋安全度汛的重点和难点。部分居民存在等待政府出资修缮或搬迁腾退的心理，怠于自行解危。有的私房主明知房屋存在安全隐患，还出租房屋。五是单位自管房解危排险协调工作难度大。目前，全市自管房单位数量较大，各自管房情况不一，监管力度不同，管理水平参差不齐，部分自管房产权单位房屋安全意识不强或经济效益差、改制、灭失等原因，致使房屋防汛责任存在缺位现象，群众报险、报修后不能及时处理，无力或不愿意承担日常房屋修缮责任，属地建委、房管局发函解危，往往有去无回，上门督促找不到人 ，找到的也是没钱解决，只能把房屋安全管理办法的法规留给他们。

第三节　启动新一轮老旧小区综合整治试点、推进既有多层住宅楼增设电梯工作

2017 年以来，本市着力推进实施了新一轮老旧小区综合整治试点和既有多层住宅增设电梯工作，同时将试点项目列入“疏解整治促提升”专项行动。在市委、市政府高度重视下，市有关部门、相关区和各专业公司加强协调，积极推进实施，截至年底两项工作已取得良好进展和积极带动效果。

一、新一轮老旧小区综合整治试点

（一）“十二五”时期情况

“十二五”时期，本市实施了以抗震节能为主、环境治理为辅的综合整治。共投入 340 亿元，完成 6562 万平方米市属老旧小区综合整治，共涉及小区 1678 个，楼栋 1.37 万栋，惠及 81.9 万户。通过整治，房屋能够达到北京市抗震设防要求，每年节约标准煤 55 万吨，室内平均温度提升 3-5 度，小区公共服务设施得到完善，违法建设得到一定治理，宜居水平显著提升。但是也遇到改造内容没有满足人民日益增长的美好生活需要和改造后长效管理机制难以建立等问题。

（二）2017 年试点项目情况

2016 年底，市委、市政府决定，在城六区和城市副中心选择 10 个小区作为新阶段老旧小区综合整治试点，在总结“十二五”期间老旧小区综合整治工作经验基础上，加大疏解整治促提升工作力度，着力解决好人民最关心、最迫切、最现实的问题，不断完善老旧小区各类配套设施水平，增强和优化社区服务功能，实现住有宜居。试点项目共 76 栋楼、43 万平方米、居民 5600 余户。改造内容采用“菜单式”，根据居民意愿确定，包括节能改造、增设电梯、补建停车设施、架空线入地、补建养老和社区服务设施、拆除违法建设、整治地下空间和健

全小区治理体系等。

（三）2017 年试点项目创新做法

试点项目实施过程中，积极探索新模式和新路径：一是创新审批方式和实施方式。明确新建停车、养老等建筑物可参照“一会三函”加快办理手续；创新“基层组织、居民申请、社会参与、政府支持”实施方式。二是因地制宜补建设施。通过整理房屋土地资源，整治违规使用，充分利用现有和腾退出的空间资源建设公共服务设施；通过内部挖潜补建停车设施。三是健全治理体系。推动社会治理重心向基层下移，充分发挥基层党组织作用，党员干部带头，形成政府主导、居民自治、社会力量协同的小区治理体系。四是多元化筹集资金。自选类改造内容采取社会投资、受益居民付费和政府补贴方式筹集资金。

（四）2017 年试点项目完成情况

截至年底，10 个试点项目节能改造、拆除违法建设、整治地下空间已经完成；完成增设电梯 43 部；补建停车设施共实施 272 个立体车位，已完成 35 个；补建养老和社区服务设施共实施 4 处，已完成 1 处；此外，架空线入地、室外雨污水管线改造、电力增容也在按计划积极推进。10 个试点项目中，西城区 3 个试点项目已按计划于 2017 年 12 月底前全部完成，东城区胡家园东区计划于 2019 年三季度完成改造，其他试点项目均计划于 2018 年三季度完成改造。

试点项目改造实例：

海淀毛纺北小区节能改造

石景山古城环卫楼小区上下水改造

西城白云路 7 号院加电梯

西城白云路 7 号院补建自行车棚

（五）编制起草《老旧小区综合整治工作方案（2018-2020）年》

编制起草了《老旧小区综合整治工作方案（2018-2020年）》，《方案》以习近平新时代中国特色社会主义思想为指引，认真贯彻落实习近平两次视察北京重要讲话和关于北京工作的一系列重要指示，以新版城市总体规划为依据，坚持首都城市战略定位，加大疏解整治促提升工作力度，不断完善老旧小区各类配套设施水平，优化功能，补齐短板，提升环境，努力改善群众的居住环境和条件。《方案》分别于11月1日、11月15日经市政府常务会、市委常委会审议通过。

确定新一轮老旧小区综合整治要坚持综合改造、突出重点原则；自下而上、以需定项原则；政府主导、社会参与原则；区级统筹、属地为主原则；责任共担、依法实施原则。全力实施“六治七补三规范”，即治危房、治违法建设、治开墙打洞、治群租、治地下空间违规使用、治乱搭架空线，补抗震节能、补市政基础设施、补停车设施、补居民上下楼设施、补社区综合服务设施、补小区治理体系、补小区信息化应用能力，规范小区自治管理、规范物业管理、规范地下空间利用，让整治成果惠及更多群众。不断完善老旧小区长效管理机制。在基层党组织和基层政府带领下，进一步健全居民自治组织，发挥社区监督委员会作用，指导居民共同决定老旧小区综合整治有关事宜。综合整治后，通过“先尝后买”“提升服务标准促付费”等方式，将专业化物业服务引入老旧小区，逐步提高老旧小区物业管理水平，实现由“准物业”管理向专业化物业管理转型。

二、既有多层住宅增设电梯

（一）简化审批、明确补贴

市住建委会同市有关部门坚持按照简政放权、放管结合、优化服务的原则，不断简化电梯安装审批流程。不用办理立项、用地、规划和施工许可等手续，只需办理施工图审查和电梯报装、验收即可；市质监部门进一步压缩电梯报装和验收工作时限，采取多种措施有力推进了增设电梯工作的开展。在保证安全的前提下，最大限度方便了加装电梯工作。市财政局明确增设电梯财政补贴政策，对电梯购置及安装费用按照每台24万元补贴，对因安装电梯产生的管线改移费用根据实际情况给予补贴。

在市级政策的大力支持下，各区政府组织街道（乡镇）政府及基层社区党组织和调解组织积极做好群众工作，切实站在群众立场，给居民算清账、讲好处、破疑虑，提高了群众加装电梯的积极性和主动性。

（二）破解僵局，探索安装模式多样化

老楼装电梯虽倡导多年，但迟迟未见效果，既有资金筹措难、也有业主沟通难。2017年，市住建委从大柳树社区加装的北京首个老楼电梯案例入手，解剖麻雀，探索经验，迅速在全市多区推广。

在增设电梯工作推进过程中，各区各有关单位积极探索，逐步形成了三种模式：一是“代建租用”模式，由业主委托第三方作为实施主体，负责出资增设电梯和后续维护，业主按月或按年缴纳使用费，解决了居民初次安装费用高的问题。二是产权单位或集体出资加装模式。三是业主自筹自建模式，业主自筹资金，委托第三方实施安装和后续维护，费用由业主约定分摊。

（三）开工459部、运行274部，取得突破性成果

截至目前，北京市增设电梯项目共开工459部，其中市属产权280部，央产和驻京部队产权179部；已完成安装投入运行274部，远超出年初计划。同时还有21个单元门安装了爬楼代步器。

加装电梯实例

丰台丰仪家园小区

海淀毛纺北小区

东城东花市北里西区 14 号楼

（四）再推进，力争 2020 年实现增设电梯 1000 部以上

2018 年我市将增设电梯工作列为市政府民生实事工程，开工 400 部以上，完成 200 部以上。同时，继续加大推进增设电梯工作力度，力争 2020 年当年实现增设电梯 1000 部以上。用好“代建租用”、产权单位或集体出资、业主自筹自建三种模式，先易后难，逐步解决。本市还同时鼓励科技创新，政府采取购买服务或者政府补贴的方式，吸引科技创新企业参与上下楼设施改造方式创新。通过多方合力继续推进电梯增设工作，增强人民群众的幸福感、获得感。

（五）落实责任，加强既有住宅增设电梯后期运行管理

既有多层住宅增设电梯后，要进一步落实电梯使用单位安全主体责任，落实电梯维护保养单位的安全责任。电梯属于特种设备，按照《特种设备安全法》和《特种设备安全监察条例》相关要求，电梯使用单位是电梯安全管理的主体，应按照法律法规规定，建立电梯安全管理制度，配备相应的安全管理人员，督促电梯维护保养单位对电梯进行维护保养和定期检查，会同电梯维护保养单位健全电梯应急救援预案，及时排除和消除事故隐患，同时对保证电梯安全运行给予必要的投入。

三、办理市人大“推进老旧小区综合改造，提升居民生活品质”议案

市人大将“推进老旧小区综合改造，提升居民生活品质”作为 2017 年一项重点议案，交市政府办理，并要求市政府办理 2016 年“加强老旧小区管理和基础设施改造，改善居民居住条件”议案的审查意见书，市政府将这两项工作交市住建委负责具体组织协调。作为牵头部门积极会同市有关部门、相关区政府和专业公

司进行议案办理。

市委多次召开常委会进行专题研究，蔡奇、陈吉宁同志多次做出批示并开展现场调研，要求加快推进老旧小区整治工作。市人大领导和部分代表多次到现场调研，指导和督办议案办理工作。10 月 13 日市人大常委会李伟主任带队到丰台区万源西里社区、丰仪家园和莲花池西里 6 号院调研，提出具体指导意见。6 月 8 日、9 月 19 日市人大常委会牛有成副主任先后到丰台区丰仪家园、东城区胡家园小区与和平里一区 4 号楼进行调研。

市住建委积极会同市有关部门、相关区，通过切实推进实施 10 个老旧小区综合整治和增设电梯试点工作，认真组织编制《老旧小区综合整治工作方案（2018-2020 年）》，开展议案办理工作。按照市人大要求，组织议案办理单位多次进行研究，起草完成《关于推进老旧小区综合改造完善居民服务功能工作情况暨“推进老旧小区综合改造，提升居民生活品质”议案办理情况的报告》，并经市政府 166 次常务会议讨论通过。

11 月 29 日，在北京市第十四届人民代表大会常务委员会第四十二次会议上，隋振江副市长代表市政府向市人大常委会做议案办理情况报告，人大常委会审议通过该报告。

第四节　房屋安全管理工作

一、全市普通地下室安全使用管理工作

（一）完成任务情况

按照市政府《关于继续开展地下空间综合整治工作的实施方案》（京政办函［2015］68 号）的要求，继续开展普通地下室综合整治工作。通过深入基层调研，解决热点难点问题，积极督导检查，促进各项工作落实到位。各区政府站在消除安全隐患、疏解非首都功能和人口调控的高度，认真部署整治工作，各部门协同、联合执法，攻坚克难。有挂账任务的区将整治任务分解到街道、乡镇，明确任务时间节点和工作标准，切实推进完成挂账任务。2017 年全市普通地下室挂账任务 555 处，截止 11 月 20 日，已全部完成。

经统计，截止 2017 年 12 月，全市共有普通地下室 26839 处、面积 5039 万平方米，全年日常检查 16383 处、专项检查 1843 处、现场整改 2305 处、限期整改 530 处、停产停业 134 处、约谈 688 人次、关闭 205 处、清理散租 822 处、疏解人口 3. 9 万余人。

（二）具体工作措施

一是领导重视，组织健全。市、区分别成立地下空间综合整治工作协调小组，设立了办公室，统一协调地下空间综合整治工作，为普通地下室综合整治提供了组织保障。二是广泛宣传，营造氛围。各区充分利用广播、电视、报纸等新闻媒体积极宣传普通地下室综合整治的意义，充分调动群众参与的积极性，营造了良好的舆论氛围。三是深入摸排，掌握底数。各区积极组织街道、社区，进行详细摸排、登记、汇总，形成了总体台账。四是典型引路，试点示范。市级重点抓好海淀、丰台整治试点，各区也选定一些街乡开展试点，取得明显成效，以属地为主联合执法的基本经验对全市综合整

治工作具有普遍指导意义。五是部门联动，综合执法。在市、区和街乡三个层面，形成了住建、民防、公安、消防、安监、工商、卫生等部门协调联动、联合执法的整治机制。针对重点难点问题，相关部门组织专题调研，开展风险评估，制定政策，采取措施，既推进了工作开展，又维护了稳定。从后期管理看，海淀区制定的《关于普通地下室规范使用的指导意见》工作指导性强。在具体措施方面，海淀区推动建立起覆盖全区的“普通地下室动态监管系统”，在13个街镇、39个社区安装209个摄像头，实现信息共享、数据分析和视频监控等功能，极大地提升了普通地下室精细化管理水平。

（三）继续推进全市普通地下室综合整治工作

围绕违反规划使用用途、清空后普通地下室的再利用等问题，为推进全市普通地下室综合整治工作，准备开展以下几方面工作：

一是制定工作方案。地下空间已列入疏解促提升10大专项行动，在调查研究基础上，加快编制普通地下室2018至2020年专项行动方案，增强方案针对性和可行性。

二是加强督导、核查，会同市民防局等市有关部门对各区进行督导，整合优化执法资源，开展联合执法检查，消除安全隐患；对前期清理整治普通地下室进行全面核查，巩固整治成果，防止反弹。

三是开展前瞻性研究。开展清空后普通地下室的再利用研究，不断完善普通地下室使用管理长效机制。积极引导普通地下室使用用途向社区配套、居家养老服务、社区文化服务、文体活动空间、便民商业网店、停车设施、仓储等方面转变，探讨普通地下室统筹使用、合理利用的有效途径。

四是修订完善法规。会同市民防局推动《北京市人民防空工程和普通地下室安全使用管理办法》（市政府236号令）的修订工作，为普通地下室综合整治工作提供法规依据。

五是开展科技创安。引导运用信息化、智能化、物联网等科技手段，逐步提升普通地下室信息化、精细化管理水平。

六是加大宣传力度。充分利用广播、电视、报纸、互联网等媒体，广泛宣传普通地下室综合整治的目的、意义，鼓励居民主动参与普通地下室的整治工作，共同营造良好的社会氛围和整治环境。

二、超限高层建筑工程抗震设防审查工作

2017年，依据《国务院对确需保留的行政审批项目设定行政许可的决定》（国务院令第412号）、《超限高层建筑工程抗震设防管理规定》（建设部令第111号）、《建设部关于纳入国务院决定的十五项行政许可的条件的规定》（中华人民共和国建设部令第135号）及《超限高层建筑工程抗震设防专项审查技术要点》（建质［2015］67号）等文件的要求，对20项超限高层建筑工程进行了抗震设防专项审查。其中包括北京新机场南航基地机务维修设施项目1号维修机库、国家速滑馆等项目。

第十三章

房地产行业信息

北京市房地产年鉴 2018

第一节　2017 年房地产开发企业概况

一、房地产开发企业

截至 2017 年底，全市资质有效期范围内房地产开发企业 2414 家，其中一级企业 84 家，二级企业 131 家，三级企业 96 家，四级企业 1537 家，暂定级企业 566 家。2017 年全市新设立房地产开发企业 293 家。依法注销企业 483 家。

二、行政许可及服务类事项办理情况

房地产开发企业资质等级核定情况：

表 13-1　房地产开发企业业务办理情况

类别	总计		四级核定		三级核定		二级核定		暂定延续		资质变更		新备案	
	受理	审查	受理	审查	受理	审查	受理	审查	受理	审查	受理	审查	受理	审查
外资	61	61	38	38	1	1	1	1	1	1	12	12	8	8
内资	1656	1655	623	623	29	29	43	43	292	291	351	351	291	291
合计	1717	1716	661	661	30	30	44	44	293	292	363	363	299	299

建设方案公示情况：年内，完成备案审核、公示项目建设方案 65 个、1636. 84 万平方米。

三、2017 年房地产开发企业名录

（见附录二附表 5）

第二节　房产测绘行业

房产测绘单位及人员情况

截至 2017 年底，全市已在市住房城乡建设委备案的房产测绘机构 118 家，从业人员 760 人。已备案机构中，甲级资质 22 家，乙级资质 31 家，丙级资质 36 家，丁级资质 29 家（机构名录见表 13-2）。已备案人员中，硕士学历 12 人，本科学历 376 人，大专学历 246 人，其他学历 126 人。

表 13-2　2017 年度房产测绘备案单位名录

序号	测绘企业名称	资质等级	资质证书编号
1	北京市房地产勘察测绘所	甲级	甲测资字 11002001
2	建设综合勘察研究设计院有限公司	甲级	甲测资字 11002032

（续表 13-2）

序号	测绘企业名称	资质等级	资质证书编号
3	中兵勘察设计研究院	甲级	甲测资字 11001014
4	北京时正兴测绘工程技术有限公司	甲级	甲测资字 11001033
5	北京鼎春德正测绘中心	甲级	甲测资字 1101040
6	北京新兴华安智慧科技有限公司	甲级	甲测资字 11001042
7	北京华星勘查新技术有限公司	甲级	甲测资字 11001027
8	航天建筑设计研究院有限公司	甲级	甲测资字 1100453
9	中航勘察设计研究院有限公司	甲级	甲测资字 11001024
10	苍穹数码技术股份有限公司	甲级	甲测资字 11001008
11	北京市地质工程勘察院	甲级	甲测资字 11001022
12	北京金房兴业测绘有限公司	甲级	甲测资字 1101272
13	北京城建勘测设计研究院有限责任公司	甲级	甲测资字 11001019
14	北京市测绘设计研究院	甲级	甲测资字 11001010
15	北京帝测科技股份有限公司	甲级	甲测资字 1100140
16	北京国政恒信测绘技术服务有限公司	甲级	甲测资字 1101158
17	北京道济测绘有限公司	甲级	甲测资字 11002111
18	北京力佳图测绘有限公司	甲级	甲测资字 1100237
19	北京勘察技术工程有限公司	甲级	甲测资字 11000660
20	北京海地人资源咨询有限责任公司	甲级	甲测资字 1111030
21	中勘天成（北京）科技有限公司	甲级	甲测资字 1101194
22	九成空间科技有限公司	甲级	甲测资字 1100017
23	北京市通州区住房和城乡建设委员会测绘所	乙级	乙测资字 11012001
24	北京京密鸿图测绘有限公司	乙级	乙测资字 11016001
25	北京中瑞嘉业测绘有限公司	乙级	乙测资字 11005007
26	北京龙泰经纬测绘有限公司	乙级	乙测资字 11005011
27	北京威远图易数字科技有限公司	乙级	乙测资字 11007011
28	北京京昌工程测绘技术有限公司	乙级	乙测资字 11013002
29	北京通图信息科技有限公司	乙级	乙测资字 1110022
30	北京大地宏图勘测有限公司	乙级	乙测资字 11000009
31	北京中天路通工程勘测有限公司	乙级	乙测资字 11013005
32	北京中海地理信息测绘有限公司	乙级	乙测资字 1112126
33	北京大地万川测绘有限公司	乙级	乙测资字 1111409
34	北京富地勘察测绘有限公司	乙级	乙测资字 11012004
35	北京地矿工程建设有限责任公司	乙级	乙测资字 11007013

（续表 13-2）

序号	测绘企业名称	资质等级	资质证书编号
36	北京同创达勘测有限公司	乙级	乙测资字 11020003
37	北京三友宇天测绘有限公司	乙级	乙测资字 11009003
38	北京市勘察设计研究院有限公司	乙级	乙测资字 11005045
39	北京市房山区测绘所	乙级	乙测资质 11010002
40	北京伟泽测绘股份有限公司	乙级	乙测资字 1111361
41	北京新兴环宇测绘有限公司	乙级	乙测资字 1111686
42	北京国测信息科技有限责任公司	乙级	乙测资字 11005088
43	中兆恒基（北京）工程管理有限公司	乙级	乙测资字 1110281
44	北京亿科瑞土规划设计有限公司	乙级	乙测资字 1110777
45	北京瀚博林遥感测图信息工程研究院	乙级	乙测资字 1111300
46	中测新宇（北京）测绘技术有限公司	乙级	乙测资字 1111596
47	北京万兴宏盛建筑勘测技术有限公司	乙级	乙测资字 1110957
48	北京汇达城数科技发展有限公司	乙级	乙测资字 1112315
49	北京意诚远耀勘测设计有限公司	乙级	乙测资字 1110362
50	北京华测测绘有限公司	乙级	乙测资字 1112592
51	北京奥腾岩石科技有限公司	乙级	乙测资字 1112135
52	众信成勘测设计（北京）有限公司	乙级	乙测资字 1112321
53	北京市通州区城乡测绘所	乙级	乙测资字 1112144
54	北京市西城区房地产测绘一所	丙级	丙测资字 11002001
55	北京市东城区房屋管理局测绘二所	丙级	丙测资字 11004001
56	北京市朝阳区房屋测绘事务所	丙级	丙测资字 1120520
57	北京市丰台区房屋经营管理中心测绘队	丙级	丙测资字 11006001
58	北京市海淀区房屋土地经营管理中心测绘队	丙级	丙测资字 11007001
59	北京市石景山区房地产测绘队	丙级	丙测资字 11008001
60	北京市顺义区住房和城乡建设委员会测绘所	丙级	丙测资字 11014001
61	北京市大兴区房地产测绘所	丙级	丙测资字 11011001
62	北京天地鸿图测绘有限公司	丙级	丙测资字 11010001
63	北京京怀信房产测绘有限公司	丙级	丙测资字 11017001
64	北京华夏经纬测绘技术有限公司	丙级	丙测资字 11005002
65	北京中兴兆业房屋面积测绘有限公司	丙级	丙测资字 11007012
66	北京昌房房地产测绘技术服务有限责任公司	丙级	丙测资字 11013001
67	北京京恒实测绘技术有限公司	丙级	丙测资字 11011002
68	北京首益佳房地产经纪有限公司	丙级	丙测资字 11019005

（续表 13-2）

序号	测绘企业名称	资质等级	资质证书编号
69	北京赛博时代测绘有限公司	丙级	丙测资字 11010003
70	北京慧智蓝图测绘有限公司	丙级	丙测资字 11017004
71	北京首佳联诚房地产测量有限公司	丙级	丙测资字 11019002
72	北京望唐数码测绘有限公司	丙级	丙测资字 11017003
73	北京华夏合众土地科学技术有限公司	丙级	丙测资字 1120557
74	北京鑫海厦测绘有限公司	丙级	丙测资字 11007007
75	北京浩宇天地测绘科技发展有限公司	丙级	丙测资字 11007028
76	北京智环成测绘有限公司	丙级	丙测资字 11011008
77	杜鸣沐城测绘（北京）有限公司	丙级	丙测资字 11005017
78	中泽嘉汇（北京）测绘中心	丙级	丙测资字 11006004
79	北京檀州经纬测绘有限公司	丙级	丙测资字 1120520
80	北京粤富华测绘测量有限责任公司	丙级	丙测资字 11005015
81	北京经纬久度测绘有限公司	丙级	丙测资字 11005034
82	北京泾渭冠宇测绘有限公司	丙级	丙测资字 11009004
83	北京市怀柔测绘所	丙级	丙测资字 11017002
84	北京君仁慧智测绘有限公司	丙级	丙测资字 1120539
85	中材地质工程勘查研究院有限公司	丙级	丙测资字 1120223
86	北京智慧宏图勘察测绘有限公司	丙级	丙测资字 1120505
87	北京天时地利测绘科技有限公司	丙级	丙测资字 1120548
88	北京宇达同盛勘测技术有限公司	丙级	丙测资字 1120476
89	北京京电文华勘测设计有限公司	丙级	丙测资字 1120604
90	北京市东城区房屋管理局测绘一所	丁级	丁测资字 11019004
91	北京市西城区房地产测绘二所	丁级	丁测资字 11003001
92	北京市门头沟区房地产测绘所	丁级	丁测资字 11009001
93	北京市延庆区房地产勘察测绘所	丁级	丁测资字 11018012
94	北京市平谷区房地产测绘队	丁级	丁测资字 11015001
95	北京市房屋面积计量站	丁级	丁测资字 11005004
96	北京赛杰新时代房屋测绘有限公司	丁级	丁测资字 11005005
97	北京源恒天地测绘有限公司	丁级	丁测资字 11006003
98	北京泰达克房地产测绘咨询有限公司	丁级	丁测资字 11013004
99	北京中鼎衡测绘事务所	丁级	丁测资字 11007008
100	海天方圆（北京）科技有限公司	丁级	丁测资字 11007020
101	北京国勘房地产测绘有限公司	丁级	丁测资字 11007025

（续表 13-2）

序号	测绘企业名称	资质等级	资质证书编号
102	北京中天新图测绘有限公司	丁级	丁测资字 1130027
103	北京阳光华翰测绘有限公司	丁级	丁测资字 11004002
104	北京天天友联测绘有限公司	丁级	丁测资字 11015003
105	北京京海纵横测绘有限公司	丁级	丁测资字 11005016
106	北京荣驰测绘技术有限公司	丁级	丁测资字 11007031
107	北京永佳达测绘有限公司	丁级	丁测资字 11007042
108	北京丰华方圆测绘工程技术有限责任公司	丁级	丁测资字 11005014
109	北京欣通佳信测量有限公司	丁级	丁测资字 11012003
110	北京京建恒信房地产测量技术有限公司	丁级	丁测资字 11007044
111	北京世规测量技术咨询有限公司	丁级	丁测资字 11007047
112	北京创天烨测绘有限公司	丁级	丁测资字 11011013
113	北京百星达测绘工程有限公司	丁级	丁测资字 11010005
114	北京新兴宏图测绘有限公司	丁级	丁测资字 11005026
115	北京米拉测绘有限公司	丁级	丁测资字 11009005
116	北京顺至宏图测绘有限公司	丁级	丁测资字 1130513
117	北京金伟诚业测绘有限公司	丁级	丁测资字 1130574
118	北京森源宏勘测科技发展有限公司	丁级	丁测资字 1130199

第三节　房地产经纪行业

一、房地产经纪机构备案情况

截至 2017 年 12 月 31 日我市已备案的房地产经纪机构共有 3148 家，本月新增 51 家，注销 27 家，有 27 家被注销机构恢复备案，净增 51 家；已备案的分支机构共有 4286 家，其中本月新增 145 家，注销 8 家，净增 137 家。

表 13-3　北京市房地产经纪机构设立情况统计

截至 2016 年 12 月 31 日

企业类型 \ 注册资金(万元) 数量	10 以下	10-30	30-50	50-100	100 以上	合计
有限责任公司	37	329	192	823	1668	3049
合伙制企业	1	1	0	0	0	2
三资企业	0	2	0	5	26	33
股份合伙制企业	0	2	1	1	5	9
全民所有制企业	0	1	2	2	5	10
集体所有制企业	0	0	1	0	7	8
其他	9	10	0	8	10	37
合计	47	345	196	839	1721	3148
备注	注册资本含下限，不含上限					

表 13-4　北京市房地产经纪机构设立情况统计

2016 年 12 月 1 日至 2016 年 12 月 31 日

企业类型 \ 注册资金(万元) 数量	10 以下	10-30	30-50	50-100	100 以上	合计
有限责任公司	0	2	2	5	42	51
合伙制企业	0	0	0	0	0	0
三资企业	0	0	0	0	0	0
股份合伙制企业	0	0	0	0	0	0
全民所有制企业	0	0	0	0	0	0
集体所有制企业	0	0	0	0	0	0
其他	0	0	0	0	0	0
合计	0	2	2	5	42	51
备注	注册资本含下限，不含上限					

二、北京市房地产经纪人员状况

截至 2017 年底，北京市取得《中华人民共和国房地产经纪人协理从业资格证书》的人员共 42240 人，取得《北京市房地产经纪资格考试合格证》的人员共 48249 人，在我市考取《中华人民共和国房地产经纪人执业资格》的 5708 人。

表 13-5　北京市已注册房地产经纪人员学历状况

学历	人数	百分比
研究生及以上	643	1. 31%
大本	12230	24. 88%
大专	21494	43. 73%
高中以下	9018	18. 35%
中专	5763	11. 73%
合计	49148	100. 00%

第四节　房地产评估行业

一、房地产估价机构情况

全市共有房地产估价机构 160 家。其中，一级估价机构 51 家；二级估价机构 33 家；三级估价机构 62 家；三级暂定估价机构 3 家；军队估价所 3 家。外地一级机构在京分公司 10 家。2017 年新批准成立的三级暂定估价机构 1 家，三级暂定升三级备案 0 家，三级升二级备案 1 家，二级升一级备案 4 家，外地一级机构迁京 1 家，外地一级机构在京分支机构备案 2 家。

表 13-6　2017 年北京市三级暂定备案房地产评估机构列表

序号	机构名称	资质证书编号	办公地址	联系电话	联系人
1	北京崇新房地产评估中心（普通合伙）	京建房估资准字［2017］第 0227 号	北京市崇文区东花市大街 2 号院 3-4	010-67103410	邓颖

表 13-7　2017 年北京市二级备案房地产估价机构列表

序号	机构名称	资质证书编号	办公地址	联系电话	联系人
1	北京中创伟业房地产评估有限责任公司	京建房估资准字［2011］第 0187 号	北京市海淀区远大路 20 号 E-17C2-1	010-88468100	郑飞

表 13-8 2017 年一级备案房地产估价机构

序号	公司名称	资质证书编号	办公地址	联系电话	联系人
1	北京中锐行房地产土地评估有限公司	京建房估资准字［2003］第 0101 号	北京市丰台区郭公庄中街 20 号院 1 号楼 2 层 201	010-56319311	牛永勤
2	北京华瑞行房地产评估咨询有限公司	建房估备字［2012］077 号	北京市朝阳区安苑路 11 号西楼 306 室	010-84158782	朱云云
3	北京汇盛信达房地产评估公司	京建房估资准字［2009］第 0176 号	北京市东城区和平里九区甲 4 号 A703 室	010-64464360	刘婕
4	北京建正合生房地产评估有限公司	京建房估资准字［2004］第 0119 号	北京市朝阳区高碑店乡半壁店村惠河南街 1008-B 四惠大厦 3 层 3013 - 3015 房间	010-85517887	郝东乐
5	名洋灏正房地产土地评估（北京）有限公司	京建房估资准字［2006］第 0148 号	北京市朝阳区红军营南路 15 号院 5 号楼 6 层 603B 室	010-64828788	刘振伟

表 13-9 2017 年外地一级房地产估价机构在京分支机构备案

序号	公司名称	办公地址	联系电话	联系人
1	李艳星驰（天津）房地产土地评估有限公司北京分公司	北京市朝阳区广渠门外大街 8 号 15 层东座-1806	010-58613661	冀少方
2	广州第一太平戴维斯房地产与土地评估有限公司北京分公司	北京市朝阳区建国门外大街乙 12 号双子座大厦东塔 2106B（2）	010-59252288	司彩英

表 13-10 北京市一级房地产估价机构

序号	机构名称	办公地址	联系电话	联系人
1	北京东华天业房地产评估有限公司	宣武区右安门内大街 65 号弘棉商务大厦 408 室	010-51230378	王恒
2	北京华信房地产评估有限公司	北京市朝阳区建国门外永安里中街 25 号 3 幢二层	010-65830385	李芳
3	北京仁达房地产评估有限公司	西城区车公庄大街 9 号院五栋大楼 B 座 1-401 室	010-88395886	田京京
4	北京市金利安房地产咨询评估有限责任公司	海淀区蓝靛厂南路 25 号嘉友国际大厦 801 室	010-88400887	刘璐

（续表 13-10）

序号	机构名称	办公地址	联系电话	联系人
5	北京中大行房地产评估有限公司	北京市海淀区阜成路北三街6号轻苑大厦905号	010-68986215	王颖
6	北京市中恒业房地产评估有限责任公司	西城区东煤厂胡同24号	010-66571360	陆伟俊
7	北京宝孚房地产评估事务所有限公司	朝阳区东土城路4号金泰五环宾馆二层	010-64208402/3	杨来斌
8	北京龙泰房地产评估有限责任公司	北京市丰台区丽泽桥西恒泰广场C座6层	010-88356600	徐冉
9	中建银（北京）房地产土地评估有限公司	北京市西城区太平街6号5层E-605	010-63109633	张兆文
10	北京首佳房地产评估有限公司	海淀区紫竹院路116号嘉豪国际中心B座七层	010-58930818	延安
11	北京银地联合房地产土地评估有限公司	北京市海淀区西三环北路50号豪柏大厦6-1909	010-69441598	门雅楠
12	北京北方房地产咨询评估有限责任公司	西城区金融大街27号投资广场A601室	010-66210088	白龙吉
13	北京百成首信房地产评估有限公司	朝阳区团结湖路甲3号	010-65821797	方满红
14	北京圣元房地产评估咨询有限公司	海淀区彩和坊路10号1+1大厦1218室	010-62680160	李绍玲
15	北京国地房地产土地评估有限公司	海淀区中关村南大街17号韦伯时代中心3号楼1401室	010-51667273	张桂云
16	杜鸣联合房地产评估（北京）有限公司	北京市西城区西直门外大街135号北京展览馆宾馆8楼	010-65186610	杜鸣
17	北京康正宏基房地产评估有限公司	朝阳区裕民路12号中国国际科技会展中心B座1003	010-62372100	欧阳燕红
18	北京中资房地产土地评估有限公司	海淀区首体南路22号国兴大厦17层A2	010-88357168	张珂
19	北京建亚恒泰房地产评估有限公司	朝阳区向军南里甲5号雨霖大厦9层	010-65944086	杨军

（续表 13-10）

序号	机构名称	办公地址	联系电话	联系人
20	北京国泰大正天平行土地房地产评估顾问有限公司	朝阳八里庄西里 100 号住邦 2000，1 号楼 A 座 705	010-85868816	李剑
21	北京京城捷信房地产评估有限公司	朝阳区芍药居甲 2 号内 1 楼南楼四层	010-84635538	谢淑美
22	北京海创房地产土地评估有限公司	建房估证字［2012］032 号	010-62487316	马晋功
23	北京高地经典房地产评估有限责任公司	西城区太平桥大街 98 号院 5 号楼 1 门 101	010-58597081	吴秀梅
24	北京银通安泰房地产评估有限公司	朝阳区朝阳北路 199 号摩码大厦 1811 室	010-85970326	万夫勇
25	北京中地华夏房地产评估有限公司	西城区闹市口大街 1 号长安兴融中心 2 号楼 5A	010-58528303	康辉
26	北京华天通房地产评估有限公司	海淀区甘家口 21 号楼七层	010-88385315	张治超
27	北京京港房地产估价有限公司	海淀区西三环北路 100 号金玉大厦 1101 室	010-68727081	沈洋
28	北京中企华房地产估价有限公司	朝阳区朝外大街 22 号泛利大厦 916 室	010-65883588	魏新
29	北京京都房地产评估有限公司	朝外大街 22 号 1415 室	010-85665863	李中江
30	北京市国盛房地产评估有限责任公司	东城区东直门外大街 48 号东方银座 D 座 23C	010-84477677	王煊
31	北京潞通房地产土地评估有限公司	通州区潮县镇潮兴一街 610 号	010-80817145	于顺伟
32	北京华源龙泰房地产土地资产评估有限公司	北京市丰台区丰台北路 18 号院 C 座 601 室	010-84831344	侯振河
33	北京宏成房地产价格评估有限公司	北京市大兴区礼贤镇工业区 16 号	010-69288666-6102	孙利
34	中财宝信（北京）房地产土地评估有限公司	北京市朝阳区新源南路 6 号 1 号楼 3408	010-84868118	于娟

（续表 13-10）

序号	机构名称	办公地址	联系电话	联系人
35	北京中建华房地产土地评估有限责任公司	海淀区广源匣路 5 号广源大厦 3 层 302. 303	010-51608233	刘强
36	北京大地盛业房地产土地评估有限公司	北京市朝阳区和平里西街 3 号 1 幢平房 101 室	010-84285588	李荣
37	北京盛华翔伦房地产评估有限责任公司	北京市朝阳区安立路 60 号润枫德尚苑 B 座 1303 室	010-64820980	陈丽名
38	北京国信达房地产土地评估有限公司	东城区北三环东路 36 号环球贸易中心 A 座 1903 室	010-58256689	翟波
39	北京宝业恒土地和房地产评估有限公司	朝阳区白家庄路 3 号 18 楼 A 座第 4 层第 02 号	010-64051428	王学发
40	北京申洋房地产评估有限公司	顺义区建新南区甲 32 号楼	010-69441598	刘媚
41	北京中鼎联合房地产评估有限公司	北京市西城区广安门外大街 168 号朗琴国际 B1117B	010-88825655	申艳萍
42	北京鼎春德房地产土地评估有限公司	北京市门头沟区军庄镇军庄路 1 号院 A439 室	010-64966611-8709	刘长刚
43	博文房地产评估造价集团有限公司	北京市海淀区大柳树路 17 号富海国际港 1808 室	010-83480861	徐文井
44	北京国融兴华房地产土地评估有限公司	北京市西城区裕民路 18 号北环中心 2011 室	010-82253743	程殿卿
45	北京金诚立信房地产土地评估有限公司	北京顺义区顺通路 2 号 AMB 大厦 B 座 7 层	010-89446767	张丽颖
46	北京植地通诚房地产评估有限公司	北京市怀柔区泉河园二区乙 2 号楼 3 层 02-A01、A02	010-69648826	唐大春
47	北京中锐行房地产土地评估有限公司	北京市丰台区郭公庄中街 20 号院 1 号楼 2 层 201	010-56319311	牛永勤
48	北京华瑞行房地产评估咨询有限公司	北京市朝阳区安苑路 11 号西楼 306 室	010-84158782	朱云云
49	北京汇盛信达房地产评估公司	北京市东城区和平里九区甲 4 号 A703 室	010-64464360	刘婕

（续表 13-10）

序号	机构名称	办公地址	联系电话	联系人
50	北京建正合生房地产评估有限公司	北京市朝阳区高碑店乡半壁店村惠河南街 1008-B 四惠大厦 3 层 3013-3015 房间	010-85517887	郝东乐
51	名洋灏正房地产土地评估（北京）有限公司	北京市朝阳区红军营南路 15 号院 5 号楼 6 层 603B 室	010-64828788	刘振伟

表 13-11　外省市一级房地产估价机构在京分支机构列表

序号	机构名称	办公地址	联系电话	联系人
1	深圳世联土地房地产评估有限公司北京分公司	朝阳区建国门外大街甲 6 号中环世贸 C 座 7 层	010-85678186	孙雪佳
2	深圳戴德梁行土地房地产评估有限公司北京分公司	东城区建国门内大街 7 号光华长安大厦 2 座 152	010-65101388	陈学军
3	国众联资产评估土地房地产估价有限公司北京分公司	北京市朝阳区建国路 29 号兴隆家园 24 号楼 803	010-85752002	李雲媞
4	深圳市国策房地产土地估价有限公司北京分公司	北京市朝阳区东三环中路 9 号富尔大厦 2708 室	010-85911588	廖凡幼
5	内蒙古金正房地产价格评估有限责任公司北京分公司	北京市东城区崇文门外大街 5 号 5-1 幢 4 层 508	010-67086811	祁晶
6	深圳市同致诚土地房地产估价顾问有限公司北京分公司	北京市朝阳区东四环中路 82 号 1 座 1206	010-65388685	张方艳
7	深圳市国房土地房地产评估咨询有限公司北京分公司	北京市朝阳区芳园西路 6 号院 1 号楼、2 号楼、3 幢颐锦酒店 2 号楼 210 室	010-64376929	杨丽艳
8	深圳市中诚达土地房地产评估顾问有限公司北京分公司	北京市朝阳区东三环中路乙 10 号艾维克大厦 21 层第 05C	010-84868118	聂志勇
9	李艳星驰（天津）房地产土地评估有限公司北京分公司	北京市朝阳区广渠门外大街 8 号 15 层东座-1806	010-58613661	冀少方
10	广州第一太平戴维斯房地产与土地评估有限公司北京分公司	北京市朝阳区建国门外大街乙 12 号双子座大厦东塔 2106B（2）	010-59252288	司彩英

第五节　房屋安全鉴定行业

一、房屋安全鉴定机构情况

2017 年备案新增 2 个业务范围不限的房屋安全鉴定机构，截至 2017 年底，鉴定机构总数达 30 个，其中业务范围不限 12 个，中小型 3 个，小型 15 个（见表 1）。

业务范围不限的鉴定机构可以受理各种房屋建筑的安全评估与鉴定业务。

业务范围中小型的鉴定机构可以受理的业务有：（1）一般公共建筑工程：（a）单体建筑面积 20000 平方米及以下，不含钢结构；（b）建筑高度 50 米及以下。（2）住宅宿舍，20 层及以下一般标准的居住建筑工程，不含钢结构。（3）地下工程：（a）总建筑面积 10000 平方米及以下地下空间；（b）防护等级五级及以下附建式人防工程。（4）其他类：（a）使用住宅专项维修资金鉴定；（b）变动房屋建筑主体和承重结构认定。

业务范围小型的鉴定机构可以受理的业务有：（1）使用住宅专项维修资金鉴定。（2）变动房屋建筑主体和承重结构认定。（3）平房（文物古建筑房屋除外）。（4）跨度小于 12 米的单层空旷砖房。（5）六层及以下砖混、砖木结构楼房。

表 13-12　北京市房屋安全鉴定机构一览（截止 2017. 12. 31）

序号	备案编号	机构名称	法定代表人（机构负责人）	机构地址	业务电话	业务范围
1	京鉴字 01006	北京市住房和城乡建设科学技术研究所（北京市房屋安全鉴定总站）	冷　涛	朝阳区华威北里 18 号	67795971	不限
2	京鉴字 01007	北京市朝阳区房屋安全鉴定站	张　杰	北京市朝阳区三里屯南 56 号	64186164	不限
3	京鉴字 01008	北京市海淀区房屋安全鉴定站	靳　宁	海淀区东王庄小区 16 甲楼	62525745	不限
4	京鉴字 01012	北京市建设工程质量第三检测所有限责任公司	张　岫	西城区百万庄大街 3 号	68334806	不限
5	京鉴字 01018	北京市建设工程质量第六检测所有限公司	丁学文	丰台区南苑新华路 1 号	67995531	不限
6	京鉴字 01021	北京市建设工程质量第二检测所	张胜	西城区南礼士路 62 号	68048508	不限
7	京鉴字 01022	中国建筑科学研究院/国家建筑工程质量监督检验中心	王　霓	北京市北三环东路 30 号	64517830	不限

（续表 13-12）

序号	备案编号	机构名称	法定代表人（机构负责人）	机构地址	业务电话	业务范围
8	京鉴字 01023	北京市建设工程质量第一检测所有限责任公司	刘　柯	北京市海淀区复兴路34号	88223802	不限
9	京鉴字 01027	中冶建筑研究总院有限公司/国家工业建构筑物质量安全监督检验中心	李晓东	北京市海淀区西土城路33号	82227134	不限
10	京鉴字 01028	奥来国信（北京）检测技术有限责任公司	孙文伟	北京市顺义区高丽营镇顺于路高丽营段138号	81700898	不限
11	京鉴字 01029	北京市建设工程质量第五检测所有限公司	郭兵才	北京市朝阳区华威北里18号楼101、103室	67731836	不限
12	京鉴字 01030	中国建材检验认证集团股份有限公司	姚燕	管庄东里1号科研生产区南楼	80896082	不限
13	京鉴字 02001	北京首华建设经营有限公司房屋安全鉴定室	赵庆友	朝阳区芍药居2号院	84643383-801	中小型
14	京鉴字 02004	北京市西城区房屋安全鉴定一站	孙国强	北京市西城区西四东大街49号	66026813	中小型
15	京鉴字 02014	北京房地集团有限公司房屋安全鉴定室	马京京	北京市朝阳区芍药居甲2号院1号楼北楼一层	84631858	中小型
16	京鉴字 03002	房山区房屋安全鉴定站	王学军	房山区苏庄东街2号	69376993	小型
17	京鉴字 03003	北京市门头沟区房屋安全鉴定站	池宝全	门头沟区新桥大街48号	69822760	小型
18	京鉴字 03005	北京市顺义区房屋安全鉴定站	吴建民	顺义区光明北街7号	69441570	小型
19	京鉴字 03009	北京市昌平区房屋安全鉴定站	庞继业	昌平区南环东路36号	69704074	小型
20	京鉴字 03010	北京天岳恒房屋经营管理有限公司房屋安全鉴定室	陈　磊	北京市丰台区右安门外西三条甲2号	63295296	小型
21	京鉴字 03011	北京市怀柔区房屋安全鉴定站	周迎红	怀柔区青春路48号	69641817	小型
22	京鉴字 03015	石景山区房屋安全鉴定站	王文君	石景山区古城东街103号	68867438	小型
23	京鉴字 03016	北京市密云区房屋安全鉴定站	侯　奇	密云区水源东路339号	69027404	小型

（续表 13-12）

序号	备案编号	机构名称	法定代表人（机构负责人）	机构地址	业务电话	业务范围
24	京鉴字 03017	北京市平谷区房屋安全鉴定站	张学军	平谷区平安街老武装部西院	89991590	小型
25	京鉴字 03019	北京市东城区房屋安全鉴定管理所	安宏杰	北京市东城区东花市二区 3 号楼底商	64023166	小型
26	京鉴字 03020	通州区房屋安全鉴定站	杨建发	通州区玉桥南里 24 号楼	81587316	小型
27	京鉴字 03024	北京市大兴区房屋安全鉴定站	苏晓冬	北京市大兴工业开发区科苑路 17 号	69242522	小型
28	京鉴字 03025	北京市丰台区房屋安全鉴定站	梁文斌	丰台区大井东里甲 2 号	63841972	小型
29	京鉴字 03026	延庆县房屋安全鉴定站	马卫志	北京市延庆县东外大街 89 号城建大厦 11 楼 1111	69176128	小型
30	京鉴字 03037	北京市西城区房屋安全鉴定二站	芦玉华	西城区万明路 18 号院 1 号楼 103 室	83551191	小型

注：1. 原东城区、崇文区房屋安全鉴定站因北京行政区重新规划，合并为东城区房屋安全鉴定站。

2. 原宣武区房屋安全鉴定站因北京市行政区重新规划，改名为西城区房屋安全鉴定二站。

二、2017 年房屋安全鉴定和评估业务完成情况

全市 30 个鉴定机构在 2017 年均开展了房屋安全鉴定工作，全年共完成各项房屋安全鉴定和评估 2016.83 万平方米（详见表 13-13）。涉及屋面防水、小区路面、小区围墙、小区给排水等无法统计在建筑面积中的鉴定、评估项目统计在表 13-13 备注栏中备注。

表 13-13　2017 年度全市房屋建筑评估、鉴定汇总

序号	机构名称	数据来源	建筑面积（m^2）									备注
			小计	安全鉴定（平房）	安全鉴定（楼房）	安全评估（平房）	安全评估（楼房）	综合安全性鉴定（平房）	综合安全性鉴定（楼房）	修缮定案鉴定（平房）	修缮定案鉴定（楼房）	
1	北京市总站	系统数据	482565.38	251	10286.85	0	0	0	0	0	472027.53	
		线下数据	20139.92	0	0	0	0	528.5	19611.42	0	0	
2	东城区鉴定站	系统数据	752.64	752.64	0	0	0	0	0	0	0	

（续表 13-13）

序号	机构名称	数据来源	建筑面积（m^2）									备注
			小计	安全鉴定（平房）	安全鉴定（楼房）	安全评估（平房）	安全评估（楼房）	综合安全性鉴定（平房）	综合安全性鉴定（楼房）	修缮定案鉴定（平房）	修缮定案鉴定（楼房）	
3	西城区鉴定一站	系统数据	593177.55	5158.4	98808.51	0	0	0	2998.8	0	486211.84	
4	西城区鉴定二站	系统数据	1568633.69	4393.56	3264	0	0	0	15210	0	1545766.13	
		线下数据	61504.96	0	0	0	0	0	0	0	61504.96	
5	朝阳区鉴定站	系统数据	2504605.94	87155	34693	0	0	2547.01	19795.6	0	2360415.33	
		线下数据	32153	0	0	0	0	0	0	0	32153	另有修缮定案鉴定项目涉及5个小区的室内外排水。
6	海淀区鉴定站	系统数据	5383353.61	54526.21	136756.84	0	282203.42	3453.66	138225.53	3385	4764802.95	
		线下数据	64798.15	0	9348.01	0	41951.54	0	11730.6	0	1768	1.修缮定案鉴定项目涉及屋面防水的，按屋面防水鉴定面积统计；2.另有安全鉴定项目涉及3处屋顶广告牌、2处局部承载力验算；3.另有修缮定案鉴定项目涉及2个小区道路、1个小区消防管线及道路、1个小区围墙。
7	丰台区鉴定站	系统数据	2520015.27	5245.94	35565.88	0	0	0	0	0	2479203.45	
		线下数据	19942.87	0	2131.81	0	0	0	0	0	17811.06	另有修缮定案鉴定项目涉及：小区路面8400m^2；小区围栏432.8m；污水管线580.76m；给水水泵7台；雨水管线72m；上水管线3m；生活水箱1台。
8	石景山区鉴定站	系统数据	944321.34	122.68	0	0	0	0	0	0	944198.66	
		线下数据	11397	0	0	0	0	0	0	0	11397	

（续表 13-13）

序号	机构名称	数据来源	建筑面积(m^2)									备注
			小计	安全鉴定（平房）	安全鉴定（楼房）	安全评估（平房）	安全评估（楼房）	综合安全性鉴定（平房）	综合安全性鉴定（楼房）	修缮定案鉴定（平房）	修缮定案鉴定（楼房）	
9	门头沟区鉴定站	系统数据	603.88	603.88	0	0	0	0	0	0	0	
10	昌平区鉴定站	系统数据	385194.49	19122.21	0	0	0	0	0	0	366072.28	
11	通州区鉴定站	系统数据	351741.72	339.46	2523	0	0	0	0	0	348879.26	
12	大兴区鉴定站	系统数据	65.73	65.73	0	0	0	0	0	0	0	
13	房山区鉴定站	系统数据	96780.89	2770.24	3767.8	0	0	0	0	0	90242.85	
14	平谷区鉴定站	系统数据	0	0	0	0	0	0	0	0	0	
15	顺义区鉴定站	系统数据	471.8	471.8	0	0	0	0	0	0	0	
16	怀柔区鉴定站	系统数据	0	0	0	0	0	0	0	0	0	
17	密云县鉴定站	系统数据	3833.6	3833.6	0	0	0	0	0	0	0	
18	延庆县鉴定站	系统数据	3537.11	3537.11	0	0	0	0	0	0	0	
19	首华鉴定室	系统数据	15503.53	0	0	0	0	0	7837.53	0	7666	
		线下数据	988.8	0	653.4	0	0	0	335.4	0	0	
20	天岳恒鉴定室	系统数据	0	0	0	0	0	0	0	0	0	
21	房地集团鉴定室	系统数据	54968.84	2096.12	135.82	0	0	0	0	0	52736.9	
22	建设工程质量第一检测所	系统数据	9489.34	0	0	0	0	700.4	8788.94	0	0	
		线下数据	20823.39	16023.39	4800	0	0	0	0	0	0	
23	建设工程质量第二检测所	系统数据	688379.12	2194.68	9858.15	0	489497.2	716	103224.56	0	82888.53	
		线下数据	15142.39	567	3908.39	0	0	0	10667	0	0	
24	建设工程质量第三检测所	系统数据	807009.94	27906.71	264296.54	0	0	29799.4	58087.17	0	426920.12	

（续表 13-13）

序号	机构名称	数据来源	建筑面积（m^2）									备注
			小计	安全鉴定（平房）	安全鉴定（楼房）	安全评估（平房）	安全评估（楼房）	综合安全性鉴定（平房）	综合安全性鉴定（楼房）	修缮定案鉴定（平房）	修缮定案鉴定（楼房）	
25	建设工程质量第五检测所	系统数据	908301.69	382.32	1620.95	0	0	0	9952.9	0	896345.52	
26	建设工程质量第六检测所	系统数据	621948.63	3364.3	111338.13	0	0	5510.7	0	0	501735.5	
		线下数据	111437.94	315	103873.78	0	92.86	645.3	4148	0	2363	1.修缮定案鉴定项目涉及屋面防水的，按屋面防水鉴定面积统计；2.另有修缮定案鉴定项目涉及7个楼的楼宇对讲系统，12个楼门前扶手，17个楼屋面挑檐饰面板，1个小区的排污管线；3.另有安全鉴定项目涉及2个使用性鉴定。
27	国家建筑工程质量监督检验中心	系统数据	64278.09	0	15067.95	0	0	4557	44653.14	0	0	
28	国家工业建构筑物质量安全监督检验中心	系统数据	933177.09	912.3	298960.23	0	0	15596.64	524842.36	0	92865.56	
		线下数据	169133.222	1367.04	40574.47	0	0	10595.872	116595.84	0	0	
29	中国建材检验认证集团股份有限公司	系统数据	2441.2	0	2441.2	0	0	0	0	0	0	
30	奥来国信（北京）检测技术有限责任公司	系统数据	388313.11	1065.42	17251.86	0	191745.19	2105.66	56187.01	0	119957.97	
		线下数据	307376.07	178491.21	104709.45	0	0	890.63	23284.78	0	0	
系统数据合计			19333465.22	226271.31	1046636.71	0	963445.81	64986.47	989803.54	3385	16038936.38	
线下数据合计			834837.712	196763.64	269999.31	0	42044.4	12660.302	186373.04	0	126997.02	
合计			20168302.93	423034.95	1316636.02	0	1005490.21	77646.772	1176176.58	3385	16165933.4	

注：系统数据采自北京市城镇房屋建筑使用安全管理系统，线下数据为各机构报送。

附录一

业界观点

北京市房地产年鉴 2018

2017年北京市房地产市场发展研究报告

中国指数研究院　中国房地产指数系统

2017年，房地产市场在“房子是用来住的，不是用来炒的”的基调下，一系列较为严格的调控政策陆续出台，使得北京前十房企的总销售额有所下滑，同比减少27%，同时由于整体市场均受相关政策影响，整体市场逐步降温，北京前十房企占全市商品房销售份额不降反升至47%。拿地方面，在经历了2015、2016两年市场回暖期之后，房企库存告急，大部分房企纷纷面临补库存压力，这也是在政策严格调控、市场销售额持续下滑情况下，房企拿地热情依然不减的原因所在，前十房企乃至整个房地产市场新增土储大幅增加。

一、市场展望：成交回暖，价格趋稳，供应增加

1. 政策环境：调控密集出台，加速推进长效机制建设

2. 北京政策：需求供给双轨调控，推进建立房地产长效调控机制

2017年，北京房地产市场经历了密集的政策调控。以“3·17新政”为开端，“认房又认贷”的调控升级之后，陆续推出涉及个税缴纳、离婚期限、学区房认定、商改住限购、住宅平房/法拍房纳入限购等方面的措施组成调控组合拳贯穿上半年楼市。发展租赁住房市场、推出共有产权房、推动在途房地产项目加速入市等政策则奠定了下半年楼市基调。从上半年的需求端限购，到下半年的供给端增量，在抑制楼市过热的同时，围绕住房不炒的核心，房地产调控政策由短期行政性调控逐步向建立房地产市场长效机制迈进。

表1　2017年北京市主要房地产调控政策

时间	政策/事件	重点内容
3月17日	北京市住建委、市规划国土委、市住房公积金中心、市银监局、人民银行营业管理部联合举行新闻发布会，北京楼市调控进一步升级	居民家庭名下在本市已拥有1套住房，以及在本市无住房但有商业性住房贷款记录或公积金住房贷款记录的，购买普通自住房的首付款比例不低于60%，购买非普通自住房的首付款比例不低于80%。暂停发放贷款期限25年以上的个人住房贷款。

（续表 1）

时间	政策/事件	重点内容
3月22日	北京市地税局联合北京市住建委公布对于“纳税满5年”的审核认定标准	个税断缴不能超过3个月，且需连续缴纳60个月（从申请月的上一个月开始，往前推算连续60个月）。注：因工作调动等未缴或补缴且不超过3个月的视为连续缴纳。2、社保不能断月。且需连续缴纳60个月（从申请月的上一个月开始，往前推算连续60个月）。2012年12月18日起，补缴社保不予认可，但因工作调动转单位补缴的不能超过3个月。
3月24日	央行出台关于加强北京地区住房信贷业务风险管理的通知	要求对离婚一年内的贷款人实施差别化住房信贷政策，从严防控信贷风险。对于离婚一年以内的房贷申请人，商贷和公积金贷款均按二套房信贷政策执行。认真查询住房贷款记录和公积金贷款记录，严格执行首套房贷认定标准。
3月26日	北京市教委：各中小学不得与房地产商合作办学	今年起，除京津冀协同发展项目外，本市所有中小学校未经市教委同意不得到外地办学，各中小学不得与房地产商合作办学。
3月26日	北京市住建委联合规土委等多部门发布《关于进一步加强商业、办公类项目管理的公告》	商业、办公类项目应当严格按照规划用途开发、建设、销售、使用，未经批准，不得擅自改变为居住等用途。同时对开发企业新报建商办类项目的面积也做出具体规定，最小分割单元不得低于500平方米。商业银行暂停对个人购买商办类项目的个人购房贷款。
4月3日	北京市住房城乡建设委出台《关于加强国有土地上住宅平房销售管理的通知》	将住宅平房纳入本市限购范围。
4月6日	部分非京籍无房家庭可申请公租房/自住房	北京市住建委发布了将在公租房、自住房中为“新北京人”开展专项分配试点的消息，安排30%房源向长期稳定就业的新北京人分配。
4月7日	北京发布《北京市2017-2021年及2017年度国有建筑用地供应计划》	明确未来5年内将建立租购并举的住房制度，优化住宅供应结构。
4月14日	北京市住房城乡建设委会同北京市规划国土委联合发布《关于本市企业自持商品住房租赁管理有关问题的通知》	为确保企业自持商品住房切实用于出租，构建购租并举的住房供应体系，《通知》明确企业持有年限为70年，且不得以任何方式对外销售。
4月16日	北京市教委发布2017年义务教育阶段入学工作意见	今年，北京市义务教育阶段入学总体将保持稳中求进，具体有四点值得关注。1、单校划片和多校划片相结合；2、过道房不作为入学资格；3、小升初取消“推优”，降低特长生和寄宿生招生比例；4、市级统筹首次写入入学意见。

（续表1）

时间	政策/事件	重点内容
4月28日	北京市住建委、北京市高级人民法院、北京市规划国土委三部门明确，将住建部门对竞拍人购房资格审查纳入本市司法竞拍流程	三部门明确，将住建部门对竞拍人购房资格审查纳入北京市司法竞拍流程。法院竞拍房产为纳入北京市限购政策范围内、且竞拍方为自然人的（个体工商户、个人独资企业视同自然人），要求竞拍家庭或个人符合本市限购政策。
5月23日	北京市住建委公布关于“326”商住新政的补充说明	明确于3月26日前已购买的商办类房屋可销售，但购房人应符合政策要求。
5月23日	北京市规划国土委发布2017年度绩效任务	明确将严格落实新编制的城市总体规划，严格管控生态红线和城市开发边界。其中，今年二环内将禁止新增建设用地，四环内严控新增建设用地。
6月27日	住建委敦促在途房地产项目尽快入市	北京市住建委一次性公布了389个在途房地产项目清单，要求这些项目尽快入市。
8月17日	北京市住建委、北京市发改委等部门联合发布《关于加快发展和规范管理本市住房租赁市场的通知》的征求意见稿	集体户口租公租房可落户；符合条件的京籍、非京籍家庭，子女都可在租住区就近入学；租房合同期内不许随意涨租金；租金最好按月收取；出租期间不得采取暴力、威胁或其他强制方式驱逐承租人，未经承租人同意不得擅自进入出租住房。
8月28日	国土部、住建部发布《利用集体建设用地建设租赁住房试点方案》	确定第一批在北京、上海、沈阳、南京、杭州、合肥、厦门、郑州、武汉、广州、佛山、肇庆、成都等13个城市开展利用集体建设用地建设租赁住房试点。
9月20日	北京市住建委会同有关部门联合发布《北京市共有产权住房管理暂行办法》	办法中规定，申请购买北京市共有产权住房的家庭，应符合：“申请家庭成员包括夫妻双方及未成年子女。单身家庭申请购买的，申请人应当年满30周岁；符合北京市住房限购条件且家庭成员在北京市均无住房。”办法规定，一个家庭只能购买一套共有产权住房。此外，共有产权住房属于产权类住房，在落户、入学上和购买其他普通商品住房政策一致。
9月29日	《北京城市总体规划（2016年-2035年）》发布	规划提出，未来五年新供应各类住房150万套以上。其中，产权类住房约占70%，租赁类约30%。产权类住房中，商品住房约占70%，保障性住房约占30%。商品住房中，共有产权住房、中小套型普通商品住房约占70%。共有产权住房中，70%面向本市户籍人口，30%面向非京籍人口。同时明确提出北京定位为全国政治中心、文化中心、国际交往中心、科技创新中心
9月29日	北京多部门发布《关于加快发展和规范本市住房租赁市场的通知》	内容涵盖子女入学、户口登记、住房租赁监管平台等等。

（续表 1）

时间	政策/事件	重点内容
9 月 30 日	《北京市共有产权住房管理暂行办法》正式实施	购房人需要转让共有产权房时，可向原分配区住房城乡建设委（房管局）提交转让申请，明确转让价格。同等价格条件下，代持机构可优先购买。代持机构放弃优先购买权的，购房人可在代持机构建立的网络服务平台发布转让所购房屋产权份额信息，转让对象应为其他符合共有产权住房购买条件的家庭。新购房人获得房屋产权性质仍为"共有产权住房"，所占房屋产权份额比例不变。
10 月 31 日	北京市住房城乡建设委会同市发展改革委、市教委、市公安局等多部门联合起草的《关于加快发展和规范管理本市住房租赁市场的通知》正式实施	从强化住房租赁管理服务、增加租赁住房供应，建立住房租赁监管平台、提供便捷公共服务，明确住房租赁行为规范、维护当事人合法权益，加强市场主体监管、提升住房租赁服务水平等四个方面提出加快发展和规范管理北京市住房租赁市场的具体措施和要求。监管和服务平台同步上线。
11 月 16 日	北京发布《关于进一步加强利用集体土地建设租赁住房工作的有关意见》	计划明确，今后五年，北京将继续加大租赁住房供应，计划供地 1300 公顷，建设租赁住房 50 万套
12 月 20 日	北京市住建委发布《关于对〈关于规范存量房交易服务平台网签工作的通知（征求意见稿）〉公开征求意见的公告》	要求只要是本市行政区域内国有土地上的房屋进入二手交易，都需要通过存量房交易服务平台进行买卖合同的签约。

资料来源：中国指数研究院整理分析

a）北京出台"3·17 系列新政"为楼市降温，带动全国市场调控加码

3 月 17 日，北京市住建委、市规划国土委、市住房公积金中心、市银监局、人民银行营业管理部联合举行新闻发布会，《关于完善商品住房销售和差别化信贷政策的通知》出台，北京楼市调控进一步升级。

表 2　北京"3·17"新政

	首付比例、利率折扣				贷款年限
	购买普通住宅		购买非普通住宅		
套数	最低首付比例	最低利率折扣	最低首付比例	最低利率折扣	
首套	35%	0.9	40%	0.9	25 年
二套	60%	1.1	80%	1.1	

资料来源：中国指数研究院整理分析

认房又认贷、二套房首付比例上调 10%；首套、二套均暂停发放贷款期限 25 年（不含 25 年）以上的个人住房贷款（含公积金贷款）。16 家银行降低首套房贷优惠力度、非京籍购房需连缴个税 60 个月、开发商必须按报价明码销售、离婚 1 年内申请房贷按二套执行、商办项目不得作为居住使用、禁止中小学与房地产商合作办学等等政策组成调控组合拳，严厉程度超市场预期。18 天 10 项政策带动北京新房及二手房市场明显降温。短期来看，新政在强力遏制非居住需求的同时，对改善型需求置业者会造成误伤，但长期来看，市场稳定，房价回归理性，对改善型需求置业者也是利好。

北京作为首都，其房地产市场与政策具有一定的标杆作用，受此次系列新政出台的影响，部分城市特别是环京地区城市跟随出台相关政策，进而影响区域及全国市场。

b)《北京城市总体规划（2016 年－2035 年）》正式公布

此次规划强调了北京作为首都，“政治中心、文化中心、国际交往中心和科技创新中心”的四个中心定位，同时划定了北京的城市发展新目标——“要立足北京实际，突出中国特色，按照国际一流标准，坚持以人民为中心，建设国际一流的和谐宜居之都”，并从创新、协调、绿色、开放、共享五个方面建立了 42 条指标组成的评价指标体系。新版北京总规“注重长远发展，注重减量集约，注重生态保护，注重多规合一”，符合北京市实际情况和发展要求，对于促进首都全面协调可持续发展具有重要意义。

全域空间管制。划定城市开发边界和生态控制线，将市域空间划分为集中建设区、限制建设区和生态控制区，实现两线三区的全域空间管制；永久性城市开发边界范围原则上不超过市域面积的 20%；生态空间只增不减、土地开发强度只降不升；加强城乡统筹，把握好新市镇、特色小镇、小城镇三种形态的新型城镇建设。

完善购租并举的住房体系。增加共有产权住房与中小套型普通商品住房供应；研究扩大租赁住房赋权，公共租赁住房向非京籍人口放开；未来五年新供应各类住房 150 万套以上。其中，产权类住房约占 70%，租赁类约 30%。产权类住房中，商品住房约占 70%，保障性住房约占 30%。商品住房中，共有产权住房、中小套型普通商品住房约占 70%。共有产权住房中，70% 面向本市户籍人口，30% 面向非京籍人口；到 2020 年全市城乡职住用地比例由 2015 年的 1∶1.3 调整为 1∶1.5 以上，到 2035 年调整为 1∶2 以上；优化就业岗位分布，缩短通勤时间，创新职住对接机制，推进职住平衡发展。

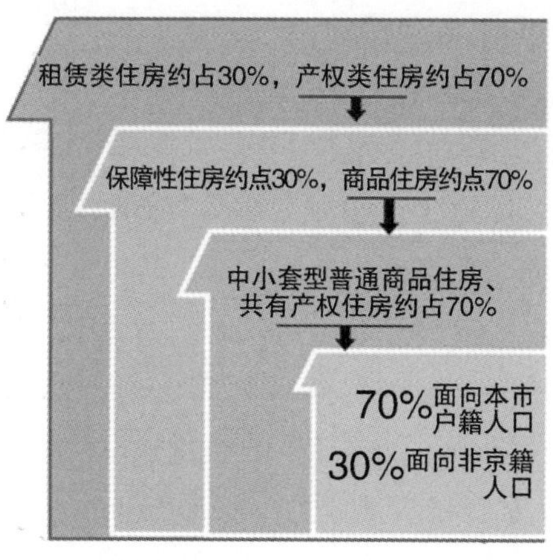

图 1　租购并举的住房供应体系

c）住房租赁新政出台，租购并举更进一步

北京市住建委、市发改委等部门8月17日联合发布了《关于加快发展和规范管理本市住房租赁市场的通知》征求意见稿。《通知》主要从强化住房租赁管理服务、增加租赁住房供应，建立住房租赁监管平台、提供便捷公共服务，明确住房租赁行为规范、维护当事人合法权益，加强市场主体监管、提升住房租赁服务水平等四个方面提出加快发展和规范管理本市住房租赁市场的具体措施和要求。

明确租赁用地来源，改善住房供求关系。此次政策明确提出要加强租赁住房用地保障，通过在产业园区、集体建设用地上按规划建设租赁住房等方式加大租赁住房供应。政策同时提出，新建租赁住房优先面向产业园区、周边就业人员出租，促进职住平衡，未来租赁用地得到有效保障。而低成本、大规模的租赁用地的供应以及相关权益的附着也将更好地引导人员向这些区域集中，更好地优化北京城市发展功能。通过大量低成本用地的供应，也会更有效地保障北京市自住需求，缓解市场紧张的供求关系。

赋予承租人更多权益，京籍无房人员上学、落户更有保障。购租并举的住房制度中，保障承租人权益享有更多均等化城市服务成为要点，这次新政有切切实实的新举措，先从保障北京户籍承租人开始。集体户口租公租房和直管公房的，可以落户。此前集体户口必须买房才能落户，在当前供需矛盾突出的背景下，租公租房也可落户显然是集体户口大利好，解决了未来孩子上学等问题。同时租房可落户也将使一部分集体户口的购房需求延期，缓解市场供求压力。

规范租赁行为，双方权益共保，长租或将成为主流。目前住房租赁市场多以一年以内的短租合约为主，这是由于租赁双方权利不对等，特别是出租人强势，短约有利于出租人涨价、毁约等。而这次北京租赁新政对双方权利义务都有了约束。可以说，对于租赁双方的权益保障特别是对于承租人的大力度保护让承租人考虑长期租赁有了坚实基础。最后，政策还鼓励签订长期住房租赁合同，当事人签订3年以上住房租赁合同且实际履行的，可以获得相关政策支持。这是长期租赁的直接政策支持。在这一系列的政策利好下，长期租赁将成为租赁市场的重要组成。

搭建政府平台有效监管交易，住房租赁信用体系或将成形。通过搭建住房租赁监管平台，承担起对网络交易平台及租赁交易服务的监管责任，进一步规范市场。未来住房租赁信用体系或将成形，一方面，这将促使各中介平台将更正规更规范，再也不用担心黑中介、黑房东了；另一方面，也将促使承租人在租赁过程中也注重不损害出租人权益。同时住房租赁监管平台也将联通各部门实现数据共享，方便了租赁各方市场主体各项相关业务办理。

北京作为首都城市，其政策对全国未来的发展格局均有重大的影响，此次租赁政策从保障供应规模的增加，赋予租赁更多权益两个方面着手，能够从一定程度上缓解原本只能通过购房解决权益保障问题的迫切需求，从而更好地引导合理的住房消费预期，促进市场健康发展。

二、市场分析：成交量显著下滑，价格稳中有升

1. 商品房市场：价格继续稳步增长，供求基本平衡

2017年，北京商品房销售均价继续稳步增长，创历史新高，均价达31019元/平方米，较2016年涨幅达10.3%，增速逐渐收窄；住宅市场价格稳步增长，均价为36550元/平方米，突破历史高位，涨幅达18.2%。供应方面，新批上市面积自2014年创历史高位之后开始连续三年持续下降，加之销售面积受限购影响同比降

幅显著，商品房销供比为 0.94，住宅销供比 0.90，整体市场供求关系明显改善。

a）价格：商品房价格继续稳步增长，突破 3 万元/平方米

北京商品房销售均价增至 31019 元/平方米，同比涨幅收窄。2017 年，北京商品房销售均价为 31019 元/平方米，同比涨幅 10.3%，单价首次突破 3 万元大关。与全国商品房销售均价相比，北京商品房价格涨幅明显。

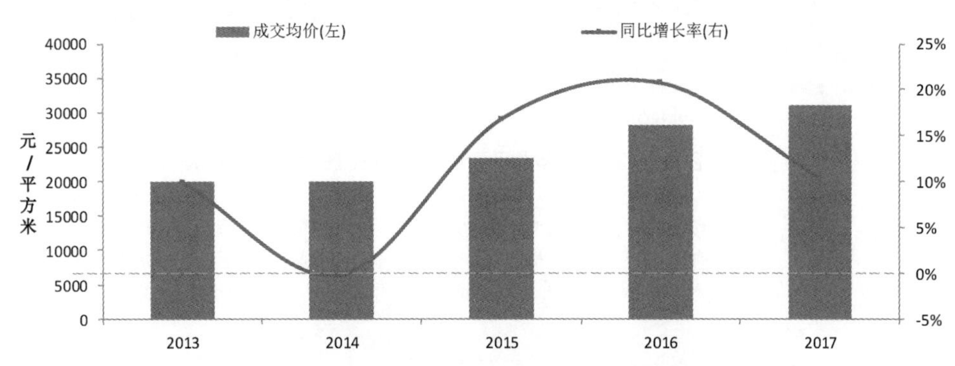

图 2　2013-2017 年北京市商品房销售均价

数据来源：CREIS 中指数据，fdc.fang.com

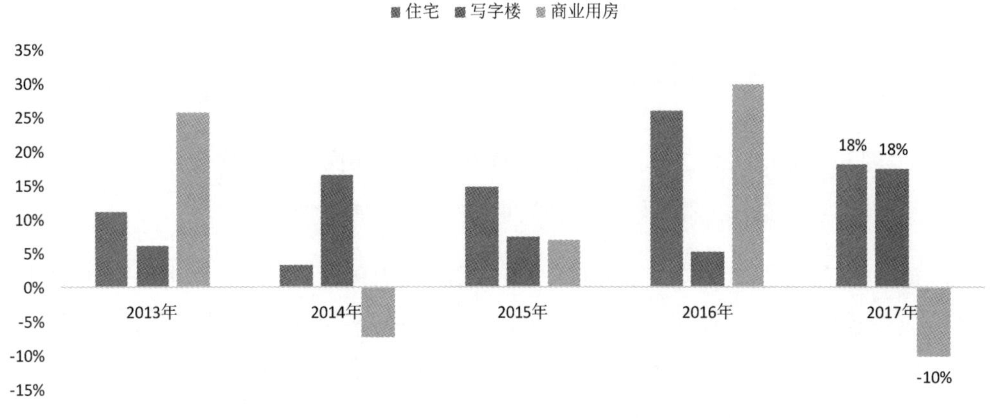

图 3　2013-2017 年北京市不同物业销售均价增速

数据来源：CREIS 中指数据，fdc.fang.com

住宅及写字楼均呈上涨态势，商业价格回落。分物业看，2017 年北京市住宅及写字楼销售继续上涨，其中，住宅销售均价 36550 元/平方米，突破历史高位，涨幅达 18.2%；写字楼销售均价 35222 元/平方米，达历史高位，上涨 17.6%。商业用房销售均价小幅回落至 28075 元/平方米，下降 10.1%。北京市场在政策高压下，需求依然坚挺，成交均价稳中有升。

b）需求：商品房及住宅销售额均大幅回落

商品房市场及住宅市场均降温，成交面积腰斩。2017 年，北京市共成交商品房 979.7 万平方米，销售金额 3039.0 亿元，同比分别下降 50.0%、44.8%。其中，住宅销售面积和金额分别为 544.1 万平方米和 1988.6 亿元，同比分别下降 44.0%、33.9%。2017 年，金融环境不断收紧，利率信贷持续上浮，加之限购限贷密集调控，致使北京房地产市场快速降温，商品房成交面积及金额大幅回落。

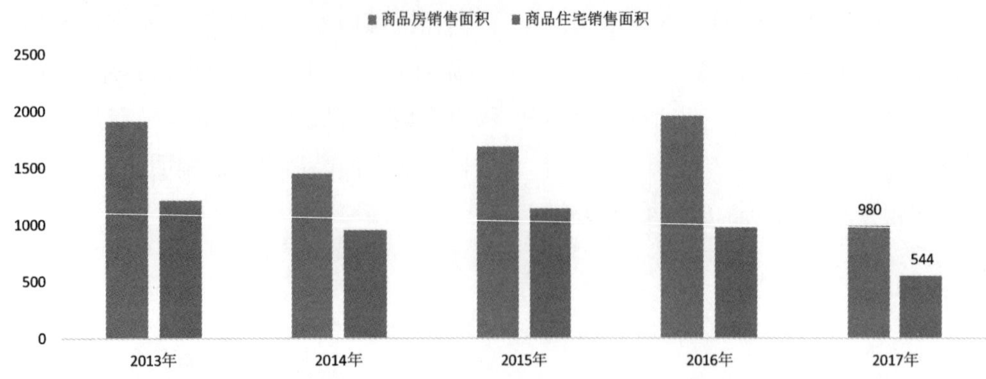

图 4　2013-2017 年北京市商品房及住宅销售面积

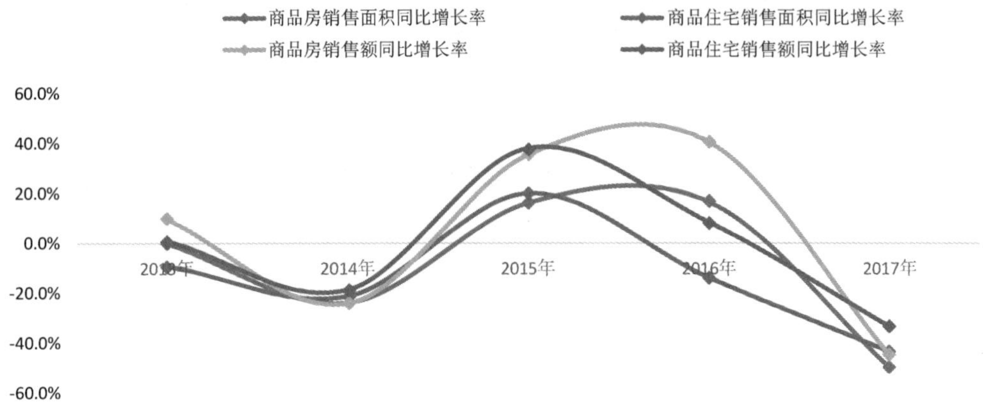

图 5　2013-2017 年北京市商品房和住宅销售面积及销售金额增速

数据来源：CREIS 中指数据，fdc.fang.com

c）供给：新批上市面积持续下降，降幅 42.1%

商品房供应量连续三年持续下降，同比下滑 42.1%。2017 年，北京市商品房新批上市面积 1037.9 万平方米，新批上市面积自 2014 年创历史新高之后，开始逐步下降，同比下降 42.1%，供应量处中低位运行。

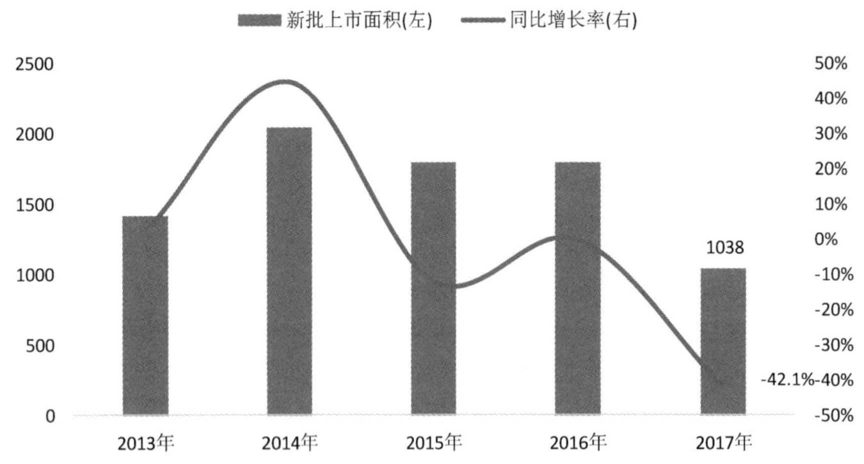

图 6　2013-2017 年北京市商品房新批准上市面积

数据来源：CREIS 中指数据，fdc.fang.com

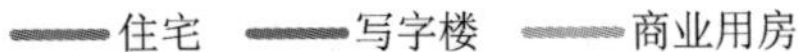

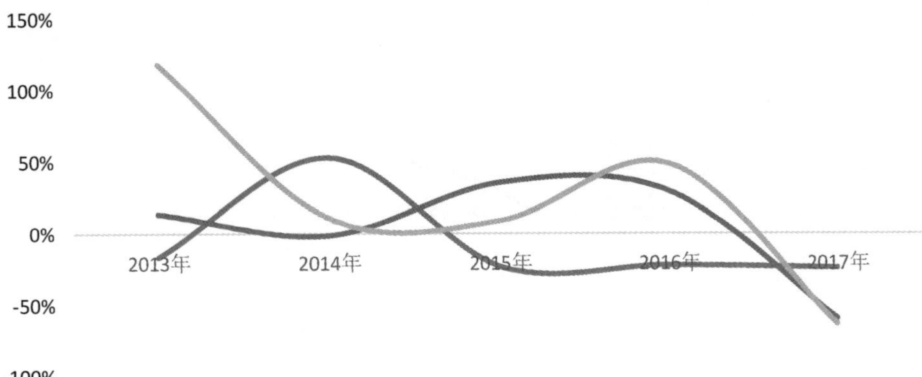

图 7　2013-2017 年北京市不同物业新批上市面积增速

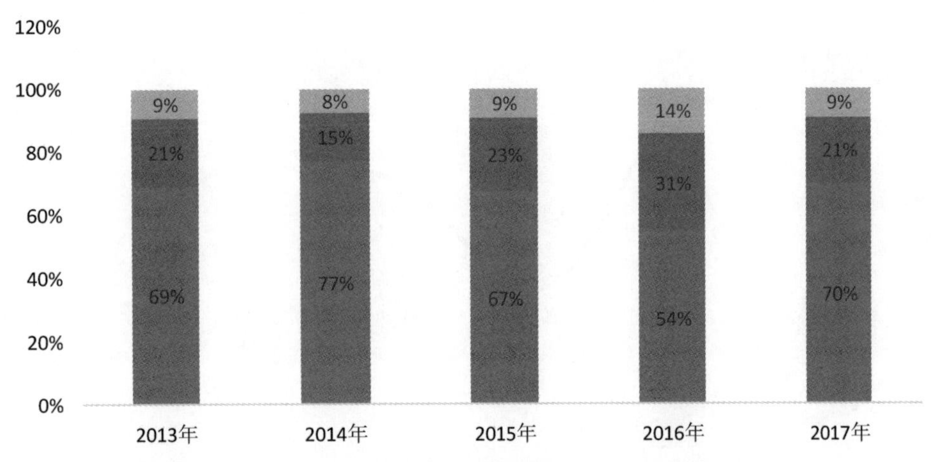

图 8　2013-2017 年北京市不同物业新批上市面积占比

数据来源：CREIS 中指数据，fdc.fang.com

住宅、写字楼及商业用房新批上市面积同比均呈现负增长。分物业看，2017 年北京住宅新批上市面积 604.8 万平方米，同比下降 23.9%；写字楼、商业用房新批上市面积分别为 184.4 万平方米、77.8 万平方米，同比分别下降 59.9%和 63.4%。从占比看，写字楼、商业用房占比分别为 21%、9%，相比 2016 年分别减少 10 和 5 个百分点，住宅新批上市面积占比为 70%，相比 2016 年增加 16 个百分点。

d）供求对比：商品房供求基本平衡，销供比为 0.94

商品房供销两端均下降，销供比基本平衡。2017 年，北京市商品房新批上市面积与销售面积相差 58.2 万平方米，销供比为 0.94，市场供求基本处于平衡态势。2017 年北京密集出台调控新政，抑房价、稳市场成为全年主题，随着需求端的不断受限，市场供求关系有效缓解。

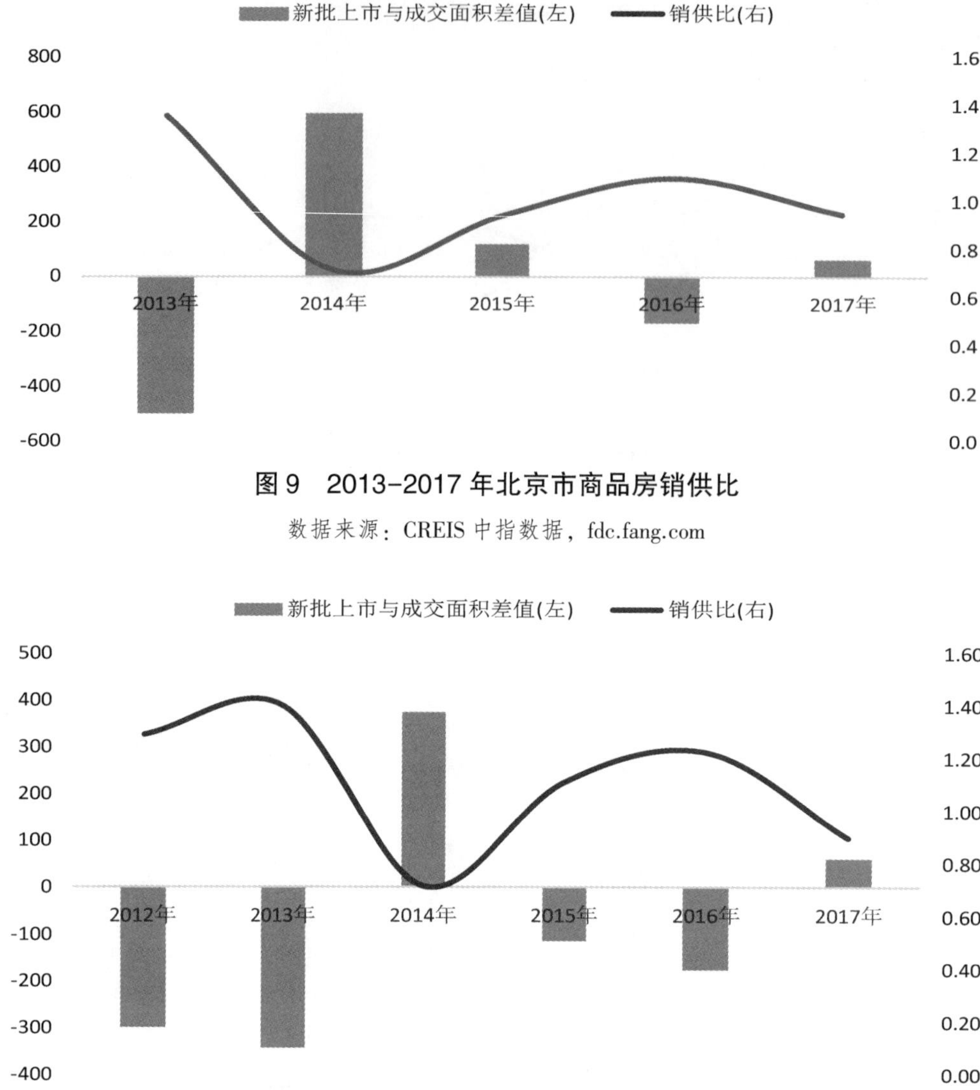

图 9　2013-2017 年北京市商品房销供比

数据来源：CREIS 中指数据，fdc.fang.com

图 10　2013-2017 年北京市住宅销供比

数据来源：CREIS 中指数据，fdc.fang.com

住宅成交量低于供应量，市场呈现供大于求态势。2017 年，北京为抑制房价上涨过快，平稳市场预期，密集出台一系列房地产相关调控政策，短期内投资投机需求退场，整体市场成交量显著下降，住宅销供比为 0.90，市场趋于供大于求态势。

2. 住宅市场：北京市场成交同比“量跌价升”

2017 年，北京上半年密集出台多项调控政策，限购限贷有效清退投资投机需求，促使房价滞涨稳企，另一方面，加速推进房地产长效机制，推出共有产权房，发展租赁市场，全面保障刚需入市，促进住房回归真正的居住属性。其中，北京新建商品住宅均价整体稳中有升，二手房价格指数有所回落。需求方面，全年成交量仅 437.8 万平方米，同比下降 47.1 个百分点。120-200 平之间的改善户型成交占比上升，六环外区域成交占比最大。受供应增加影响，整体销供比降至 0.9，市场供求呈现供大于求态势。

a）全市总体：整体市场“量跌价升”，高价位项目成交占比提升

i. 价格：调控高压下，住宅价格稳中有升

调控升级加码，住宅成交均价稳中有升。2017 年，北京商品住宅均价（含保障房）为 36550 元/平方米，较上年上涨 18.2 个百分点。自 2016 年“9・30 新政”落地后，受政策收紧影响，价格开始回落，2017 年春节过后，调控升级加码，促使部分需求提前释放，房价回升势头明显，但随着金融环境紧缩，信贷利率提高，需求有效被抑制，北京商品住宅均价（含保障房）涨幅逐渐收窄，未来将保持相对平稳的态势。

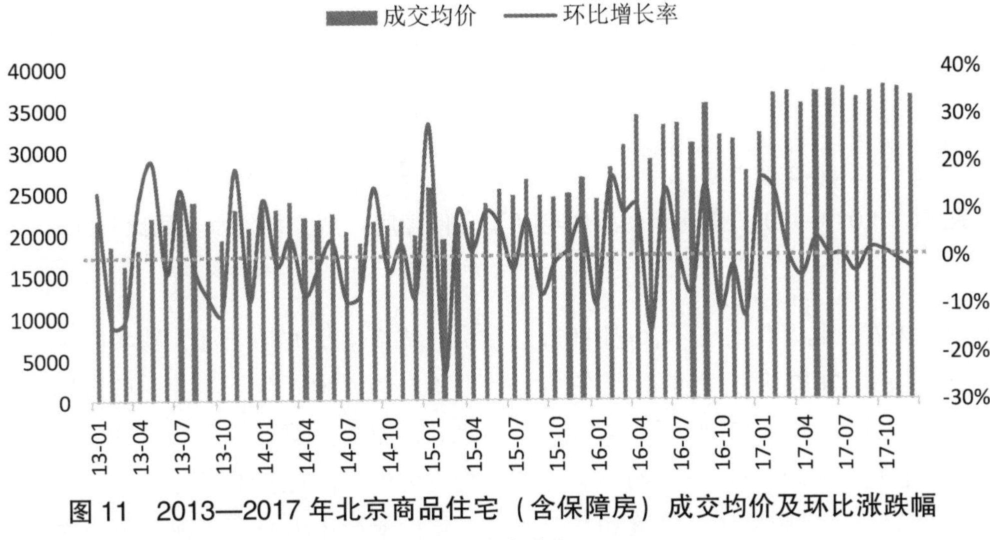

图 11　2013—2017 年北京商品住宅（含保障房）成交均价及环比涨跌幅

数据来源：CREIS 中指数据，fdc.fang.com

从价格指数来看，新房以稳为主，二手房有所回落。2017 年，北京新房价格指数从 1 月份的 4409 点涨至 12 月的 4539 点，增幅 2.9 个百分点。二手房价格指数自 4 月份达到最高值 8643 点后开始逐渐回落至 12 月份的 8202 点，降幅 5.1 个百分点。随着调控升级加码，北京房地产市场快速降温，新房价格滞涨的同时，二手房价格缓慢回落，预计短期内调控效应还将持续。

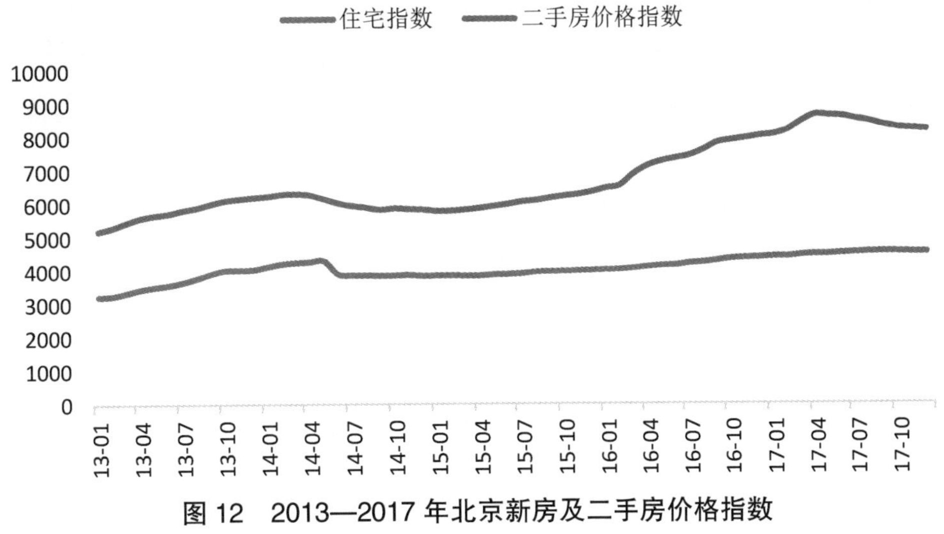

图 12　2013—2017 年北京新房及二手房价格指数

数据来源：CREIS 中指数据，fdc.fang.com

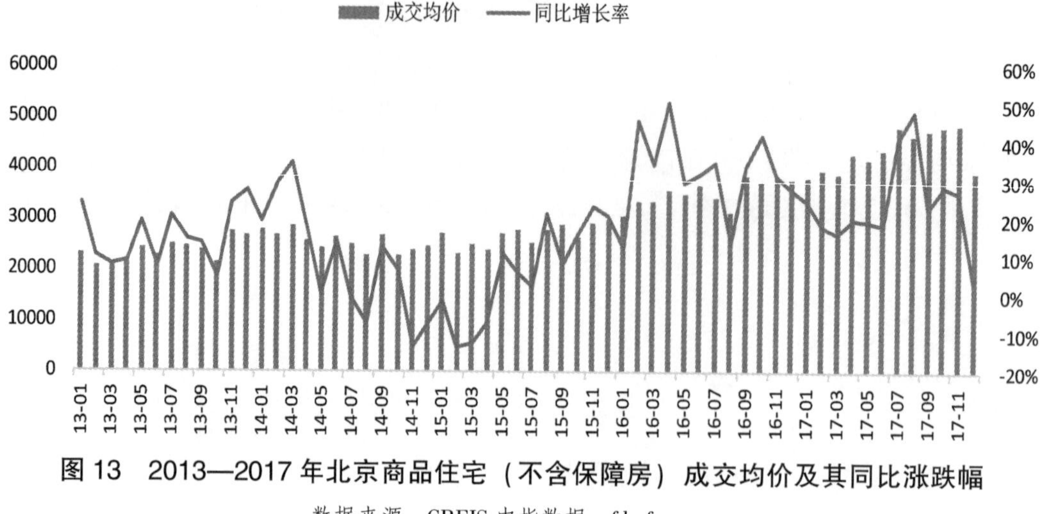

图 13　2013—2017 年北京商品住宅（不含保障房）成交均价及其同比涨跌幅

数据来源：CREIS 中指数据，fdc.fang.com

从成交价格来看，北京住宅（不含保障房）成交均价同比上涨。2017 年，北京商品住宅（不含保障房）成交均价为 42789 元/平方米，同比上涨 21.1%，比上年减少 9.2 个百分点。具体来看，2017 年以来，受限购限贷政策和共有产权房入市等影响，北京商品住宅（不含保障房）成交均价波动上涨，涨幅收窄，伴有部分回落之势。2017 年下半年，政府继续推进长效机制，加快推动租赁市场发展，促使置业者改变购房预期，北京商品住宅（不含保障房）成交均价上行压力减缓，预计短期内北京商品住宅成交均价将逐步趋于平稳。

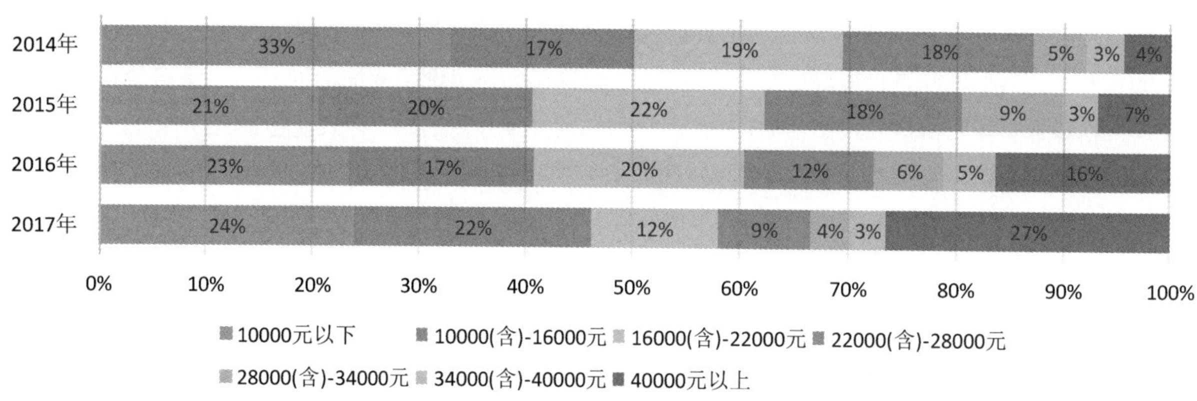

图 14　2014—2017 年北京商品住宅分价格段成交套数占比

数据来源：CREIS 中指数据，fdc.fang.com

按价格段来看，4 万元以上价格段为 2017 年市场成交主力。市场成交主力一改往年形势，40000 元/平方米的产品价格段较上年大幅上升 11 个百分点；而 10000-16000 元/平方米则增加 5 个百分点至 22%。一方面由于北京住宅整体价格已处高位，加之改善型需求较多，高价位成交套数占比逐步扩大，市场偏向豪宅化、高端化；另一方面，北京住宅随着土地推出逐渐向郊区化发展，2017 年在售楼盘部分位于密云、延庆、平谷等远郊区，中低价位段成交套数占比有所提升。

ii. 需求：受政策面调控影响，全年成交量整体回落近半

受政策调控影响，全年成交量回落近半，较上年减少 47.1%。2017 年，市场受限购限贷调控影响，投资投机需求被有效抑制，住房回归居住属性，北京房地产市场降温显著，月均成交同比呈现下降趋势，月平均成交 36 万平方米，全年成交量仅 437.8 万平方米，同比下降 47.1 个百分点。分月份来看，开局楼市明显降温，“金三银四”市场成交逐步走高，但调控不断升级加码，“金九银十”热度不再，成交倍感乏力，年底开发商为冲刺年终业绩加大推盘力度，以及预售证获取环境有所改善，促使供应量增加，年末翘尾行情显现。

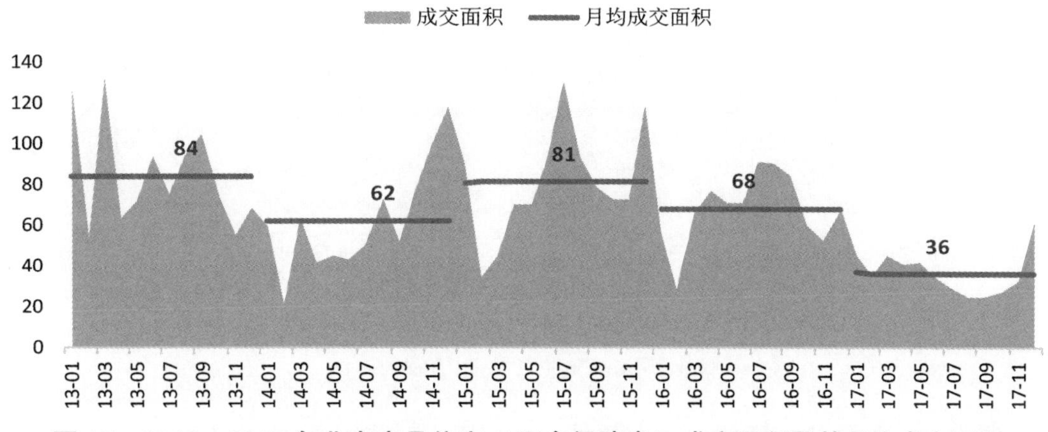

图 15　2013—2017 年北京商品住宅（不含保障房）成交面积及其月均成交面积

数据来源：CREIS 中指数据，fdc.fang.com

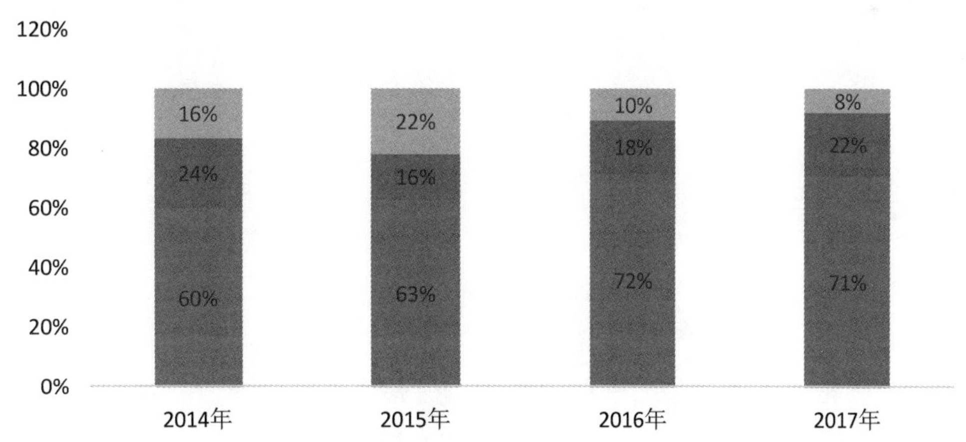

图 16　2014—2017 年北京商品住宅成交情况占比细分

数据来源：CREIS 中指数据，fdc.fang.com

2017 年保障房项目成交占比上年上升 4 个百分点。2017 年北京市棚户区改造任务总共 128 个项目，计划改造 3.6 万户，定向安置房等保障房项目需求增加，全年成交占比上升 4 个百分点。

iii. 供应：新增供应量创近年来新低

2017 年 12 月新增供应量高位回升。2017 年，北京商品住宅月均新批上市面积 40 万平方米，较 2016 年均值相比下降 25.9%，创近年来新低。单月来看，3 月新增供应量最小，仅为 11.08 万平方米，之后波动上升，并于 12 月达到全年新增供应峰值，新批上市 104.9 万平方米。伴随着年末房企冲刺年终业绩，以及预售证获取环境有所改善，12 月份供应量大幅增加。

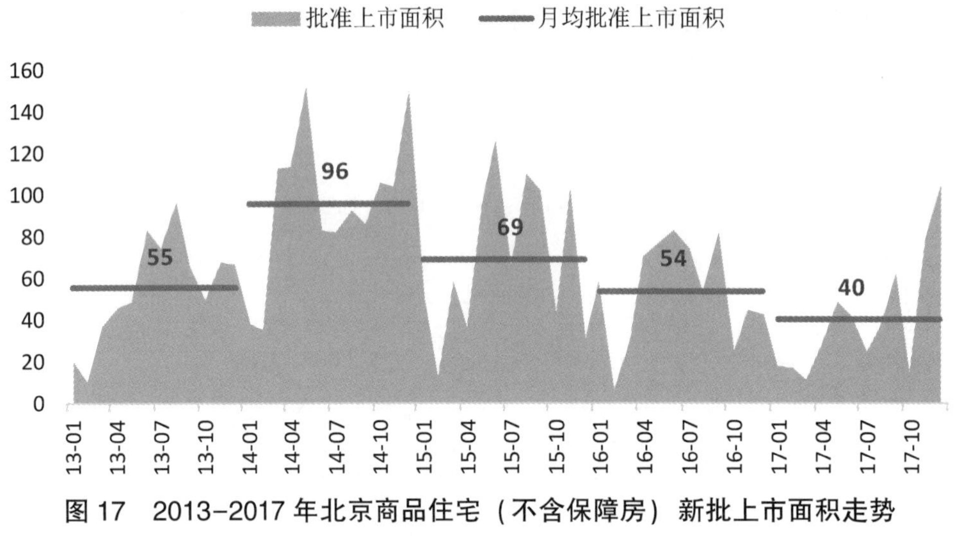

图 17　2013-2017 年北京商品住宅（不含保障房）新批上市面积走势

数据来源：CREIS 中指数据，fdc.fang.com

iv. 供需对比：总体成交下滑，库存持续下降

商品住宅成交量下滑，销供比降至 0.9，市场呈现供大于求。2017 年，北京商品住宅（含保障房）共计成交 544.1 万平方米，较 2016 年 972.4 万平方米下降 44.0%，商品住宅供应面积 604.8 万平方米，比 2016 年减少 23.9%。销供比下降至 0.9，市场呈现供大于求。

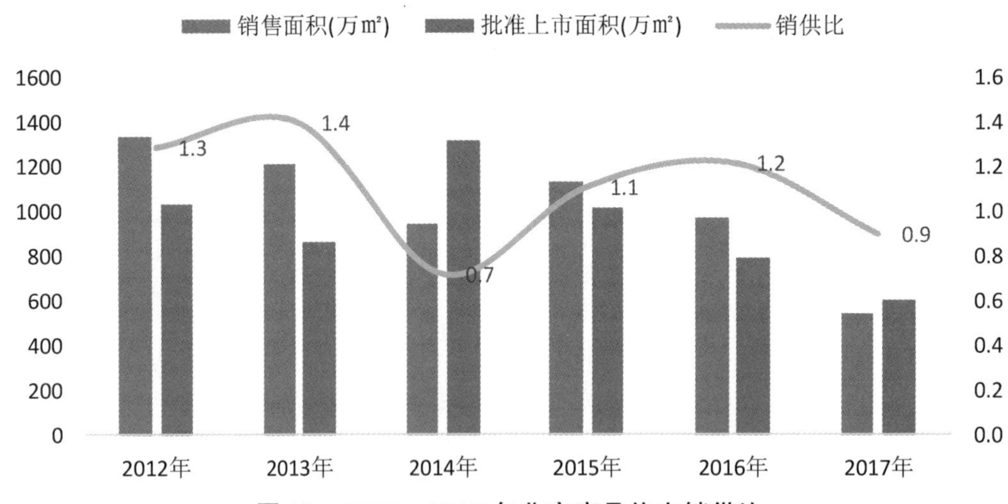

图 18　2012—2017 年北京商品住宅销供比

数据来源：CREIS 中指数据，fdc.fang.com

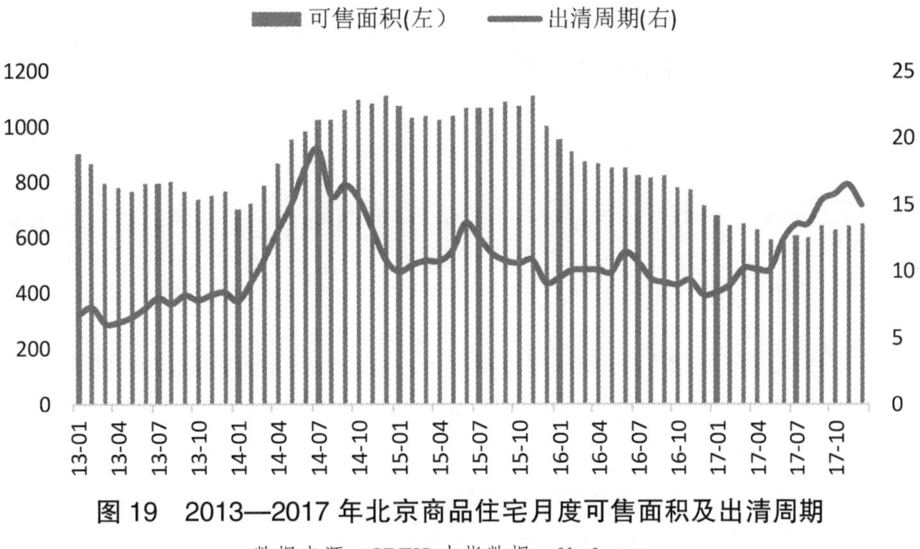

图 19　2013—2017 年北京商品住宅月度可售面积及出清周期

数据来源：CREIS 中指数据，fdc.fang.com

库存量持续下降，出清周期升至 15 个月。2017 年，北京住宅市场可售面积持续下降，为 646.6 万平方米，同比下降 9.8%。在 2017 年供销两端均减少的背景下，出清周期于年内持续回升，截至 12 月出清周期升至 15 个月。

b）产品形态：改善型产品占比持续提升

i. 价格：四环至六环之间成交均价同比涨幅最大，均超 25%

除三四环之间区域，其余环线区域成交均价同比均上涨。2017 年，除三四环之间均价下跌外，其余环线区域价格均上涨，其中二三环之间受高端别墅集中供应影响，成交均价上涨至 90771 元/平方米，同比增幅 22.4%；四五环之间以及五六环之间涨幅均超 25%，分别达 69704 元/平方米、46364 元/平方米；六环外成交均价同比增幅 21.0%，为 28086 元/平方米；二环内成交均价同比涨幅最小，为 15.4%。

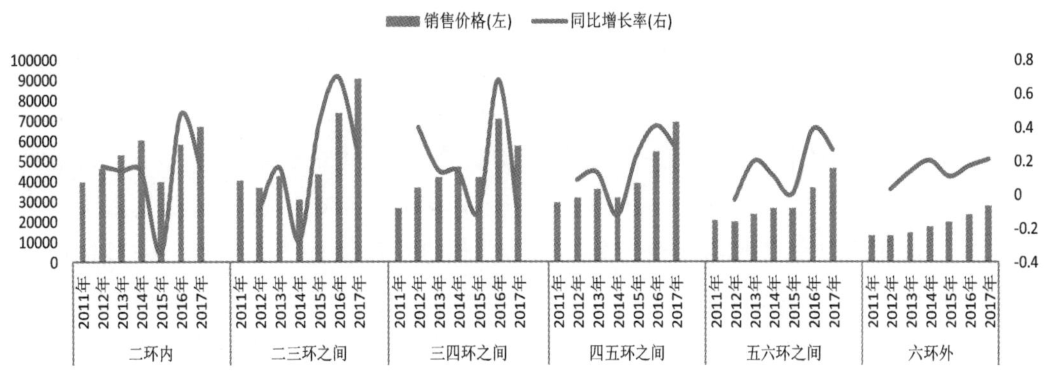

图 20　2012-2017 北京商品住宅分环线成交均价及其增速

数据来源：CREIS 中指数据，fdc.fang.com

ii. 需求：120-200 平方米成交占比上升，成交结构以改善型产品为主

按面积段来看，改善型产品成交量持续增加，120-200 平方米户型段较上年上升 7 个百分点，而 200-300 平方米户型段成交占比持续提升。全面二孩政策使不少购房者偏向大户型产

品，从房企开发成本来看，地价的持续攀升大大增加了房企的开发成本，出于逐利的考虑，改善型产品成交占比仍在增长。

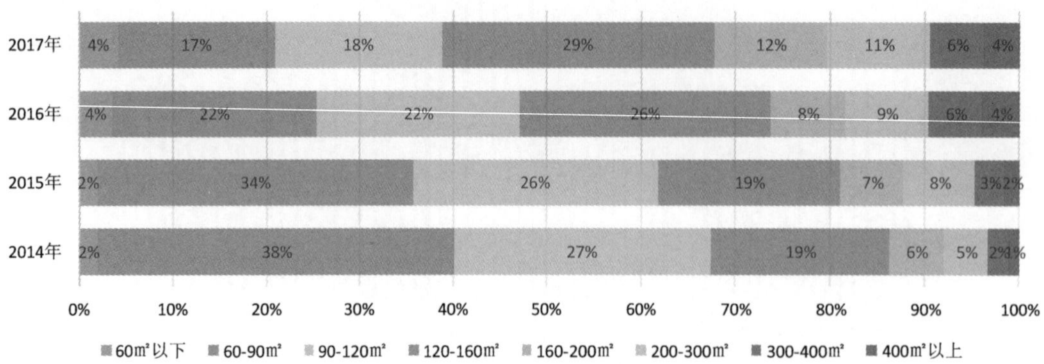

图 21　2014-2017 年北京商品住宅分户型成交套数占比

数据来源：CREIS 中指数据，fdc.fang.com

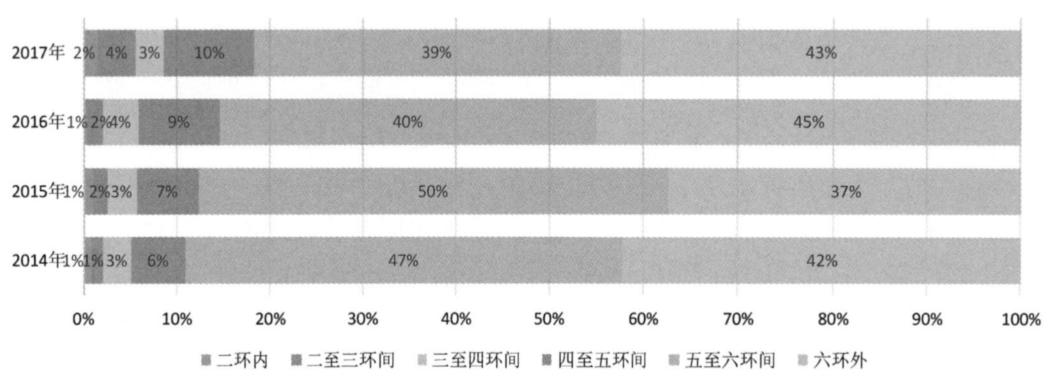

图 22　2014-2017 年北京商品住宅分环线成交面积占比

数据来源：CREIS 中指数据，fdc.fang.com

五环外仍为主要成交区域，六环外区域成交占比最大。2017 年，北京五环内区域商品住宅成交占比小幅增长，总体较上年增加 3 个百分点；五环外仍为主要成交区域，五六环之间成交占比达 39%，六环外成交占比达 43%；分环线看，六环外住宅成交占比最大。

iii. 供给：供应面积整体下降，主要集中在京西北区域

2017 年，多数区域供应面积下降，仅朝阳、昌平、顺义区超 50 万平方米。其中，朝阳区以高精尖经济带连接了 CBD、奥林匹克公园核心区、中关村朝阳园、大望京科技商务创新区等重点功能区，为世界 500 强企业提供顶级的办公环境和配套设施，轨道交通“四通八达”，成为住房需求最大的区域之一。昌平区近些年吸引了众多品牌房企进驻，主要是由于其突出的区位优势及环境优势，昌平未来科技城等产业园区的布局，将带来巨大的潜在需求，而中关村-上地新兴产业聚集区的逐渐成熟，也提升了区域板块价值。顺义区为助力城市副中心建设将陆续实施 7 条轨道交通和 11 条城市道路建设，努力打造便捷、高效的综合交通路网，构建 30 分钟交通圈，带动区域产业升级，促进区域经济发展，未来将吸引更多的人到此置业。

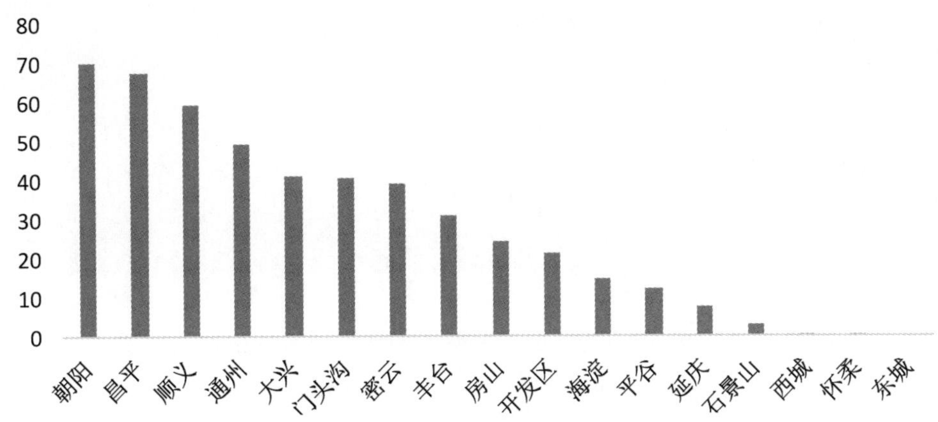

图 23　2017 年北京各区住宅新批上市面积

数据来源：CREIS 中指数据，fdc.fang.com

iv. 供求对比：各环线区域销供比整体呈现供大于求

各环线区域整体呈现供大于求。2017 年，北京市各环线区域供求关系整体呈现供大于求，总体销供比均值为 0.9。具体来看，除五六环之间销供比达到 0.7，其他环线区域均为供不应求的状态，其中二环内区域最为突出，销供比达到 16.4。

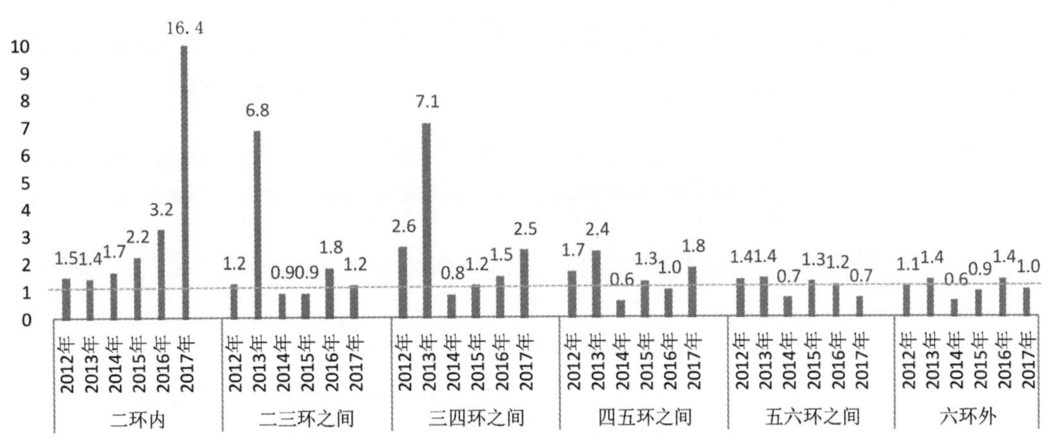

图 24　2012-2017 年北京商品住宅分环线销供比

数据来源：CREIS 中指数据，fdc.fang.com

c）重点区域：昌平区域供应及需求两端占比均名列前茅

i. 价格：多数区域商品住宅成交均价同比上涨，延庆领涨

多数区域商品住宅成交均价同比上涨，延庆领涨。2017 年，北京市各区域仅东城、朝阳、石景山、顺义成交均价有所下滑，其余均上涨，其中延庆同比领涨，涨幅达 248%；昌平、开发区同比涨幅分别为 69%、55%，位居第二、第三。

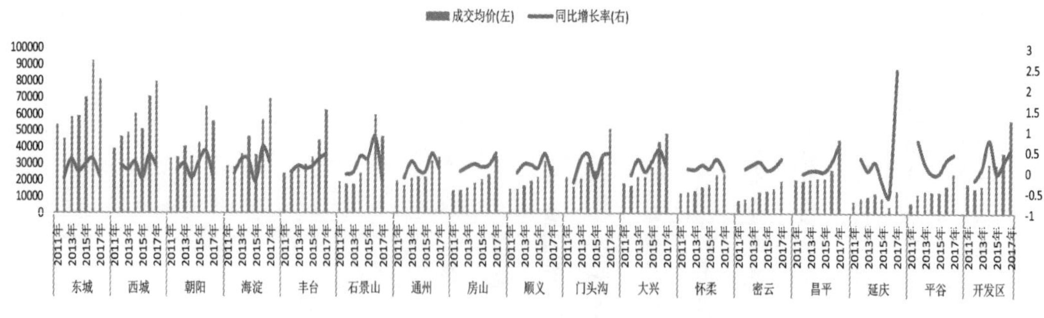

图 25　2012-2017 年北京各区域商品住宅成交均价及其增速

数据来源：CREIS 中指数据，fdc.fang.com

ii. 需求：昌平、顺义成交面积占比位居前列

各区域中昌平成交量最大，占比 15.3%。从各区域成交占比来看，2017 年，北京楼市的热点板块郊区化趋势明显，其中昌平、顺义成交占比位居全市第一、第二位，商品住宅（不含保障房）分别成交 67.1 万平和 56.2 万平，占比分别达 15.3%、12.8%，其余区域成交占比均未达到 10%。与 2016 年相比，密云、昌平、延庆、顺义、丰台五个区域成交占比增幅均超 2 个百分点，房山受供应减少影响成交面积占比下降 5 个百分点，为 6.8%。

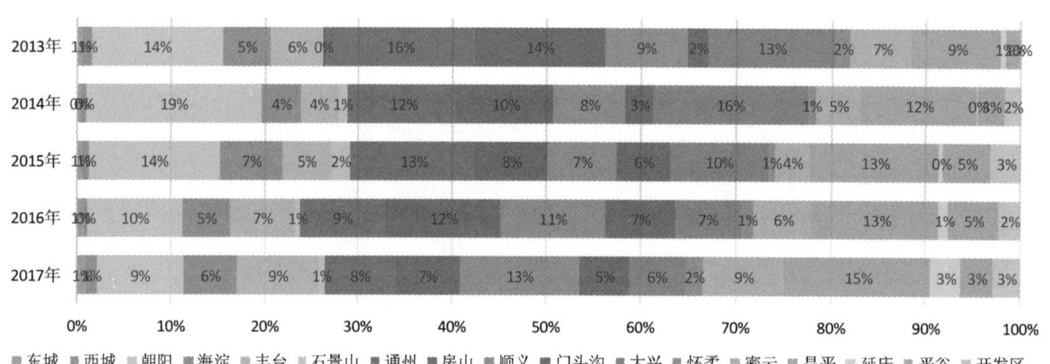

图 26　2013-2017 年北京商品住宅各区域成交面积占比

数据来源：CREIS 中指数据，fdc.fang.com

iii. 供给：朝阳、昌平供应量面积占比最大

朝阳、昌平供应量最大，占比分别达 14.6%、14.0%。2017 年，新批上市面积占比下降的区域有海淀、丰台、通州、房山、怀柔、昌平、平谷，与 2016 年相比，占比分别缩小 3.6%、2.0%、3.6%、9.9%、0.6%、1.9%、2.7%。其他区域占比有所提升，其中密云、朝阳供应面积占比提升明显，分别提升 5.5% 和 3.3%。2017 年，朝阳、昌平供应量最大，占比分别达 14.6%、14.0%。

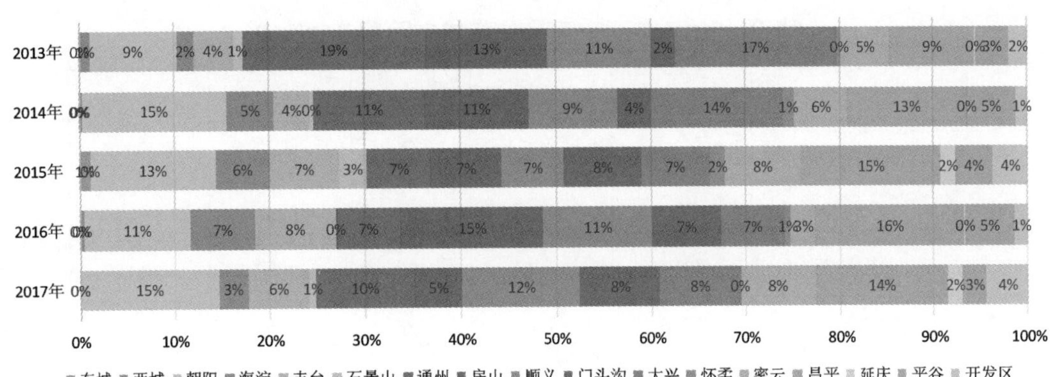

图 27　2013-2017 年北京商品住宅各区域新批上市面积占比

数据来源：CREIS 中指数据，fdc.fang.com

iv. 供求对比：多数区域供求关系缓解，西城、怀柔供不应求明显

2017 年，多数区域供求关系缓解，西城、怀柔供不应求明显。2017 年，石景山、密云、昌平区域供求基本平衡；朝阳、通州、顺义、门头沟、大兴、开发区 6 个区域销供比小于 1，市场呈现供大于求；其余区域均处于供不应求状态，其中西城区销供比由上年的 1.0 转变为 13.4，怀柔区销供比由上年的 2.6 转变为 372.41，销供比大幅激增，区域市场呈现供不应求态势，海淀、丰台、房山、延庆、平谷区域销供比值均位于 1.0-1.8 之间。

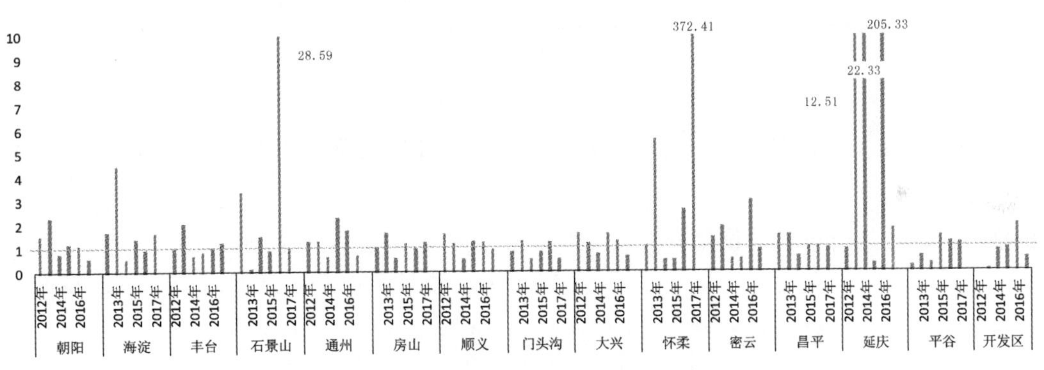

图 28　2012-2017 年北京商品住宅区域销供比

数据来源：CREIS 中指数据，fdc.fang.com

v. 热销项目：改善型产品为市场成交主力

热销项目以改善类户型为主。2017 年北京商品住宅十大热销项目共成交面积 65.1 万平（占全市商品住宅的 12%），成交金额约 325.7 亿元（占全市商品住宅的 16%），市场集中度较高，成交均价为 50029 元/平方米，套均总价 671 万元/套，套均面积 134 平方米，套均总价和套均面积均高于全市平均水平。分项目来看，热销面积前十大项目中改善型产品为市场成交主力，7 个项目的套均总价高于全市商品住宅水平，其中 4 个项目套均总价超过千万。

表3 2017年北京商品住宅成交面积TOP 10

排名	项目名称	成交金额（亿元）	成交面积（万平方米）	成交套数（套）	单价（元/平方米）	套均总价（万元/套）	套均面积（平方米/套）
1	北科建泰禾·丽春湖院子	55.4	9.2	327	60480	1695	280
2	泰禾·昌平拾景园	42.3	8.1	422	52043	1003	193
3	龙湖长城源著	17.6	8.0	1263	21953	139	63
4	天通苑	28.3	7.8	418	36373	678	186
5	城建万科城	16.5	6.5	778	25464	212	83
6	中国玺	53.3	6.1	344	87766	1548	176
7	亦庄·金茂悦	29.0	5.0	311	57439	931	162
8	景粼原著	40.7	5.0	268	81488	1517	186
9	天润·香墅湾1号	13.5	4.8	408	27874	330	119
10	首创·天阅西山	29.2	4.6	313	63359	933	147
前十名合计		325.7	65.1	4852	50029	671	134
全市		1988.6	544.1	46854	36550	424	116

数据来源：CREIS中指数据，fdc.fang.com（不含自住及保障房项目）

vi. 高端住宅①：北京市场成交同比“量跌价升”

➢价格：高端住宅价格整体稳中有升，平均单价同比上涨3%

2017年高端住宅价格整体持续稳中有升，平均单价同比上涨3%。

2017年随着市场降温，北京高端住宅价格整体持续稳中有升，全年单价最高的50个项目成交均价为8.7万元/平方米，较2016年上涨3%，涨幅缩减11个百分点，约为北京全市住宅成交均价的1.7倍。

① 高端住宅是指销售单价明显高出市场平均水平的项目，目前高端住宅的定义并没有统一的规定，大部分研究机构定义为均价在平均水平两倍以上的项目或定义为单价位于某临界值（如5万或6万）以上的项目。为方便数据的采集和前后一致性，本报告采用每季度成交均价前50名的项目做为高端项目（数据显示这些项目的成交均价约为同期全市平均水平的2倍以上，与相关机构定义相吻合），其中成交金额前10位项目为热销高端项目，下同。

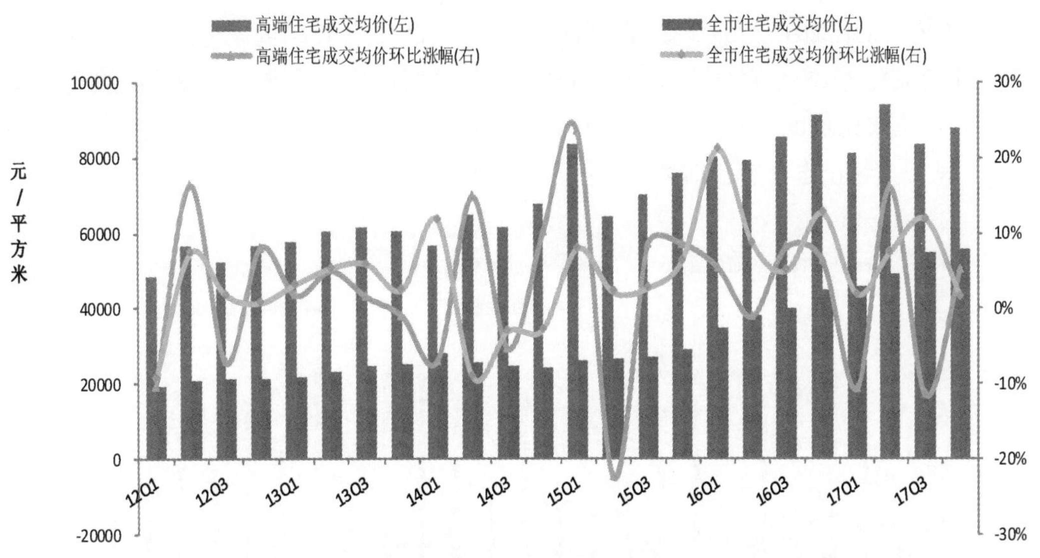

图 29　2012-2017 年北京商品住宅和高端住宅成交均价及其环比变化

数据来源：CREIS 中指数据，fdc.fang.com

分季度看，2017 年一季度，受金地华著项目集中备案影响，北京市单价最高的 50 个项目成交均价为 8.1 万元/平方米，同比 2016 年一季度上涨 1%，环比 2016 年四季度下降 11%，二季度，单价最高的 50 名项目的均价上涨至 9.4 万元/平方米，同比 2016 年二季度上涨 19%，环比上季度上涨 16%；三季度，调控持续加压，高端楼盘看涨预期改变，成交均价下降至 8.3 万元/平方米，同比下降 3%，环比下降 12%；四季度，企业冲刺年终业绩加快推盘节奏，单价最高的 50 名项目的均价达到 8.8 万元/平方米，同比下降 4%，环比上涨 5%。

➢ 成交：2017 年成交面积明显减少，仍占据全市比重的 20%

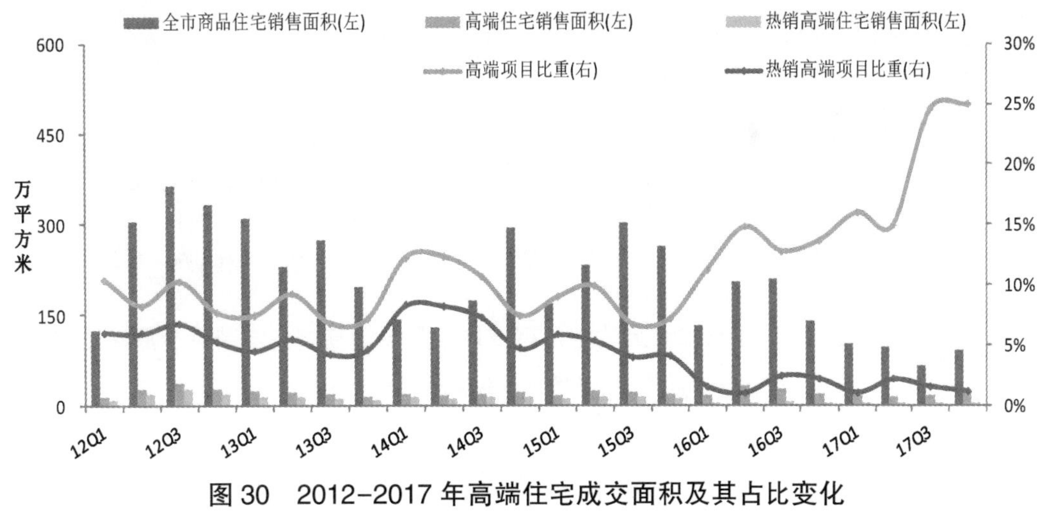

图 30　2012-2017 年高端住宅成交面积及其占比变化

数据来源：CREIS 中指数据，fdc.fang.com

高端住宅市场成交面积减少 24%，占全市比重的 20%。2017 年，北京市高端住宅成交面积为68万平方米，同比2016年减少24%，降幅低于全市整体商品住宅25个百分点；全年高端住宅成交面积占全市比重的20%，高于2016年7个百分点。从季度占比走势看，高端项目占全市商品住宅的比重波动上涨，主要因受楼市政策收紧影响，需求端受限致使成交量显著下降，但改善型需求不断增加，使高端住宅市场需求逐步扩大。

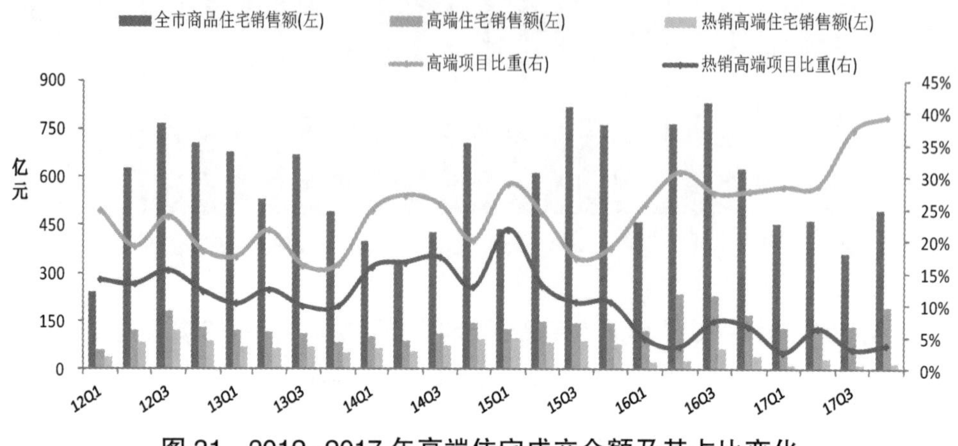

图31 2012-2017年高端住宅成交金额及其占比变化

数据来源：CREIS中指数据，fdc.fang.com

高端住宅成交金额显著下降，同比下降22%。2017年，北京高端住宅成交金额明显下降，仅590亿元，同比下降22%。全年高端住宅成交金额占全市比重的33%，季度占比呈现稳步增长趋势，四季度占比达全年最高至39%。

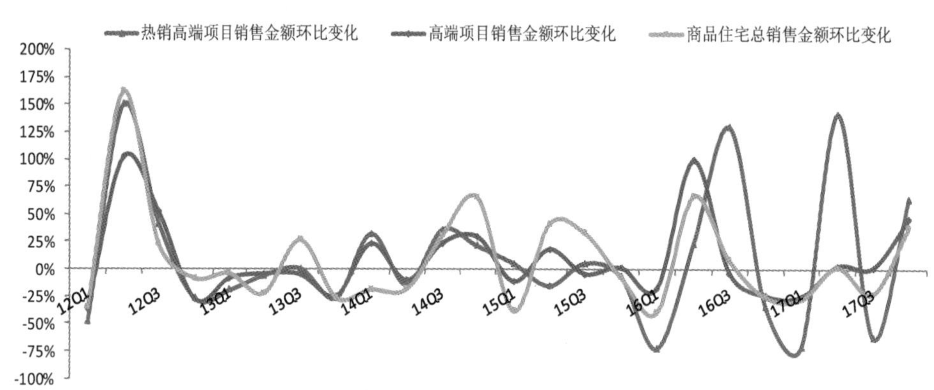

图32 2012-2017年北京市商品住宅、高端住宅及热销高端住宅销售金额环比变化

数据来源：CREIS中指数据，fdc.fang.com

2017年高端住宅成交金额环比下降22%。分季度来看，一季度高端项目成交金额环比下降25%，主要因受春节传统假期影响，高端盘推盘节奏放缓，致使当季成交量下滑；二季度在调控高压下，高端住宅部分需求释放，成交金额环比增长3%；三季度市场受限购政策影响持续下行，高端住宅成交金额环比基本持平，四季度房企冲刺年终业绩，加快项目入市，随着改善型需求的增加，高端住宅成交金额环比上涨46%。

➢ 高端住宅热销项目分析

热销高端项目销售额占比下滑，套总价最高降至2260万元/套。2017年，高端住宅热销前十名项目累计成金额285.9亿元，占全市住宅总销售额比重的16.1%。单价方面，十大热销项目成交均价为83422元/平方米，较2016年下降7.5%，是全市住宅平均单价的1.6倍。套总价方面，十大热销项目的平均套总价为1393万元/套，较2016年下降44.6%，是全市住宅套均价的1.7倍。套均面积方面，十大热销项目的平均套均面积为167平方米，较2016年减少42.4%，与全市商品住宅套均面积基本持平。

表4　2017年北京市高端住宅成交金额TOP 10

排名	项目名称	成交金额（亿元）	成交面积（万平方米）	单价（元/平方米）	套均总价（万元/套）	套均面积（平方米/套）
1	中国玺	53.3	6.1	87764	1548	176
2	景粼原著	40.7	5.0	81488	1517	186
3	首开华润城	33.8	4.0	85080	1150	135
4	昆仑域	28.4	3.0	94833	1528	161
5	首创·天阅西山	26.4	3.4	78555	1590	202
6	五矿万科如园	25.1	2.8	89653	2260	252
7	橡林郡	20.6	2.9	72057	764	106
8	湖光壹号	20.2	2.4	82658	1660	201
9	橡树湾	19.5	2.5	78493	1586	202
10	金隅·金玉府	17.9	2.3	78211	1063	136
前十名合计		285.9	34.3	83422	1393	167
全市商品住宅合计		1771.9	348.8	50797	811	160

数据来源：CREIS中指数据，fdc.fang.com

整体看，2017年北京高端项目成交下滑，全年套总价超过1000万元的产品共成交3095套，同比减少46.8%，成交价格超过8万元/平方米的产品共成交2176套，同比增加43.5%。2018年前景展望：2017年底前，“十九大”为房地产业定调，坚持“房子是用来住的，不是用来炒的”定位，坚持调控目标不动摇、力度不放松，保持调控政策的连续性稳定性。因此，短期内北京高端住宅市场的供应和需求均不会出现大涨大跌，整体成交将表现平稳。

3. 写字楼：供需双降，销售价格创历史新高

2017年，北京写字楼①销售价格延续2013年以来的上涨态势，同比上涨17.6%，创历史新高。供给方面，新批上市面积为184万平方米，同比下滑59.9%。需求方面，销售面积较2016年明显回落，成交175万平方米，同比降幅达70.2%；销售额为618亿元，同比下降65%。销供比为0.95，市场整体表现为供求基

① 写字楼各类数据中，销售面积、销售额、销售均价等销售类数据，以及新批准上市面积均来自北京市房管局；开发投资额、新开工面积、竣工面积等开发投资类数据来自统计局。

本平衡。

a）价格：连续五年持续上涨，创历史新高

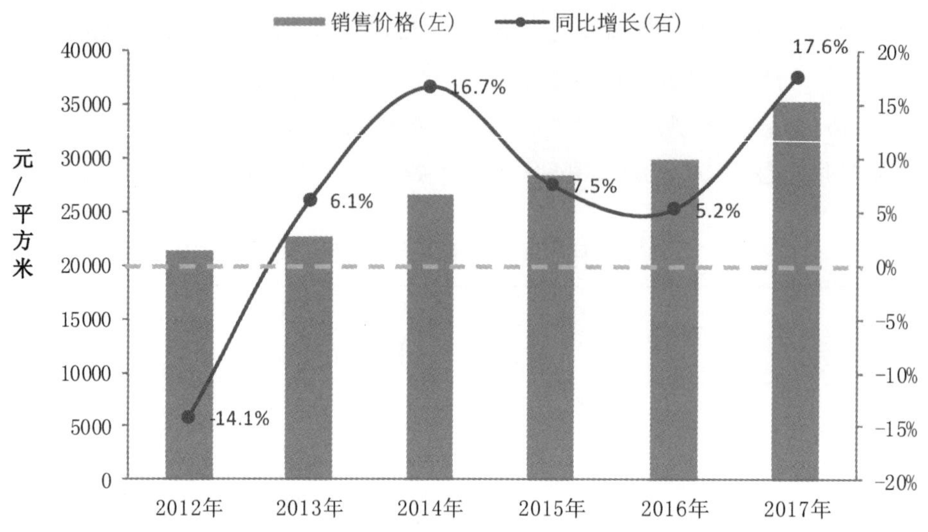

图 33 2012-2017 年北京写字楼销售价格及同比增长率

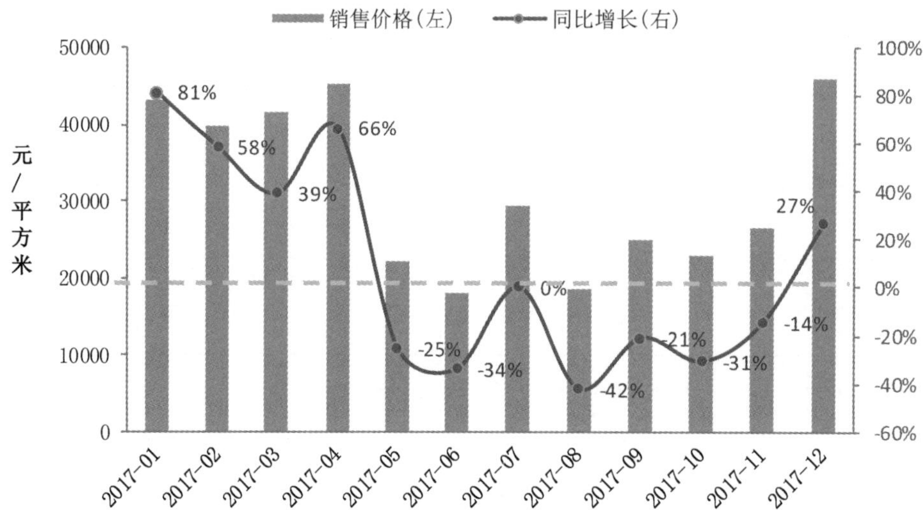

图 34 2017 年各月北京写字楼销售均价及同比增长率

数据来源：CREIS 中指数据，fdc.fang.com

写字楼价格创新高，均价超 3.5 万元/平方米。近五年，写字楼成交均价保持上涨态势，2017 年，受泰禾中央广场、复地中心、泰禾长安中心等高价写字楼集中成交影响，北京写字楼价格创历史新高，达 35222 元/平方米，同比上涨 17.6%。具体来看，1-4 月写字楼平均价格高位运行，同比涨幅均超 30%；5 月开始，受信贷收紧、政策趋严影响，月均成交价格下滑至 3.0 万元/平方米以下；四季度开始价格持续上涨，12 月销售均价达 45986 元/平米，成为年度新高。

b）需求：受政策收紧影响，销售面积同比减少 70.2%

➢ 销售面积：同比减少 70.2%

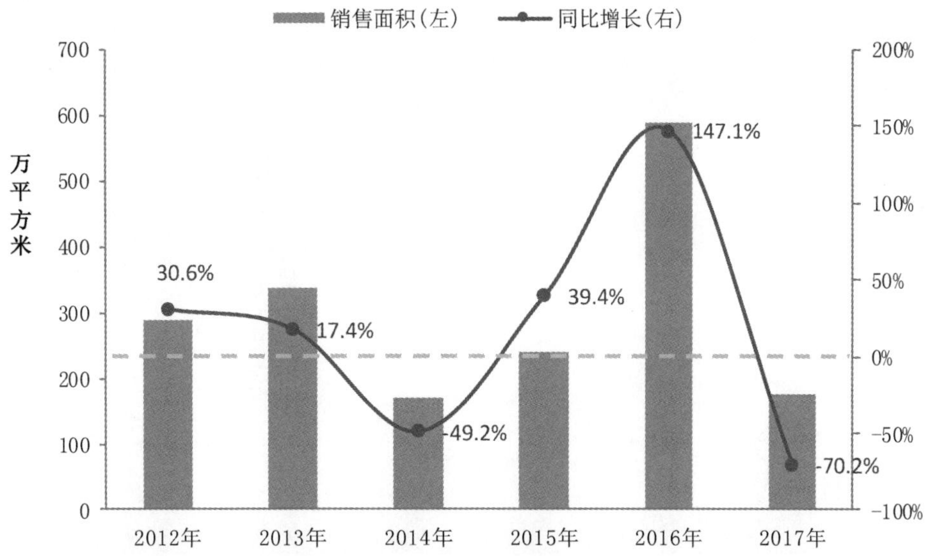

图 35 2012-2017 年北京写字楼销售面积及同比增长率

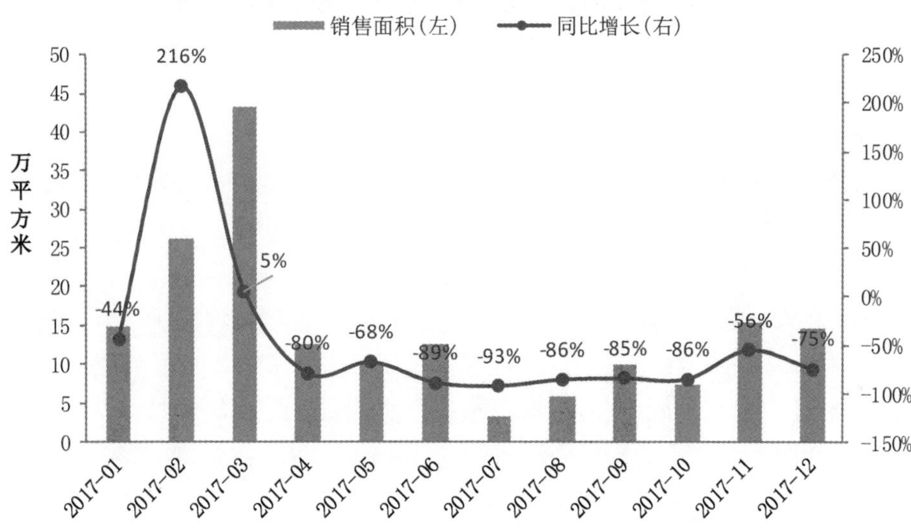

图 36 2017 年各月北京写字楼销售面积及同比增长率

数据来源：CREIS 中指数据，fdc.fang.com

写字楼销售面积明显减少，降幅达 70.2%。纵观写字楼近几年市场行情。2012-2013 年，由于持续的办公需求、有限的新增供应、良好的投资环境等一系列有利因素，销售面积连续攀升。2014 年受整体楼市放缓影响，北京写字楼销售面积同比下滑 49.2%。2015 年，政府的诸多利好政策为房地产市场释放更多的发展空间，拉动北京写字楼市场销售面积增长至 238 万平方米，同比增幅达 39.4%。2016 年，受北京住宅市场及城市规划影响，大兴、顺义、通州成为写字楼成交热点区域，拉动整体写字楼市场成交面积大幅上升至 589 万平方米，同比增加 147.1%。2017 年一季度，写字楼市场延续上年火热态势，成交量逐月增加，4 月开始，受商住类产品限购影响，成交量维持低位；全年销售面积明显减少，降幅达 70.2%。

➢ 销售金额：降幅明显，同比减少 65%

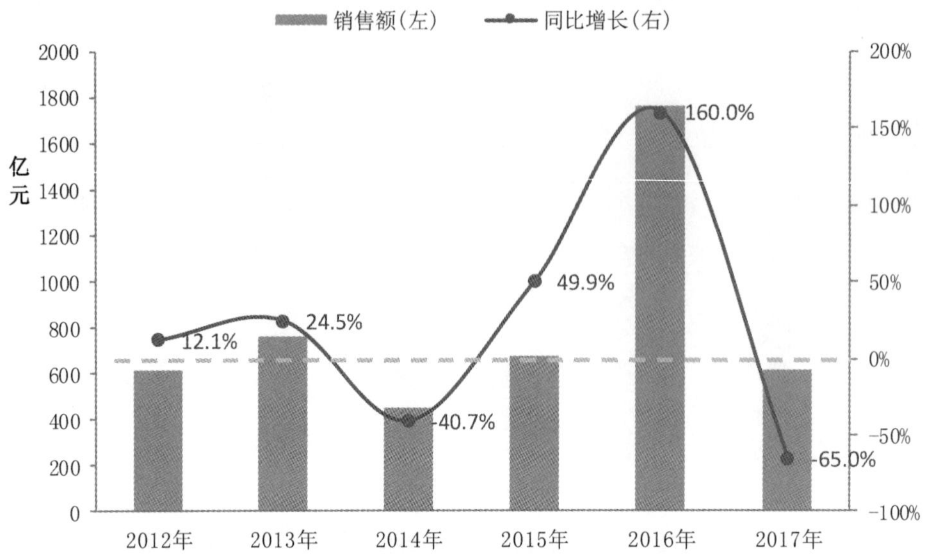

图 37　2012-2017 年北京写字楼销售额及同比增长率

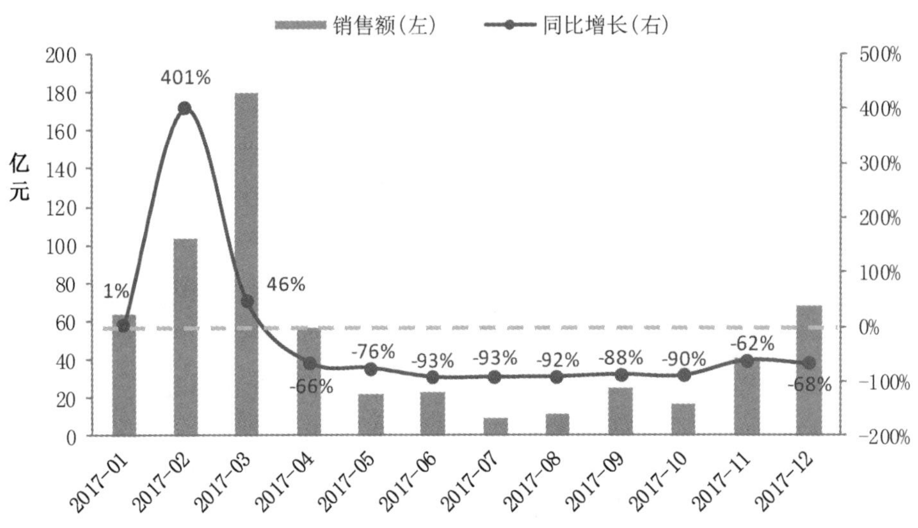

图 38　2017 年各月北京写字楼销售额及同比增长率

数据来源：CREIS 中指数据，fdc.fang.com

写字楼销售额明显下降，同比减少 65%。2012-2013 年，北京写字楼市场需求旺盛，销售额逐渐走高，2013 年销售额达 764 亿元，同比涨幅扩大为 24.5%。2014 年受住宅市场波及，写字楼需求大幅下降，销售额大幅收窄至 453 亿元，同比下滑 40.7%。2015 年，在央行多次降准降息等利好政策的刺激下，北京写字楼市场销售额达 679 亿元，同比大幅增长 49.9%。2016 年，房地产市场火热，受上渡中心、林肯公园等项目的热销，北京写字楼市场销售额达 1765 亿元，同比大幅增长 160%。2017 年，房地产政策持续收紧，写字楼需求大幅下降，销售额同比减少 65%。

c）供应：新批上市面积下滑，同比降幅超五成

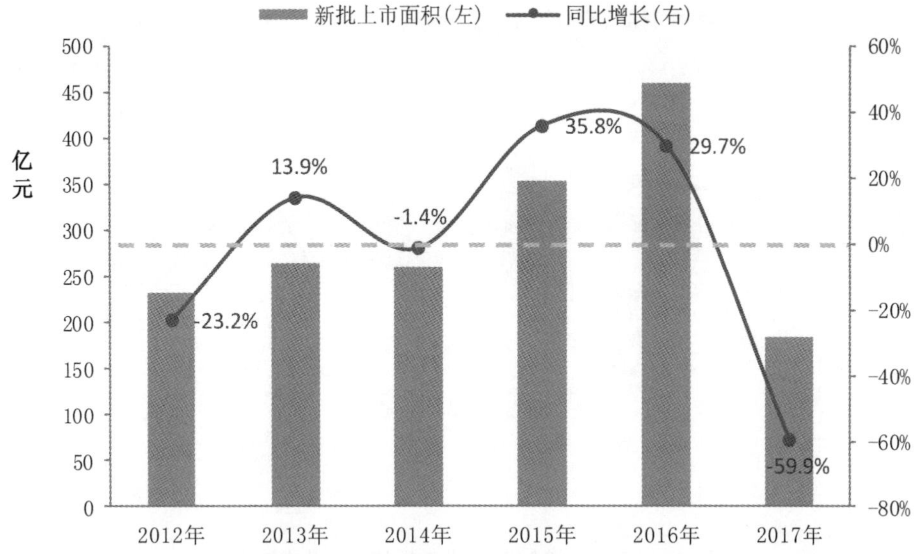

图 39　2012-2017 年北京写字楼新批上市面积及同比增长率

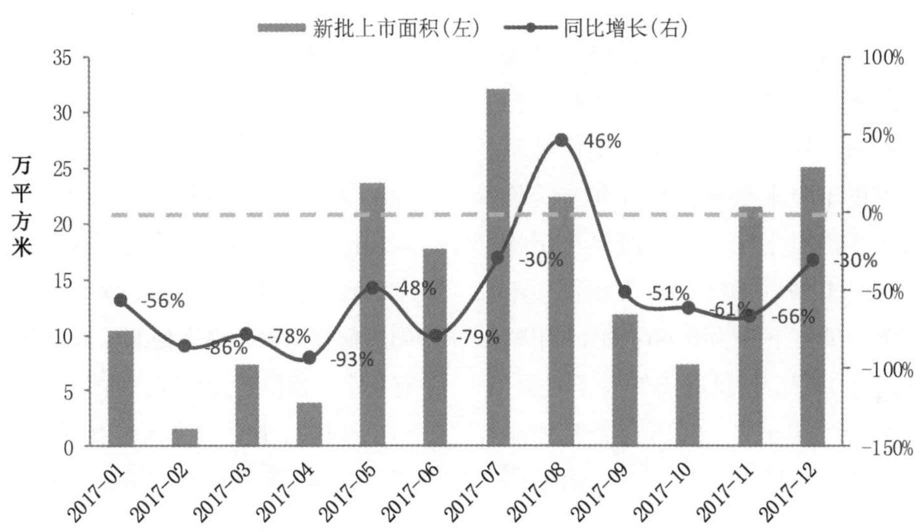

图 40　2017 年各月北京写字楼新批上市面积及同比增长率

数据来源：CREIS 中指数据，fdc.fang.com

写字楼新批上市面积同比减少 59.9%。2012 年，受上年库存高位影响，新批上市面积结束了连续三年的增长，转为下降，供应面积为 232 万平方米，同比下降 23.2%。2013 年，由于持续的供不应求，新批上市面积止跌回升，涨幅为 14.0%。2014 年，写字楼市场趋于平稳，新批上市面积略有回落，新批上市面积 261 万平方米，同比下降 1.6%。2015 年，在利好政策和北京房地产市场持续回暖的双重刺激下，新批上市面积达 354 万平方米，同比增幅达 35.8%。2016 年，受政策扶持、联合办公需求多元化等影响，北京写字楼市场新批上市面积达 459.32 万平方米，同比大幅上升 29.6%。2017 年，受政策收紧、需求下降、项目入市节奏变缓影响，北京写字楼市场新批上市面积 184.39 万平方米，同比减少 59.9%。

d）供求对比：销供比为 0.95，供求基本平衡

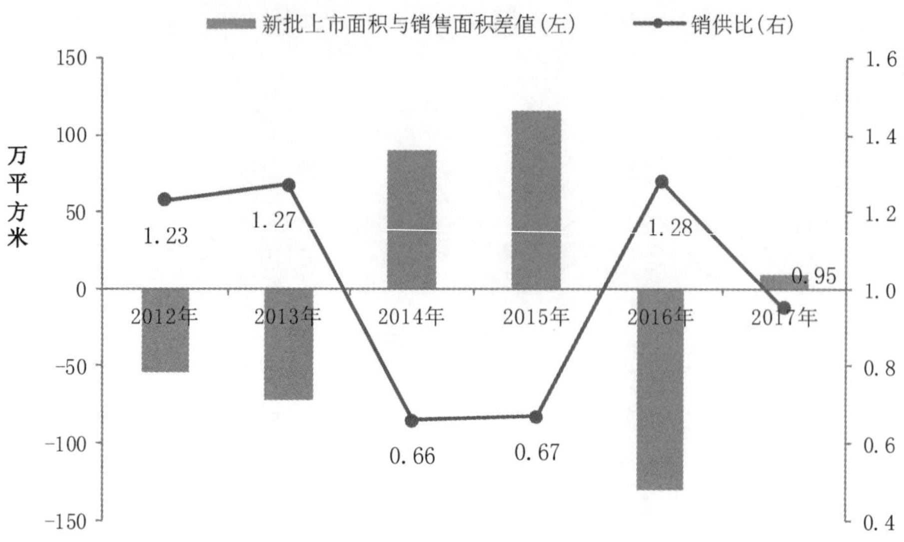

图 41　2012-2017 年北京写字楼供求对比

数据来源：CREIS 中指数据，fdc.fang.com

2017 年北京市写字楼销供比为 0.95，供求基本平衡。2012 年写字楼市场受销售面积增加与新批上市面积减少影响，写字楼销供比升至 1.23，市场处于供不应求状态；2013 年，销售面积增长幅度大于新批上市面积，使得写字楼销供比进一步升至 1.27。2014 年，市场供应不断增加，写字楼销供比下降为 0.66；2015 年略有回升，销供比为 0.67，但供应仍然大于需求，开发商面临较大的去化压力。2016 年，整体市场呈现供不应求状态，销供比为 1.28，市场库存有所下滑。2017 年，供需两端较上年均下滑明显，销供比为 0.95，市场整体表现为供求基本平衡。

e）写字楼热销项目分析

2017 年北京写字楼成交额排行榜前十项目多位于大兴、通州等近郊。上榜项目的主要优势在于周边配套完善、交通便利、商业气氛浓厚，其中有 4 个项目位于大兴区，通州区占 2 个。

单个项目来看，受区域优势及周边优质资源汇聚影响，泰禾中央广场成交金额位列榜首。

表 5　2017 年北京写字楼成交金额热销排行榜前十位

排名	项目名称	成交金额（亿元）	成交均价（元/平方米）	区县
1	泰禾中央广场	44.50	53790	大兴
2	复地中心	42.74	54102	通州
3	泰禾长安中心	28.22	50363	石景山
4	世界侨商中心	19.44	44219	通州
5	林肯公园	14.53	49020	大兴
6	上渡中心	13.33	39824	顺义
7	恒泰中心	13.24	16000	丰台
8	国锐·金嵿	13.20	20793	大兴

（续表 5）

排名	项目名称	成交金额（亿元）	成交均价（元/平方米）	区县
9	苹果园 6 号	12.55	53527	石景山
10	首开龙湖天琅	10.87	57042	大兴

数据来源：CREIS 中指数据，fdc.fang.com

该项目位于大兴新城核心区，占地面积约 14 万平方米，建筑面积约 40 万平方米。周边交通便利，与地铁 4 号线义和庄站无缝接驳，能快速到达北京南站、西单和国贸，周边地铁、高速、公交线路众多，交通极其发达。得天独厚的地理位置赋予了项目绝佳的优势资源配套，实现了内外多元配套集结，公园、商业、教育等优质资源汇聚。项目周边三大公园环绕，生态环境优越；内部配建中央公园，以围合式景观、多功能场地，打造全周期休闲体验。泰禾中央广场还专门增加云端 CLUB 体验配套：空中影院、空中健身房、空中书吧等休闲设施一应俱全。同时配备了新风机，在雾霾天气里能更加有效地清除 PM2.5，减少空气污染对人体的危害，打造环保理念、高质量城市生活场景。

4. 商业用房：政策收紧，整体市场呈现量价齐跌

2017 年，一系列调控政策的影响下，投资者对于商业用房的投资热情亦降低，市场整体呈现量价齐跌，2017 年商业用房销售额下滑超五成，销售均价下降 10%，商业用房市场供应速度小于销售速度，年度销供比回升至 1.28，市场整体表现为供不应求。

a）销售均价同比下降 10.1%

商业营业用房年销售价格同比下降 10.1%。从近几年的商业用房销售价格来看，2012 年销售均价相对较低，2013 年达到一个小高峰，之后经过一系列调控，2014 年、2015 年销售均价则相对保持平稳态势，2016 年受投资需求增加的影响，商业用房销售均价同比大幅上涨，2017 年销售均价回调，同比下降 10.1%。具体来看，2017 年上半年的销售均价明显高于下半年，2 月成交价格达到年度最高值 39091 元/平方米，同比上涨 47%，下半年，仅 12 月份成交均价超 3 万元/平方米。

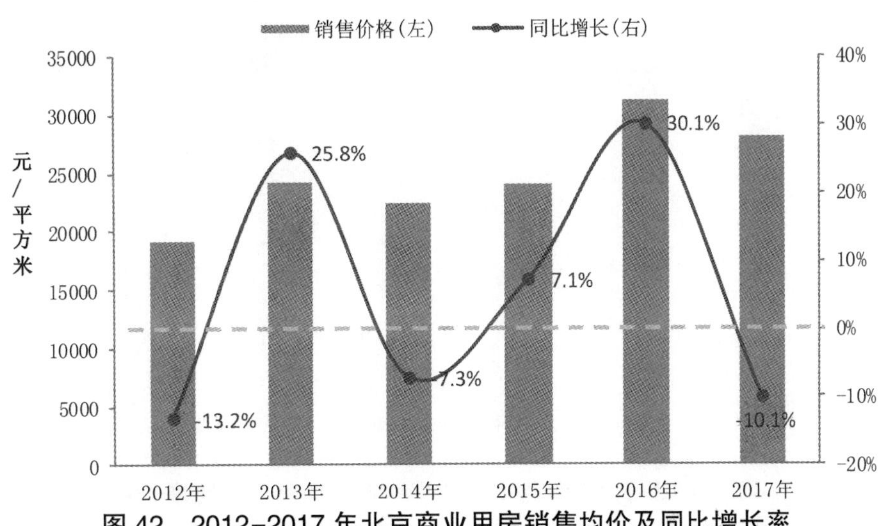

图 42　2012-2017 年北京商业用房销售均价及同比增长率

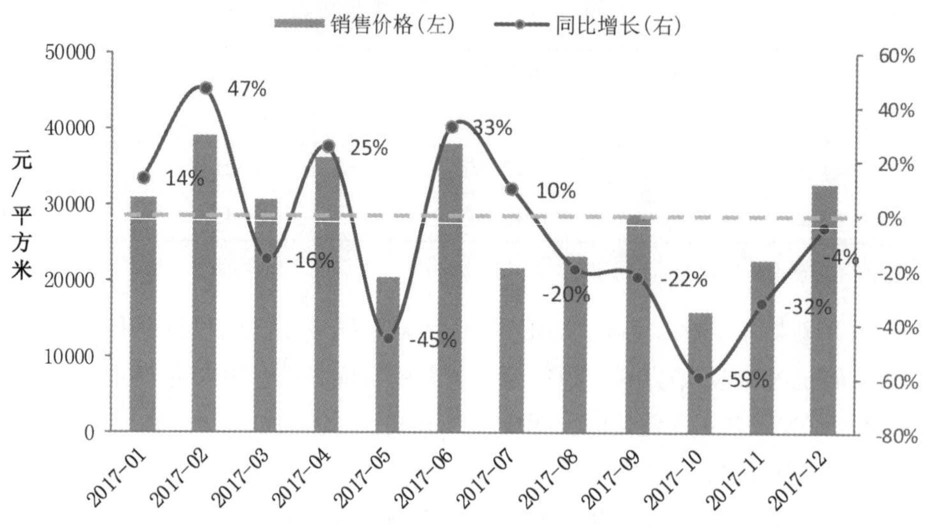

图 43　2017 年各月北京商业用房销售均价及同比增长率

数据来源：CREIS 中指数据，fdc.fang.com

b）需求：政策抑制，销售面积和销售金额同比均下滑

➢ 销售面积：市场降温，同比下滑 45%

2017 年商业用房市场降温，销售面积同比下滑 45%。2017 年北京“商住”限购，市场热度下降，全年销售面积仅为 96 万平方米，同比大幅减少 45%。分月度来看，2017 年销售面积仅 2 月、3 月、5 月和 10 月同比有所增加，其余各月同比均有不同程度的下降，3 月成交量为本年度最高值，单月销售 21 万平方米。从近六年商业用房的销售面积来看，2012 年销售 158 万平方米；2013 年基本与前一年持平，仅增加 7 万平方米，涨幅 4%；2014 年，商业用房销售面积大幅减少至 111 万平方米，同比减少 30%；2015 年小幅回升至 112 万平方米；2016 年市场大幅升温，销售面积达近六年最高值，为 174 万平方米。2017 年全年销售面积未超百万平方米，为近六年最低值。

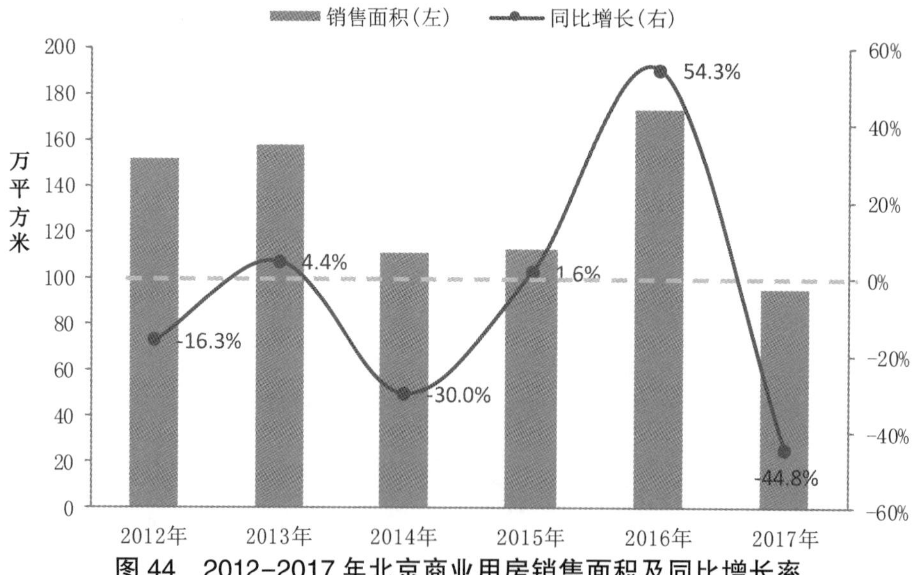

图 44　2012-2017 年北京商业用房销售面积及同比增长率

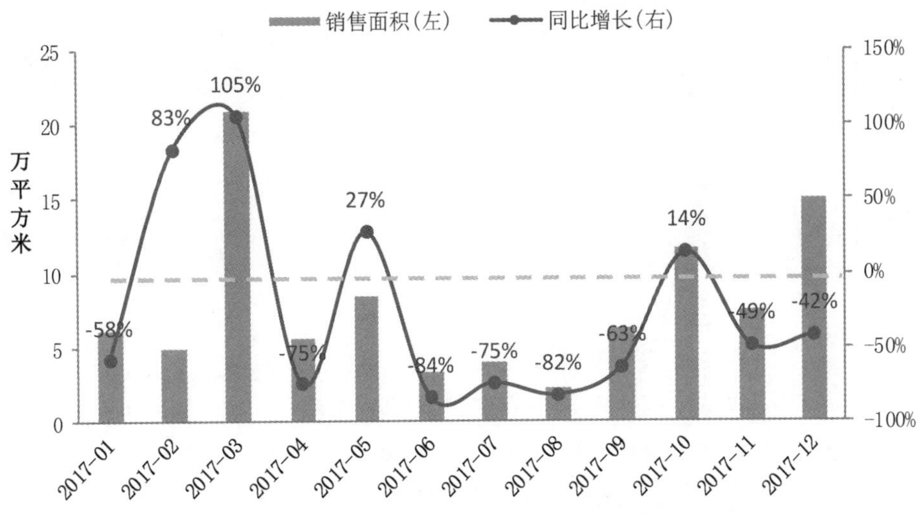

图 45　2017 年各月北京商业用房销售面积及同比增长率

数据来源：CREIS 中指数据，fdc.fang.com

➢ 销售金额：同比下滑超五成

销售金额同比下滑超五成。2017 年商业用房销售均价和销售面积同比均下降，致使 2017 年销售金额下降为 269 亿元，同比大幅下降 50.4%。分月度来看，2017 年销售金额除 2 月和 3 月同比增加，其余各月同比均有不同程度的减少，其中 3 月成交金额达到本年最高值 64 亿元。从近六年销售金额来看，其走势与销售价格和销售面积基本一致，但变化幅度更为明显，2013 年达到小高峰，2014 年有所下滑，2015 市场小幅回暖，2016 年则大幅升温，销售金额创历史新高，达 542 亿元，同比增长一倍多。2017 年，市场降温，销售金额同比下滑超五成。

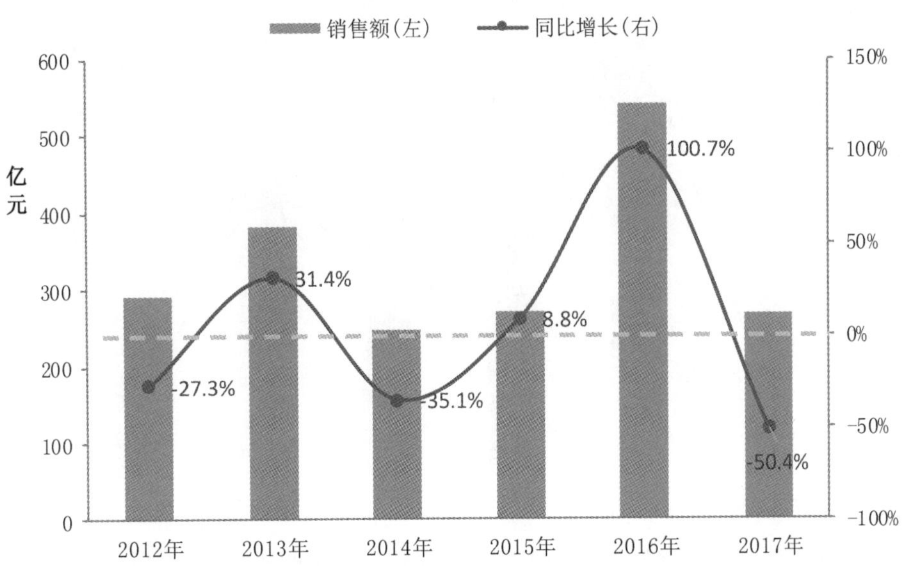

图 46　2012-2017 年北京商业用房销售金额及同比增长率

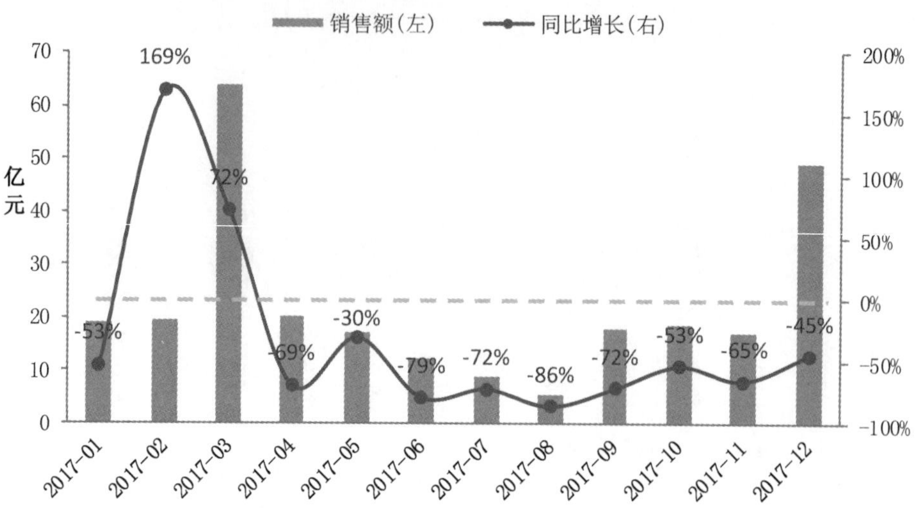

图 47　2017 年各月北京商业用房销售金额及同比增长率

数据来源：CREIS 中指数据，fdc.fang.com

c）供应：新增供应减少，同比降幅超六成

2017 年新增供应减少，同比降幅超六成。2017 年商业用房新增供应减少，新增供应面积为 78 万平方米，同比减少 63%。2017 年上半年商业用房推盘力度小于下半年，其中 8 月新批上市面积达 16 万平方米，为本年度最高值。从近六年商业用房整体供应来看，2016 年前新增供应呈现逐年上升态势。2012 年新批上市面积为 54 万平方米，之后五年新增供面积持续上涨，2016 年高达 212 万平方米，同比大幅增加 49%，创历史新高。2017 年，受政策收紧、项目推盘暂缓影响，新批上市面积同比降幅超六成。

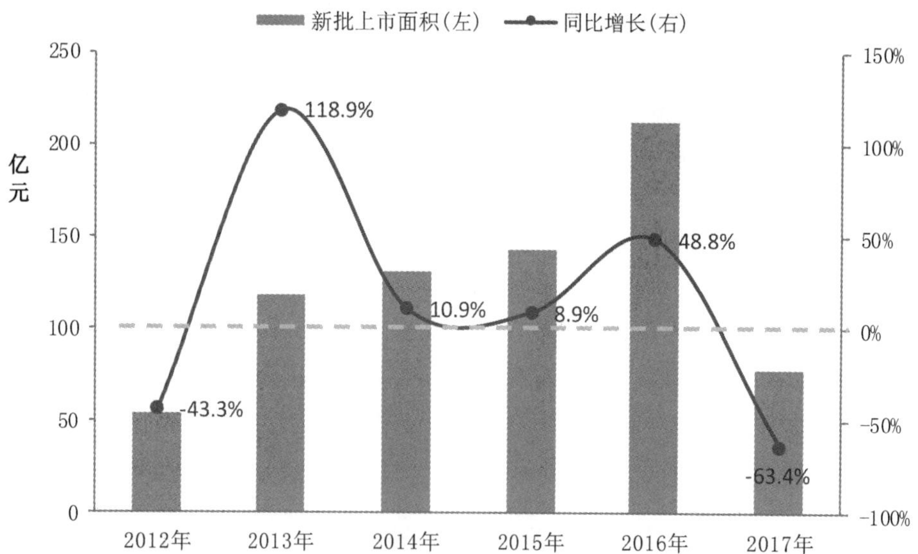

图 48　2012-2017 年北京商业用房新批上市面积及同比增长率

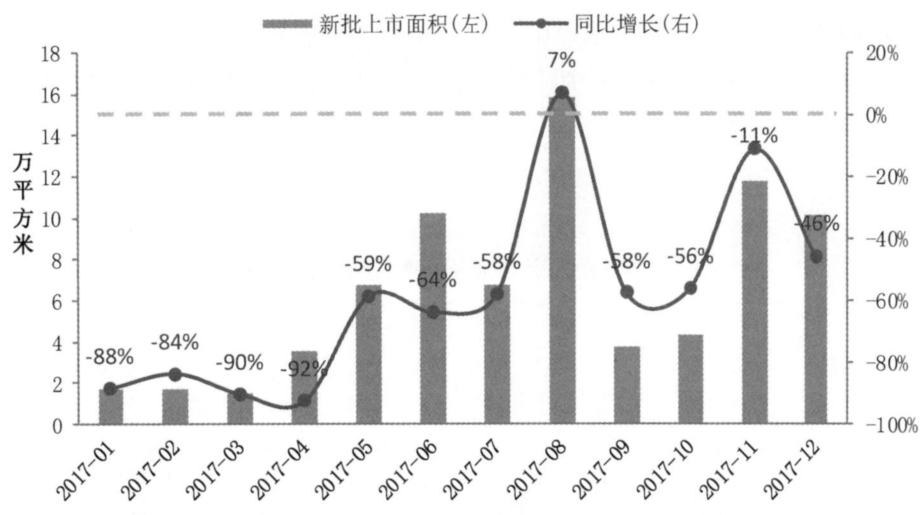

图 49　2017 年各月北京商业用房新批上市面积及同比增长率

数据来源：CREIS 中指数据，fdc.fang.com

d）供求对比：销供比为 1.23，商业用房市场供不应求

2017 年商业用房销供比为 1.23，市场整体表现为供不应求。从近六年商业用房销供比来看，2012 -2013 年，商业用房供应量较少，整体市场供小于求，尤其在 2012 年销供比为 2.8，为近六年最高值，之后三年连续下降，2014 开始供过于求，之后基本保持平稳，市场延续供大于求态势。2017 年，北京商业用房市场供求均降，但供应速度小于销售速度，年度销供比为 1.23，市场整体表现为供不应求。

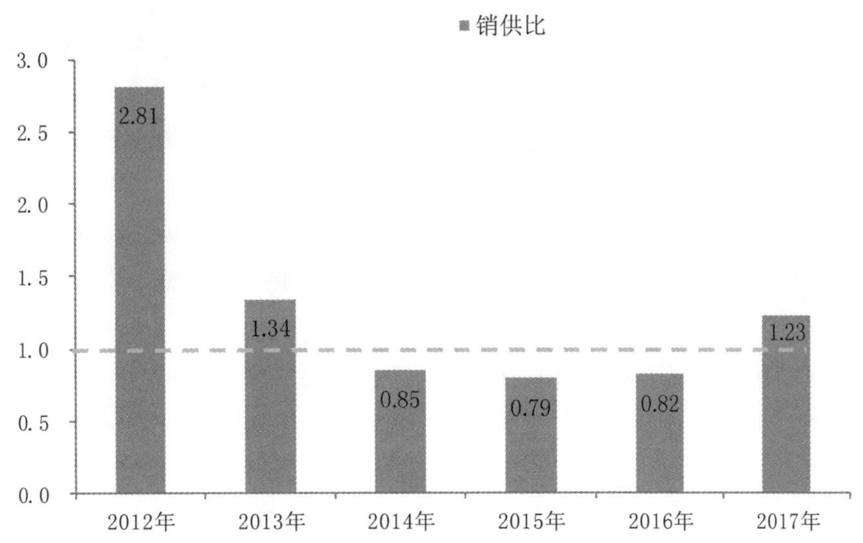

图 50　2012-2017 年北京商业用房供求对比

数据来源：CREIS 中指数据，fdc.fang.com

e）商业用房热销项目分析

2017 年，上榜商业用房项目多位于北京近郊区域。北京主城区内已经形成多个成熟的商业圈，2017 年上榜项目多集中在五环以外的近

郊区域。从套均面积上看，销售金额 TOP10 中有 5 个项目套均面积超 200 平方米。分版块来看，商业销售金额 TOP10 中丰台 3 个项目，房山、朝阳、通州、石景山、昌平、顺义和大兴均有 1 个项目。中粮万科长阳半岛凭借区位优势，便捷的交通以及未来的发展潜力，成交金额居首位。

表 6　2017 北京商业用房销售金额 TOP 10

排名	项目名称	成交金额（亿元）	成交均价（元/平方米）	区县
1	中粮万科长阳半岛	12.68	13353	房山
2	望京国际商业中心	9.32	13796	朝阳
3	龙湖·西宸广场	9.19	63250	丰台
4	北京诺德中心	8.02	56640	丰台
5	金丰能源中心	8.00	37211	丰台
6	复地中心	5.54	67420	通州
7	泰禾长安中心	5.30	65558	石景山
8	北京恒大城	4.41	31928	昌平
9	航城广场	4.31	15962	顺义
10	华远西红世	4.23	16662	大兴

数据来源：CREIS 中指数据，fdc.fang.com

中粮万科长阳半岛位于房山区核心区域，总销售金额达 12.68 亿元，排名第一。中粮万科半岛广场位于房山区长阳镇 CSD 起步区核心，距离地铁房山线长阳站约 1.2km。由中粮、万科两大品牌地产联袂开发，项目建筑面积近 13 万平方米，集购物、娱乐、餐饮、文教生活等多种业态于一体，解决了北京西南方向尚无综合性大型购物中心的问题。中粮万科半岛广场是房山区业态最丰富、品类最齐全、品牌最领先的购物中心。优越的地理位置，便利的交通，以及区域产品的稀缺性，让中粮万科长阳半岛以 12.68 亿元的成绩高居商业项目销售额榜首。

5. 二手房市场：成交量下滑，同比降幅超五成

北京二手房市场远远活跃于新房市场，2017 年北京二手房与新房成交套数比值高达为 4.2，二手房成交 13.4 万套，新房仅成交 3.2 万套。二手房市场成交量较大，一方面房地产市场步入存量时代，二手房市场活跃度超过新房市场；另一方面，随着新房供应的郊区化，二手房与之相比，区域、交通、配套等方面优势明显，因此也受到部分购房者的青睐。

a）全市总体：成交“量跌价升”，年成交量 13.4 万套，同比下滑 51%，价格同比上涨 7%

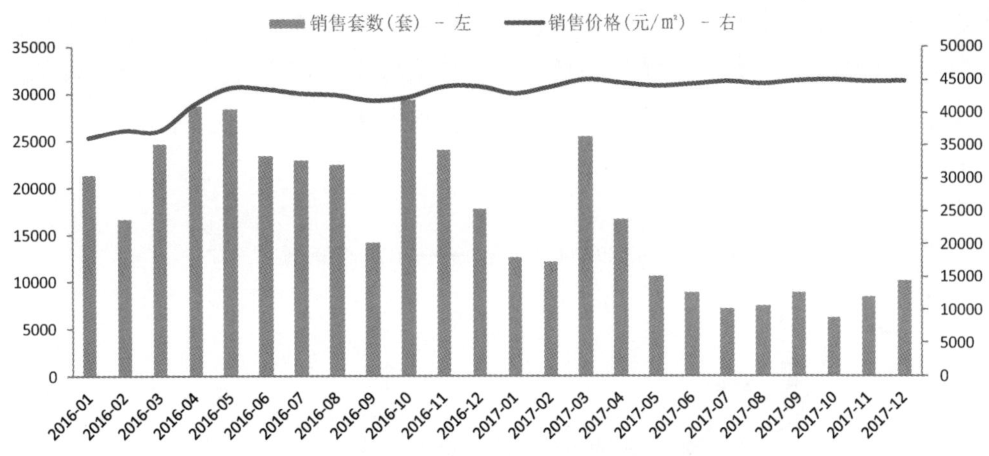

图 51 北京二手房历史成交套数及价格走势

数据来源：CREIS 中指数据，fdc.fang.com

2017 年北京二手房成交 13.4 万套，同比减少 51%。一季度市场延续上年火热行情，3 月份交易量突破 2.5 万套，达到年内高峰；随后调控政策持续收紧，成交量高位回落，并于 6 月份跌至 1 万套以下，之后成交量低位徘徊，10 月份仅成交 6079 套；12 月份成交量突破 1 万套，市场小幅回暖。

2017 年北京二手房成交均价稳中有升，涨幅收窄。全年成交均价为 44450 元/平方米，较 2016 年上涨 7%，涨幅有所收窄。一季度，二手房成交价格涨幅明显，后期均价相对保持平稳。

b）分区域：价格涨多跌少，朝阳、昌平、海淀、丰台二手房市场较活跃，东城、西城、朝阳、海淀成交均价超 5 万/平方米

表 7 部分城区二手房价格环比涨跌幅

城区	东城	西城	朝阳	海淀	丰台	石景山	通州	房山	顺义	门头沟	大兴	昌平
1 月环比	-0.5%	-0.3%	0.2%	-0.6%	-0.1%	-0.4%	1.1%	-8.0%	-1.3%	2.2%	0.2%	1.9%
2 月环比	5.0%	0.7%	1.8%	2.1%	2.7%	0.5%	3.6%	-0.6%	2.9%	-2.8%	0.7%	2.1%
3 月环比	2.7%	0.9%	2.0%	1.5%	1.3%	1.7%	1.0%	1.0%	1.8%	0.3%	0.4%	0.1%
4 月环比	-0.3%	-1.3%	-0.1%	-16.0%	0.1%	0.6%	0.1%	0.3%	0.2%	1.5%	1.7%	1.6%
5 月环比	-0.1%	0.3%	-0.2%	0.6%	-0.2%	0.2%	-1.9%	0.5%	-0.5%	-0.4%	0.1%	0.0%
6 月环比	-0.4%	-0.3%	-0.2%	0.0%	-0.1%	-0.1%	-2.5%	-0.1%	-0.4%	-1.2%	-0.2%	-0.3%
7 月环比	-0.1%	0.0%	-0.2%	-0.8%	-0.2%	-0.8%	-0.4%	-0.9%	-0.1%	0.1%	-0.3%	-1.3%
8 月环比	1.1%	1.2%	-0.8%	0.6%	0.1%	0.8%	2.3%	-0.1%	-0.7%	-0.1%	-0.2%	1.1%
9 月环比	-0.4%	0.0%	-0.1%	0.1%	-0.1%	0.0%	1.9%	-0.3%	0.0%	-0.2%	-0.1%	0.6%
10 月环比	0.0%	0.2%	1.0%	-0.2%	0.0%	0.0%	-0.7%	-4.5%	0.0%	-0.1%	0.0%	0.0%
11 月环比	-0.7%	0.0%	-0.1%	-0.4%	-0.2%	-0.1%	-0.2%	-0.1%	-0.1%	-0.4%	-1.3%	-0.1%
12 月环比	-0.3%	0.3%	-0.2%	0.2%	0.3%	0.3%	1.4%	-0.1%	-0.5%	-0.1%	-0.3%	-0.5%
2017 年同比	14.8%	5.0%	7.4%	-4.1%	4.8%	8.3%	24.9%	-2.5%	41.2%	10.9%	14.1%	4.5%

数据来源：CREIS 中指数据，fdc.fang.com

分城区来看，2017 年各区域二手房成交均价涨多跌少，其中顺义、通州、东城价格增幅分列前三位，同比分别上涨 41.2%、24.9%、14.8%，海淀、房山成交均价同比小幅回落，降幅分别为 4.1%、2.5%。分月份来看，多数区域成交均价集中在 2、3 月上涨。其中，东城 2 月环比上涨 5%。

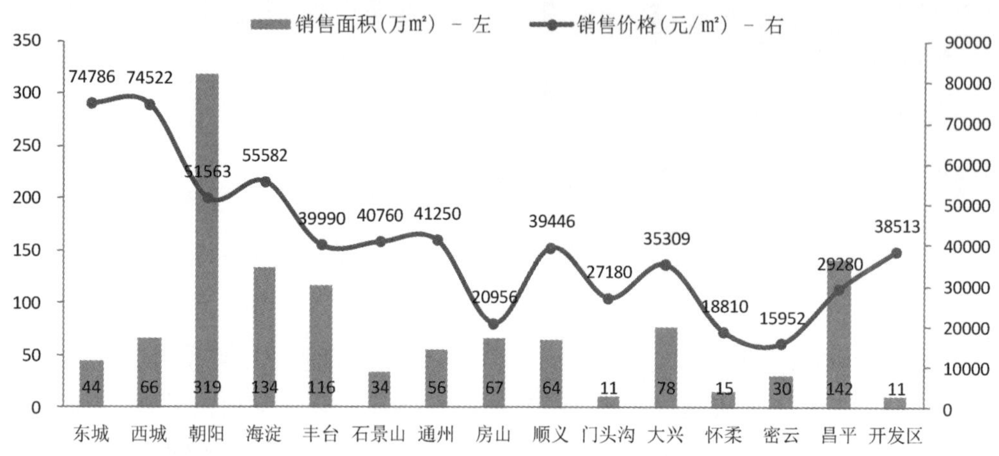

图 52　2017 年北京二手房分区域（部分）成交量价走势

分区域来看，东城和西城区成交价格最高，分别为 74786 元/平方米和 74522 元/平方米，其次为海淀和朝阳区，分别为 55582 元/平方米和 51563 元/平方米。由于区域、交通、配套等方面优势明显，朝阳、昌平、海淀、丰台二手房市场比较活跃，成交面积均超过 100 万平方米，其中朝阳区成交量达 319 万平方米，居各区第一位。

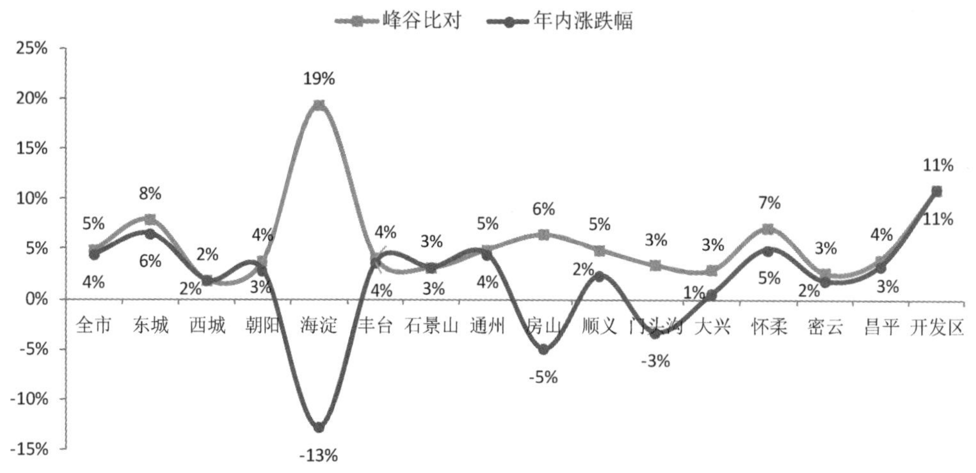

图 53　2017 年北京分城区二手房均价峰谷与年内涨跌幅对比

注：峰谷对比为年内最高值与最低值变化幅度；年内涨跌幅为 12 月份与 1 月份变化幅度。

数据来源：CREIS 中指数据，fdc.fang.com

2017年主城区（海淀区、朝阳区、西城区、东城区、丰台区、石景山区）中峰谷对比值均高于5%的为海淀和东城。2017年，全市二手房均价峰谷对比值（年内最高价与最低价变化幅度）为5%，年内涨跌幅（12月份价格与1月份价格对比变化幅度）为4%，变化幅度均小于2016年，2016年两项指标均为15%。从重点城区看，海淀区峰谷对比值最高，为19%，其次是东城区，峰谷对比值为8%；西城区峰谷对比值最低，为2%。年内变化幅度方面，2017年海淀区变化幅度最高，下降13%，而西城最低，为2%。

从郊区看，2017年峰谷对比值超5%的为开发区、房山和怀柔，其中开发区峰谷对比值最高，为11%，而密云、大兴、门头沟峰谷对比值较低，为3%。年内变化幅度方面，2017年开发区变化幅度最高，达11%，而大兴区最低，为1%。

2017 年北京市房地产市场分析报告

伟业我爱我家

一、2017 北京新房成交创新低 2018 可能翻倍甚至超过二手

2017 年，在供应量持续减少的影响下，在政策的大力调控下，北京新房市场继续降温，成交量创下历史新低。不过，随着楼市供给侧改革的推进，北京已经开始了新一轮的土地供应，新房供应增加，2018 年及以后数年，北京新房市场将会重新升温。

1. 成交量创历史新低

据伟业我爱我家市场研究院数据统计，2017 年，北京全市新建商品住宅（不含保障房）共网签 30115 套，环比 2016 年下降 48.4%，降幅近乎一半。整体来看，近三年北京新房交易量连续下滑，2017 年刚刚过 3 万的交易量创下了北京新房市场的历史新低。

30115 套新房中，共有产权房（自住型商品房）占 10.3%，有 3114 套，环比 2016 年减少 70%；别墅占 16.5%，有 4984 套，环比 2016 年减少 40.5%；其他商品住宅占 73.1%，有 22017 套，环比 2016 年减少 44.4%。

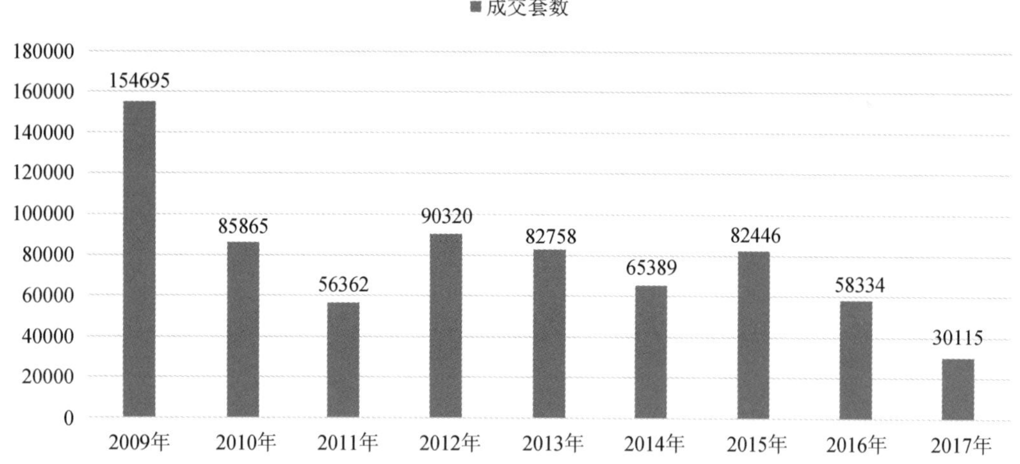

图 1　2009—2017 年北京新建商品住宅（不含保障房）网签量年度走势

数据来源：伟业我爱我家集团

2. 供应量、存量也创历史新低

交易量创新低的同时，2017 年北京新房的供应量、存量也创下了历史新低。

2017 年，北京全市新建商品住宅（不含保障房）共新增供应 26593 套，环比 2016 年下降 32%，2014 年以后连续第三年下滑。

截止 2017 年年底，北京全市新建商品住宅（不含保障房）的存量共有 52349 套，环比 2016 年下降 6.3%，同样自 2014 年以来连续下滑。

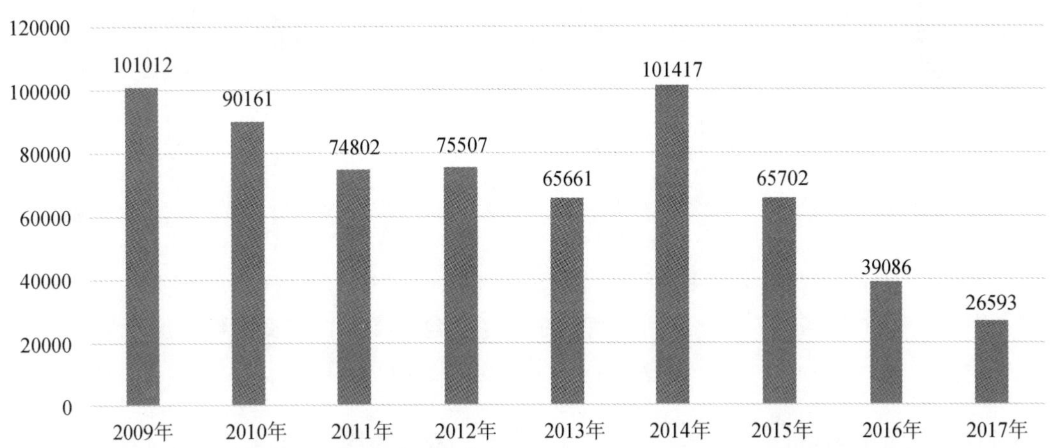

图 2　2009—2017 年北京新建商品住宅（不含保障房）新增供应年度走势

数据来源：伟业我爱我家集团

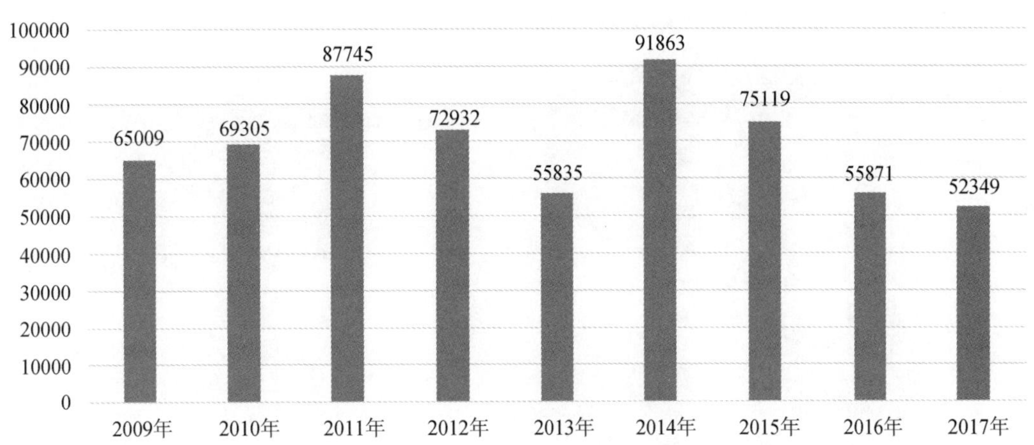

图 3　2009—2017 年北京新建商品住宅（不含保障房）存量套数年度走势

数据来源：伟业我爱我家集团

3. **成交金额再次降回 2000 亿元以下**

交易量的下滑也带来了成交金额的下降。2017 年，北京全市新建商品住宅（不含保障房）的成交金额为 1830.7 亿元，环比 2016 年下降 36.4%，这是 2009 年以来，继 2011 年、2014 年以后，北京新房成交金额第三次低于 2000 亿元。

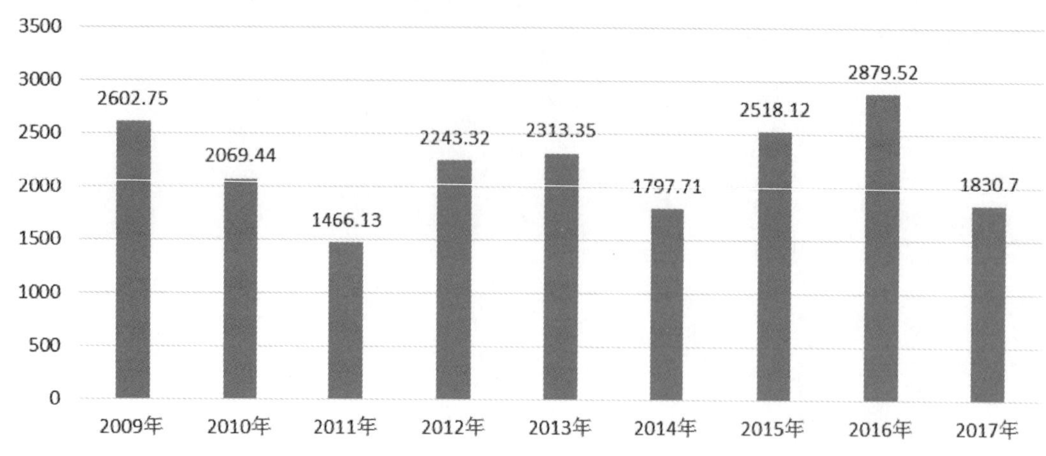

图 4　2009—2017 年北京新建商品住宅（不含保障房）成交金额年度走势

数据来源：伟业我爱我家集团

4. 密云区交易量全年第一

区域分布上，2017 年北京新建商品住宅（不含保障房）成交量排名前五的区域分别为密云区、顺义区、昌平区、通州区和朝阳区。其中，密云区成交 3474 套，占 12%，顺义区成交 3070 套，占 10%，其他各区成交量均在 3000 套以下，占比不足 10%。

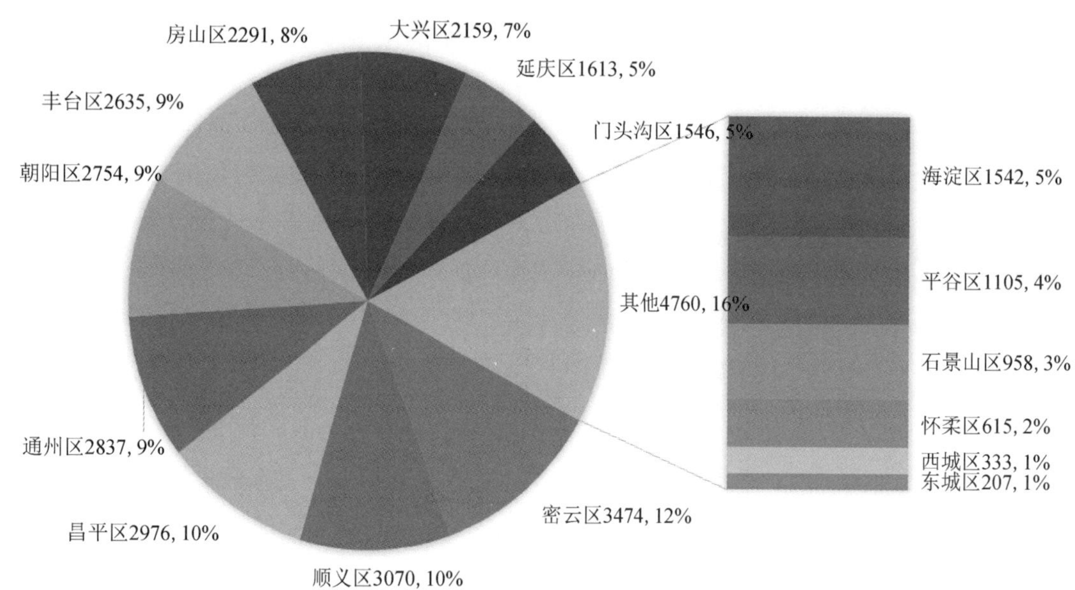

图 5　2011—2017 年北京新建商品住宅（不含保障房）成交区域分布

数据来源：伟业我爱我家集团

密云区在 2017 年的名次提升最大，从 2016 年的第六跃居第一。从 2011 年到 2017 年区县的成交量排名可以看出，近几年北京新房的主要交易区域不断外移，逐渐从核心区域的朝阳变成了远郊区域的房山、密云等地，而密云也从北京较为偏远的区县之一变成了北京房地产开发最热闹的地方之一。

表1　2011-2017年北京新建商品住宅（不含保障房）成交量前五区

排序	2011年	2012年	2013年	2014年	2015年	2016年	2017年
1	朝阳区	大兴区	通州区	大兴区	通州区	房山区	密云区
2	房山区	朝阳区	房山区	朝阳区	大兴区	昌平区	顺义区
3	大兴区	通州区	大兴区	通州区	朝阳区	通州区	昌平区
4	昌平区	昌平区	朝阳区	房山区	昌平区	大兴区	通州区
5	顺义区	房山区	顺义区	昌平区	房山区	门头沟区	朝阳区

5. 主力仍在五以外　三环内占比有所增加

2017年北京新建商品住宅（不含保障房）在五环以外的占比为87.6%，虽然较2016年减少了1.5个百分点，但依旧保持着近九成交易位于五环以外的趋势。

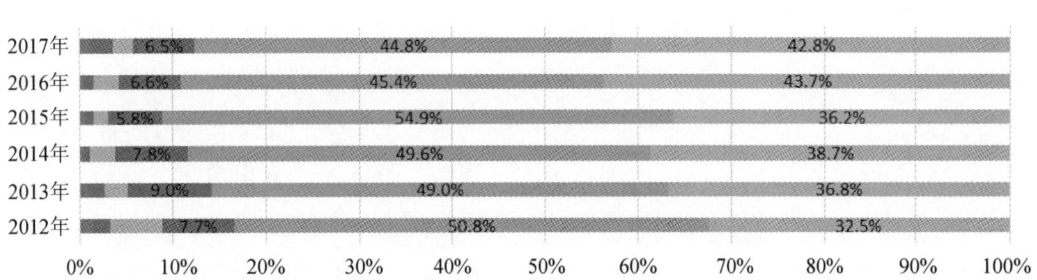

图6　2014—2017年北京新建商品住宅（不含保障房）成交环线分布

数据来源：伟业我爱我家集团

从项目成交量上也可以得出同样的结论。统计显示，2017年北京新建商品住宅（不含保障房）成交量最多的十个项目分别是中国铁建通瑞新天地、龙湖长城源著、格兰山水、城建万科城、天翠阳光新城、金隅大成金成雅苑、清岚花园、北京城建世华泊郡、中粮京西祥云和首创禧悦府。这十个项目均位于五环以外，其中密云区、延庆区、顺义区各占两个。

表2　2017年北京市新建商品住宅（不含保障房）成交量前十项目

序号	项目名称	环线	行政区	套数	面积（m^2）	均价（元/m^2）	金额
1	中国铁建通瑞新天地（通瑞嘉苑自住房/两限房/回迁房）	五、六环之间	通州区	1585	133975.39	7952	10.65亿元
2	龙湖长城源著	六环以外	密云区	1257	79646.88	21926	17.46亿元
3	格兰山水（含两限房）	六环以外	延庆区	829	70871.15	2448	1.74亿元

（续表2）

序号	项目名称	环线	行政区	套数	面积（m^2）	均价（元/m^2）	金额
4	城建万科城（含两限房/经适房）	六环以外	延庆区	766	63600.23	25470	16.2亿元
5	天翠阳光新城	五、六环之间	石景山区	680	53866.49	4149	2.23亿元
6	金隅大成金成雅苑（自住房/共有产权房）	五、六环之间	顺义区	524	45679.82	19000	8.68亿元
7	清岚花园	五、六环之间	顺义区	516	57935.69	3030	1.76亿元
8	北京城建世华泊郡（北京城建N次方）	五、六环之间	朝阳区	505	48392.59	7866	3.81亿元
9	中粮京西祥云（中粮稻田雅筑自住房）	五、六环之间	房山区	498	53027.19	38311	20.32亿元
10	首创禧悦府（含回迁房）	六环以外	密云区	489	40413.59	32753	13.24亿元

不过，与前几年相比，2017年三环以内的占比有所增加。其中二环以内占1.1%，为2013年以来的最高比例，二、三环之间占2.6%，是2012年以来的最高比例，这主要得益于中国玺、华润昆仑域、紫金印象等几个三环以内项目的入市。与2016年相比，三环以外各个环线间的占比均有所减小。

由于北京房地产市场开发时间早，开发速度快，从2009年开始，北京就进入了存量房时代。此后，北京新房供应量整体上是逐年减少的，尤其是2015年以来，北京宅地供应下滑，新房项目减少，新房供应量从2014年的超10万套逐年降低到2017年的不足3万套。

在供应量逐步下滑的带动下，北京新房的成交量2016年、2017年也是连续下滑。事实上，2015年、2016年北京楼市都是升温的，二手房交易量在这两年连续攀升，新房则只在2015年楼市升温时有交易增加，2016年便逆全市楼市交易量的上涨势头而下降，2017年则进一步创下历史新低。

不过，除了供应量本身的减少，2017年北京新房的低交易量还有政策的因素。2016年“9·30新政”以后，北京就加大了对新房项目入市的管理力度，一方面对项目销售价格加以限制，一方面对销售许可证的核发严格管控，从而进一步减少了市场上入市的新房项目。此外，限购、限贷等政策出台后，有资格、有经济实力购买新房的购房者也大幅减少。因此，新政调控下，北京新房市场供给、需求两端都受到了压缩，加上新房整个供应盘子的萎缩，最终造成了2017年北京新房交易量的历史低位。

虽然成交量在减少，去库存速度减慢，但供应量的大幅减少依然让北京新房的库存量持续下降。目前北京新房库存量仅有5万余套，按照以往每年的交易量，1年便可以得到消化。因此，从市场供应角度来看，北京的新房供应已经到了需要增加的时候。而北京2017年也确实大幅增加了土地供应，其中还包含大量的共有产权房（自住房）用地。根据北京2017年出台的五年供地计划，五年内北京将供应住宅用地6000公顷，其中国有建设用地5000公顷，集体建设用地1000公顷，以保障150万套住房建设需求，这其中又包括产权类住房100万套，租赁住房50万套。

根据这一计划，五年内北京平均每年供应的产权类住房将达到20万套，如果这些住房全都按计划供应入市，而二手住宅交易保持在15万套左右，2018年北京新房交易量将会翻倍增长，甚至重新超过二手房，回到2009年以前的新房时代。不过，在价格受控以及共有产权房的平抑下，2018年北京新房价格基本没有上涨空间，很可能还会较大幅度下降。

由于北京市中心区域的土地资源已基本消耗殆尽，目前北京的土地供应及新房供应基本都位于五环以外，这也导致近年来北京的新房交易基本都是在远郊区县进行，而且越来越远，从大兴、通州、房山进一步外扩到了顺义、平谷、延庆、密云等区域，远郊化趋势明显。

国家已经为楼市定下了“房子是用来住的，不是用来炒的”的基调，为保障居住需求，平抑房价，2018年北京将继续增加新房供应量，同时限制销售价格，增大中小户型比例，从而满足大量中低收入者的置业需求，真正让新房市场回归居住属性。

所以，2018年北京新房交易量将会在2017年的基础上触底反弹，其中共有产权房将会大量增加，整个市场的供应、成交结构将得到优化，前两年的豪宅化趋势将得到抑制。而房价也会在政策的严控下失去上涨空间，整体会维持稳中有降的趋势。至于区域上，远郊区仍将是新房供应成交的主力区域，随着轨道交通的发展，延庆、平谷、密云这些区域将会有越来越多的人前去购房。整体而言，未来北京新房市场将会量升价稳，保持健康平稳的发展趋势。

二、2017年北京二手住宅交易量腰斩 房价连跌8个月

北京二手住宅市场在2016年量价双双创下历史新高后，迎来了2017年史上最严厉且最严密的楼市调控，以“3·17新政”落地为始，一系列严格且严密的调控政策，取得了立竿见影的效果，北京二手房市场大幅降温，一方面交易量大幅下滑，与2016年相比全年交易量降幅达50%，另一方面成交价格冲高企稳并连续下跌。2017年，北京二手房市场彻底从高温高热之中走出，开启了新一轮降温周期。

1. 全年交易量环比下降过半

2017年北京全市二手住宅网签总量为136237套，环比2016年全年下降50%，在2009年到2017年之间仅高于2011年及2014年，排在近九年倒数第三位。

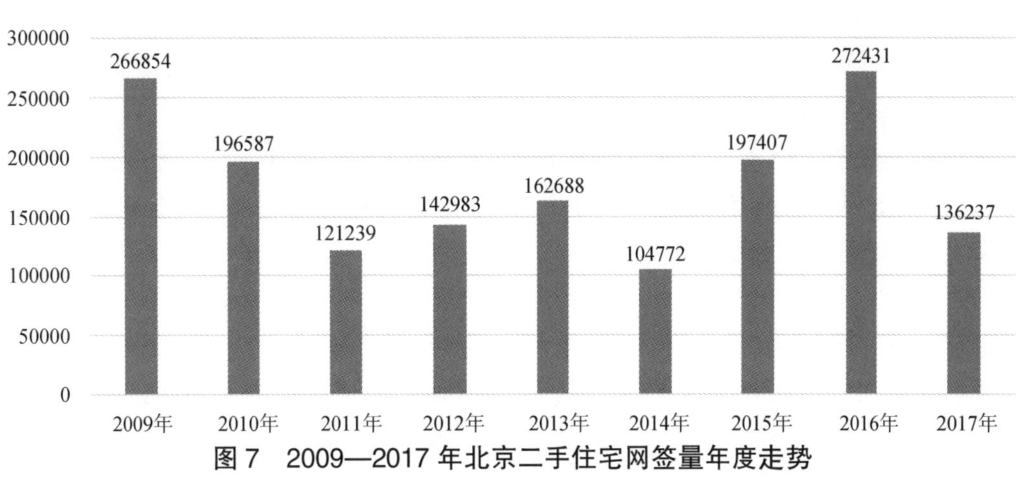

图7　2009—2017年北京二手住宅网签量年度走势

数据来源：伟业我爱我家集团

自2009年北京二手房市场大爆发，交易量正式超越新房，进入存量时代以来，2017年北京二手住宅交易量可谓降至低谷，特别是与2016年的历史最高量相比，过半的下降幅度远超以往，这说明本轮楼市调控出台的一系列政策非常切中要害，对降温楼市，抑制房价上涨，引导楼市回归理性起到了立竿见影的效果。

造成这种历史性下滑的直接原因是力度史无前例的政策调控。以“3·17新政”为代表，限制购买资格、认房又认贷、大幅提高首付比例、调高贷款利率、限制商住房买卖、离婚一年内再次购房认作二套等一系列政策形成的组合拳不仅力度空前，更将一些擦边球渠道堵住，多管齐下之下，北京二手房交易近乎冻结，投机炒房更是基本禁绝，去杠杆，使得楼市有效购房需求的大幅减少，市场迅速降温。

2. 二手房价连跌8个月 累积跌幅15%

“3·17新政”出台后，随着北京二手房市场的快速冷却，北京二手房价也在4月份冲高企稳，并从5月份开始直至年底12月，迎来了连续8个月的回落，12月份的二手住宅成交均价较4月高点时相比已经累计下跌15%。

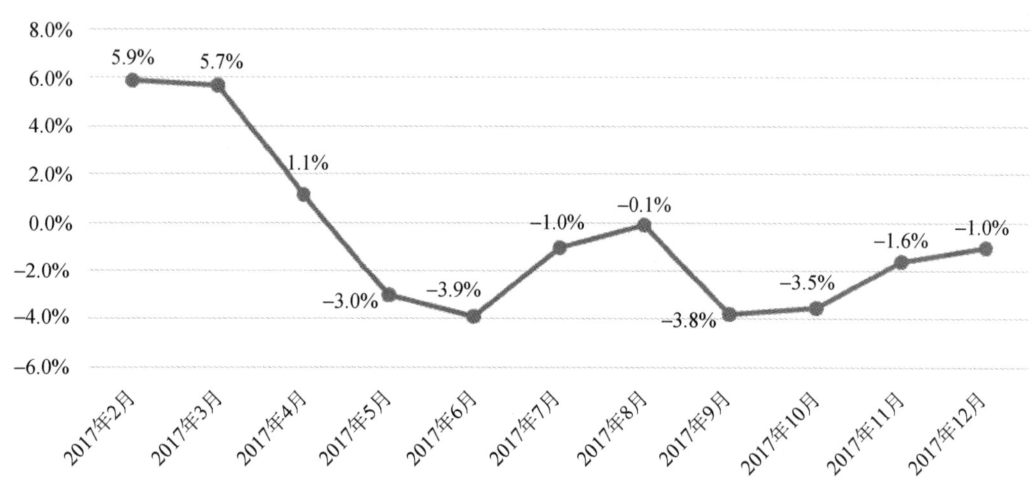

图8 2017年北京二手住宅各月成交均价环比涨跌幅

数据来源：伟业我爱我家集团

“3·17新政”在有效控制购房需求，降低交易量的同时，也明显改变了市场各方的预期，短期内看跌房价的心理预期，使得北京不少着急出售房屋或改换投资渠道或置业升级的业主主动降价出售，据统计，目前有8成以上的业主都有主动降价出售的意愿，预期的改变使得房价在5月份之后持续回落。一些近郊和远郊区县配套稍差的房龄相对较大的社区房价降幅较大，前期房价涨幅过快的城市核心区的老旧学区房房价降幅也较大，一些教育、交通、商业、医疗等配套设施完善的次新房社区房价则较为坚挺。

目前，北京二手房市场在房价下跌了15%之后再次进入了一个新的博弈期，利空出尽，政策的相对稳定，使得近三四个月以来购房需求在逐步恢复入市，交易量止跌回稳并小幅上升，房价降幅也开始逐步减小。虽然5月份之后北京二手房价连跌8个月，且累积跌幅达15%，但受益于“3·17新政”出台前一季度北京二手房价的大幅上涨，2017年全年北京二手房的整体成交均价仍较2016年有明显涨幅，在未来楼市调控力度仍将持续从紧从严的背景下，需求的释放仍将较为有限且理性，在目前高利率高首付时代，房价的实质性回落仍是刺激交易达成的关键因素，因此，未来北京二手房价仍有一定下降空间。

3. **商贷支付占比重新降回四成**

2017年，北京全市的二手住宅交易中，使用商业贷款进行支付的占41.1%，较2016年减少14.3个百分点；使用全款进行支付的占30.9%，较2016年增加8.1个百分点；使用市管公积金进行支付的占17.4%，较2016年增加1.2个百分点；使用其他方式支付（组合贷或其他借款）的占10.6%，较20146年增加4.9个百分点。

纵观2014年到2017年，2015年、2016年北京二手房市场上涨期间，使用商业贷款进行支付的占比也不断提高，从40.1%提高到了55.4%，占比一度超过一半，逼近六成，全款的比例则降到了22%左右。2017年形势突变，商贷占比下滑，全款占比提高，整体比例结构基本回到了2014年的情况。

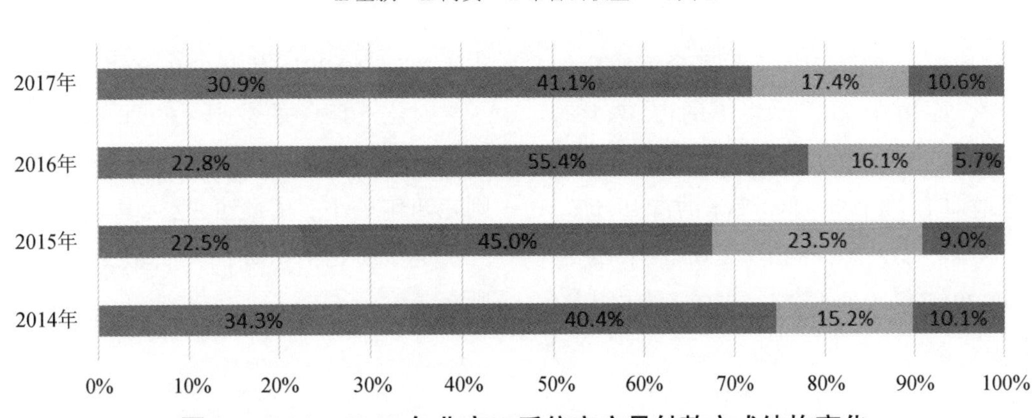

图9　2014—2017年北京二手住宅交易付款方式结构变化

数据来源：伟业我爱我家集团

从2014年到2017年的支付结构可以明显看出，在北京二手房市场升温期间，贷款买房的人大幅增加，这主要是因为北京房价整体较高，购房者大部分经济实力有限，只能通过商业贷款进行购房。加上2015年初到2016年初，国家多次降准降息，降低商业贷款首付比例，货币政策整体宽松，所以商业贷款比例持续提高。

但商贷比例提高后，市场杠杆随之提高，这在很大程度上增加了北京二手房市场的风险。所以，2017年北京楼市调控对首付比例、商业贷款利率进行了调整，最终使得贷款购房的比例大幅下降，堵住了一些投机炒房者的贷款炒房之路，从而降低了杠杆，降低了风险。

4. **大户型、大面积占比萎缩**

2017年，北京市二手住宅交易中，一居室交易占比为24.8%，较2016年减少1.4个百分点；两居室占比为53.5%，较2016年增加2.5个百分点；三居及以上户型占比为21.6%，较2016年减少1.1个百分点。整体上两居室仍占全部交易五成以上，是市场交易主力，但三居及以上的大户型交易占比下滑，甚至低于2014年，为四年以来的最低值。

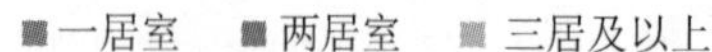

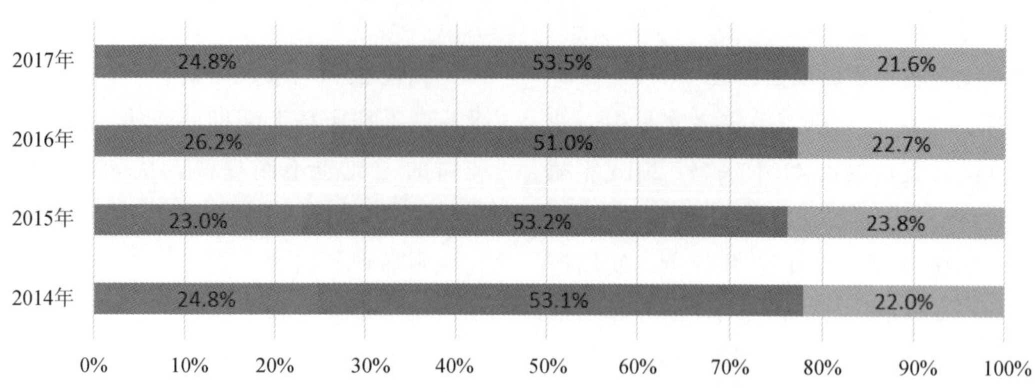

图 10　2014—2017 年北京二手住宅交易户型结构变化

数据来源：伟业我爱我家集团

而从面积段来看，2017 年北京全市成交的二手住宅中，面积在 60 平米以下的占 37.1%，较 2016 年增加 1.0%；60-90 平米的占 37.4%，较 2016 年增加 1.7%；90-140 平米的占 19.6%，较 2016 年减少 1.0%；140 - 200 平米的占 4.79%，较 2016 年减少 1.2%；200 平米以上的占 1.2%，较 2016 年减少 0.5%。

对比近四年的数据，60 平米以下、60-90 平米的占比都是四年最高，90 平米以上的占比则是四年最小。由此可见，2017 年北京小面积二手房交易比例扩大，大面积二手房交易占比则在萎缩。

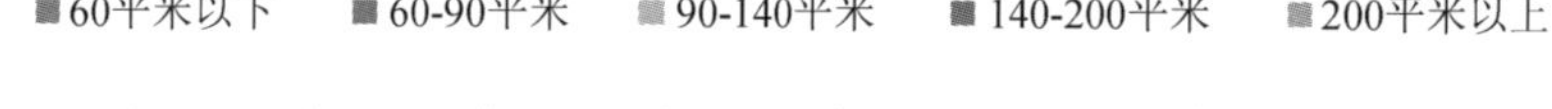

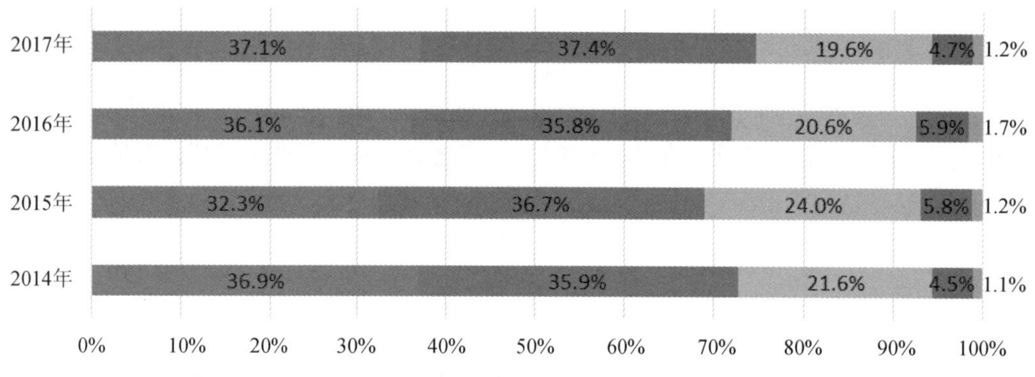

图 11　2014—2017 年北京二手住宅交易面积结构变化

数据来源：伟业我爱我家集团

从 2016 年“9·30 新政”到 2017 年“3·17 新政”，北京楼市调控首付比例提高最大的就是二套房以及非普通住宅，80%的首付比例近乎全款，大面积的总价也高，所以新政出台后还有实力购买大面积、大户型的购房者减少了很多，其交易比例自然下滑。此外，即使是非普通住宅、首套房，由于首付比例、商贷利率较之前都有提高，购房者在经济实力一定的情况下也只能降低购房面积要求，在这也导致了 2017 年北京小户型、小面积的二手房交易占比的扩大。

2016 年北京二手市场创下量价新高的纪录

后，楼市的收紧调控就已经开始，2017 年中央经济工作会议上政府首次还为房地产市场定下了“房子是用来住的，而不是用来炒的”的基调，因此，2017 年北京楼市政策注定趋紧，交易量价也注定下滑。2017 年春节后市场虽一度反弹，但在中央定调的情况下，这种反弹只能招致更严厉的调控。从结果来看，2017 年北京二手房交易量腰斩，国家统计局以及机构的交易价格都是连续多月下跌，调控效果非常显著。如今，2018 年中央经济工作会议再次强调“房子是用来住的，而不是用来炒的”，可以预见，2018 年北京的调控政策基本不会放松，市场出现反弹的可能性很小。

不过，基于北京二手房市场本身的庞大体量和 2017 年需求的冰封，2018 年北京二手房交易很大概率上会在 2017 年的基础上有所增加，有望恢复 15 万套左右的年均水平，首次置业以及改善换房的刚需则会成为市场交易主力，投机炒房不会有生存空间，市场杠杆、市场风险都会处在可控的范围之内，市场整体更加平稳健康。至于房价，在政策稳定的情况下，房价基本也会延续当前的稳中有降趋势，但降幅会收窄。

历史数据表明，政策对我国房地产市场有着决定性的影响。正是有 2009 年为拯救经济的四万亿以及 2015-2016 为去库存的连续降准降息降税降首付，2009 年、2016 年北京二手房才能有 27 万左右的交易量，而 2014 年、2017 年的降温则是因为政府执行着严格的信贷和限购政策。不过，随着政策的变化，2009 年以来北京二手房交易量一直处在上涨、下降的循环之中，周期一般为三年，这种重复起落并不利于市场的长远、健康发展，加快建立市场调节长效机制、减少短周期的市场调控十分必要。

当然，长效机制的建立是一项系统而长期的工程，只有土地财政、税收、立法等各方面都有大量变革后才能建立，长远里还需要合理配置资源，优化产业布局，引导人口流动。目前，长效机制的核心——房产税已经有了曙光，如果 2018 年能取得实质性进展，长效机制的建立将迈出坚实的一步。作为全国房地产市场的标杆，北京将会在长效机制的建立中起到至关重要的作用。

三、2017 年北京房租同比下跌 3.4%

在外地来京求职务工、大学毕业生和本地置业升级租房周转等各类租房需求的支撑下，在一系列鼓励推动租赁市场发展的政策支持下，2017 年北京住房租赁市场供需两旺，成交规模进一步扩大。但与此同时，受房屋买卖市场降温导致租赁市场房源增加，产业结构调整带来的人口疏解，以及在政策东风下长租公寓的迅速崛起等因素影响，租房需求增长所带来的房租上涨压力被有效平抑，2017 年北京租赁市场的房租均价不仅没有上涨，反而出现了有史以来不多见的房租回落。

1. 租赁交易量继续增长 租金价格首次下跌

2017 年全年，北京区域通过伟业我爱我家达成的住房租赁交易量继续增长，同比 2016 年全年增加 36.1%。从各年的走势看，北京历年的住房租赁交易量一直保持增长态势，2016 年、2017 年都有较大涨幅。

价格上，2017 年全年，北京区域通过伟业我爱我家达成的住房租赁交易，平均月租金为 4401 元/套，同比 2016 年下跌 3.4%，这是自 2000 年以来，北京年度租金均价的第二次同比回落，上次的年度租金均价回落是 2008 奥运年房租大涨后的 2009 年，当年北京房租均价同比 2008 年下跌了 4.17%

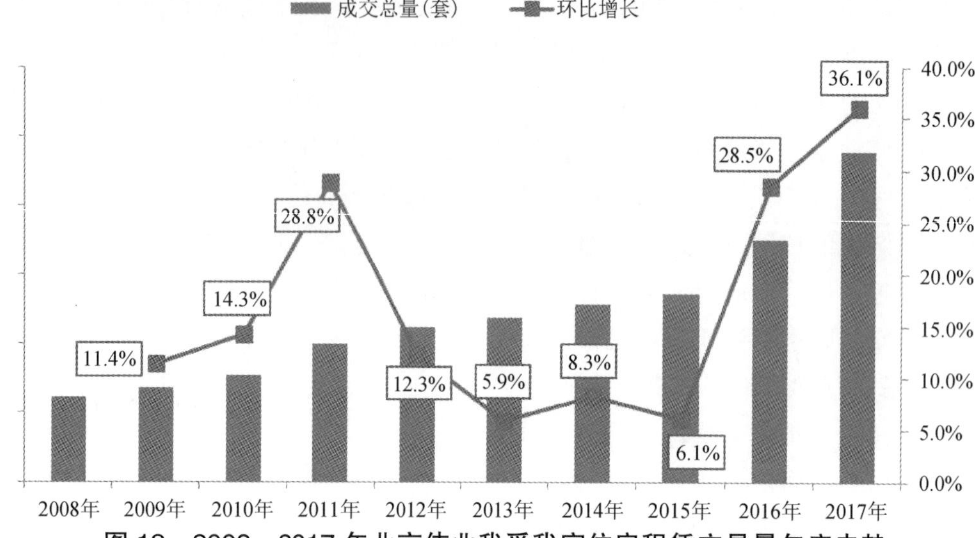

图 12　2008—2017 年北京伟业我爱我家住房租赁交易量年度走势

数据来源：伟业我爱我家集团

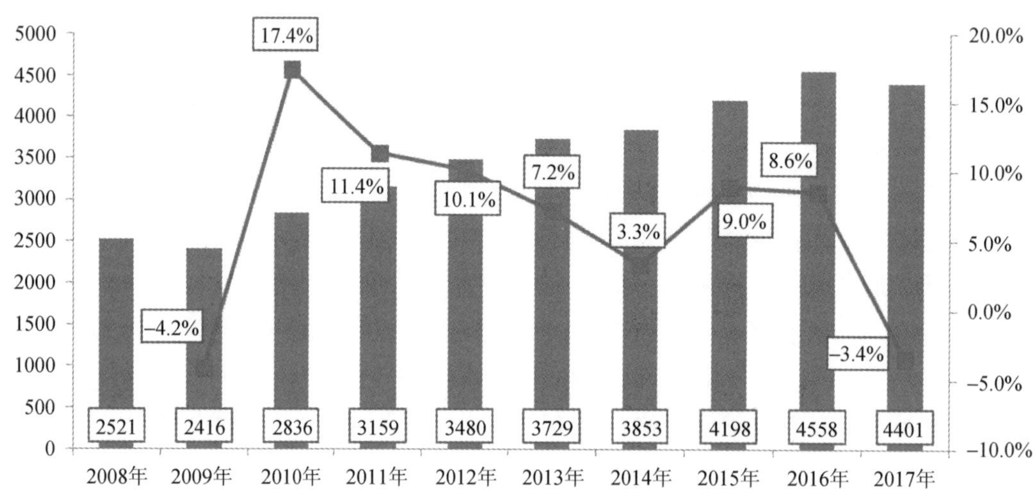

图 13　2008—2017 北京住房租赁租金均价年度走势

数据来源：伟业我爱我家集团

伟业我爱我家在北京区域达成的租赁交易量的大幅增长，一方面是因为伟业我爱我家自身租赁业务，尤其是长租公寓业务相寓规模的不断扩大，另一方面，更重要的是因为北京住房租赁的基本盘整体在不断扩大。作为首都，北京坐拥全国大量的优质资源，吸引着全国各地求职务工需求和各类人才前来，所以它的住房租赁需求不断增加，租赁交易量也只增不减。当然，近年来随着产业结构调整，北京常住人口增速在不断下滑，2017 年甚至出现了难得的负增长，但北京租赁市场的基本需求依然很大，租房市场的整体规模还将持续增长。

居民收入的增长，消费水平的提高，加上供不应求的矛盾一直存在，北京的租金价格多年来始终保持上涨。2017 年出现难得的下跌，其原因主要来自于四个方面：

第一，租赁区域结构变化带来租金平抑。近年来，北京轨道交通快速发展，房山、大兴、顺义、平谷等许多远郊区县都有了便捷的地铁交通，加上房地产开发越来越成熟，生活配套完善，且租金价格低于市中心区域，许多租客都在向这些远离市中心、租金价格更低的区域迁移，从而拉低了全市均价，尤其是近两年来北京产业结构调整带来的住房需求向远郊区域的扩散，对这一趋势也起到了催化作用。

第二，存量盘活缓解了供需矛盾。在资本、技术以及国家租购并举战略的推动下，诸如伟业我爱我家相寓这样的规模化租赁企业这两年快速发展，通过他们的努力，北京二手房市场上大量闲置存量房资源被盘活，市场供给大量增加，从而有效缓解了供需矛盾，平抑了租金上涨压力。

第三，楼市降温降低了业主预期，增加了房源供给。2017 年北京二手房市场在政策调控下大幅降温，二手房交易跌至冰点，许多业主不得不将房屋由售转租，从而增加了市场供应。同时，房价的下跌也降低了业主对租金的预期，业主提价比较审慎。

第四，国家政策调节了市场。2015 年以来国家高度重视住房租赁市场的发展，并将租购并举定为了国家战略。在政策的鼓励下，北京对许多新拍土地设置了自持比例，开放集体土地建租赁住房，并计划增加未来的租赁住房供应，政策释放出的这些积极信号对租金价格也起到了调节作用。

2. 全年淡旺季走势依旧 年末有小幅波动

从 2017 年年内各月的量价走势来看，北京房屋租赁市场依旧延续着过往的淡旺季规律，旺季时，供需紧张，量价齐涨，淡季时，供需矛盾缓解，量价齐跌。首先，春节后的 2 月、3 月是春季租赁旺季，外地来京求职务工人口的节后集中返京形成大量的租房需求，市场交易量出现年内第一个小高峰；接着，6—8 月是暑期毕业租赁旺季来临，应届大学生毕业的首次租房需求和往届大学毕业生的续租、换租需求集中爆发，市场交易量形成年内第二个高峰。其他各月，尤其是 8 月以后，市场基本都是步入淡季的逐步下滑趋势。

但 2017 年与过往也有明显的不一样。一是各月的租金均价走势更趋平稳，淡旺季房租的波动幅度明显减小，即使是旺季，租金价格也没有明显上涨，7 月的租金价格甚至还出现了下滑。二是年末 11 月、12 月有量价的小幅波动：11 月交易量突然增加，但 12 月又重新回落；12 月价格明显升高，但也没有高过 2017 年 1 月到 8 月的水平。

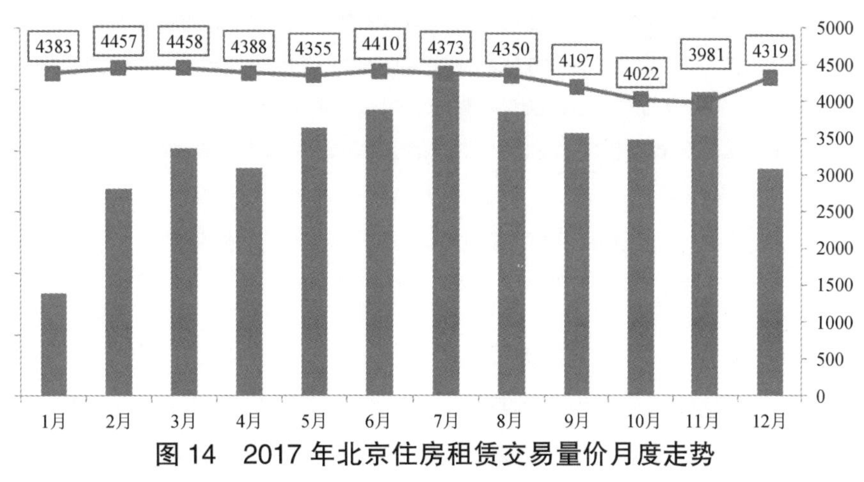

图 14　2017 年北京住房租赁交易量价月度走势

数据来源：伟业我爱我家集团

房屋租赁市场本身是一个受供需关系影响较深的市场，北京是全国经济中心，人口吸附力强，又拥有全国最多的大学教育资源，大学生众多，所以外来人口的集中流入和大学生的毕业形成了北京租赁市场的两大高峰。这种供需变化带来的市场规律波动迄今仍未改变。

但在区域结构变化、存量盘活、楼市降温、国家政策等因素的影响下，2017 年北京租赁旺季并没有出现过往的量增价涨局面，全年各月的平均租金走势平稳，7 月之后更是连续下滑，甚至低于了 1 月市场最淡的时刻。

年末的特殊事件则造成了市场的短时波动。大量租客从存在安全隐患的住房中疏解出来后，市场需求短时增加，并带来了 11 月交易量的逆势反弹，12 月房租价格的逆跌上扬。不过，随着突发事件影响的消逝以及春节前租赁淡季的到来，市场的短时波动很快结束，交易量 12 月就恢复了正常节奏，房租价格随后也步入原有轨道。

3. 户型结构基本稳定 两居占比继续小幅增长

户型结构上，2017 年北京住房租赁交易中一居室占 31.3%，同比 2016 年减少 2.7 个百分点，两居室占比为 53.6%，同比 2016 年增加 2.5 个百分点，三居及以上户型占 15.1%，同比 2016 年增加 0.2 个百分点。从历年数据来看，北京住房租赁交易的户型结构基本稳定，一居室都在三成到四成之间，两居室则在 5 成左右，三居及以上户型在 15%左右。

不过，在具体的比例上，2014 年以来一居室的占比在逐年小幅下降，目前已降至 30%多一点，两居室的占比则逐年小幅增加，近两年都超过了 50%，占一半以上。可见，两居室是北京租赁市场的绝对主力，且近年来选择租住两居室的租客越来越多。

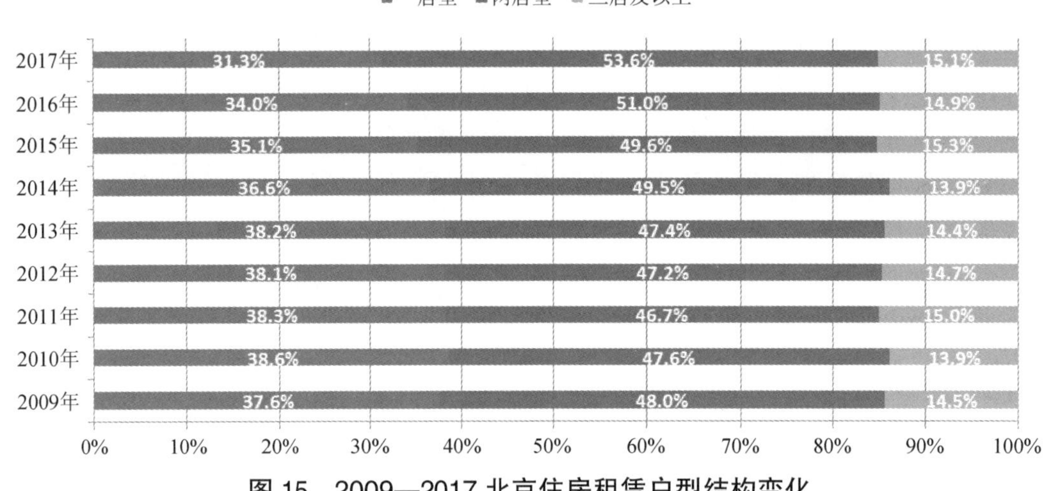

图 15 2009—2017 北京住房租赁户型结构变化

数据来源：伟业我爱我家集团

如今，人们对租住品质的要求不断提高，正在成为租房市场主力的 90 后也普遍追求个性、自由、舒适的品质租住生活，租客整体对房屋的空间、装修品质等要求较高，两居室大小适中，既符合普通三口之家的整租需求，又能满足两个年轻小家庭的合租需求，所以两居室逐渐成为最热门的租房需求户型。

4. 80 后占比继续缩小 90 后占比不断扩大

2017 年北京住房租赁交易客户中，70 后人群占 18.2%，同比 2016 年减少 0.9 个百分点，80 后人群占 39.7%，同比减少 3.2 个百分点，90 后人群占 24.8%，同比增加 3.1 个百分点，其他人群占 17.3%，同比增加 1.0 个百分点。

整体而言，80 后、90 后一直是北京住房租赁市场的主力，二者合计在市场上占六成左右。但 2012 年以后，80 后占比逐步缩小，从过半下降到了不足四成，90 后占比逐步扩大，从个位数的百分占比上升到接近四分之一。

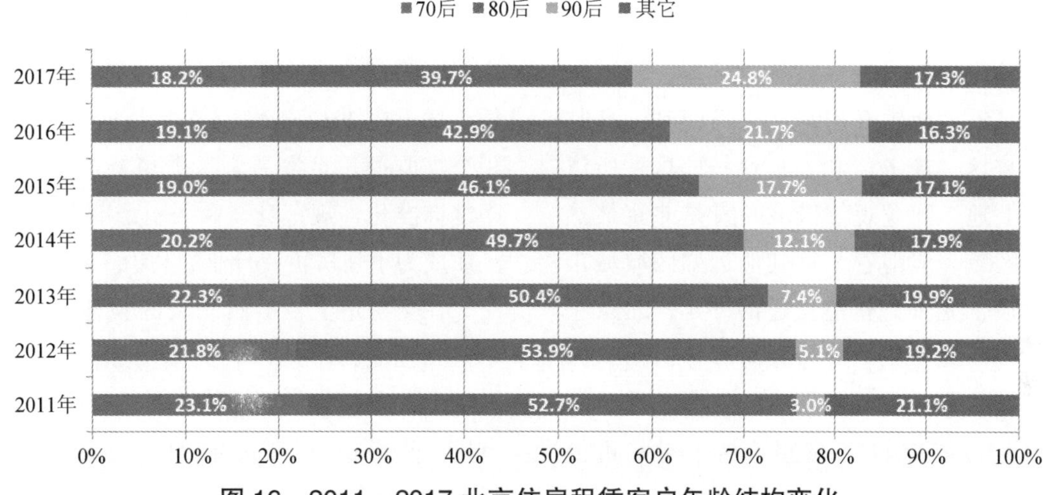

图 16 2011—2017 北京住房租赁客户年龄结构变化

数据来源：伟业我爱我家集团

随着年龄的增长，北京的 80 后逐步购房置业，90 后则逐渐毕业参加工作，租房市场 80 后减少、90 后增加是市场发展的必然规律。随着时间的推移，未来 90 后的占比还将继续扩大。几十年来我国社会、经济快速发展，不同年龄层的租客在思想、行为上有着较大的不同，对租住的要求也有所区别，租客年龄层的变化也在一定程度上推动了租赁市场从房源硬件到服务软件的一系列变化。比如伟业我爱我家旗下的长租公寓业务相寓，在租房客户更追求品质租住生活需求的推动下，规模快速提升，截至目前已覆盖全国 13 个城市，管理房源 25 万套，约 50 万间，与此同时，相寓为满足年轻租客对品质租住生活的需求，还在国内首创了信用租房服务，房源从产品标准化，到智能硬件的装配，再到租后服务等都在持续优化改善，就是为了不断满足年轻租客对美好租住生活的需求。

5. 租赁区域外移 更多远郊区域崛起

2017 年北京最热门的五个租赁区域依次是回龙观、上地、长阳环岛、和平里和立水桥。2013 年时，热门区域还是中关村、亚运村、CBD、劲松等地，但 2014 年开始，北部比中关村、亚运村更远的回龙观、上地、立水桥等地成为了最热门的租房区域。2016 年，顺义跻身前五，2017 年，房山长阳环岛也跃居第三。由此可见，北京的租房区域正在逐步外移，热门区域也正从北部远郊区县向顺义、房山等其他方向的远郊区扩散。

表 3　2013-2017 北京住房租赁交易量前五区域

序号	2013 年	2014 年	2015 年	2016 年	2017 年
1	中关村	回龙观	回龙观	回龙观	回龙观
2	亚运村	立水桥	上地	上地	上地
3	CBD	北苑	立水桥	顺义	长阳环岛
4	劲松	和平里小区	北苑	北苑	和平里小区
5	东八里庄	五道口	和平里小区	和平里小区	立水桥

北部是北京发展相对较好的区域，社区成熟，配套完善，地铁开通早，交通便利，且临近海淀高校区、商务区和上地科技园区，所以其附近的上地、回龙观等区域一直是北京最热门的租房区域。但随着北京其他远郊区域城市建设的发展，尤其是轨道交通的外延，北京租房区域正在向北、东、南等方向外扩，租房区域多点开花，远郊化趋势明显，租房区域结构的变化也是造成 2017 年房租价格下滑的重要因素。

事实上，除了量价等交易数据的变化，2017 年北京住房租赁市场还在发生着更加深刻的变化。

十九大报告提出，中国特色社会主义进入新时代，我国社会主要矛盾已经转化为人民日益增长的美好生活需要和不平衡不充分的发展之间的矛盾。在住房领域，住房短缺已经过去，住房消费正在升级，未来住房市场追求的是让居住更美好。

作为满足人民居住需求的重要居住形式，住房租赁也得到了国家的高度重视，2015 年以来全国租赁相关政策密集出台，租购并举也成为了国家战略。在租赁升级的大势下，北京租赁市场也在 2017 年发生着重大变化，相寓等长租公寓取得长足发展，整个租赁市场的服务越来越标准化、规范化、科技化，注重提升服务品质成为了住房租赁行业的共识。

在交易量上，虽然北京的整体人口规模基本得到控制，不会再有大幅增加，但在消费升级之下，在国家鼓励之下，北京的租房需求还有进一步增长的空间。供给上国家正在增加租赁住房，各色机构也在积极开拓房源，未来北京租赁市场将进入供需两旺的状态，交易量还会继续增长。价格上，目前北京城镇居民的收入水平还在持续提升，租住的品质也在提升，未来的房租均价也将稳中有涨，2017 年的下降很难成为趋势延续下去，不过，政策的调控和租赁人口的外迁将有效平抑租金，北京的年房租均价涨幅将控制在较低的范围内。

2017 年北京房租均价的下滑可以看作北京租赁市场变化的一个信号。在政策及行业的共同努力下，未来北京住房租赁市场的发展将不仅有量价等基本规模数据的变化，更有服务品质等内容上的变化。

2017年北京商业地产市场回顾与展望

国际金融地产联盟研究中心

第一部分：北京零售物业市场

2017年北京市政府继续以深化供给侧结构性改革为主线，加强创新、协调、绿色、开放、共享的发展理念，出台了一系列相关政策，如改革优化营商环境、促进商业流通产业提质增效、加强金融支持，并废止多个行政法规条文，简政放权，多证合一，提升政府服务效率，推进服务产业提升，带动并促进社会消费升级。

2017年北京城镇居民人均可支配收入达62406元，同比增长9.0%，全年实现市场总消费额23789亿元，比上年增长8.5%。其中，实现社会消费品零售总额11575.4亿元，增长5.2%，其中网上零售额2371.4亿元，同比增速10.9%，占社会消费品零售总额的20.5%；实现服务性消费额增长11.8%，达到12213.6亿元，占比51.3%，首次超过社会消费品零售总额，这也显示作为消费升级重要组成部分的体验式消费，有着巨大的市场空间和增长潜力。

表1　2014-2017年北京零售物业市场对比情况

指　　标	2017	2016	2015	2014
服务性消费额占市场总消费额比例	51.3%	44.8%	44.6%	44.9%
社会消费品零售总额占市场总消费额比例	48.7%	55.2%	55.4%	55.1%
社会消费品零售总额同比增速	5.20%	6.50%	7.30%	8.60%
网络零售额同比增速	10.90%	20%	40.20%	69.70%
网络零售额占社会消费品零售总额比例	20.50%	18.60%	19.50%	16%

受近年来商品住宅市场一系列严格限购政策及住宅用地供应紧缺的影响，北京全年完成房地产开发3745.9亿元，同比下降7.4%；其中住宅投资同比下降11.6%，为1725.5亿元，占比46.1%；而北京商业用房投资额占房地产开发投资总额比例持续上升，2017年达到53.9%，同比上年增长19.4个百分点，达到新高。

根据国际金融地产联盟研究中心数据显示，截止到2017年末，北京优质零售物业存量接近1600万平方米，其中百货占比继续下降至18%，不足300万平方米；购物中心占比持续上升至65%，超过1030万平方米；商业街和奥特莱斯共占比17%，不足270万平方米。

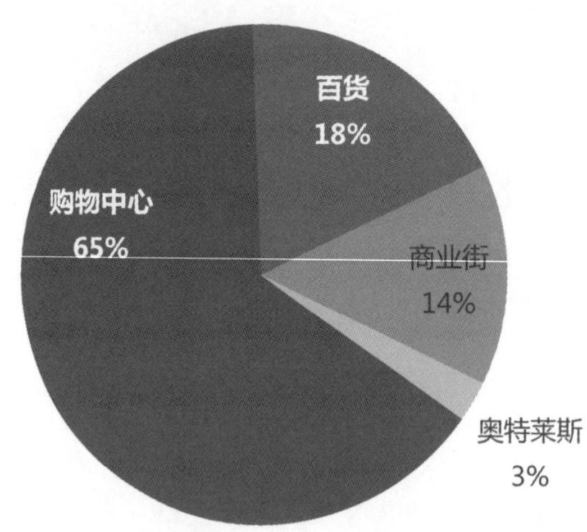

图 1　北京优质零售物业存量构成（2017 年）

2017 年北京市新增入市的 11 个主要零售物业项目体量接近 120 万平方米，其中位于 CBD 的国贸商城三期 B 座商业部分、位于前门的北京坊、位于王府井的王府中环以及位于东三环广渠路的北京朝阳合生汇这 4 个项目共为核心商圈带来了 42 万平方米的新增供应；2017 年一季度开业的文体娱乐综合型项目 - 五棵松华熙 LIVE. Hi-up，是北京西部唯一新增的主要商业项目；其余 6 个项目，除了体量 15 万平方米的华润密云万象汇和体量 4 万平方米的望京梦秀欢乐工厂位于城市北部，其余 4 个项目均位于城市南部，分别是位于丰台西侧的西铁营万达广场，建筑面积 13 万平方米，位于丰台东侧的方庄时代 Life 购物中心，建筑面积 4 万平方米，以及位于大兴的体量 4 万平方米的绿地缤纷城西岸和北京世界之花假日广场，建筑面积达到 35 万平方米，这也是 2017 年入市体量最大的商业项目。

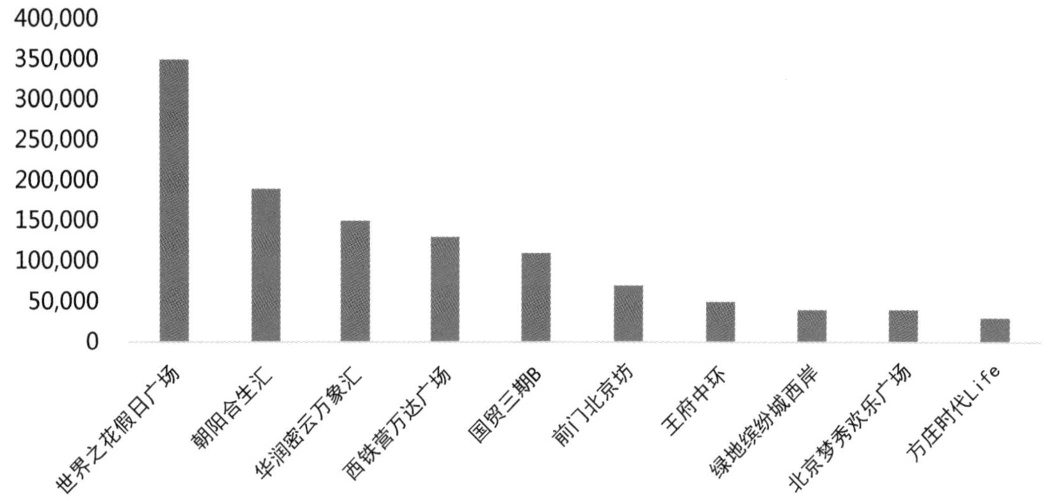

图 2　2017 年新增入市项目

国际金融地产联盟研究中心数据显示，预计到2020年还将有25个零售物业项目入市，总体量接近200万平方米。其中位于北京市行政副中心通州区核心区的4个项目将于2019年集中入市，总体量超过30万平方米。而朝阳区未来三年将有9个项目共56万平方米的新增供应。丰台有3个项目共26万平方米新增供应计划于两年内入市，东城区、房山区和大兴区将分别有两个项目预计三年内入市，供应量分别达到17万平方米、24万平方米和25万平方米；其余3个项目分别位于怀柔、亦庄和顺义，预计体量分别为9万、7万和5万平方米。

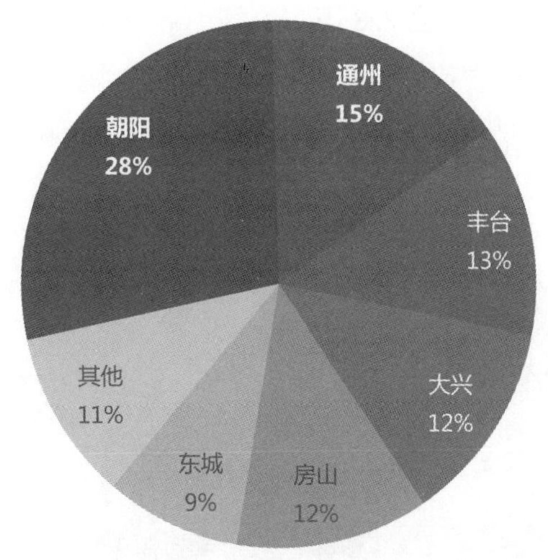

图3　2018-2020未来供应分布（按体量）

随着人工、租金等运营成本的持续上升以及网络购物和物流配送的不断完善，百货和大型综合超市在2017年继续纷纷关店。北京唯一的玛莎百货实体店-世贸天阶旗舰店在其开业十五个月后于3月关店；百盛关闭了北京仅剩的两家门店之一的长楹天街店；华堂商场也因租约到期关闭了其在北京唯一实现盈利的门店-丰台北路店，仅剩亚运村店在运营；沃尔玛在北京关闭了望京店、阳光店和大郊亭店等3家店。值得注意的是，以生鲜和农产品为独特优势的永辉超市则在2017年新开了3家店，分别位于通州、大兴和丰台；家乐福则在顺义天竺新开1家店。

国际金融地产联盟研究中心认为，近年来北京市商委持续推出的一系列扶持政策，积极改善便利店营商环境，以及各大便利店品牌竞相进入北京市场。据中国连锁经营协会数据显示，2017年北京市便利店的增速保持在了20.7%，是一线城市中发展最快的。根据北京市商委等四部门联合出台的《进一步优化连锁便利店发展环境的工作方案》中的未来规划显示，到2020年，北京便利店数量将会增加到3000家，而北京目前品牌便利店尚不足1200家。因此便利店在北京拥有巨大的市场空间。

2017年北京投资市场有三宗零售物业的大宗交易披露，分别是凯德商用以11.3亿元将位于北三环的安贞凯德Mall出售给项目主力租户华联集团；平安信托以12.5亿元快速收购了郑州中海持有的望京新一城；汇贯·南丰将位于王府井的淘汇新天以23亿的价格出售给北京昌盛投资，地上面积单价高达每平方米7.8万元，除价格因素，如何盘活项目以及项目的改造方向也引起大家的广泛关注。国际金融地产联盟研究中心认为，由于项目所在位置商业竞争激烈，结合目前北京写字楼市场由于供不应求、租金高企的市场现状，以及近年来“商改办”成功案例不断，该项目很可能会将商场改为高端办公空间，届时将有效缓解长安街及东二环供应不足的局面，并带动商圈整体办公品质的提升。

第二部分：北京写字楼市场

2017 年北京全年实现地区生产总值 2. 8 万亿元，增速为 6. 7%。作为全国政治中心、文化中心、国际交往中心、科技创新中心，北京现代服务业持续发展势头，连续多年领跑全国，2017 年北京第三产业增加值接近 2. 26 万亿元，占地区生产总值的 80. 6%，比全国平均水平高出 29 个百分点，达到甚至略高于美国第三产业占比（美国 2017 年第三产业占比为 80%）。按产业细分，除工业占比 15%位列第二，金融业占比 16. 6%，继续高居榜首，第三位是信息传输、软件和信息技术服务业 11. 3%，而占比 10. 2%的科学研究和技术服务业，则首次超过批发和零售业排在第四位。

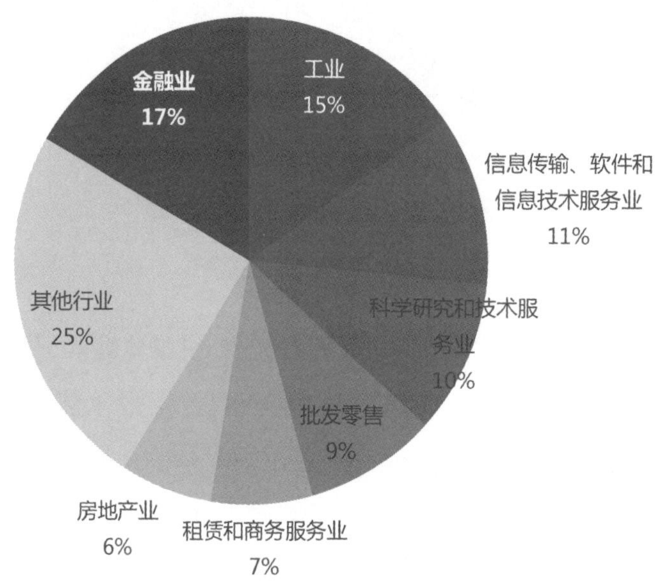

图 4　2017 年北京各细分产业地区生产总值占比

根据国际金融地产联盟研究中心数据显示，2017 年新增入市甲级及顶级写字楼仅为 34. 2 万平方米，其中 17. 5 万平方米位于核心商圈，16. 7 万平方米位于非核心商圈。截止到 2017 年年末，北京全市甲级及以上写字楼存量达到 1057 万平方米，其中核心商圈超过 1000 万平方米。最大商圈为中央商务区商圈，其甲级及以上写字楼存量接近 250 万平方米；其次是中关村商圈，存量接近 170 万平方米；存量在 100 万平方米以上的还有金融街商圈、亚奥商圈和亮马河商圈。

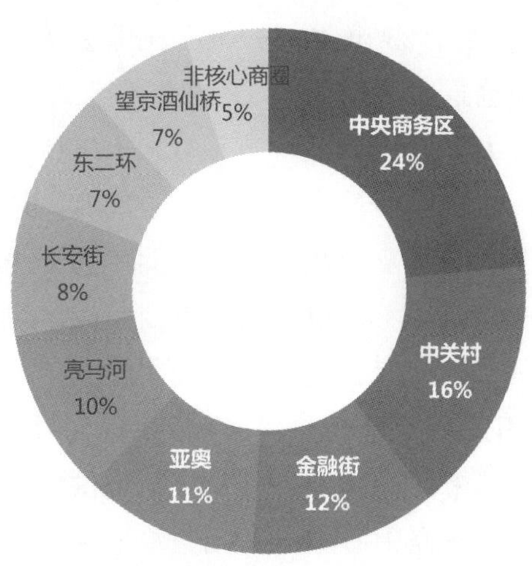

图5 2017年北京甲级（甲顶级）写字楼存量分布

由于在北京市现代服务业需求平稳上升的同时，新增供应量持续不充足，预计租金保持高位、空置率持续低位这一典型业主市场特征将继续。根据国际金融地产联盟研究中心数据分析显示，2017年年末北京市甲级（含顶级）写字楼市场每月每平方米平均租金达到382元，空置率为3.8%，而核心商圈平均租金则高达每月每平方米398元，空置率低至2.9%；租金是同时期国内主要门户城市核心商圈甲级写字楼平均租金的180%，而空置率比平均空置率低了20个百分点，仅为平均空置率的13%。

2017年北京写字楼市场租赁依然较为活跃，最大宗成交为中国石油整体租赁了位于亚奥商圈的恒毅大厦，租赁面积超过8万平方米；其次阿里巴巴在望京的金辉大厦扩租了接近3万平方米；而中伦律所和盈科律所则分别预租了位于中服地块的正大中心的2.1万平方米和1.7万平方米。总体来看金融业和科技相关行业最为活跃，分别占总体成交宗数的31%和25%，占总体成交面积的27%和34%。

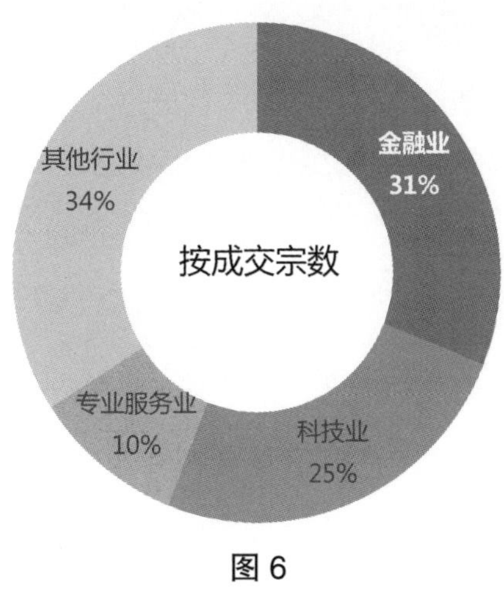

图6

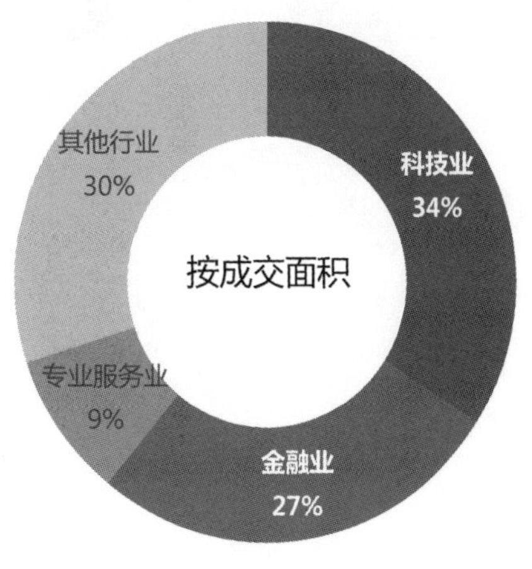

图7

国际金融地产联盟研究中心认为，新增的高品质写字楼提高了行业整体水平，也造成了市场的同质化竞争。而伴随着1985至2000年出生的“千禧一代”步入职场，并逐渐成为主力办公人群，业主方在运营管理中将更重视楼宇使用者的感受并推出并实施有针对性的个性化服务。至2025年，“千禧一代“正处于25至40岁之间，是各企业的中坚力量，也是办公空间最主要的终端使用者。比起传统办公空间，他们的需求会呈现多元化，如健康、绿色、舒适、智能等等。新一代办公人群需求的变化及智能科技的迅速发展，将驱动“众创空间”“共享空间”等等多种灵活办公空间的发展。同时，企业也看重灵活办公空间带来的租约的灵活性、工位成本的下降、多元沟通平台带来的协作及创新价值等等（国际金融地产联盟研究中心数据显示，“众创空间”可为企业减少20%左右的租赁成本），因此预计灵活办公空间的规划设计将成为开发商的重要考量因素。

国际金融地产联盟研究中心数据显示，预计2023年，北京写字楼市场将迎来超过620万平方米的高品质写字楼入市，近460万平方米来自核心商圈。其中中央商务区将新增约220万平方米写字楼面积，主要来自于中服地块项目；望京商圈也将贡献超过100万平方米面积；非核心商圈的丽泽商务区将入市140万平方米甲级写字楼项目。国际金融地产联盟研究中心预计，如果新增供应按计划批量入市，北京写字楼市场空置率将在2019年开始有明显上升，但凭借北京长期稳定的租赁需求以及新入市写字楼不断提升的品质，租金不会因新增供应产生巨大波动。

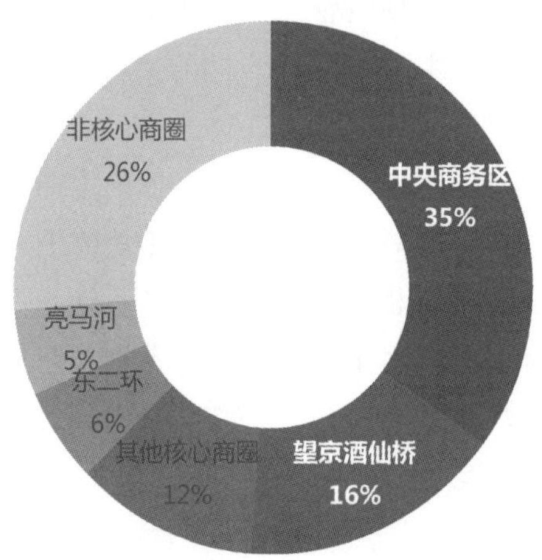

图8　2018-2023年北京甲级（含顶级）写字楼未来供应分布

2017年北京市房地产市场分析

北京首佳顾问

报告要点：

- 政策走向：2017年出台多项房地产市场相关政策，涵盖住房管理、土地、金融、财税等各个方面，房地产市场运行多变。中央定调2018年楼市：将继续加快建立多主体供应、多渠道保障、租购并举的住房制度。
- 土地市场：2017年1-12月份，北京市累计成交土地102宗，共计793.55万平方米，较上年同期的415.44万平方米上涨91.01%。
- 住宅市场：

  新房市场：2017年，新建商品住宅成交面积和套数分别为437.82万平方米和31900套，同比2016年分别下降46.2%和45.4%。12月份，新建商品住宅均价为39271元/平方米，环比下降20%，同比上涨3%。

  存量住宅市场：2017年，存量住宅成交面积和套数分别为1230.77万平方米和136231套，同比2016年分别下降51.0%和50.0%。12月份，存量住宅均价为54667元/平方米，环比下降1.57%，同比下降1.67%。
- 商业办公市场：

  商业用房：2017年1-12月，新建商业用房累计成交面积和套数分别为95.78万平方米和5771套，同比分别下降45%和59%。12月份，全市新建商业用房成交均价为32863元/平方米，环比上涨45%，同比下降4%。

  办公用房：2017年1-12月，新建办公楼累计成交面积和套数分别为175.35万平方米和16704套，同比分别下降70%和77%。12月份，全市新建办公楼成交均价为45986元/平方米，环比上涨74%，同比上涨27%。

一、政策走向

近期房地产政策持续跟踪

➢《关于规范推进特色小镇和特色小城镇建设的若干意见》 12月4日，国家发展改革委、国土资源部、环境保护部、住房城乡建设部就规范推进各地区特色小镇和小城镇建设联合发布意见，要求各级政府准确把握特色小镇内涵，遵循城镇发展规律，注重打造鲜明特色，有效推进“三生融合”，厘清政府与市场边界，实行创建达标制度，严防政府债务风险，严控房地产化倾向，严格节约集约用地，严守生态保护红线。

- 12 月 6 日　中国社科院《中国住房发展报告（2017-2018）》在京发布　报告指出，中国住房市场总体稳中有升，一二线城市分化降温，三四线城市分化升温。2018 年中国楼市将迎来平稳调整，但也存在若干不确定风险。报告建议，将 2018 年确定为基础性制度和长效机制建设年，把持续调控融入到制度和长效机制建设中。
- 12 月 13 日　住建部、财政部、中国人民银行、国土资源部颁布《关于维护住房公积金缴存职工购房贷款权益的通知》，由于部分房地产开发企业拒绝或变相拒绝购房人使用住房公积金贷款，引发缴存职工不满。为维护住房公积金缴存职工合法权益，有效发挥住房公积金制度作用，规范房地产市场秩序，净化房地产市场环境，住建部等提出，要压缩贷款审批时限，严格委贷业务考核，加强销售行为管理，提高抵押登记效率，公开业务办理流程，促进部门信息共享，加大联合惩戒力度，畅通投诉举报渠道，集中开展专项整治，切实加强监督检查。
- 12 月 25 日　财政部、国家税务总局颁布《关于租入固定资产进项税额抵扣等增值税政策的通知》　通知制定了自 2018 年 1 月 1 日起，纳税人租入固定资产、不动产，既用于一般计税方法计税项目，又用于简易计税方法计税项目、免征增值税项目、集体福利或者个人消费的，其进项税额准予从销项税额中全额抵扣等相关规定。

二、土地市场分析

12 月份，北京市成交土地 7 宗，土地总面积 47.60 万平方米，环比下降 46.9%；2017 年累计成交土地 102 宗，共计 793.55 万平方米。

12 月份，北京市成交土地 7 宗。成交土地总面积为 47.60 万平方米，环比下降 46.9%，规划总建筑面积 948534 平方米。其中住宅用地 6 宗，工业用地 1 宗。各宗地出让情况详见表 1。

表 1　2017 年 12 月北京市土地市场成交信息一览

宗地名称	土地面积 规划面积 （m^2）	规划用途	成交 总价 （万元）	楼面单价 （元/平方米） 溢价率（%）	开发程度	受让单位
顺义新城第 14 街区 SY00-0014-6001M1 一类工业用地项目	4280.58 3424	M1 一类工业用地	642	1875.25 0	宗地外五通，宗地内一平	北京星汉特种印刷有限公司
北京市昌平区北七家镇 CP07-0203-0007 等地块 R2 二类居住用地、A33 基础教育用地	71022.78 170414	R2 二类居住用地、A33 基础教育用地	648000	38025.04 44	三通一平	北京北辰地产集团有限公司和北京金隅地产开发集团有限公司联合体
北京市顺义区牛栏山镇 SY00-0017-6001 等地块 B1 商业用地、R2 二类居住用地、F1 住宅混合公建用地	132352.8 201775	B1 商业用地 R2 二类居住用地 F1 住宅混合公建用地	380000	18832.86 4.11	三通 一平	北京亚通房地产开发有限责任公司（石榴）

（续表 1）

宗地名称	土地面积 规划面积 （m^2）	规划用途	成交 总价 （万元）	楼面单价 （元/平方米） 溢价率（%）	开发程度	受让单位
北京市延庆区延庆新城03街区会展中心东侧一期 YQ00-0003-0002 等地块二类居住、供电、环卫设施及基础教育用地	99493.38 218506 建设共有产权住房 214626m² 售价 18000元/平方米	R2 二类居住用地、U12 供电用地、U22 环卫设施用地、A33 基础教育用地（出让宗地居住建筑规模全部用于建设“共有产权住房”）	214000	9793.78 67.19	六通 一平	北京富力城房地产开发有限公司和中交地产股份有限公司联合体
北京市朝阳区豆各庄乡马家湾村 1306-606 地块 R2 二类居住用地	35847.35 75279 建设共有产权住房 75279m² 售价 36000元/平方米	R2 二类居住用地（出让宗地居住建筑规模全部用于建设“共有产权住房”）	186000	24708.09 9.41	五通 一平	中铁房地产集团北方有限公司（中铁建）
北京市房山区阎村镇 LX14-0602 等地块 R2 二类居住用地、S4 社会停车场用地、A33 基础教育用地	72996.72 155965 建设共有产权住房 152463m² 售价 26000元/平方米	R2 二类居住用地、S4 社会停车场用地、A33 基础教育用地（出让宗地居住建筑规模全部建设“共有产权住房”）	254000	16285.7 25.37	临时 三通 一平	北京金隅地产开发集团有限公司
北京市房山区良乡镇中心区 01-17-02 等地块 R2 二类居住用地、B1 商业用地	59994 123171 建设共有产权住房 107258m² 售价 26000元/平方米	R2 二类居住用地、B1 商业用地（出让宗地居住建筑规模全部建设“共有产权住房”）	182000	14776.2 12.69	六通 一平	北京金融街京西置业有限公司

数据来源：北京市土地房产交易中心

2017 年 1-12 月，累计成交土地 102 宗，其中住宅用地 71 宗，商办用地 15 宗，工业用地 12 宗，其他用地 4 宗，共计 793.55 万平方米，较上年同期的 415.44 万平方米上涨 91.01%。土地出让情况详见表 2。

表 2　2017 年全市土地出让情况

用地性质	宗地数	土地面积（平方米）	建筑面积（平方米）	楼面均价（元/平方米）	溢价率（%）
住宅用地	71	5497348.5	9689592.9	24749.16	25.9%
商业/办公用地	15	734831.03	1825495.31	18921.3	12.84%
工业用地	12	1582391.01	2142452.2	1755.85	0
其他用地	4	120917.01	145100.42	10268.75	240.18%
合计	102	7935488	13802641	20257.13	24.23%

数据来源：北京市土地房产交易中心

三、住宅市场分析

1. 12 月份新建商品房成交面积环比上涨 55%，同比下降 45%。

12 月份，全市新建商品房成交面积为 124.52 万平方米，环比上涨 55%，同比下降 45%；全市新建商品房成交套数为 13630 套，环比上涨 67%，同比下降 50%。其中，新建商品住宅成交面积为 60.65 万平方米，环比上涨 90%，同比下降 10%；新建商品住宅成交套数为 5025 套，环比上涨 131%，同比上涨 6%。

2017 年 1-12 月，全市新建商品房成交面积和套数分别为 979.7 万平方米和 104106 套，同比分别下降 50.0%和 51.9%；其中，新建商品住宅成交面积和套数分别为 437.82 万平方米和 31900 套，同比分别下降 46.2%和 45.4%。

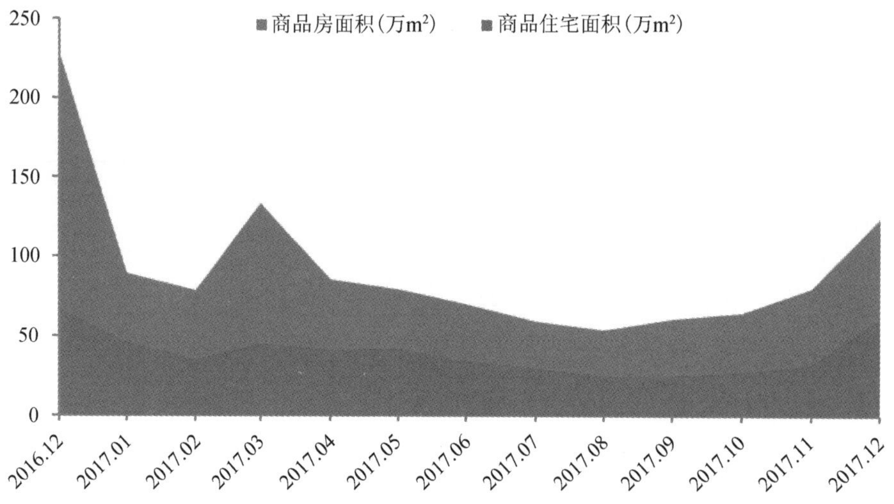

图 1　2016 年同期以来全市新建商品房和商品住宅成交面积

数据来源：北京市住房和城乡建设委员会

2. 12 月份新建商品住宅均价环比下降 20%，同比上涨 3%。

12 月份，全市新建商品住宅均价为 39271 元/平方米，环比上月的 48800 元/平方米下降 20%，比上年同期的 38066 元/平方米上涨 3%。

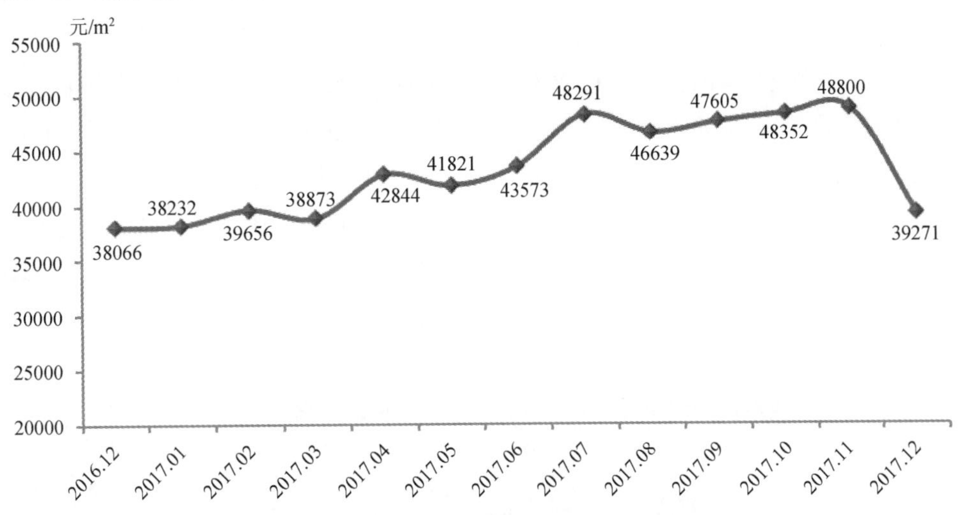

图 2　2016 年以来新建商品住宅平均价格

数据来源：北京市住房和城乡建设委员会

3. 12 月份存量住宅网签面积环比上涨 22.0%，同比下降 45%。

12 月份，全市存量房网签面积为 102.43 万平方米，环比上涨 24.8%，同比下降 48.2%，存量房网签套数为 11416 套，环比上涨 19.6%，同比下降 48.7%；其中，12 月存量住宅网签面积为 90.06 万平方米，环比上涨 22.0%，同比下降 45.4%；存量住宅网签套数为 10245 套，环比上涨 20.8%，同比下降 43.3%。

2017 年 1-12 月，存量房成交面积和套数分别为 1391.19 万平方米和 156284 套，同比分别下降 51.1% 和 50.3%；其中，存量住宅成交面积和套数分别为 1230.77 万平方米和 136231 套，同比分别下降 51.0% 和 50.0%。

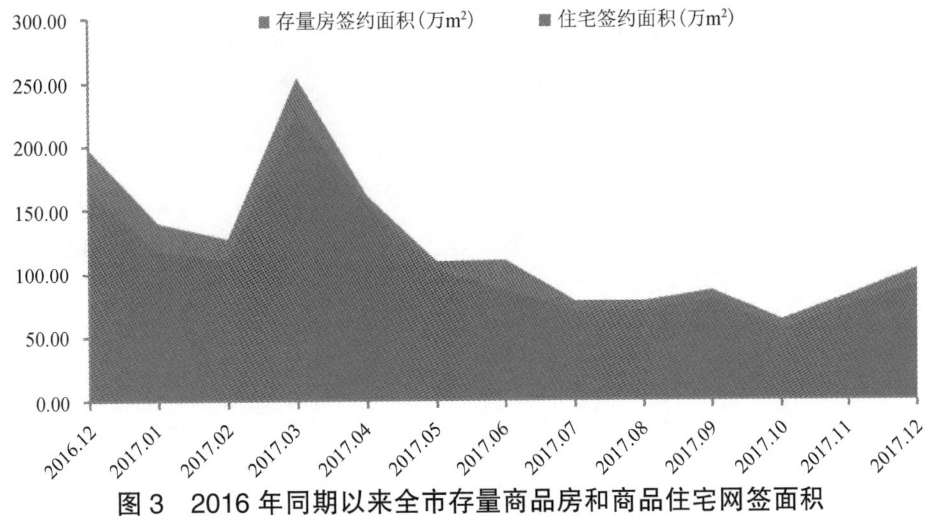

图 3　2016 年同期以来全市存量商品房和商品住宅网签面积

数据来源：北京市住房和城乡建设委员会

4. 12 月份存量住宅均价为 54667 元/平方米，环比下降 1.57%，同比下降 1.67%。

根据 VISS 系统对北京市 114 个住宅板块，共计 8968 个存量住宅小区的监测，12 月存量住宅均价为 54667 元/平方米，环比下降 1.57%，同比下降 1.67%。

2017 年 12 月，城六区中存量住宅均价最高的是西城区，监测均价为 91827 元/平方米，环比下降 0.8%；其次是东城区，监测均价为 82166 元/平方米，环比下降 0.7%；海淀区监测均价为 69578 元/平方米，环比下降 1.7%。

远郊区存量住宅均价最高的是经济技术开发区（亦庄开发区），监测均价为 40128 元/平方米，环比下降 5.8%；其次，大兴区监测均价为 34896 元/平方米，环比下降 0.7%；通州区监测均价为 33834 元/平方米，环比下降 3.6%；远郊区县中均价最低的是密云，监测均价为 21896 元/平方米，环比下降 3.5%，其次是平谷，监测均价为 21953 元/平方米，环比下降 1.3%。

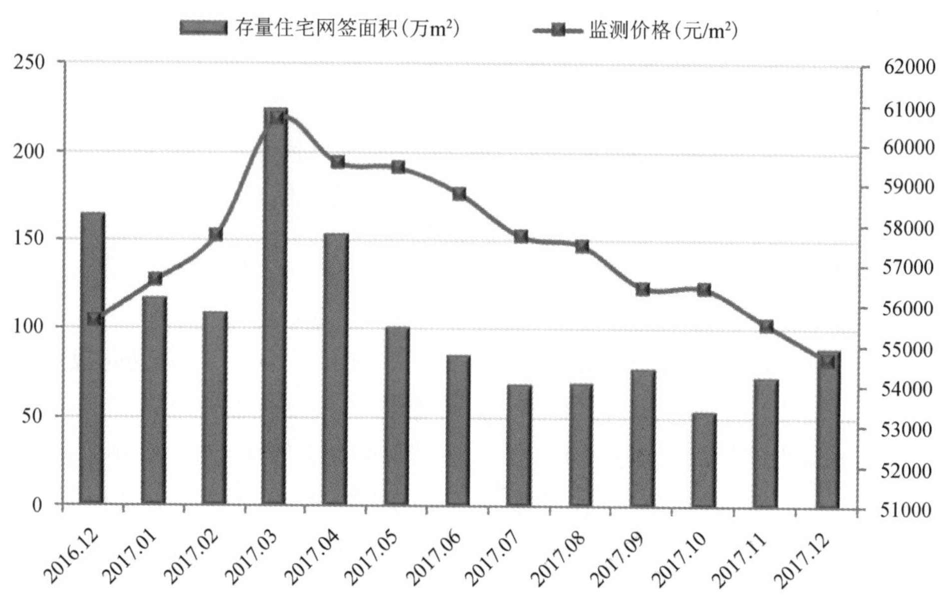

图 4　2016 年同期以来全市存量住宅网签面积及监测均价

数据来源：北京市住房和城乡建设委员会、VISS 系统

四、商业办公用房分析

1. 商业用房价格：12 月份新建商业用房成交均价环比上涨 45%，同比下降 4%。

12 月份，全市新建商业用房成交均价为 32863 元/平方米，环比上月的 22718 元/平方米上涨 45%，比上年同期的 34242 元/平方米下降 4%。

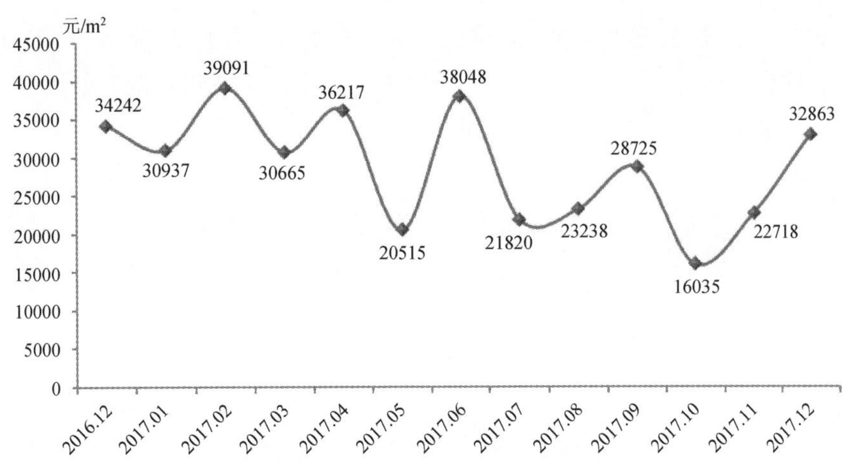

图 5　2016 年同期以来全市新建商业用房成交均价

数据来源：北京市住房和城乡建设委员会、VISS 系统

2. 新房市场成交：12 月份新建商业用房成交面积环比上涨 100%，同比下降 42%。

12 月份，全市新建商业用房成交面积为 14.94 万平方米，环比上涨 100%，同比下降 42%。成交套数为 904 套，环比上涨 55%，同比下降 42%。同期全市新建商品房成交面积为 124.52 万平方米，新建商业用房成交面积占其比重为 12%。

2017 年 1-12 月份，新建商业用房累计成交面积和套数分别为 95.78 万平方米和 5771 套，同比分别下降 45% 和 59%；累计成交面积占商品房面积比重为 10%。

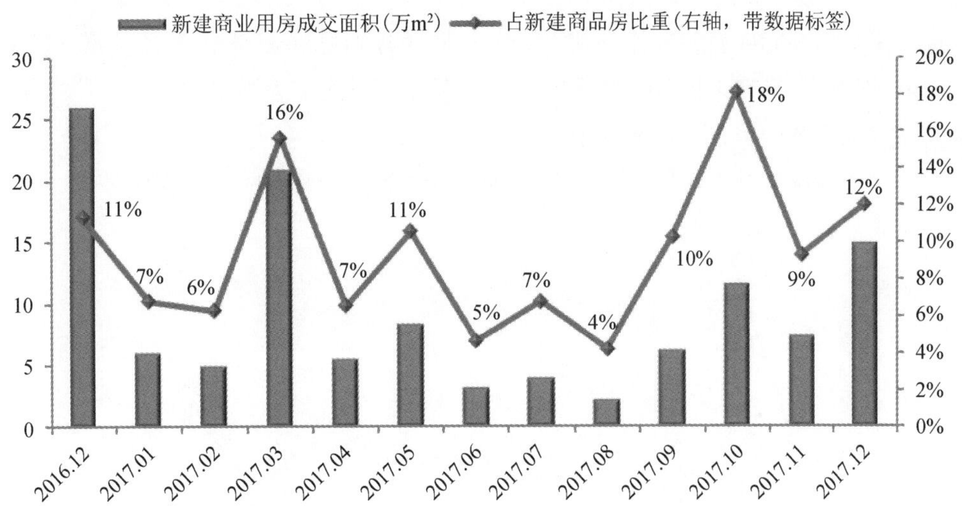

图 6　2016 年同期以来全市新建商业用房成交面积及其占比

数据来源：北京市住房和城乡建设委员会

3. 办公楼价格：12 月份新建办公楼成交均价环比上涨 74%，同比上涨 27%。

12 月份，全市新建办公楼成交均价为 45986 元/平方米，环比上月的 26425 元/平方米上涨 74%，比上年同期的 36213 元/平方米上涨 27%。

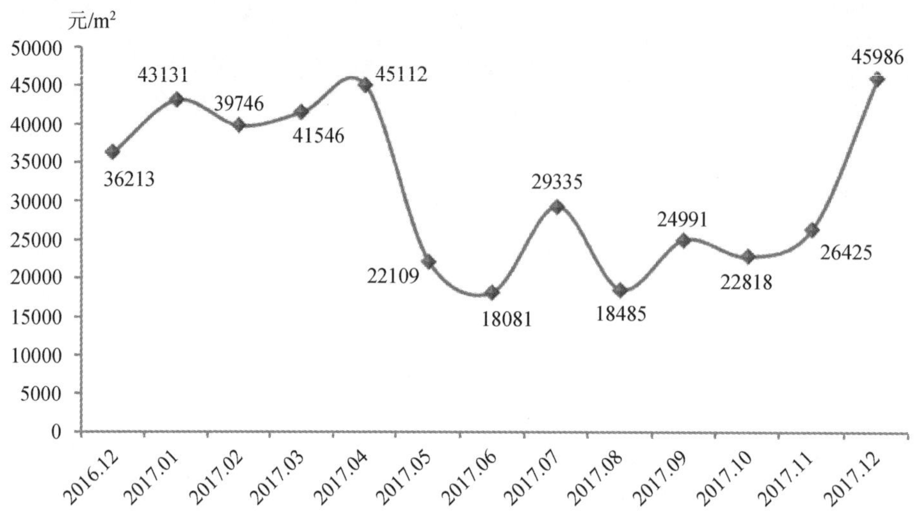

图 7　2016 年同期以来全市新建办公楼成交均价

数据来源：北京市住房和城乡建设委员会

4. 新房市场成交：12 月份新建办公楼成交面积环比下降 4%，同比下降 75%。

12 月份，全市新建办公楼成交面积和套数分别为 14.69 万平方米和 684 套，环比分别下降 4%和 37%，同比分别下降 75%和 90%。同期全市新建商品房成交面积为 124.52 万平方米，占其比重为 12%。

2017 年 1-12 月份，新建办公楼累计成交面积和套数分别为 175.35 万平方米和 16704 套，同比分别下降 70%和 77%；累计成交面积占商品房面积比重为 18%。

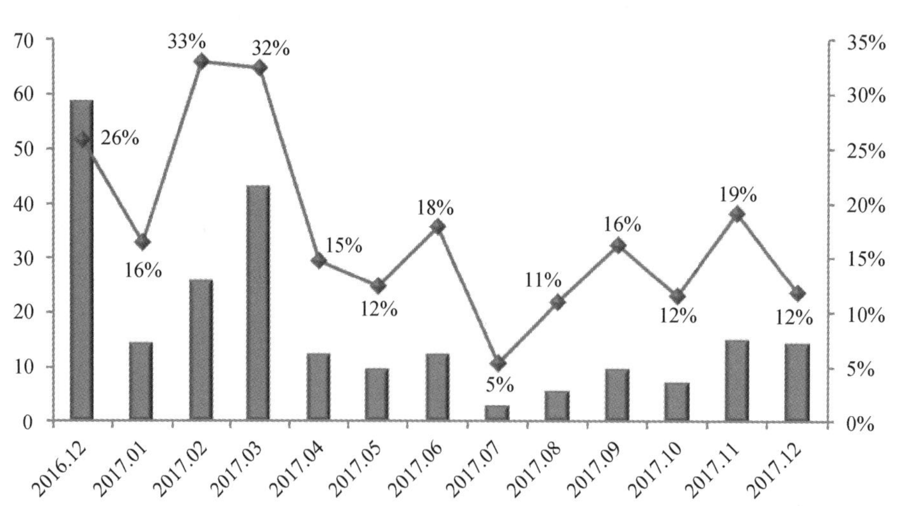

图 8　2016 年同期以来全市新建办公楼成交面积及其占比

数据来源：北京市住房和城乡建设委员会

五、市场走势分析

2017年，北京市政府加大土地供应量，加快推进利用集体土地建设租赁住房。2017年供地量共793.55万平方米，远超2016年。其中，实现集体土地租赁住房用地供应203.9万平方米，超额完成2017年度供应任务。

2017年12月，北京存量住宅网签量为10245套，在连续六个月低位运行后，首次突破一万套。北京市存量住宅均价连续数月稳中有降，目前已经回归上年同期水平，调控政策效果明显。

报告说明

存量住房均价：根据VISS系统监测的北京市114个住宅板块，共计8978个存量住宅小区均价，采用定基定权重的方式计算得出，以保证各期价格的可比性。VISS系统是由中估联行研发的在线批量评估系统。该系统充分集成信息技术与估价师经验，为房地产估价业务提供全新方式的在线评估数据支持。

商办类新房价格波动说明：商办房地产市场成交量小且分布不均匀，因未做同质化处理，商办新房均价波动较大，并不代表市场价格的真实走势，仅供参考。

免责声明

本报告中的意见和内容仅供参考，并不构成对所述市场交易的出价或评估。我司及其雇员对使用本报告内容所引发的任何直接或间接损失概不负责。

除非另有说明，所有本报告的版权属于首佳顾问。未经首佳顾问事先书面授权许可，任何机构或个人不得更改或以任何方式发送、传播或复印本报告，否则由此造成的一切不良后果及法律责任由私自发送、传播或复印本报告者承担。

2017年北京租赁消费大数据报告

链家研究院

核心观点：

1. 当下北京市租赁人口约1150万人，市场租赁缺口明显。相较发达国家一线城市，北京租赁市场人均面积较低，仅为14.3平方米。

2. 租金水平持续增长，2017年租金指数同比上涨16.5%，其中1-11月租金涨幅相对稳定，受到年末人口疏解等因素影响，12月份租金环比上涨4.5%，为年内最高值。

3. 租赁市场具有明显的商圈效应，以互联网、新媒体等科技区域租赁人群较为密集，租赁成交占比达到36%。

4. 小区周边配套指数与租金水平成正相关，配套越好，租金水平越高。2017年各城区的配套指数与各城区平均租金水平相关系数达到0.93。各商圈的租金水平与周边配套指数的相关系数达到0.74，均呈现正相关关系。

5. 年末人口疏解短期内会增加租赁需求，部分城区的租赁成交量、成交价格、带看量、客源量出现明显上涨现象。但这部分需求是暂时的，2018年会恢复正常水平。

6. 年末通州副中心正式启用，短期内会增加一部分通州区的租赁需求，而供给并不会立刻释放，12月份通州区租金环比涨幅8.2%，通州区的租金上涨压力较大。

市场篇

1.1 帝都多少租房客

1.1.1 “北漂”人口的增加为租赁市场注入新活力

北京市常驻人口连年递增，流动人口占比超过常驻人口的1/3。2010年到2016年，随着城镇化率不断提高，北京常住人口连年递增，到2016年末，常住人口已达2174万人，其中流动人口达到807万人，超过常住人口的1/3。受高房价和限购政策的约束，越来越多的流动人口的居住需求需要通过租赁市场得以满足，所以租赁市场会在未来相当长的时间内保持活跃。

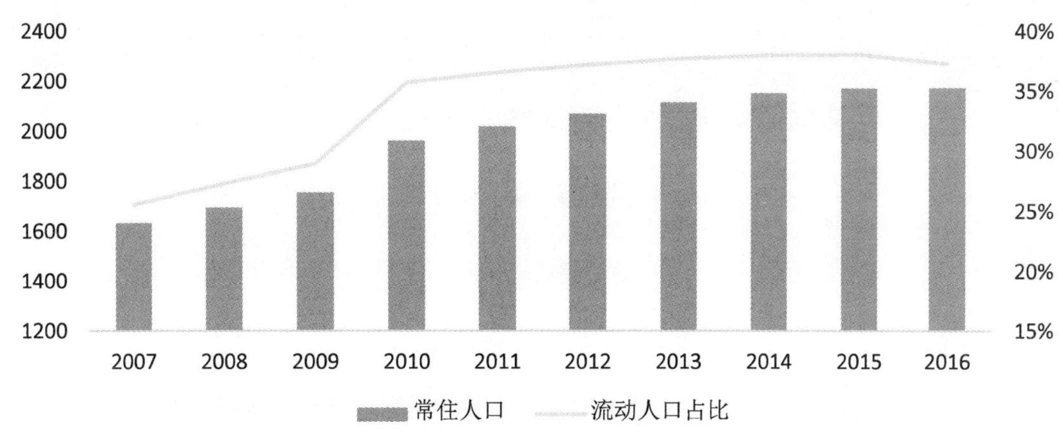

图 1　北京常住人口和流动人口变化（单位：万人）

数据来源：链家研究院

当下北京的租赁人口有 1152.8 万人，主要以刚毕业的大学生群体和低学历的打工人群为主。其中，刚毕业大学生群体租赁人口达到 317.5 万人，而低学历的打工人群为 479.3 万人。

表 1　北京租赁人口测算（单位：万人）

人口类型	定义	人口测算（万人）
有房租赁家庭人口	城市有房改善型租房人口	48.2
城市户籍夹心层	户籍无房高收入人口，主要为取得北京户籍的刚毕业大学生、引进人才等	317.5
流动夹心层	无户籍大学生租房人口	212.4
城市低收入人口	无房人口中去除户籍大学生租房人口	95.4
低学历流动人口	以农民工为主的低学历打工人群	479.3

数据来源：链家研究院

1.1.2 **年轻人群和高学历人群不断涌入租赁市场**

北京市 2017 年租赁人群中，年轻人群成为市场主力，而且整体学历层次较高。数据显示，20 到 35 岁的年轻人群成为租赁市场的主要客群，占比超过 60%。其中，本科及以上的高学历人才占比超过 85%。对比 2016 年北京市统计局发布的北京人口年龄分布和学历分布可以发现，租房人群中年轻人群比例高于整体水平，高学历人群也呈相同态势。

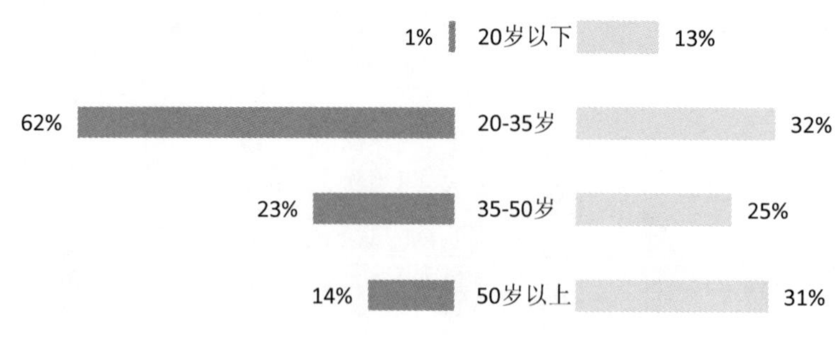

图 2　2017 年北京人口年龄分布和租房人群年龄分布

数据来源：链家研究院

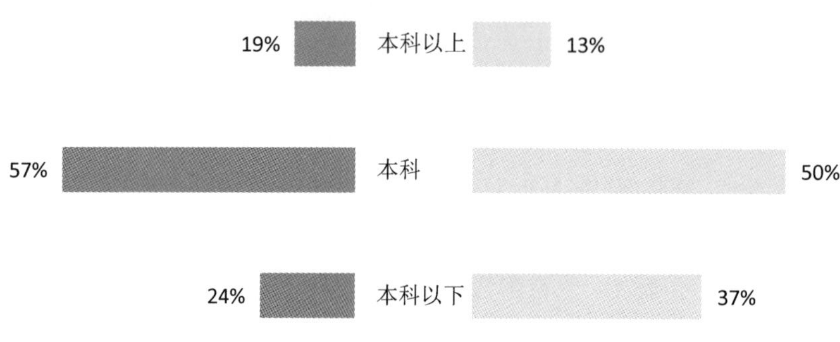

图 3　2017 年北京人口学历分布和租房人群学历分布

数据来源：链家研究院

信息产业发展引入大量年轻且学历较高的租赁人口。调研数据显示，当前租赁人群中从事互联网科技产业占比达到 36%，超过传统金融行业 25%，信息科技行业的快速发展为市场引入大量的年轻且学历较高的租赁人口。

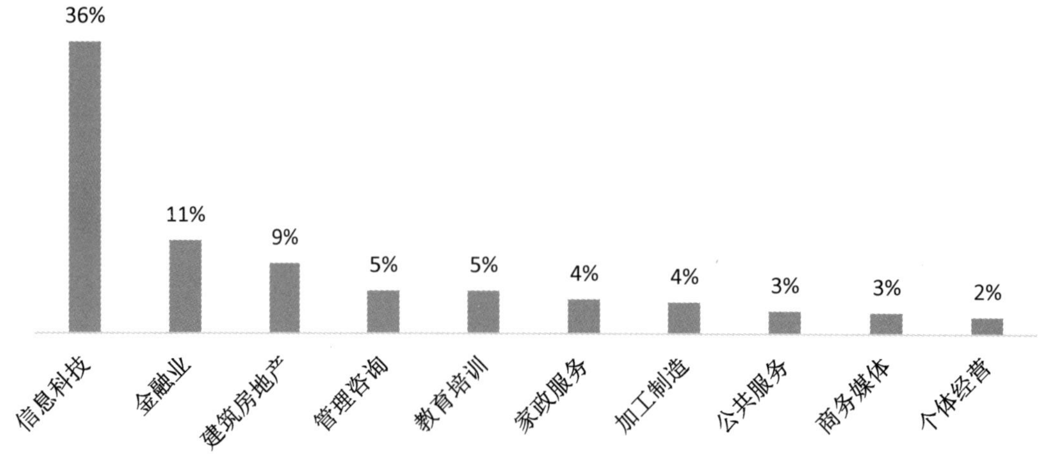

图 4　2017 年北京租客各产业的租赁人口分布占比

数据来源：链家研究院调研

1.2 风口上的租赁市场

1.2.1 市场规模

一线城市租金规模超过千亿，仍有发展空间。数据显示，北京、上海等一线城市的2017年租金规模超过千亿，其中北京租赁市场成交1055亿，上海市场成交1204亿，较发达城市如纽约、东京仍有一定的差距，但由于一线城市作为内地人口流动的中心，未来市场发展潜力不可小视。

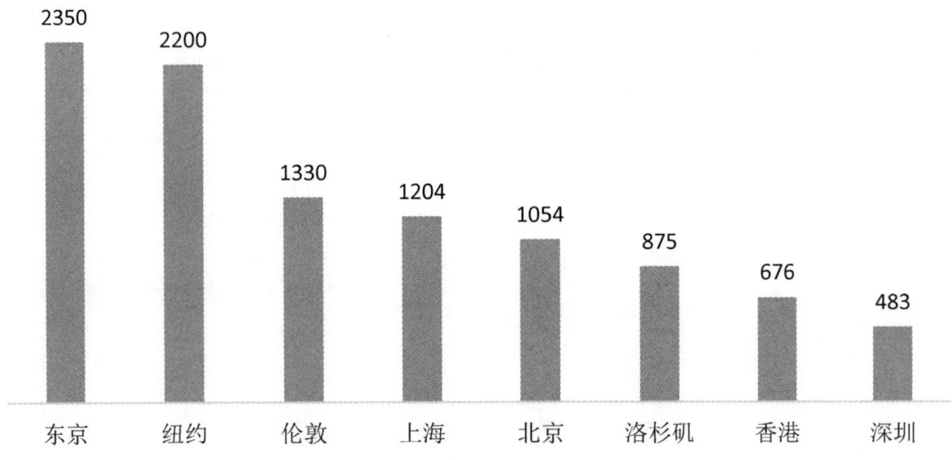

图5 各城市租赁GMV水平（单位：亿元）

数据来源：链家研究院

人均居住面积较低，租赁房屋缺口明显。从人均居住面积来看，2017年北京人均租赁居住为14.3平米，与纽约、东京等发达城市人均20平米以上相距甚远。

表2 国内外主要城市人均租赁面积

城市	租赁房屋数量（万套）	人均租赁面积（平方米）
纽约	212	37.4
东京	310	23.7
北京	150	14.3

数据来源：链家研究院

1.2.2 租赁市场风向标

租赁政策频繁出台，政府加大推进租赁市场发展。随着“租购并举”政策思想的确立，完善房地产长效机制的政策不断被建立和落实，通过梳理近几年的租赁市场政策发现，政府对租赁市场的态度从被动监管到鼓励支持。

表3 最近2年内租赁的政策鼓励内容

	鼓励政策
土地	加大租赁用地供给、利用集体用地建设租赁住房等
房屋	鼓励房企转型开展住房租赁业务、培育专业化住房租赁企业
金融	允许提取住房公积金支付房租、对租赁企业给予融资支持、推进REITS试点

（续表 3）

	鼓励政策
财政	税收优惠、公租房货币化（市场提供租赁房源、政府发放租赁补贴）
法律	租赁市场立法，切实推进租购同权

内容来源：链家研究院整理

表 4　最近 2 年内政策出台的一系列租赁政策汇总

日期	部门	政策	意义
2017 年 9 月	北京市住房和城乡建设委员会	关于加快发展和规范管理本市住房租赁市场的通知	加快房地产市场供给侧结构性改革和建立购租并举住房制度。
2017 年 8 月	住建部	利用集体建设用地建设租赁住房试点方案	增加租赁住房供应，缓解住房供需矛盾，构建购租并举的住房体系，建立健全房地产平稳健康发展长效机制。
2017 年 7 月	九部委	关于在人口净流入的大中城市加快发展住房租赁市场的通知	加快推进租赁住房建设，培育和发展住房租赁市场
2017 年 4 月	北京市住房和城乡建设委员会	关于本市企业自持商品住房租赁管理有关问题通知	规范企业自持商品住房租赁管理体制。
2016 年 9 月	国土资源部	关于建立城镇建设用地增加规模同吸纳农业转移人口落户数量挂钩机制的实施意见	以人的城镇化为核心，制定实施人地挂钩政策，通过规划总量调控、计划单列下达、用地优化安排，满足新型城镇化用地需求。
2016 年 6 月	国务院办公厅	国务院办公厅关于加快培育和发展住房租赁市场的若干意见	加快培育和发展住房租赁市场，形成市场规则明晰、政府监管有力、权益保障充分的住房租赁法规制度体系，推动实现城镇居民住有所居的目标。
2016 年 5 月	北京市住房和城乡建设委员会	面向新就业无房职工开展公租房配租试点	完善本市“购租并举，以租为主”住房保障制度，逐步扩大公租房保障范围，推动中心城区人口疏解，现就开展新就业无房职工公租房配租试点。
2016 年 3 月	国务院办公厅	国家发展改革委关于 2016 年深化经济体制改革重点工作意见的通知	健全以市场为主满足多层次需求、以政府为主提供基本保障的住房供应体系。
2016 年 1 月	财政部	关于公共租赁住房税收优惠政策的通知	加强和规范保障性住房管理，加快解决中低收入家庭住房困难，对公共租赁住房建设和运营给予税收优惠。

内容来源：链家研究院整理

交易篇

2.1 租赁市场交易行情

2.1.1 租金水平持续上升，成交量稳步上涨，整体呈现“量增价涨”态势。

数据显示，2017 年北京租赁市场租金水平持续上升，到年末租金指数同比上涨 16.5%。成交量稳步增长，同比上涨超过 40%。

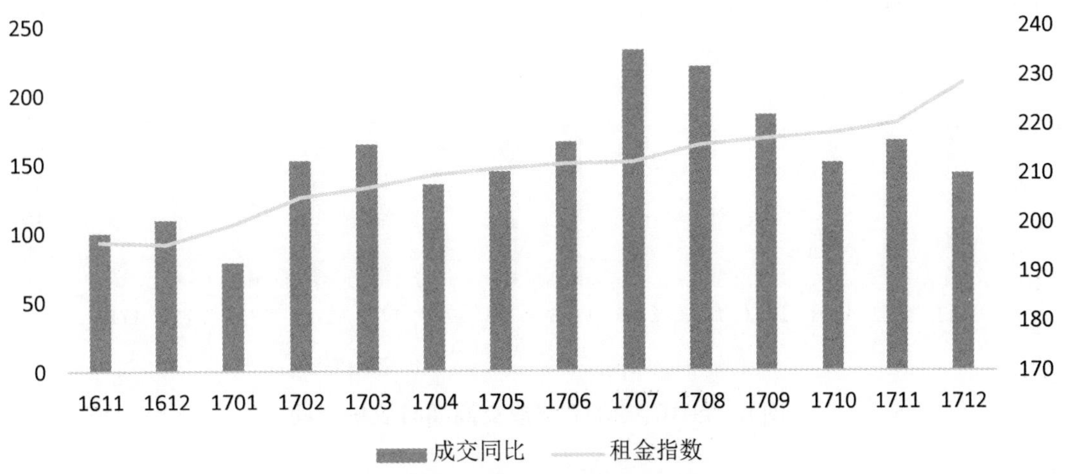

图 6　2017 年租赁市场量价关系

数据来源：链家研究院

2.1.2 房客比不断上升，租赁房源供不应求

房客比①上升，供需失衡明显。2017 年北京租赁市场房客比由 2016 年末的 1.3 水平上升到 2017 年末 2.5 的水平，说明市场上租赁房源供给相对不足，租赁缺口严重。

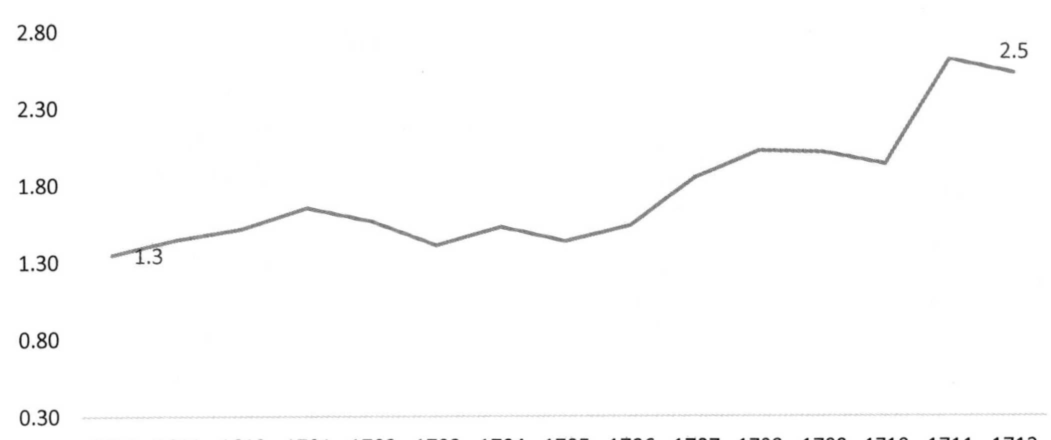

图 7　2016、2017 年房客比变化

数据来源：链家研究院

① 房客比=新增客/新增房

2.1.3 **成交周期逐月下降，房东话语权逐渐变强**

成交周期逐月下降，议价空间逐渐缩小。数据显示，2017 年租赁成交周期逐月递减，由 2017 年初的每单 8 天的成交周期下降到每单 4 天。从议价空间来看，2017 年相对 2016 年有小幅下降，房东话语权逐渐变强。

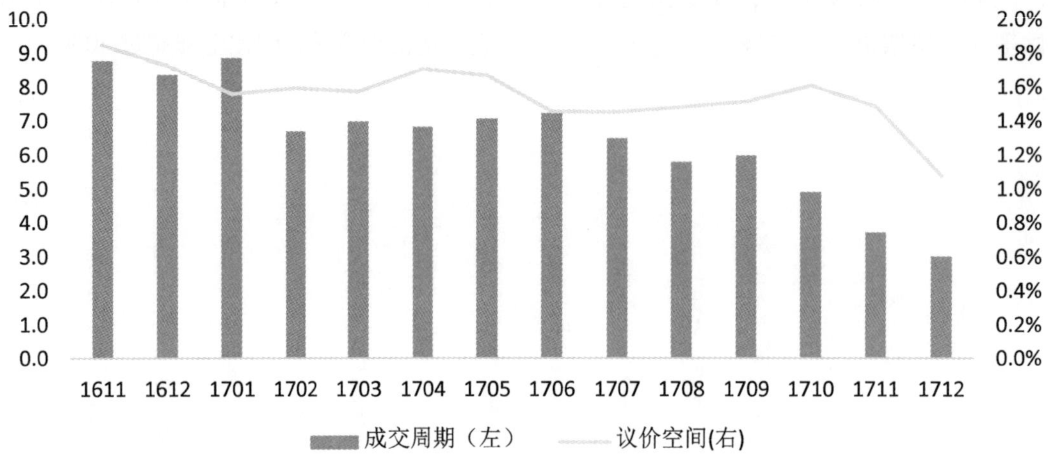

图 8　2016、2017 年成交周期与议价空间

数据来源：链家研究院

2.1.4 **限购打击投机行为，买转租比重明显下降**

限购政策的升级有效抑制了市场投机行为，购房后出租比重出现下降。2016-2017 年北京市楼市调控政策不断升级，2017 年购房人在链家成交后挂牌出租的比重较 2016 年的 12.1%，下降至 2017 年的 10.4%，市场投机行为明显受到抑制。买转租的比重下降，也从一定程度上影响了租赁市场房源流入。

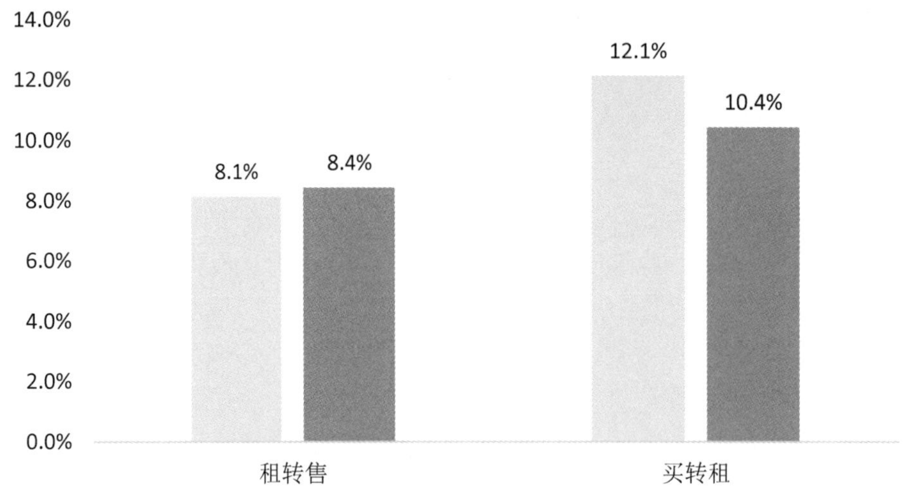

图 9　2017 租赁市场租售转化对比

数据来源：链家研究院

2.2 租赁市场分布特点

2.2.1 主要城区分布

朝阳、海淀、丰台三区租赁占比最高。产业结构、交通分布以及商业配套设施影响着租客对于居住地的选择，从而使得租客在空间分布上具有显著性的差异。从数据来看，朝阳、海淀、丰台三区为租赁核心城区，其占比分别为28.0%、14.6%、11.6%。

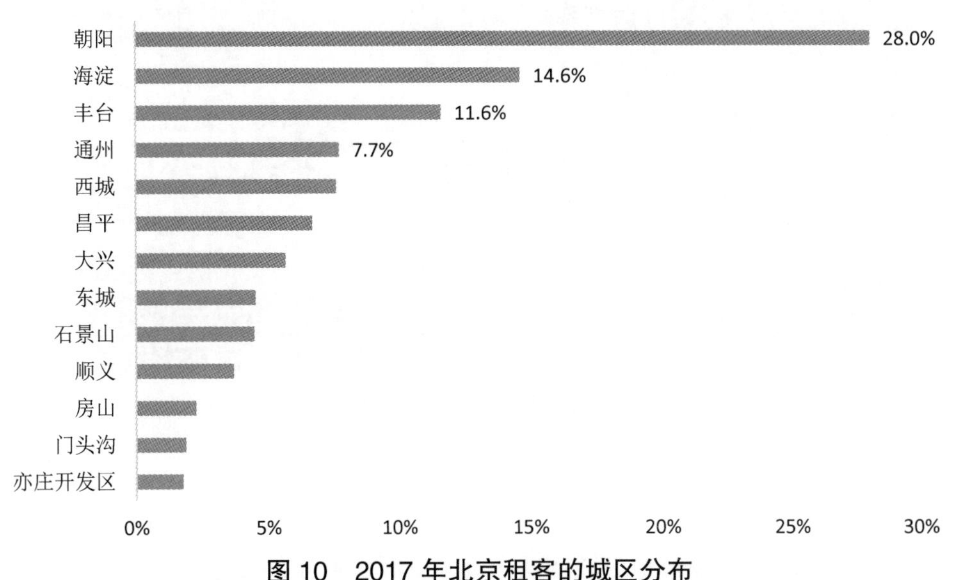

图10　2017年北京租客的城区分布

数据来源：链家研究院

2.2.2 互联网密集商圈成为租赁热点。

数据显示，互联网产业较为发达的地区，典型如望京和回龙观等成为租赁热点商圈，租赁成交量在全市成交量占比超过2.1%。

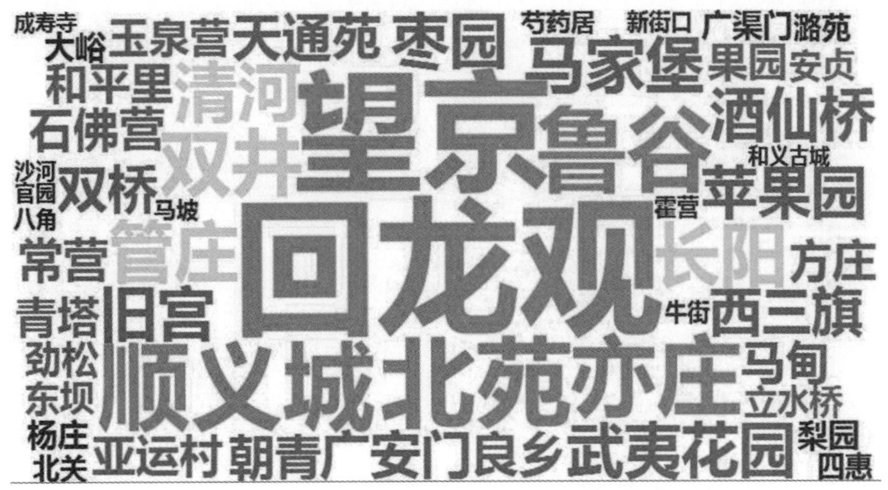

图11　租赁商圈成交量热搜词云

数据来源：链家研究院

2.2.3 年末外围地区涨价明显

数据显示，2017 年末，由于“大兴火灾事件”影响，大兴等外围地区租金涨幅较为明显，石门营、李桥等商圈租金涨幅超过 20%。

图 12　租赁涨价商圈热搜词云

数据来源：链家研究院

2.3 租赁市场供需状况

2.3.1 整体市场不均衡，信息产业区域租赁集中度较高

数据显示，排名前 20 的商圈的租赁成交量在全市总量的占比超过 25%，区域集中度较高。从商圈位置分布来看，排名前 20 的商圈大多分布在互联网、信息技术公司密集的地区。

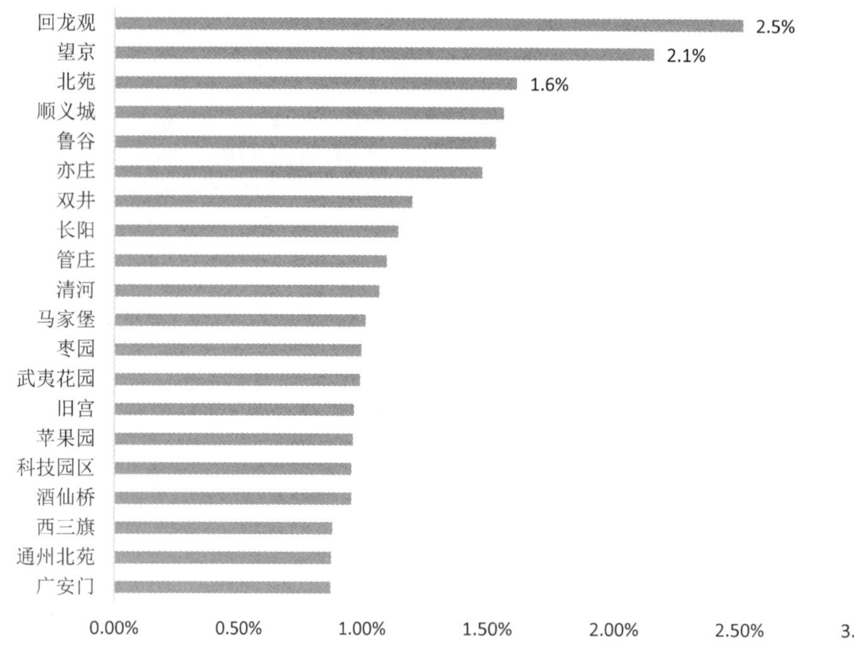

图 13　2017 年排名前 20 商圈成交占比

数据来源：链家研究院

2.3.2 **外环需求旺盛，地铁房租住比例高**

数据显示，租赁房屋在四到五环、五到六环等靠外环线需求最为旺盛，成交比例分别达 18.0%，34.9%。相对来看，内环分别由于价格和供给因素限制，成交比例排名靠后。此外，在各环线的地铁房出租率始终保持较高水平，间接说明交通状况已经成为租房人群在租房时主要考虑的因素。

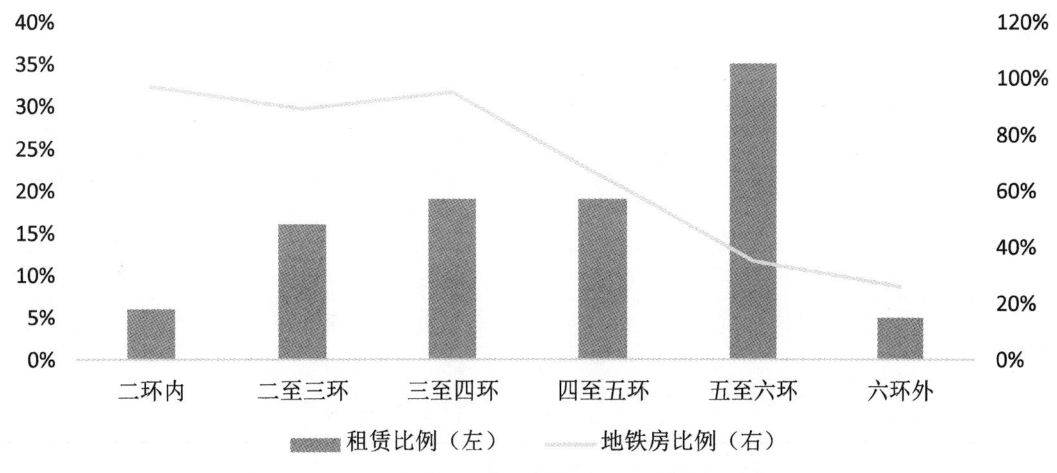

图 14　2017 年各环线租赁比例和地铁房租赁比例

数据来源：链家研究院

2.3.3 **需求结构与供给结构存在差异性，中小户型备受青睐**

70 平方米以下的中小户型作为租赁客群的首选，租赁需求占比一直保持在较高的水平。数据显示，市场上 70 平方米以下的中小户型租赁供给比例达到 45.3%，90 平方米以上的大户型供给比例为 31.2%。2017 年北京市 70 平方米以下的中小户型租赁成交比例为 51.8%，90 平米以上的大户型成交比例为 26.6%。而说明需求结构与供给结构存在差异性，中小户型更受租客青睐。

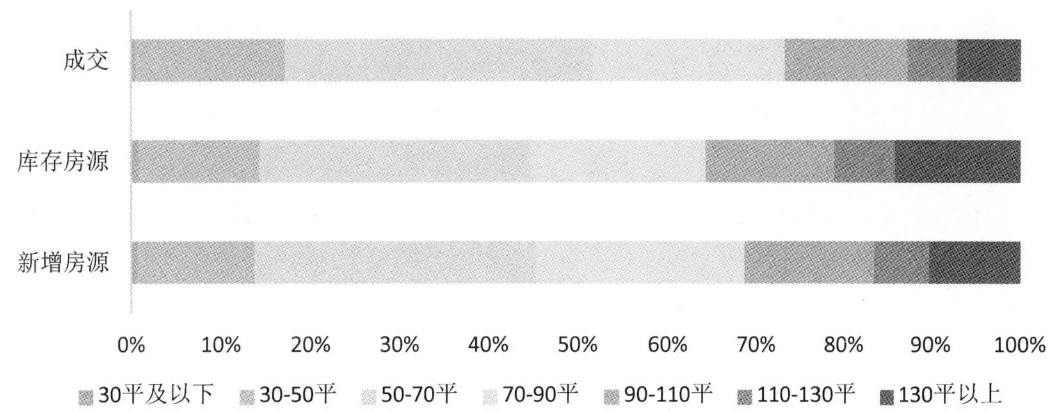

图 15　2017 年租赁成交、新增客源需求、新增房源供给的户型结构性分布

数据来源：链家研究院

2.3.4 租赁转化率较为弹性，低价房相对抢手

数据显示，北京租赁市场带看转化率弹性①较高，受租金上升影响，2017 年带看转化率相对 2016 年有所下降，以二至三环、五至六环最为明显，需求弹性超过 2，说明租金水平上涨对租客选择产生较大的影响。从价格分布情况来看，均价以下的租赁房屋成交占比②较高，说明租赁人群趋向于选择价格相对较低的“经济型”房屋。

表 5　2017 年各环线转化率弹性分析

环线	带看转化率变化	租金水平涨幅	需求弹性	均价以下成交比例	环线套均租金
二环内	-10.9%	7.3%	1.5	71.4%	8020
二至三环	-18.5%	11.2%	1.7	65.8%	7230
三至四环	-18.4%	7.7%	2.4	64.2%	7355
四至五环	-16.9%	10.1%	1.7	65.5%	7127
五至六环	-20.9%	8.6%	2.4	60.1%	4850
六环外	-10.1%	13.3%	0.8	58.7%	3236

数据来源：链家研究院

人群篇

作为一名北漂同志，深感租房之难，亦感觉作为租客之苦。租金与生活质量总是矛盾，想要低租金的房子，必然以牺牲生活质量作为前提；而要提高生活质量，你的钱包必须是“鼓的”。以下内容是调研租客的对话，这似乎能反映当前北京租客的生活境况。

我：您好，目前你在北京是租房子，还是自己的房子住啊？

小明：哪买得起房子，租房子住哦！

我：是合租？还是整租？

（翻了白眼）小明：你认为呢？我能租得起整套的吗？合租的，4 个人住在一块。

我：哦，那方便吗？平常会不会不方便？租金怎么样？

小明：我租的是次卧，8 平米，每个月租金在 1900 元。租房子就是晚上回来睡觉，生活质量不是我考虑的问题，在北京有房子住就不错了。当然你有钱也可以住好的啊。……

通过采访，感触最深的是北漂租客的无奈。但是对于这批租房客我们是否了解？

3.1 我是租房客

北京租客以年轻人为主，一半的租客年龄集中在 25-35 岁。从数据来看，25-30 岁租客占比最高，达到 28%。其次，31-35 岁租客占比为 22%。

① 需求弹性=带看转化率变化的绝对值/租金水平涨幅变化

② 均价以下租赁房屋成交占比：租金水平在环线内套均租金以下的房屋租赁占比。

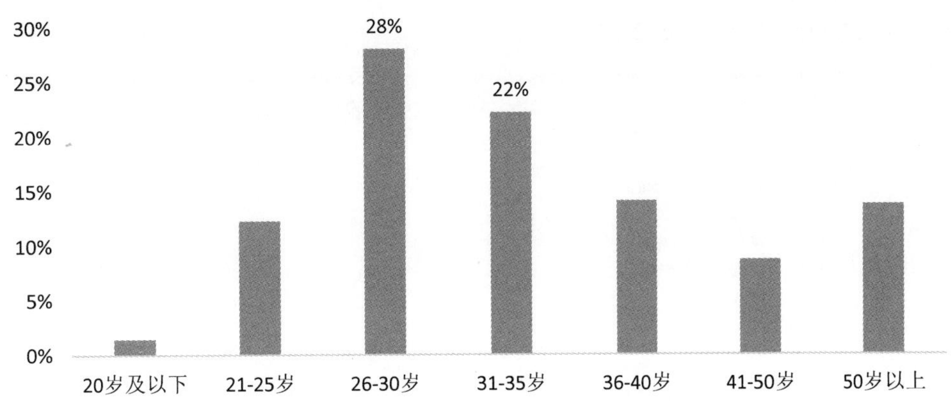

图 16　2017 年北京房租客的年龄分布

数据来源：链家研究院

男性租客占比高于女性租客。从数据来看，男性租客占比达到 54%，比女性租客多 8 个百分点。

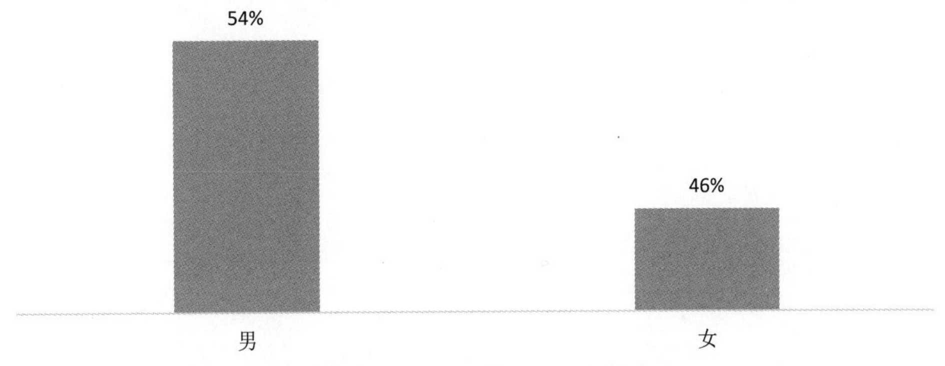

图 17　2017 年北京租客的性别分布

数据来源：链家研究院

近半的租客处于独居状态。从数据来看，租客处于独居状态占比达到 40.5%，情侣占比为 32.9%，夫妻同住的占比为 26.6%。

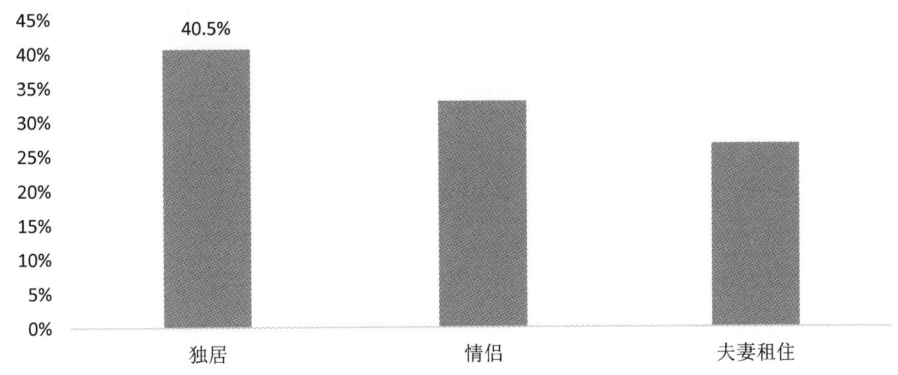

图 18　2017 年北京租客的居住类型

数据来源：链家研究院调研

近半的租客来自于北京市、河北省、山东省、黑龙江省。从数据来看，北京租赁市场的租客主要来自于周边省份和东北，其中来自于北京市、河北省、山东省、黑龙江省的租客占比分别为 22.3%、12.9%、7.6%、7.2%。

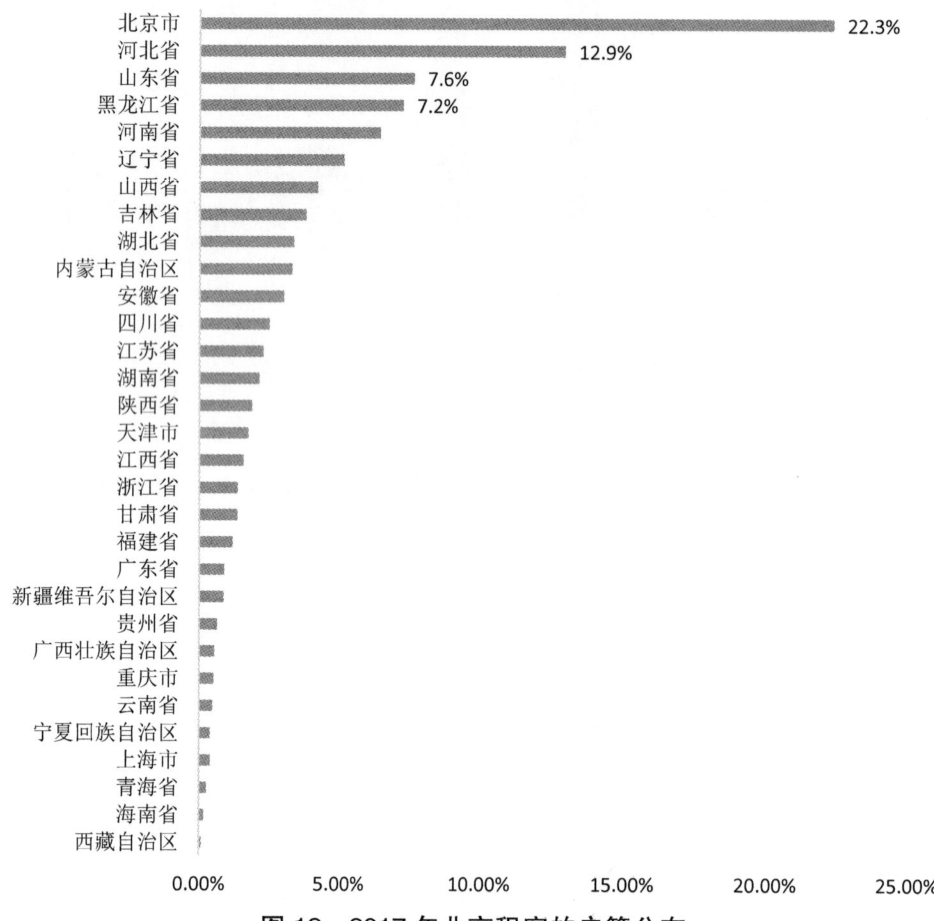

图 19　2017 年北京租客的户籍分布

数据来源：链家研究院

北京租客具有高学历特征。从数据来看，北京租客具有高学历特征，本科以上学历的租客占比达到 65.7%，其中本科学历的租客占比为 49.3%，硕士学历的租客占 15.0%。

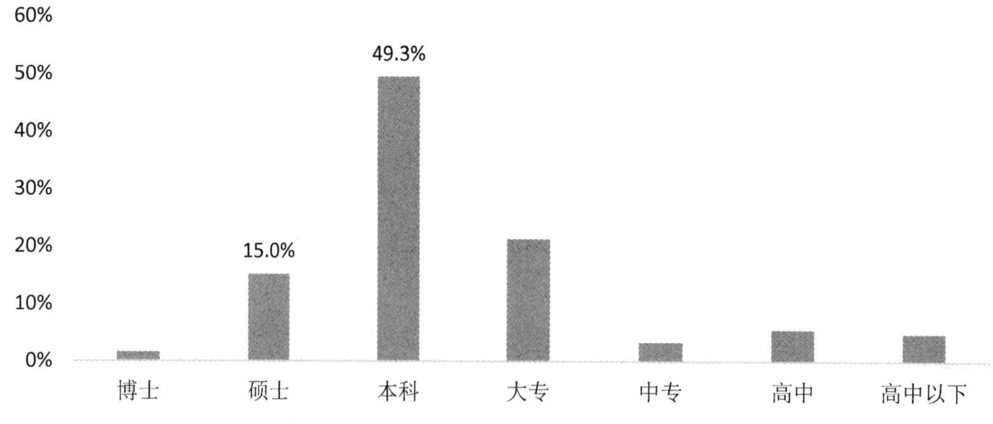

图 20　2017 年北京租客的学历分布

数据来源：链家研究院调研

超过一半的租客家庭税后月收入低于万元。根据租客收入调研数据，2017 年 67%的租赁家庭税后月收入低于 10000 元。其中，22%的租客税后月收入在 3001-5000 元。

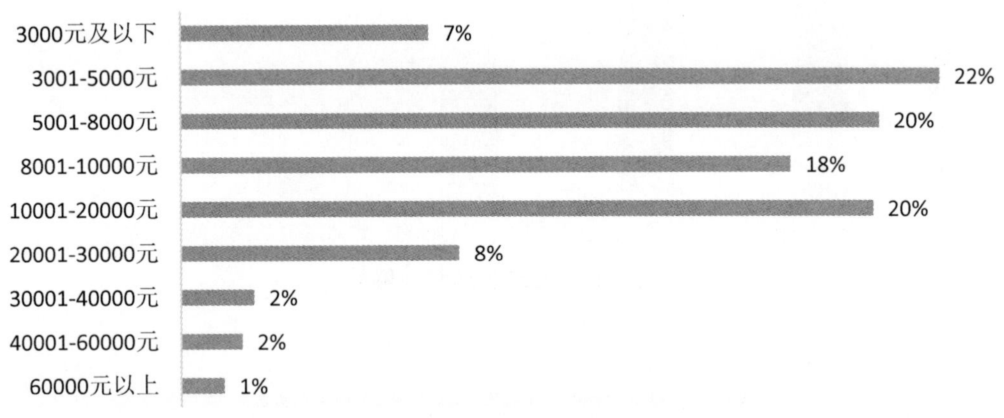

图 21　2017 年北京租客的税后月收入分布

数据来源：链家研究院调研

3.2 租住在北京

3.2.1 品质租住

交通便利性和价格关注度最高，换租客多因“工作变动”而换租。从调研数据来看，租客对租赁房屋的交通便利性和价格最为关注，超过 71.8%的租客把通勤时间控制在 1 个小时以内，其中通勤时间在半小时至 1 小时内的租客占比为 40.4%。此外，换租客多因“工作变动”而换租，该比重达到 45.7%。

表 6　租客租房关注的因素

	非常不关注	不太关注	一般	比较关注	非常关注
交通（上学/上班便捷程度）	4.0%	2.3%	8.4%	32.1%	53.3%
面积	2.3%	8.7%	43.9%	34.0%	11.1%
朝向	4.7%	10.8%	36.2%	34.3%	13.9%
户型	4.9%	14.3%	41.5%	29.8%	9.6%
楼龄	7.0%	17.2%	43.0%	22.8%	9.9%
洁净情况	3.3%	1.7%	14.8%	44.3%	35.9%
周边配套	3.0%	5.1%	20.9%	46.9%	24.2%
价格	3.7%	0.5%	8.5%	31.4%	55.9%
室友	8.0%	5.2%	18.8%	33.3%	34.7%
房东	5.7%	6.6%	26.0%	37.8%	23.9%

数据来源：链家研究院调研

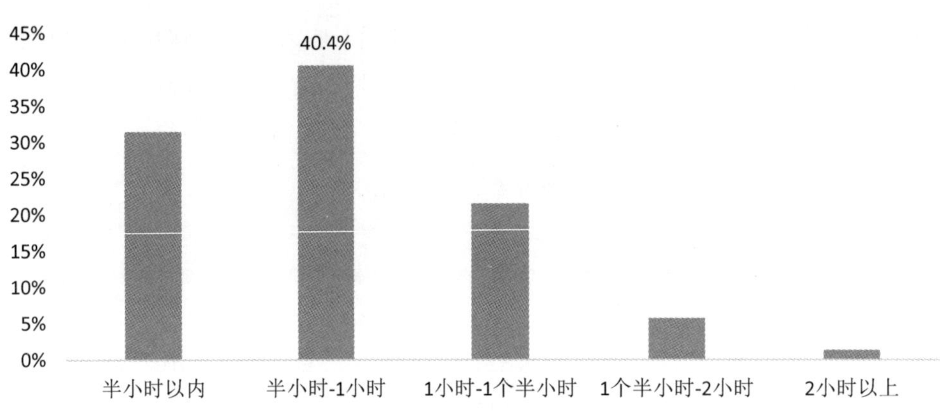

图 22　租客通勤时间偏好

数据来源：链家研究院调研

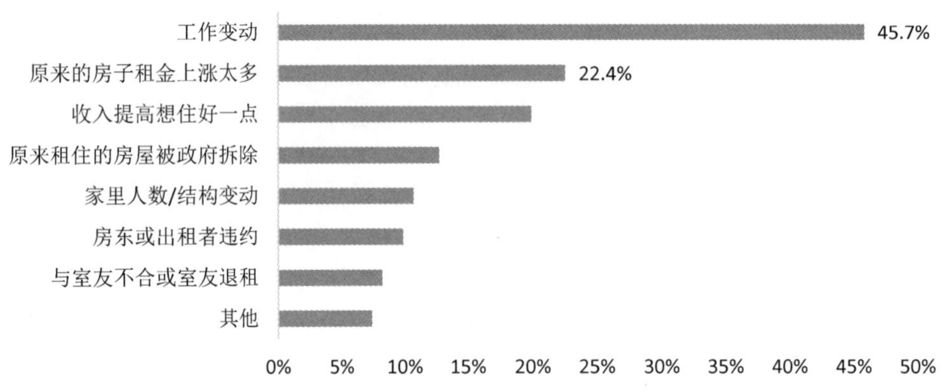

图 23　租客最近一次换房原因

数据来源：链家研究院调研

女性租客对居住品质要求更高。内城区交通及配套设施相对发达，相较于男性租客，女性租客更偏向于选择租住在五环以内。从租金来看，女性租客中月租金在 4000 元以上的占比均高于男性租客。

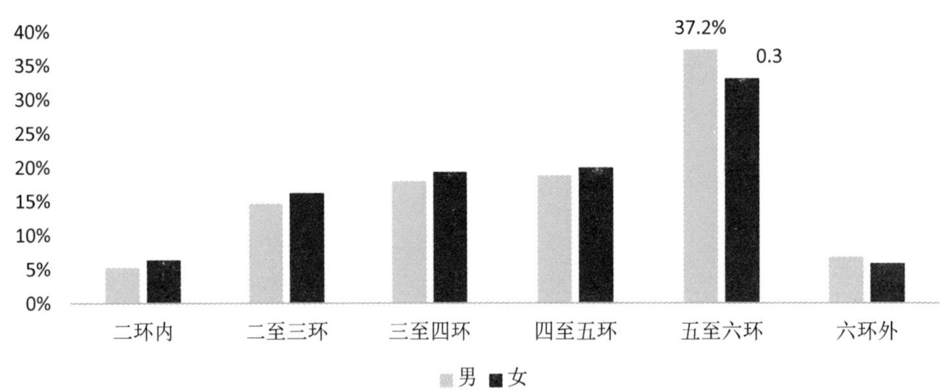

图 24　2017 年北京租客不同性别下环线分布情况

数据来源：链家研究院

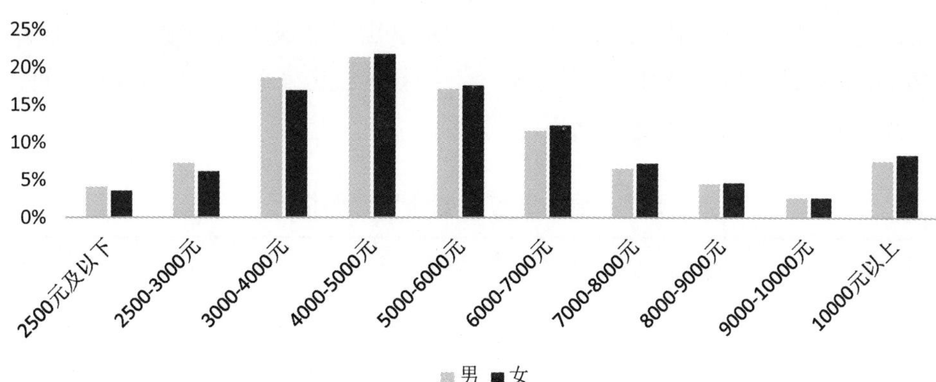

图 25　2017 年不同性别下租金分布情况

数据来源：链家研究院

中年租客对品质租住的要求较高。从环线来看，年轻租客更多选择租住在租金相对便宜的四环外，中年租客在四环内租住的比重较高。从面积来看，20 岁及以下，21-25 岁，26-30 岁的整租面积在 30-50 平的占比大于 30 岁以上的占比，年轻人多选择小户型。

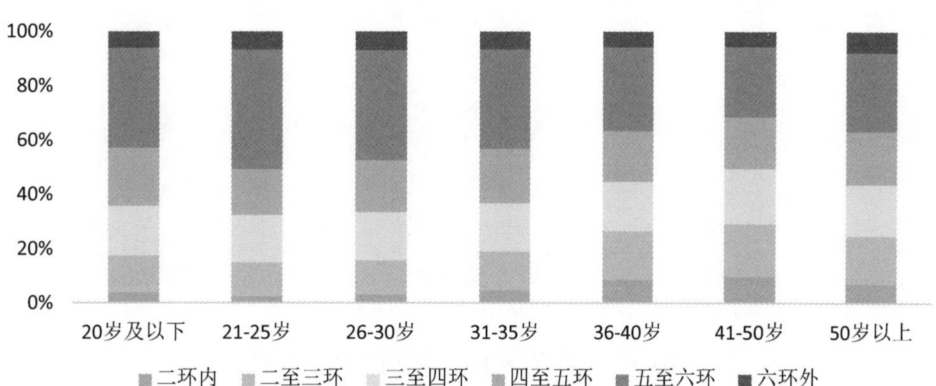

图 26　2017 年北京租客各环线的年龄分布

数据来源：链家研究院

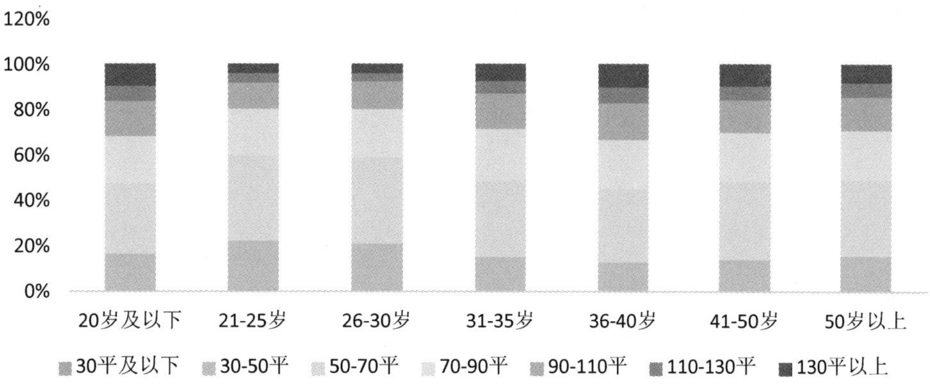

图 27　2017 年不同年龄租客租房面积分布

数据来源：链家研究院

租客追求品质居住另一种体现：地铁房。数据显示，76%的租客选择地铁房租住，其中男性占比53%，女性47%。受地面交通拥堵影响，地铁出行已成为当前主要的通勤方式，租客多选择地铁房来平衡租金与通勤时间、距离。

表7　地铁房与非地铁房比例情况

	整体	单位平米月租金（元/平米）	男	女
地铁房	76%	84.7	53%	47%
非地铁房	24%	61.1	55%	45%

数据来源：链家研究院

3.2.2 租赁方式

超过一半的租客选择合租。数据显示，63.5%的北京租客与他人合租，其中合租一套房子（单独住一个房间）占比为41.5%，合租一间房占比为22.0%。

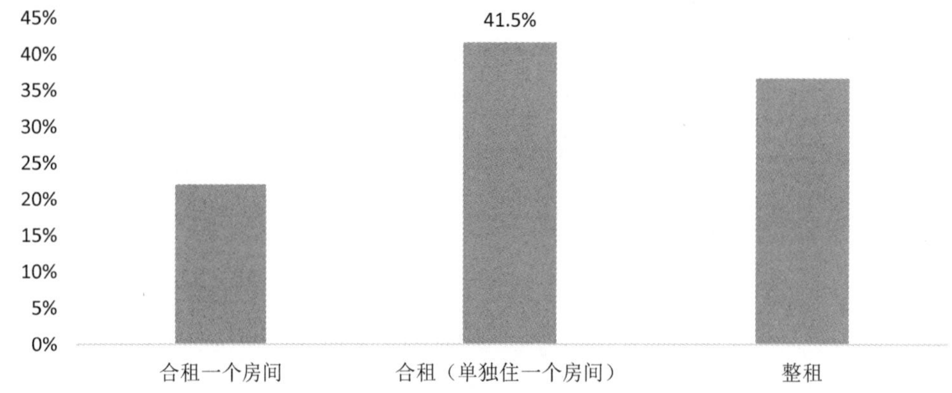

图28　2017年北京租客的租赁方式

数据来源：链家研究院调研

租客整租房屋面积以50-70平米为主。从数据来看，整租房屋面积主要以50-70平为主，其占比34.6%，70－90平米其次，占比为21.6%。

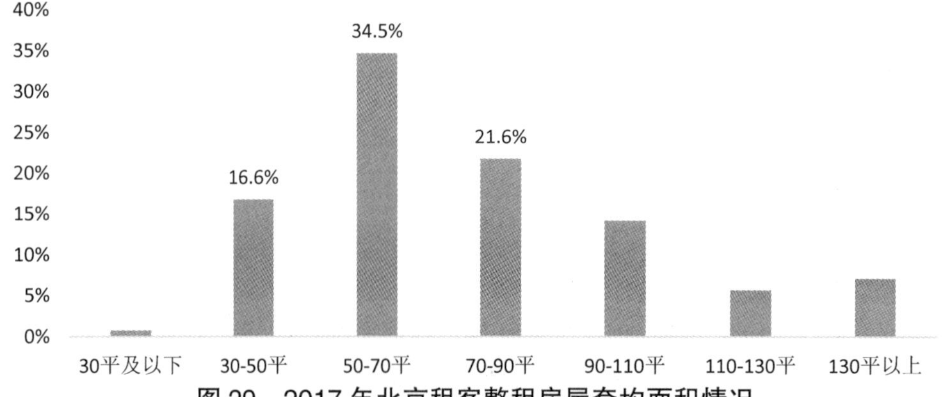

图29　2017年北京租客整租房屋套均面积情况

数据来源：链家研究院

整租房屋中住 2-3 人占比超过 54.79%。调研数据显示，整套租赁房屋中租客人数由 2 人到 6 人及以上呈衰减式分布。2 人居住比例为 32.4%，3 人居住比例为 22.1%。

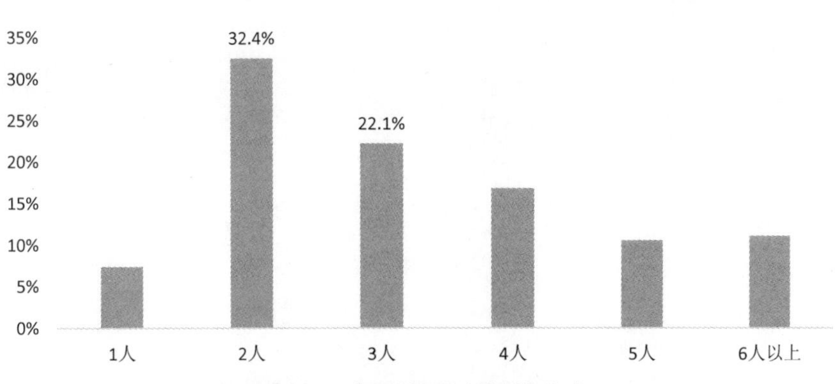

图 30　户均居住人数的分布

数据来源：链家研究院调研

整租月租金集中在 3000-7000 元，合租单间月租金集中 1000-3000 元。数据显示，整租月租金主要集中在 3000-7000 元，其占比达到 68.2%，其中 4000-5000 元月租金占比 21.4%。分租月租金则集中在 1000-3000 元，其占比达到 58.7%。其中月租金 1000-2000 元占比为 30.5%。

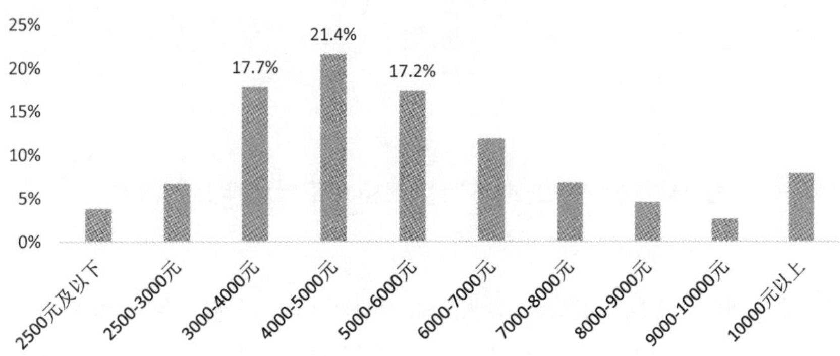

图 31　2017 年租客整租月租金分布

数据来源：链家研究院

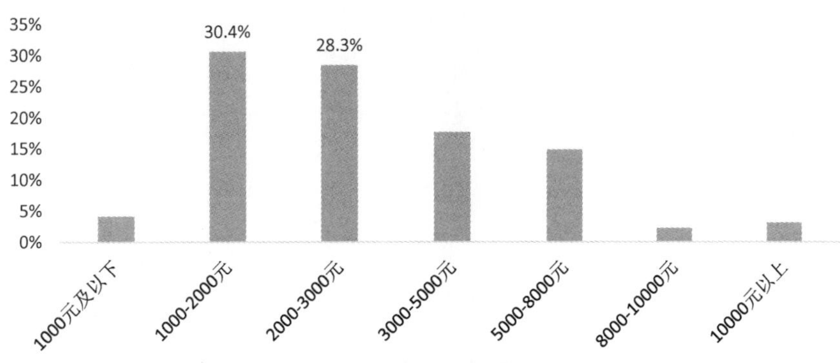

图 32　2017 年租客合租月租金

数据来源：链家研究院

近八成租客租期在半年到1年之间，男性租客换租周期较短。数据显示，租期在半年到1年的租客占比达到78.5%，其次1年到2年的租客占比11.6%。另外男性租客中，租期在1年及以内的占比达到83.5%，略高于女性租客。

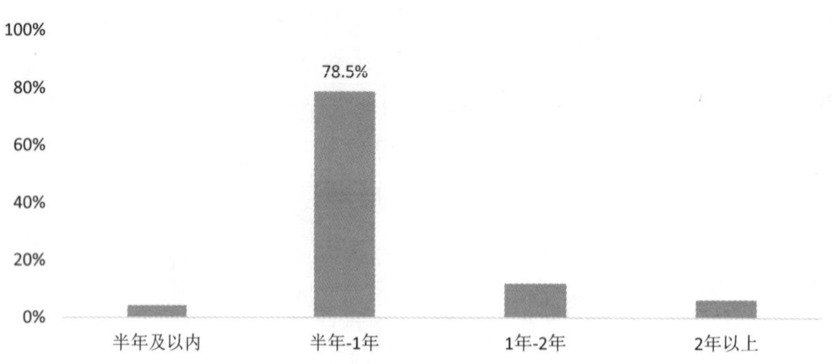

图33　2017年北京租客租房租期分布情况

数据来源：链家研究院

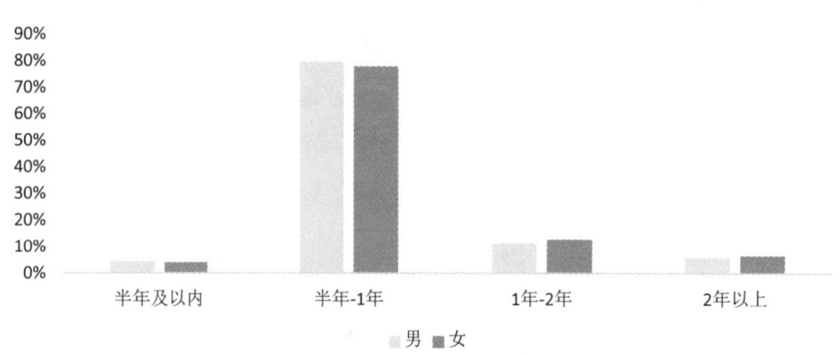

图34　2017年北京不同性别租客租房租期分布情况

数据来源：链家研究院

整租租客租期相对较长。数据显示，合租中租期在1年以内的占比87.8%，其中半年及以内占比为10.1%。整租中，1年以内的占比82.5%，其中半年及以内的占比为3.8%。两者相比而言，合租租期半年及以内占比比整租高6个百分点之多，这也从一定程度上反映出整租租客的租期相对较长，合租租客的换租频率较高。

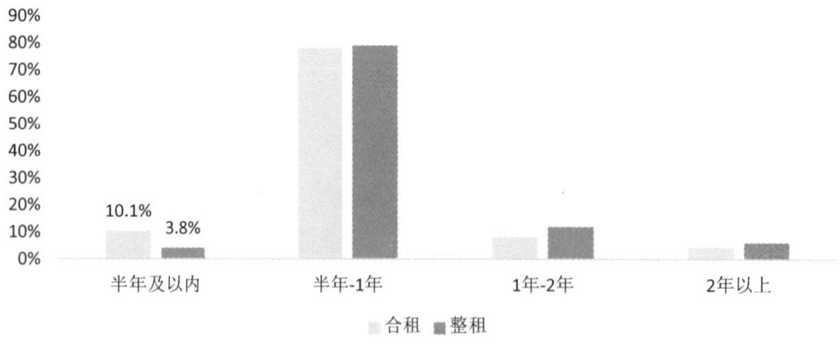

图35　2017年北京不同租赁类型租客租房租期分布情况

数据来源：链家研究院

30岁以下的租客租期相对较短。数据显示，30岁以下、租期一年以内的租客比例超过了85%。可见，30岁以下的租客租期相对较短。

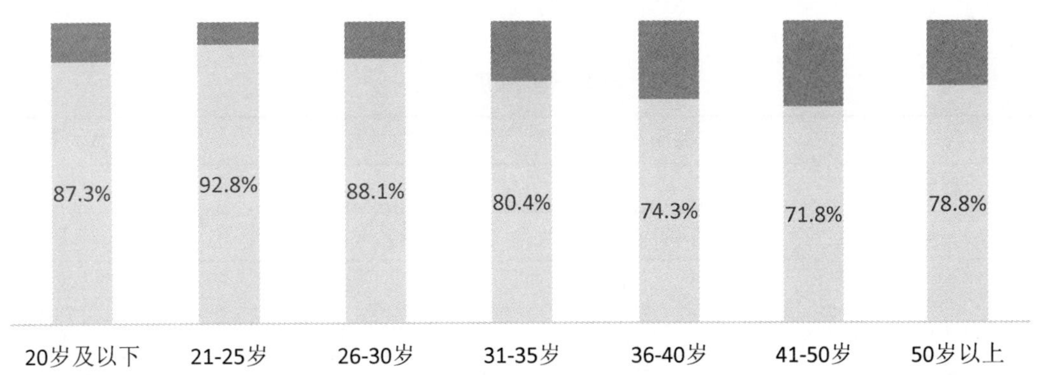

图36　2017年北京不同年龄下租客租房分布情况

数据来源：链家研究院

超八成的租客使用季付的方式支付租金。数据显示，85.2%的租客通过季付方式支付房租，选择月付的比例也达到8.4%。

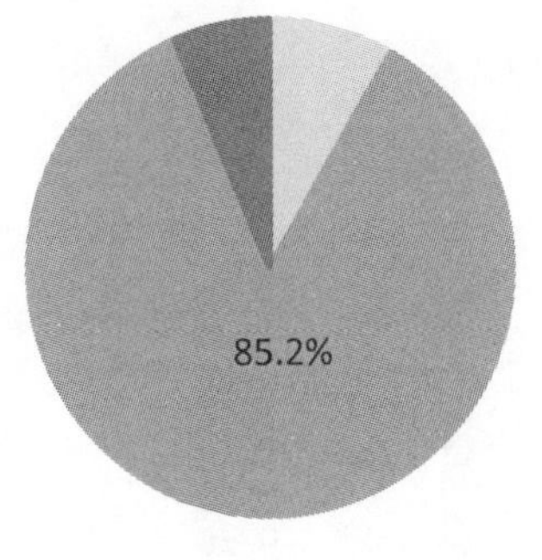

图37　2017年北京租客支付方式情况

数据来源：链家研究院

合租租客较喜欢月付，整租租客更喜欢季付。从数据来看，合租中选择月付的比例为13.5%，比整租多5.2%；选择季付的比例为75.9%，季付占比比整租少9.4%。一定程度反映出合租租客比整租租客更喜欢月付。

表8　不同租赁类型支付方式情况

	月付	季付	年付
分租	13.5%	75.9%	10.6%
整租	8.3%	85.3%	6.4%

数据来源：链家研究院

3.2.3 租前行为

女性租房比男性谨慎，分租租客租房更有效率。数据显示，女性租客平均关注套数略高于男性，分租租客的平均带看次数和成交周期低于整租租客。

表 9　多维度情况

	关注房源套数	带看次数	成交周期
整体	4	2	8
男	4	2	8
女	5	2	8
分租	4	1	6
整租	4	2	8

数据来源：链家研究院

21-25 岁的租客租房效率最高，31-35 岁的租客租房更加谨慎。数据显示，21-25 岁的租客租房效率最高，其成交周期仅 5 天，关注房源套数 1 套，带看次数 2 次。31-35 岁的租客租房则更加谨慎，其成交周期为 8 天，关注房源套数达到最高的 7 套，带看次数 2 次。

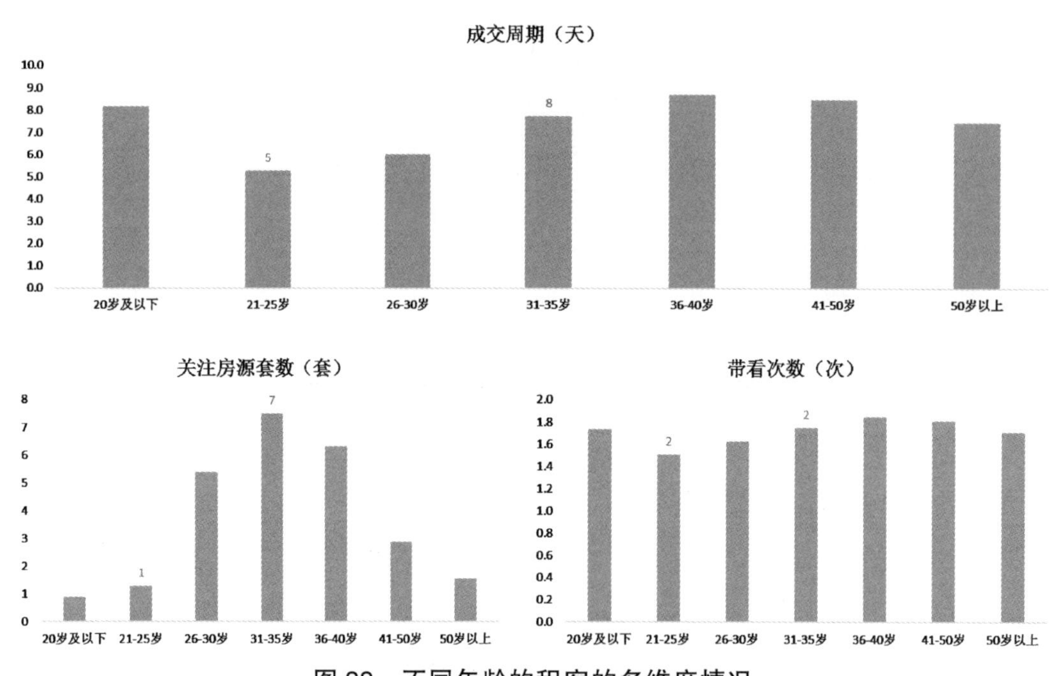

图 38　不同年龄的租客的多维度情况

数据来源：链家研究院

租客主要来自于实体开发、网络渠道。数据显示，来自于实体开发的租客占比达到 38.5%，网络渠道的租客占比也达到了 32.4%，其中通过链家网租房的客户占比为 29.2%。

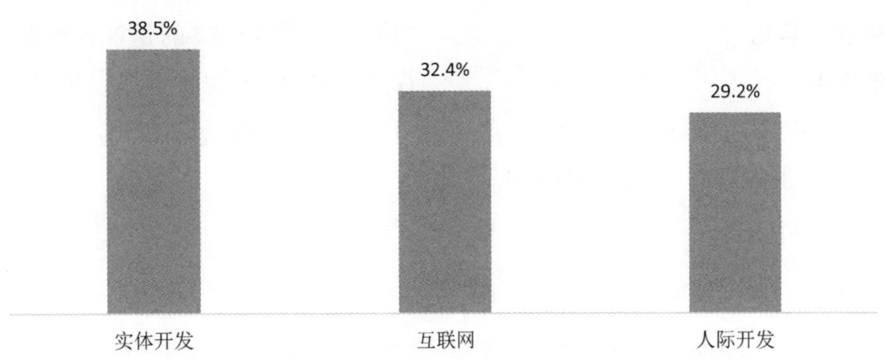

图 39　2017 年租客的来源渠道

数据来源：链家研究院

男性租客租房偏向于通过门店等实体开发渠道，女性租客租房则偏向于互联网渠道及朋友介绍。数据显示，男性租客中来自于实体开发占比 40.7%，比女性多 4.8%。而女性租客来自于互联网及人际开发占比分别为 33.7%、30.4%，比男性分别多 2.6%、2.2%。

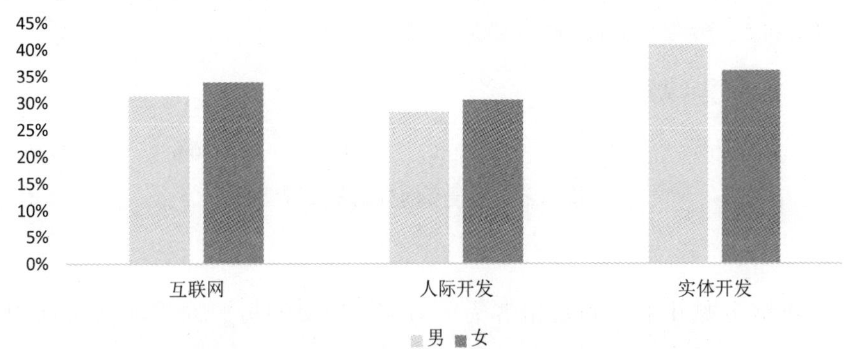

图 40　2017 年不同性别租客的来源渠道

数据来源：链家研究院

30 岁以下的租客更倾向于通过互联网租房，30 岁以上的租客选择朋友介绍，去门店等实体开发渠道租房。数据显示，30 岁以下的租客通过互联网租房的占比逐渐增加，而 30 岁以上的占比则逐渐减少。对比实体开发来看，30 岁以上的租客通过实体开发租房占比则越来越大。

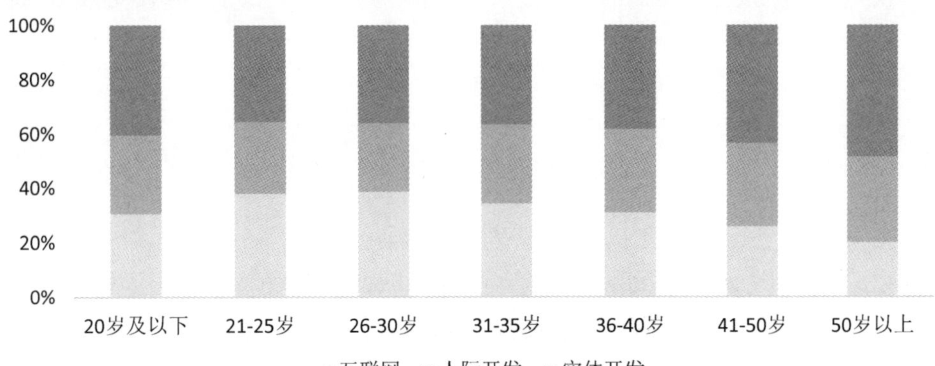

图 41　2017 年不同年龄段租客的来源渠道

数据来源：链家研究院

3.3 租房那点“事儿”

3.3.1 租赁痛点

近八成租客在租房过程中踩到过“坑”。调研数据显示，81.0%租客在租房过程中踩到过“坑”，其中52.0%的租客曾遭遇过虚假房源的误导，43.9%的租客遭遇过维修责任无人承担，41.3%的租客被克扣过押金。

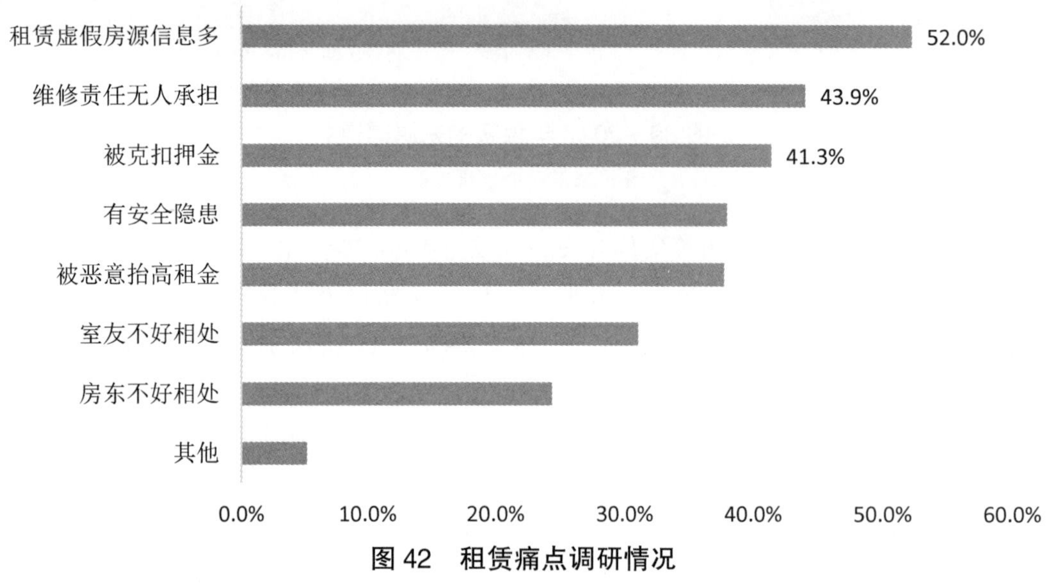

图42　租赁痛点调研情况

数据来源：链家研究院

当前市场有效供给房源并未能满足租客需求。从整租交易的数据来看，租客对于房屋面积的期望与实际租赁房源之间存在一定差距，实际成交的房源面积较期望面积平均低8.1%。此外，88.0%的租客期望租到精装房源，而实际只有68%的客户如愿以偿。

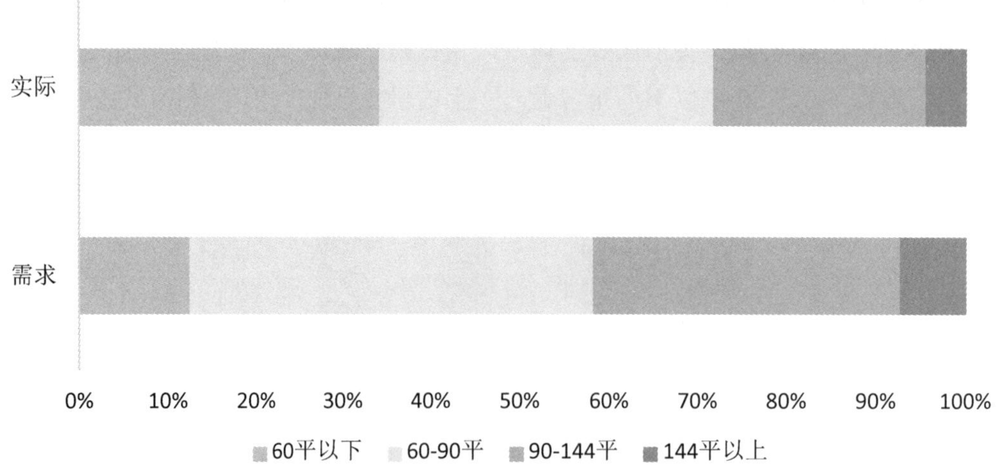

图43　租客对租赁房源面积的期望与实际租房面积的对比情况

数据来源：链家研究院

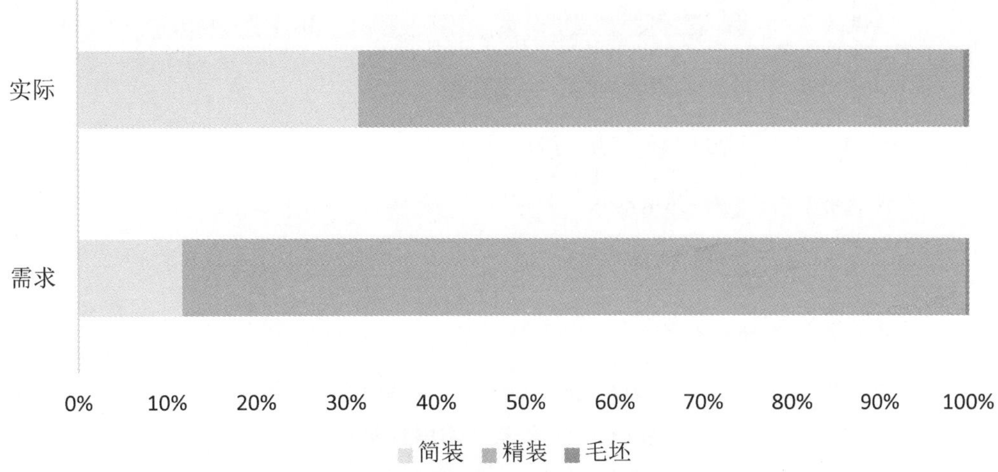

图 44 租客对租赁房源装修的期望与实际租房装修的对比情况

数据来源：链家研究院

3.3.2 租客的购房预期

可承受的价格、教育、安全感和归属感是租客考虑买房的主要原因。从调研数据来看，在促使租客购房的因素中，48.1%的租客认为价格在承受范围非常重要，43.9%的租客认为孩子入学非常重要，42.3%的租客认为有安全感和归属感非常重要。

表 10 不同租赁类型支付方式情况

	非常不重要	不太重要	一般	比较重要	非常重要
结婚	6.8%	7.7%	18.1%	28.6%	38.9%
孩子入学	6.3%	3.1%	17.2%	29.4%	43.9%
能获得高额投资收益	7.7%	8.2%	31.5%	32.6%	20.0%
买房是存钱，租房是消费	7.3%	9.4%	37.3%	28.7%	17.2%
可以按自己的意愿布置房子	5.1%	5.4%	23.0%	34.8%	31.7%
有安全感和归属感	4.4%	3.5%	17.9%	31.9%	42.3%
落户需要	9.2%	6.4%	30.8%	28.7%	24.7%
价格能承受	4.7%	1.9%	13.4%	31.9%	48.1%
有购房资格	7.8%	4.0%	20.4%	32.4%	35.4%

数据来源：链家研究院

租客对在北京置业相对悲观，租转买的比重出现明显的下降。根据调研数据显示，近半的租客暂无购房计划。从链家交易数据来看，2015 年在通过链家租房的租客在 2015-2016 年间购房的比重为 23.8%，而 2016 年该比例下降至 12.5%，租转买的比重明显下降，这也从交易的角度反映出较高的购房门槛使越来越多的无房居民停留在租赁市场。

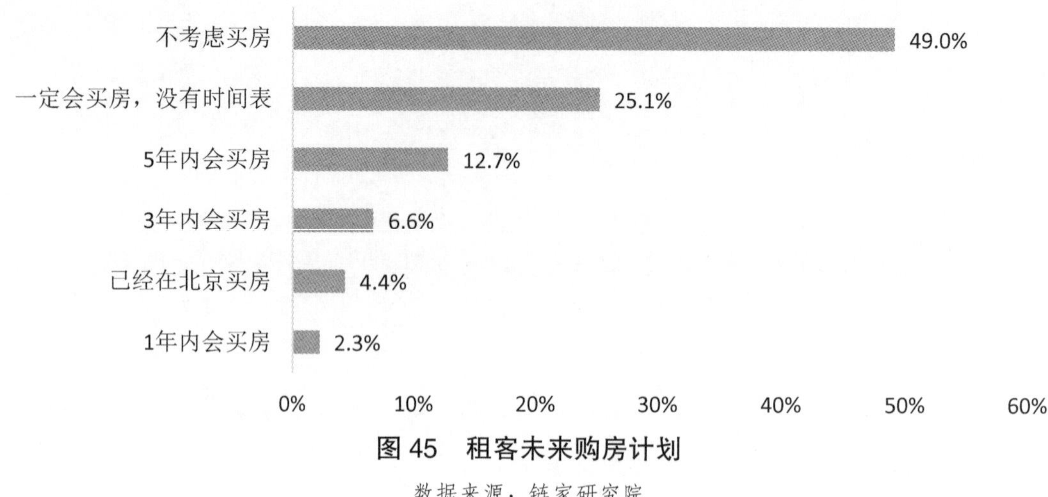

图 45　租客未来购房计划

数据来源：链家研究院

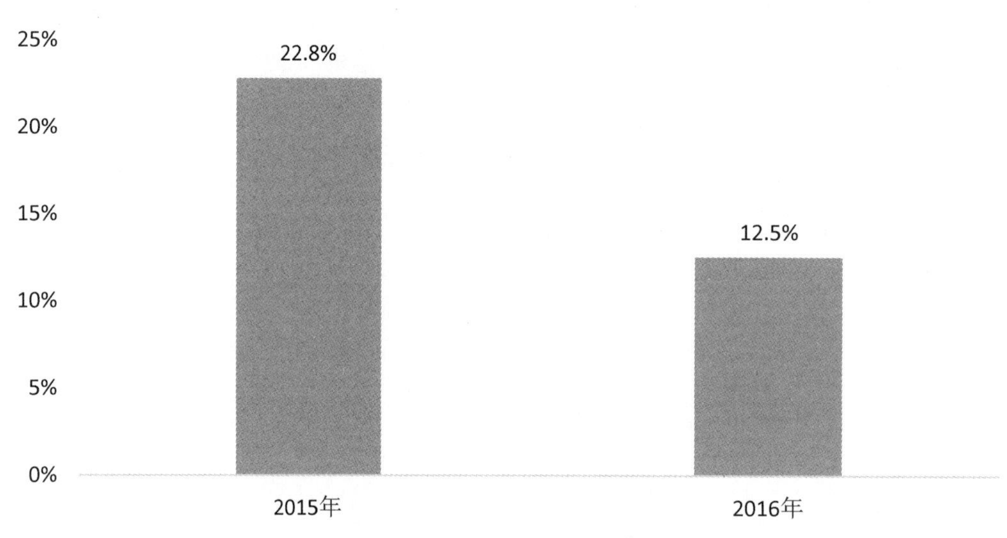

图 46　租转买比重变化情况

数据来源：链家研究院

环境与事件篇

4.1. 环境对租赁市场的影响

4.1.1 各楼盘周边环境得分

经验表明，租住房屋周边环境往往会对租客选择产生重要影响，为了衡量周边环境设施对房屋出租的重要性。我们主要考虑楼盘周边的功能设施多样性，根据每个楼盘附近不同距离、不同类型设施的分布情况对楼盘以及所在区域进行综合打分。

从排名前1000楼盘的分布情况来看，得分较高的楼盘主要分布在教育科技文化为主的中关村区域、信息产业中心望京、酒仙桥区域，商贸休闲文化中心团结湖、国贸区域，政治、金融中心东西城区域，以及交通枢纽西直门区域。

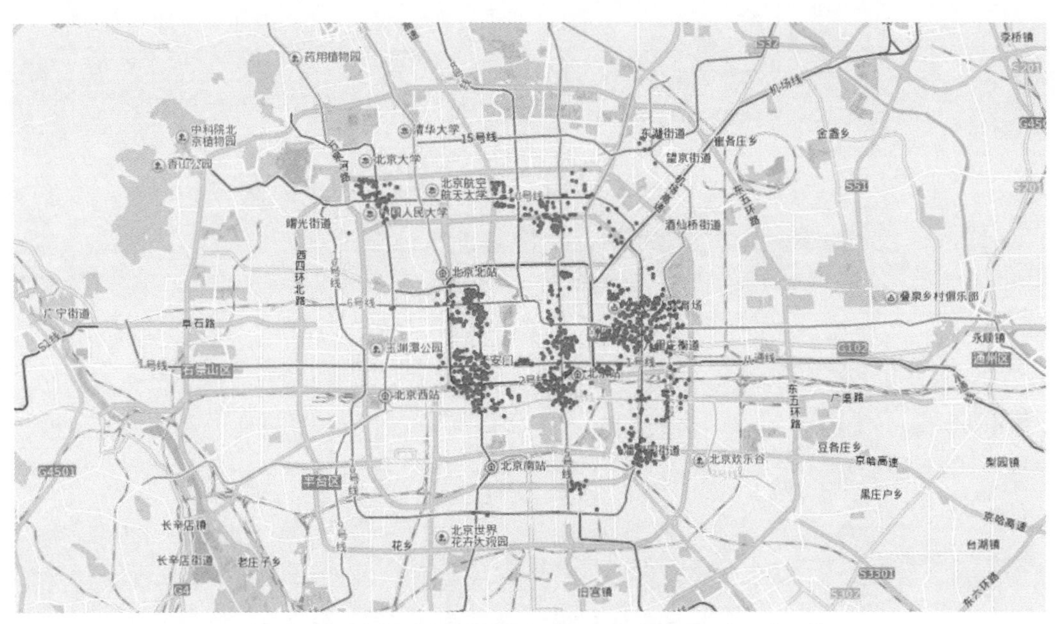

图 47　综合排名前 1000 楼盘分布

数据来源：链家研究院

4.1.2 环境设施对租赁成交的影响分析

4.1.2.1 地段环境越好，租金水平越高

数据显示：租金水平与环境得分呈正相关。使用各城区的周边环境得分与 2017 年北京各城区平均租金水平进行相关性分析发现，两者的相关性较高，相关系数达到 0.93，拟合优度达到了 0.87，拟合结果显著。

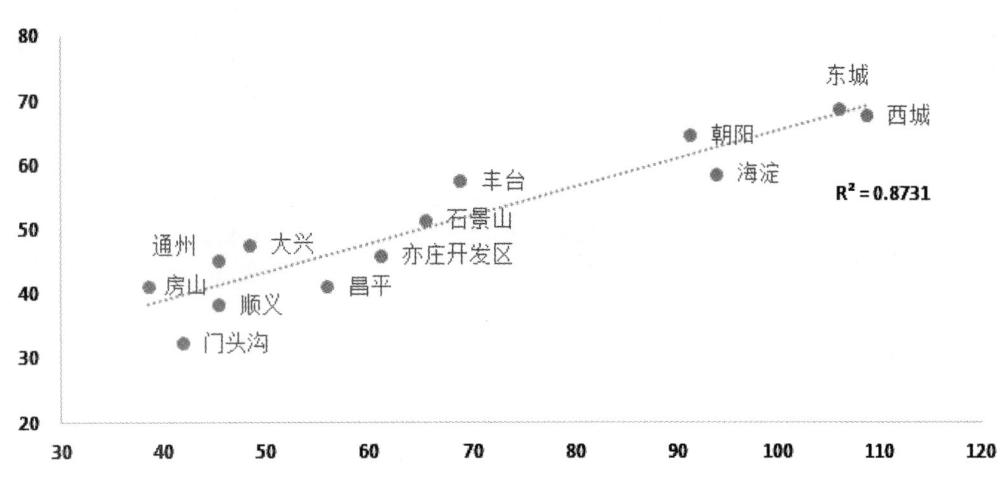

图 48　各城区租金水平与周边环境得分拟合结果

数据来源：链家研究院

使用各商圈的租金水平与周边的环境得分做相关性分析，结果和城区差别不大，两者也呈现明显的正相关关系，相关系数达到 0.74。可以看出，无论在城区级别还是商圈级别，周边环境得分与月租金水平均存在正向关联。说明周边环境较好的区域，租金水平越高。

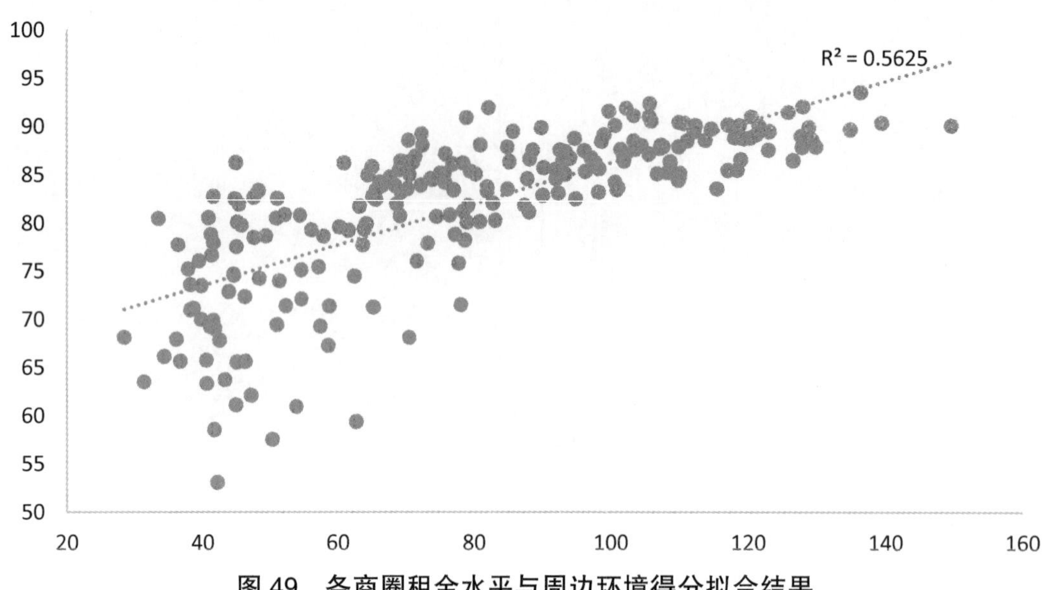

图 49　各商圈租金水平与周边环境得分拟合结果

数据来源：链家研究院

4.1.2.3 **性价比越高，房子越抢手**

价格越低，周边设施越完善的房子成交周期较短。数据显示，租金水平与成交周期成正相关关系，租金水平越高的区域，成交租期越长。相同租金水平的房屋，周边设施越完善的成交周期较短。在低租金区域①中，环境较好的商圈成交周期为 4.5 天，环境普通商圈成交周期为 5.2 天。而在高租金区域中，环境较好的商圈成交周期为 8.9 天，环境普通商圈成交周期为 9.5 天。总体来看，房屋性价比越高，成交周期越短。

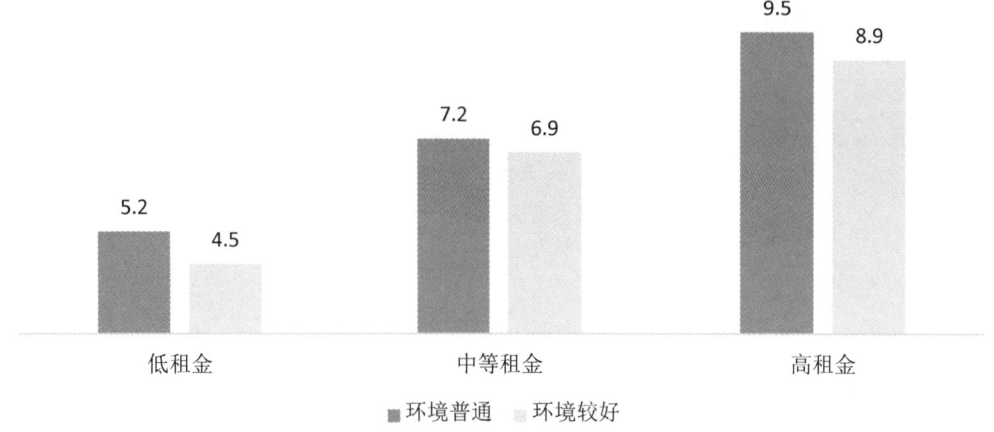

图 50　不同性价比房屋的成交周期

数据来源：链家研究院

① 根据市场租金水平将房屋价格分为三段，单位平米月租金小于 59 元的地区划分为低租金区域，单位平米月租金介于 59 与 88 元的之间地区划分为中等租金区域，单位平米月租金高于 88 元以上的高租金区域。同理，将商圈环境得分低于全市平均值为普通商圈，商圈环境得分高于全市平均值为环境较好商圈。

4.2. 个案分析

4.2.1 大兴火灾及人口疏解

2017年11月18日大兴火灾，北京政府以及各区政府迅速对各区进行安全隐患大排查活动和人口疏解。此次人口疏解对租赁影响如何？这里选取2017年的46周（11月13日-11月19日）、47周（11月20日-11月26日）、48周（11月27日-12月03日）、49周（12月04日-12月10日）、50周（12月11日-12月17日）这五周的租赁成交数据进行分析。

短期内租赁成交量急剧增长。从数据来看，丰台、大兴、亦庄开发区47周成交量相比46周环比增幅分别为130.7%、283.5%、160.9%，48周成交量出现下降。短期内成交量急剧增长，后期逐渐下降趋向平稳。

表11　五城区的成交量环比情况

成交量	47	48	49	50
丰台	130.7%	-29.0%	-40.3%	1.3%
石景山	73.2%	-7.7%	-34.8%	21.8%
大兴	283.5%	-54.9%	-43.3%	2.0%
门头沟	67.6%	3.2%	-29.7%	2.2%
亦庄开发区	160.9%	-41.7%	-42.9%	5.0%

数据来源：链家研究院

租赁的成交价格保持上涨趋势。数据显示，47周各城区成交价格出现下降，但随着租赁需求量的增加，48周以后成交价格均环比上涨，并保持上涨趋势。

表12　五城区的成交价格环比情况

成交价格	47	48	49	50
丰台	-1.8%	7.9%	3.4%	1.7%
石景山	-4.9%	2.7%	3.0%	6.0%
大兴	-2.8%	11.2%	-2.3%	0.7%
门头沟	-3.7%	5.0%	3.2%	8.2%
亦庄开发区	-1.4%	23.2%	5.9%	-7.5%

数据来源：链家研究院

短期内租赁需求量出现上涨，后期逐渐下降并呈平稳趋势。从数据来看，47周新增客源量均出现上涨，其中丰台、大兴环比涨幅为112.7%、227.1%。48周以后新增客源量逐渐呈下降趋势。

表 13　五城区新增客源量环比情况

新增客源量	47	48	49	50
丰台	112.7%	-14.1%	-34.9%	-23.7%
石景山	56.6%	5.1%	-16.7%	-10.2%
大兴	227.1%	-42.2%	-40.9%	-26.4%
门头沟	50.5%	23.7%	-24.6%	-22.3%
亦庄开发区	138.9%	-16.8%	-46.1%	-22.1%

数据来源：链家研究院

租赁带看量出现上涨，后期逐渐下降。数据显示，47 周的带看量均上涨，其中大兴带看量环比涨幅为 75.7%。48 周随着租赁需求量减少，带看量逐渐降低，并持续呈下降趋势。

表 14　五城区带看量环比情况

带看量	47	48	49	50
丰台	38.7%	-23.5%	-13.8%	-28.2%
石景山	28.4%	0.1%	-7.0%	-13.0%
大兴	75.7%	-51.8%	-1.1%	-16.4%
门头沟	30.9%	2.6%	-15.5%	-15.8%
亦庄开发区	47.7%	-23.9%	-23.6%	7.7%

数据来源：链家研究院

租赁涨价量上涨，后期呈下降趋势。数据显示，47 周除门头沟，租赁涨价量都出现上涨，其中大兴涨价量环比涨幅 237.5%，而 48 周涨价量逐渐减少，并保持下降趋势。

表 15　五城区租赁涨价量环比情况

涨价量	47	48	49	50
丰台	82.7%	-11.6%	-21.4%	-31.8%
石景山	13.6%	-12.0%	9.1%	-41.7%
大兴	237.5%	-21.0%	-60.9%	-8.0%
门头沟	0.0%	71.4%	-50.0%	-33.3%
亦庄开发区	11.1%	-50.0%	60.0%	-25.0%

数据来源：链家研究院

4.2.2 通州副中心启用

11 月 20 日通州区进行排查清理行动，12 月 20 日通州市副中心正式启用，北京市市委、市人大、市政协等率先进驻副中心。这些事件会短期内增加一部分租赁需求，那么具体影响如何？

2.2.1 12 **月份单位平米月租金环比上涨**

数据显示，11 月单位平米月租金环比上涨 0.2%，12 月份环比涨幅达到 8.2%。短期内确实增加了一部分租赁需求，致使价格上涨。

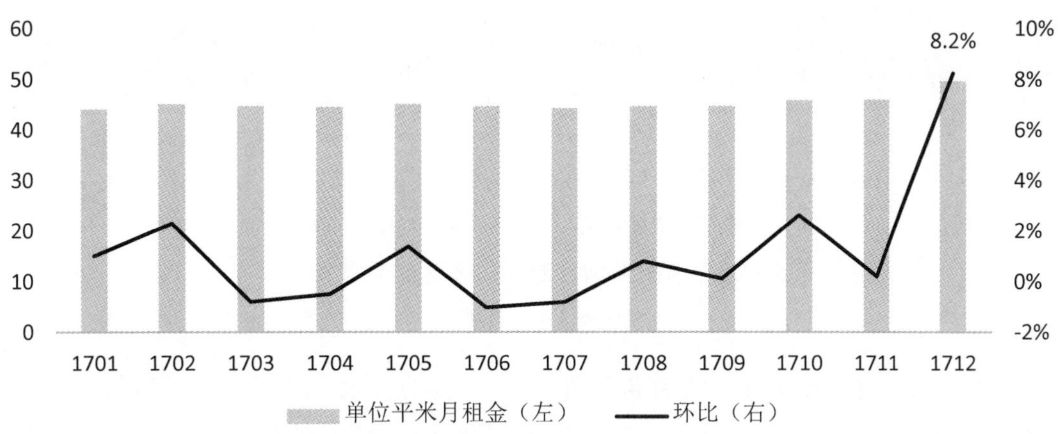

图 51　通州 2017 年成交价格以及环比情况

数据来源：链家研究院

2.2.2 11 **月交易量上涨，**12 **月份迅速下降**

数据显示，11 月的成交量环比上涨 9.59%，是近几个月涨幅最多的一个月。12 月交易量出现下降，跌幅为 21.94%。说明人口疏解对租赁的影响基本回归正常水平。

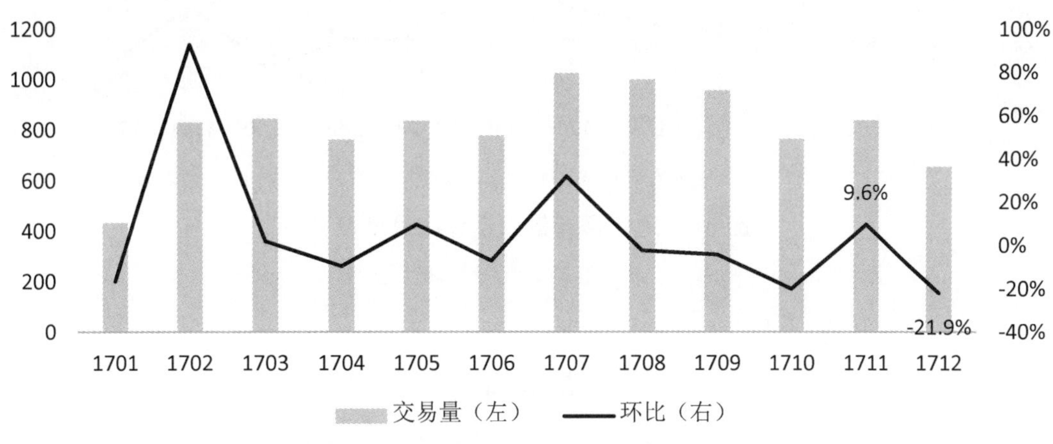

图 52　通州 2017 年交易量以及环比情况

数据来源：链家研究院

2.2.3 11 **月新增客源量增长，**12 **月份环比下降**

数据显示，11 月链家新增客源量为 5870 人，环比增长 25.6%。12 月份链家新增客源量为 4822，环比下降 17.9%。

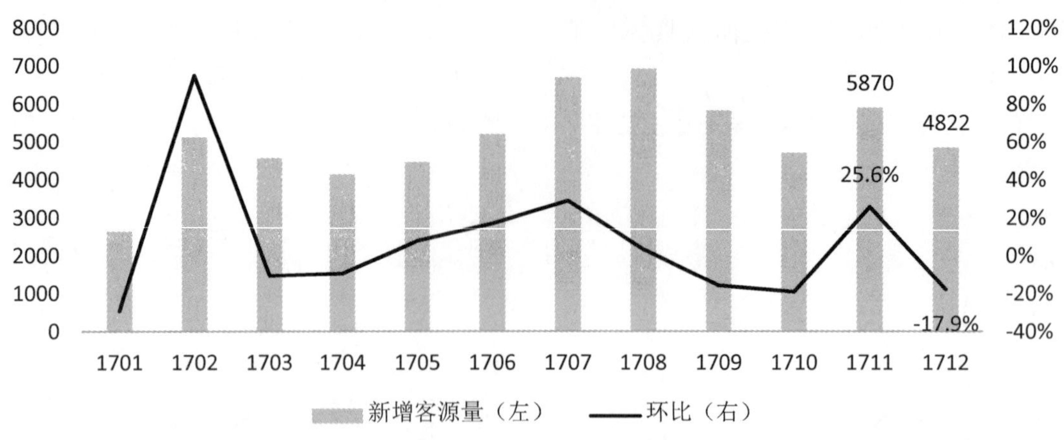

图 53　通州新增客源量以及环比月度情况

数据来源：链家研究院

2.2.4 11 月带看量环比上涨，12 月带看量出现下降

数据显示，11 月带看量达到 3955，环比上涨 8.4%，12 月带看量为 3176，环比下降 19.7。

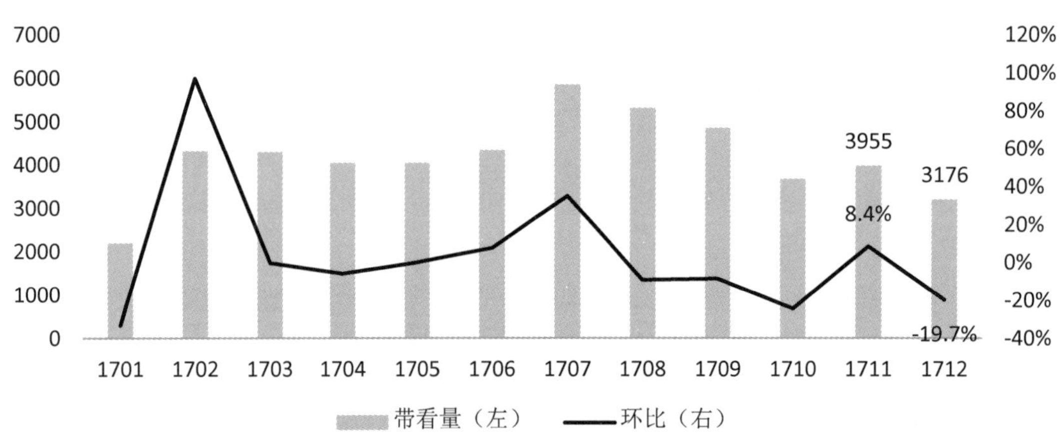

图 54　通州带看量以及环比月度情况

数据来源：链家研究院

展望篇

5.1 住房消费升级，品质租房成为趋势

品质整租需求旺盛。调研数据显示，基于通勤时间、住房改善等原因，北京有 4.45% 的租客属于有房租房状态。假设北京有 5%的户籍有房家庭人口具有换租的品质整租需求，对应人口数为 48.2 万。基于北京第六次人口普查数据，假设北京家庭户均人口数为 2.5，则北京有房换租家庭的品质需求有 19.28 万套。

公寓市场高速发展。2017 年北京市场有近 5 万间集中式长租公寓和 45 万套分散式长租公寓供应，随着越来越多开发商自持地块和集体土地建租赁住房地块推出以及大量资本涌入、公寓运营能力的提升，公寓市场未来将会保持高速增长，未来 5 年北京集中式长租公寓将达到近

80 万间，分散式长租公寓将达到 90 万套。

5.2 租赁市场将随人口流动发生结构性的变化

人口流入增速持续下降，租赁市场将进入稳定发展的状态。北京常住人口增长率自 2011 连续 6 年下降，流动人口增长率降速更快，根据《北京城市总体规划（2016 年–2030 年）》，未来 15 年北京人口需控制在 2300 万左右，2016 年北京常住人口 2173 万，北京 2016 年发布了疏解 2020 年 200 万外来人口的任务目标。随着人口疏解政策的逐步实施，流动人口的下降将直接影响租赁市场的新增需求。

城区间人口流动加快，房山、通州、昌平为代表的城市发展新区将成为租赁市场新热点。北京 2001–2015 年以来北京首都功能核心区（东城区和西城区）常住外来人口已持续 3 年下降；城市功能拓展区（朝阳区、丰台区、石景山区、海淀区）只有朝阳区的常住外来人口在持续增加，其他三区均自 2014 年开始下降；城市发展新区（房山区、通州区、顺义区、昌平区、大兴区）五区人口均在持续上涨。随着内城区人口疏解的力度不断加大，北京未来将有更多的流动人口流向以房山、通州、昌平为代表的城市发展新区，人口的流入带来大量的新增租赁需求，从而推动该地区租赁市场快速发展。

年末的人口疏解只是阶段性行为，2018 年会恢复正常水平。2017 年 11 月受到大兴区西红门火灾和后续的人口疏解，尤其是大兴、丰台、房山等城区的成交量、需求量都出现不同程度的上涨。不过这部分需求是短暂的，12 月份这几个城区的指标均已逐步回落到正常水平，侧面反映人口疏解等对租赁市场的变动是阶段性的，持续时间和周期相对较短。

通州副中心的正式启用，可能会引起通州的租金短期上涨。随着 12 月 20 日通州市副中心正式启用，北京市市委、市人大、市政协等率先进驻副中心。短期内会增加一部分通州区的租赁需求，而供给并不会立刻释放，12 月份通州区租金环比上涨 8%，短期内可能造成租金上涨。

5.3 供给与需求结构性错配依然存在

租赁市场供需缺口较大。北京租房人口达到了 1152.9 万人，而当前北京存量住房保有量有 750 万套，用于租赁的住房仅有 150 万套，北京整体租赁住房供不应求，导致北京群租房、城中村小产权租房等充满安全隐患的现象屡禁不止，只有解决了针对不同租赁人口的租赁需求问题，才能从根本上治理北京租房乱象。

小户型依然会供不应求。从不同人群的租赁需求来看，蓝领需求仍然以床位为主，租金预算为 500/月左右。白领需求以单间为主，根据链家和自如的数据监测这部分需求长期稳定。普通家庭以一居室或者小两居为主，而市面上这部分供不应求。

当前租赁市场房源流入流出相对平衡，市场循环处于相对健康的状态。租赁市场是房地产市场的重要组成部分，在住房交易过程中起到了缓冲作用。购房人在进行二手住宅投资时，一般会将房屋出租，从而获得一定的租金收入，这部分的房屋给暂时没有能力购房的居民提供了居住的空间。从房源流入流出租赁市场的方面来看，2017 年在链家成交的房源中有 8.4%的房源售前通过链家挂牌出租，有 10.4%的房源出售后在链家挂牌出租，该比例相差不大，且租转售的比重相对稳定，这也从一定程度上反映出当前租赁市场房源流入流出相对平衡，市场循环处于相对健康的状态。

说明：业界观点中收集的文章为市场研究机构从不同角度对市场的分析研判，数据及观点仅代表各机构，供读者参考。

附录二

附表

北京市房地产年鉴 2018

附表1 2017年发放预售许可证工程

序号	项目名称	销售证号	开发商	地址
1	凯盛时代中心	京房售证字(2016)262号	北京达成光远置业有限公司	凯盛时代中心
2	翡萃家园	京房售证字(2016)263号	北京昌业房地产开发有限公司	翡萃家园
3	稻香悦家园	京房售证字(2017)1号	北京稻香四季房地产开发有限公司	稻香悦家园
4	西山湖文苑	京房售证字(2016)264号	北京青龙湖腾实房地产开发有限公司	西山湖文苑
5	绿地朗山产业园	京房售证字(2017)5号	绿地集团北京京纬置业有限公司	绿地朗山产业园
6	星采嘉园	京房售证字(2017)4号	北京兴创中和房地产开发有限公司	星采嘉园
7	绿智汇园	京房售证字(2017)2号	北京伟特房地产开发有限公司	绿智汇园
8	燕都世界名园	京房售证字(2017)3号	北京汇金房地产开发有限公司	燕都世界名园
9	首开缇香鑫园	京房售证字(2017)6号	北京首都开发股份有限公司	首开缇香鑫园
10	长安运河会馆	京房售证字(2017)8号	北京富华东方房地产开发有限公司	长安运河会馆
11	丽春家园	京房售证字(2017)7号	北京瑞坤置业有限责任公司	丽春家园
12	金科嘉苑	京房售证字(2017)9号	北京金科展昊置业有限公司	金科嘉苑
13	通瑞嘉苑	京房售证字(2017)10号	北京通瑞兴盛置业有限公司	通瑞嘉苑
14	未来国际中心	京房售证字(2017)12号	北京未来科技城昌信置业有限公司	未来国际中心
15	兴景苑	京房售证字(2017)14号	北京绿地京翰房地产开发有限公司	兴景苑
16	祥业家园	京房售证字(2017)11号	北京祥业万科房地产开发有限公司	祥业家园
17	都丽嘉园	京房售证字(2017)13号	北京天利海房地产开发有限公司	都丽嘉园
18	瑞绣佳园	京房售证字(2017)15号	北京首开万科置业有限公司	瑞绣佳园
19	通用博园	京房售证字(2017)16号	北京通润博园房地产开发有限公司	通用博园
20	畅和商厦	京房售证字(2017)18号	北京金隅长阳嘉业房地产开发有限公司	畅和商厦
21	天成家园	京房售证字(2017)17号	北京城建万科天运置业有限公司	天成家园
22	鲁美芳苑	京房售证字(2017)19号	北京顺义新城建设开发有限公司	鲁美芳苑
23	五彩中心	京房售证字(2017)20号	华润置地弘景(北京)房地产开发有限公司	五彩中心
24	中晟馨苑	京房售证字(2017)21号	北京首开中晟置业有限责任公司	中晟馨苑
25	朝新嘉园西里一区	京房售证字(2017)24号	北京金隅嘉业房地产开发有限公司	朝新嘉园西里一区
26	首开缇香雅园	京房售证字(2017)22号	北京首都开发股份有限公司	首开缇香雅园
27	榆滨芳苑	京房售证字(2017)23号	北京海港房地产开发有限公司	榆滨芳苑
28	古北度假家园	京房售证字(2017)25号	北京古北水镇房地产开发有限公司	古北度假家园
29	珑翠商业中心	京房售证字(2017)27号	北京恒隆兴置业有限公司	珑翠商业中心
30	侨商中心	京房售证字(2017)28号	北京富华长城房地产开发有限公司	侨商中心

（续附表 1）

序号	项目名称	销售证号	开发商	地址
31	国瑞熙墅家园	京房售证字(2017)30 号	北京文华盛达房地产开发有限公司	国瑞熙墅家园
32	燕西华府家园	京房售证字(2017)29 号	北京西海龙湖置业有限公司	燕西华府家园
33	兴盛怡景苑	京房售证字(2017)31 号	北京兴园置业发展有限公司	兴盛怡景苑
34	檀州家园	京房售证字(2017)32 号	北京紫金长宁房地产开发有限责任公司	檀州家园
35	润西山苑	京房售证字(2017)34 号	华润置地发展(北京)有限公司	润西山苑
36	星采嘉园	京房售证字(2017)33 号	北京兴创中和房地产开发有限公司	星采嘉园
37	西山燕庐家园	京房售证字(2017)35 号	北京绿城中交房地产开发有限公司	西山燕庐家园
38	瀛泽家园	京房售证字(2017)37 号	北京天智盈置业有限公司	瀛泽家园
39	金科嘉苑	京房售证字(2017)38 号	北京金科展昊置业有限公司	金科嘉苑
40	金成裕雅苑	京房售证字(2017)40 号	北京金隅大成开发有限公司	金成裕雅苑
41	未来汇中心	京房售证字(2017)39 号	北京金龙永辉置业有限公司	未来汇中心
42	丽来花园	京房售证字(2017)36 号	北京长乐房地产开发有限公司	丽来花园
43	合生时代中心	京房售证字(2017)42 号	北京合生北方房地产开发有限公司	合生时代中心
44	文锦苑	京房售证字(2017)41 号	中铁房地产集团北京金郡兴盛置业有限公司	文锦苑
45	弘夕嘉园	京房售证字(2017)43 号	北京中弘弘庆房地产开发有限公司	弘夕嘉园
46	西悦中心	京房售证字(2017)47 号	北京住总众邦地产有限公司	西悦中心
47	昭泰典尚家园	京房售证字(2017)44 号	北京昭泰房地产开发有限公司	昭泰典尚家园
48	花溪语家园	京房售证字(2017)45 号	北京升和房地产开发有限公司	花溪语家园
49	瀛海朗苑	京房售证字(2017)46 号	北京尚泰信华房地产开发有限公司	瀛海朗苑
50	远洋春秋嘉园	京房售证字(2017)48 号	北京远奥置业有限公司	远洋春秋嘉园
51	泽信佳苑	京房售证字(2017)49 号	北京丰南嘉业房地产开发有限公司	泽信佳苑
52	翡萃家园	京房售证字(2017)50 号	北京昌业房地产开发有限公司	翡萃家园
53	定泗路	京房售证字(2017)51 号	北京市八仙房地产开发有限责任公司	定泗路
54	定泗路	京房售证字(2017)53 号	北京市八仙房地产开发有限责任公司	定泗路
55	阳光花庭	京房售证字(2017)52 号	北京鑫博泰来房地产开发有限公司	阳光花庭
56	山樾嘉园	京房售证字(2017)54 号	北京金隅嘉业房地产开发有限公司	山樾嘉园
57	古北度假家园	京房售证字(2017)55 号	北京古北水镇房地产开发有限公司	古北度假家园
58	尚润嘉园	京房售证字(2017)56 号	北京华垣盛兴置业有限公司	尚润嘉园
59	青春天著佳苑	京房售证字(2017)57 号	北京远山置业有限公司	青春天著佳苑
60	金宝鑫园	京房售证字(2017)59 号	北京金宝房地产开发有限公司	金宝鑫园
61	禧澜家园	京房售证字(2017)60 号	北京联创盛业房地产开发有限公司	禧澜家园

（续附表1）

序号	项目名称	销售证号	开发商	地址
62	理想家园	京房售证字(2017)58号	北京鸿坤伟业房地产开发有限公司	理想家园
63	首开知语家园	京房售证字(2017)61号	北京京泰德诚房地产开发有限公司	首开知语家园
64	辋川西园	京房售证字(2017)63号	北京金隅房地置业有限公司	辋川西园
65	铭品嘉苑	京房售证字(2017)62号	北京金阳置业有限公司	铭品嘉苑
66	亚林上苑	京房售证字(2017)64号	北京亚林东房地产开发有限公司	亚林上苑
67	悠悠商业中心	京房售证字(2017)66号	北京新华联宏石商业地产有限公司	悠悠商业中心
68	禧悦府	京房售证字(2017)65号	北京宝驰通置业有限公司	禧悦府
69	西山燕庐家园	京房售证字(2017)68号	北京绿城中交房地产开发有限公司	西山燕庐家园
70	九章花园	京房售证字(2017)67号	北京诚通华亿房地产有限公司	九章花园
71	翠堤清苑	京房售证字(2017)70号	北京恒隆兴置业有限公司	翠堤清苑
72	通州富力中心	京房售证字(2017)71号	北京富力通达房地产开发有限公司	通州富力中心
73	玺萌壹号院	京房售证字(2017)74号	北京玺萌置业有限公司	玺萌壹号院
74	西山天璟家园	京房售证字(2017)75号	北京骏宇房地产开发有限公司	西山天璟家园
75	通州富力中心	京房售证字(2017)72号	北京富力通达房地产开发有限公司	通州富力中心
76	拾景家园	京房售证字(2017)73号	北京昌基鸿业房地产开发有限公司	拾景家园
77	滟澜小区	京房售证字(2017)69号	北京锦昊万华置业有限公司	滟澜小区
78	华润智慧中心	京房售证字(2017)76号	北京未来科技城润昌置业有限公司	华润智慧中心
79	云汇中心	京房售证字(2017)80号	北京绿地京懋房地产开发有限公司	云汇中心
80	悦来商务中心	京房售证字(2017)26号	北京星华蓝光置业有限公司	悦来商务中心
81	复地中心	京房售证字(2017)78号	北京复地通盈置业有限公司	复地中心
82	城誉嘉园	京房售证字(2017)79号	北京城建兴泰房地产开发有限公司	城誉嘉园
83	瀛海朗苑	京房售证字(2017)81号	北京尚泰信华房地产开发有限公司	瀛海朗苑
84	优活嘉园	京房售证字(2017)77号	北京恒乐置业有限公司	优活嘉园
85	畅悦家园	京房售证字(2017)82号	北京世纪鸿城置业有限公司	畅悦家园
86	九晟文娱中心	京房售证字(2017)85号	北京祥筑房地产开发有限公司	九晟文娱中心
87	润西山苑	京房售证字(2017)84号	华润置地发展(北京)有限公司	润西山苑
88	祥业家园	京房售证字(2017)83号	北京祥业万科房地产开发有限公司	祥业家园
89	泷悦长安嘉园	京房售证字(2017)86号	中电建西元(北京)房地产开发有限公司	泷悦长安嘉园
90	永丰嘉园	京房售证字(2017)87号	北京德成兴业房地产开发有限公司	永丰嘉园
91	金茂世纪中心	京房售证字(2017)90号	北京金丰置业有限公司	金茂世纪中心
92	五彩中心	京房售证字(2017)89号	华润置地弘景(北京)房地产开发有限公司	五彩中心

（续附表1）

序号	项目名称	销售证号	开发商	地址
93	熙和汇中心	京房售证字(2017)92号	北京锦昊方圆置业有限公司	熙和汇中心
94	古北度假家园	京房售证字(2017)88号	北京古北水镇房地产开发有限公司	古北度假家园
95	阳光峰景嘉园	京房售证字(2017)91号	北京福兴晟房地产开发有限公司	阳光峰景嘉园
96	铭品嘉苑	京房售证字(2017)93号	北京金阳置业有限公司	铭品嘉苑
97	西山艺境嘉园	京房售证字(2017)94号	北京金水房地产开发有限公司	西山艺境嘉园
98	亚林家园	京房售证字(2017)96号	北京亚林西房地产开发有限公司	亚林家园
99	金科嘉苑	京房售证字(2017)98号	北京金科展昊置业有限公司	金科嘉苑
100	亚林上苑	京房售证字(2017)95号	北京亚林东房地产开发有限公司	亚林上苑
101	金茂时代佳苑	京房售证字(2017)97号	北京鋈庄房地产开发有限公司	金茂时代佳苑
102	颐和天璟家园	京房售证字(2017)102号	北京顺鑫佳宇房地产开发有限公司	颐和天璟家园
103	紫峰九院嘉园	京房售证字(2017)99号	北京紫峰房地产开发有限公司	紫峰九院嘉园
104	华润智慧中心	京房售证字(2017)101号	北京未来科技城润昌置业有限公司	华润智慧中心
105	天悦名苑	京房售证字(2017)100号	北京悦恒置业有限公司	天悦名苑
106	上悦嘉园	京房售证字(2017)103号	北京城建兴云房地产有限公司	上悦嘉园
107	瑞绣佳园	京房售证字(2017)106号	北京首开万科置业有限公司	瑞绣佳园
108	文锦苑	京房售证字(2017)104号	中铁房地产集团北京金郡兴盛置业有限公司	文锦苑
109	泷悦长安嘉园	京房售证字(2017)105号	中电建西元(北京)房地产开发有限公司	泷悦长安嘉园
110	富饶家园	京房售证字(2017)107号	北京富饶房地产开发有限公司	富饶家园
111	中骏天宸大厦	京房售证字(2017)108号	北京都市圣景房地产开发有限公司	中骏天宸大厦
112	昭泰典尚家园	京房售证字(2017)111号	北京昭泰房地产开发有限公司	昭泰典尚家园
113	观承顺园	京房售证字(2017)113号	北京万科东方置业有限公司	观承顺园
114	中信逸海园	京房售证字(2017)109号	北京中信新城逸海房地产开发有限公司	中信逸海园
115	云汇中心	京房售证字(2017)112号	北京绿地京懋房地产开发有限公司	云汇中心
116	未来时代中心	京房售证字(2017)114号	北京未来科学城昌融置业有限公司	未来时代中心
117	悠悠商业中心	京房售证字(2017)122号	北京新华联宏石商业地产有限公司	悠悠商业中心
118	翡翠长安家园	京房售证字(2017)118号	北京捷海房地产开发有限公司	翡翠长安家园
119	上城小区	京房售证字(2017)120号	北京大成昌润置业有限公司	上城小区
120	檀州家园	京房售证字(2017)123号	北京紫金长宁房地产开发有限责任公司	檀州家园
121	翡翠长安家园	京房售证字(2017)117号	北京捷海房地产开发有限公司	翡翠长安家园

（续附表 1）

序号	项目名称	销售证号	开发商	地址
122	华宸雅苑	京房售证字（2017）116 号	北京金水永业房地产开发有限公司	华宸雅苑
123	芳锦园	京房售证字（2017）124 号	北京首城置业有限公司	芳锦园
124	通用博园	京房售证字（2017）119 号	北京通润博园房地产开发有限公司	通用博园
125	创采嘉园	京房售证字（2017）121 号	北京兴创中和房地产开发有限公司	创采嘉园
126	承文家园	京房售证字（2017）126 号	北京泰禾嘉兴房地产开发有限公司	承文家园
127	东方蓝海中心	京房售证字（2017）127 号	北京东方蓝海置业有限责任公司	东方蓝海中心
128	颐和天璟家园	京房售证字（2017）125 号	北京顺鑫佳宇房地产开发有限公司	颐和天璟家园
129	保利都汇中心	京房售证字（2017）132 号	北京茂丰置业有限公司	保利都汇中心
130	天成家园	京房售证字（2017）129 号	北京城建万科天运置业有限公司	天成家园
131	云溪花园小区	京房售证字（2017）130 号	北京宁溪房地产开发有限责任公司	云溪花园小区
132	四季怡园	京房售证字（2017）133 号	北京屹泰房地产开发有限公司	四季怡园
133	和怡嘉园	京房售证字（2017）131 号	北京中铁华兴房地产开发有限公司	和怡嘉园
134	承文家园	京房售证字（2017）134 号	北京泰禾嘉兴房地产开发有限公司	承文家园
135	华远华中心	京房售证字（2017）136 号	北京新都致远房地产开发有限公司	华远华中心
136	金茂时代佳苑	京房售证字（2017）137 号	北京鎏庄房地产开发有限公司	金茂时代佳苑
137	翡萃家园	京房售证字（2017）135 号	北京昌业房地产开发有限公司	翡萃家园
138	十里春风嘉园	京房售证字（2017）139 号	北京永乐花园发展有限公司	十里春风嘉园
139	华宸雅苑	京房售证字（2017）138 号	北京金水永业房地产开发有限公司	华宸雅苑
140	首创天阅嘉苑	京房售证字（2017）140 号	北京旭嘉置业有限公司	首创天阅嘉苑
141	国瑞熙墅家园	京房售证字（2017）141 号	北京文华盛达房地产开发有限公司	国瑞熙墅家园
142	远洋春秋嘉园	京房售证字（2017）115 号	北京远奥置业有限公司	远洋春秋嘉园
143	丰谷商务中心	京房售证字（2017）142 号	北京金海纳置业有限公司	丰谷商务中心
144	荣锦园	京房售证字（2017）147 号	北京正华永达房地产开发有限公司	荣锦园
145	青春天著佳苑	京房售证字（2017）143 号	北京远山置业有限公司	青春天著佳苑
146	天悦名苑	京房售证字（2017）146 号	北京悦恒置业有限公司	天悦名苑
147	云境尚谷园	京房售证字（2017）145 号	北京当代久运置业有限公司	云境尚谷园
148	领秀慧谷小区	京房售证字（2017）148 号	北京科技园建设（集团）股份有限公司	领秀慧谷小区
149	泷悦长安嘉园	京房售证字（2017）144 号	中电建西元（北京）房地产开发有限公司	泷悦长安嘉园
150	领秀翠澜家园	京房售证字（2017）149 号	北京科技园置地有限公司	领秀翠澜家园
151	学府树家园	京房售证字（2017）151 号	北京华润新镇置业有限责任公司	学府树家园
152	万科滨水中心	京房售证字（2017）150 号	北京万科汇通置业有限公司	万科滨水中心

（续附表1）

序号	项目名称	销售证号	开发商	地址
153	平悦园	京房售证字(2017)152号	北京城建兴顺房地产开发有限公司	平悦园
154	稻香悦家园	京房售证字(2017)155号	北京稻香四季房地产开发有限公司	稻香悦家园
155	云溪花园小区	京房售证字(2017)153号	北京宁溪房地产开发有限责任公司	云溪花园小区
156	凯盛时代中心	京房售证字(2017)154号	北京达成光远置业有限公司	凯盛时代中心
157	合景万汇中心	京房售证字(2017)156号	北京恒城房地产开发有限公司	合景万汇中心
158	蜂巢科技广场	京房售证字(2017)157号	北京天洋基业投资有限公司	蜂巢科技广场
159	当代嘉园	京房售证字(2017)158号	北京润锦房地产开发有限公司	当代嘉园
160	兴景苑	京房售证字(2017)159号	北京绿地京翰房地产开发有限公司	兴景苑
161	鸿堂苑	京房售证字(2017)162号	北京贵佳茂置业有限公司	鸿堂苑
162	理想家园	京房售证字(2017)160号	北京鸿坤伟业房地产开发有限公司	理想家园
163	瀛海朗苑	京房售证字(2017)165号	北京尚泰信华房地产开发有限公司	瀛海朗苑
164	兴景苑	京房售证字(2017)163号	北京绿地京翰房地产开发有限公司	兴景苑
165	亚林家园	京房售证字(2017)161号	北京亚林西房地产开发有限公司	亚林家园
166	亚林上苑	京房售证字(2017)164号	北京亚林东房地产开发有限公司	亚林上苑
167	和锦园	京房售证字(2017)128号	北京致泰房地产开发有限公司	和锦园
168	熙悦安郡家园	京房售证字(2017)166号	北京首开住总安泰置业有限公司	熙悦安郡家园
169	翡萃家园	京房售证字(2017)168号	北京昌业房地产开发有限公司	翡萃家园
170	复地金融中心	京房售证字(2017)170号	北京复地通达置业有限公司	复地金融中心
171	山樾嘉园	京房售证字(2017)167号	北京金隅嘉业房地产开发有限公司	山樾嘉园
172	金茂时代佳苑	京房售证字(2017)169号	北京鎏庄房地产开发有限公司	金茂时代佳苑
173	复地中心	京房售证字(2017)171号	北京复地通盈置业有限公司	复地中心
174	四季怡园	京房售证字(2017)174号	北京屹泰房地产开发有限公司	四季怡园
175	绿地商务中心	京房售证字(2017)172号	绿地集团北京京凯置业有限公司	绿地商务中心
176	乐学景苑	京房售证字(2017)173号	北京天恒立信置业有限公司	乐学景苑
177	承文家园	京房售证字(2017)175号	北京泰禾嘉兴房地产开发有限公司	承文家园
178	盛佳尚苑	京房售证字(2017)176号	北京万科东地房地产开发有限公司	盛佳尚苑
179	翡翠长安家园	京房售证字(2017)177号	北京捷海房地产开发有限公司	翡翠长安家园
180	侨禧名苑	京房售证字(2017)181号	北京侨禧投资有限公司	侨禧名苑
181	昭泰典尚家园	京房售证字(2017)178号	北京昭泰房地产开发有限公司	昭泰典尚家园
182	西汇商业中心	京房售证字(2017)180号	北京兴佰君泰房地产开发有限公司	西汇商业中心
183	洳景家园	京房售证字(2017)182号	北京京投兴平置业有限公司	洳景家园
184	公园懿府小区	京房售证字(2017)183号	北京金天恒置业有限公司	公园懿府小区
185	昭泰典尚家园	京房售证字(2017)179号	北京昭泰房地产开发有限公司	昭泰典尚家园

（续附表 1）

序号	项目名称	销售证号	开发商	地址
186	珠光御景嘉园	京房售证字(2017)184号	北京全营房地产开发有限公司	珠光御景嘉园
187	国锐广场	京房售证字(2017)开1号	北京国锐房地产开发有限公司	35号街区
188	亦庄逸家园	京房售证字(2017)开2号	北京方兴拓赢房地产开发有限公司	河西区X91街区
189	海棠苑	京房售证字(2017)开3号	北京首开住总房地产开发有限公司	河西区X13街区
190	国锐广场	京房售证字(2017)开4号	北京国锐房地产开发有限公司	35号街区
191	赢泽家园	京房售证字(2016)限1号	北京天智盈置业有限公司	新城第17街区
192	麓泽家园	京房售证字(2016)限3号	北京天智盈置业有限公司	新城第17街区
193	赢泽家园	京房售证字(2016)限9号	北京天智盈置业有限公司	新城第17街区
194	平悦园	京房售证字(2016)限19号	北京城建兴顺房地产开发有限公司	仁和镇
195	平悦园	京房售证字(2016)限20号	北京城建兴顺房地产开发有限公司	仁和镇
196	滨河馨居	京房售证字(2016)限30号	北京市怀东伟业房地产开发有限公司	怀柔镇张各长村村东
197	通用博园	京房售证字(2017)限1号	北京通润博园房地产开发有限公司	十里堡镇双井村北侧
198	国瑞熙院家园	京房售证字(2017)限2号	国瑞兴业(北京)投资有限公司	北七家镇GZT-05-2地块
199	翡萃家园	京房售证字(2017)限3号	北京昌业房地产开发有限公司	北七家镇[中心起步区(海鶄落新村建设)项目一期]HQL-17地块
200	平和园	京房售证字(2017)限4号	北京城建兴顺房地产开发有限公司	仁和镇
201	房山新城良乡组团(梅花庄旧村改造项目南区)08-05-01、08-05-03地块限价住房项目	京房售证字(2017)限5号	北京首开晟安置业有限责任公司	房山新城良乡组团08-05-01地块
202	金铸阳光苑	京房售证字(2017)限6号	北京首钢房地产开发有限公司	首钢铸造厂南区限价商品住房项目
203	润和逸园	京房售证字(2017)限7号	北京房地天锐鑫洋房地产开发有限公司	西集镇TZ07-0103-0012地块R2二类居住用地、西集镇TZ07-0103-L003地块R2二类居住用地、西集镇TZ07-0103-0021地块R2二类居住用地
204	天成家园	京房售证字(2017)限8号	北京城建万科天运置业有限公司	沈家营镇东王化营村西侧

（续附表 1）

序号	项目名称	销售证号	开发商	地址
205	兴慧园	京房售证字(2017)限 9 号	北京兴源创成房地产开发有限公司	生物医药产业基地 DX00-0505-0039 地块 R2 二类居住用地限价商品住房项目
206	乐学景苑	京房售证字(2017)限 11 号	北京天恒立信置业有限公司	周口店镇中心区二街区
207	绿海家园	京房售证字(2017)限 12 号	北京汇超房地产开发有限公司	城南街道旧县村
208	金成裕雅苑	京房售证字(2017)限 13 号	北京金隅大成开发有限公司	后沙峪镇后沙峪村
209	晟品景园	京房售证字(2017)限 14 号	北京首开中晟置业有限责任公司	仁和镇胡各庄村顺泰路西侧
210	优活嘉园	京房售证字(2017)限 16 号	北京恒乐置业有限公司	阎村镇 04-0005、04-0016 地块
211	双桥京铁新苑	京房售证字(2017)限 18 号	北京京铁房地产开发公司	东柳西里双桥铁路住宅小区(1 号地块)定向安置房项目;朝阳区东柳西里双桥铁路住宅小区(2 号地块)定向安置房项目;朝阳区东柳西里双桥铁路住宅小区(3 号地块)定向安置房项目
212	和锦园	京房售证字(2017)限 19 号	北京致泰房地产开发有限公司	常营乡 1201-603 地块
213	华瀚福园	京房售证字(2017)经 10 号	华瀚投资集团有限公司	东坝驹东 C 地块经济适用住房
214	长龙家园	京房售证字(2017)经 15 号	北京长龙房地产开发有限公司	长阳镇高佃三村
215	惠铭苑	京房售证字(2017)经 17 号	北京铭通房地产开发有限公司	永顺镇西马庄
216	兴悦家园	京房售证字(2017)定 9812 号	北京城建兴业置地有限公司	瀛海镇区 DX08-0002-0304 等地块(原瀛海镇西区 C5 组团土地一级开发项目部分地块)
217	D-2#住宅楼(安向安置房)	京房售证字(2017)定 9831 号	北京国隆置业有限公司	高碑店北花园
218	A-5#住宅楼(定向安置房)	京房售证字(2017)定 9838 号	北京国隆置业有限公司	高碑店北花园

（续附表 1）

序号	项目名称	销售证号	开发商	地址
219	B-1#住宅楼（安向安置房）	京房售证字（2017）定9850号	北京国隆置业有限公司	高碑店北花园
220	D-7#住宅楼（安向安置房）	京房售证字（2017）定9842号	北京国隆置业有限公司	高碑店北花园
221	A-4#住宅楼（定向安置房）	京房售证字（2017）定9852号	北京国隆置业有限公司	高碑店北花园
222	D-1#住宅楼（安向安置房）	京房售证字（2017）定9844号	北京国隆置业有限公司	高碑店北花园村（D地块）
223	A-2#住宅楼（定向安置房）	京房售证字（2017）定9862号	北京国隆置业有限公司	高碑店北花园
224	A-6#住宅楼（定向安置房）	京房售证字（2017）定9864号	北京国隆置业有限公司	高碑店北花园
225	B-5#住宅楼（安向安置房）	京房售证字（2017）定9866号	北京国隆置业有限公司	高碑店北花园村（B地块）
226	A-1#住宅楼（安向安置房）	京房售证字（2017）定9868号	北京国隆置业有限公司	高碑店北花园村（A地块）
227	A-3#住宅楼（定向安置房）	京房售证字（2017）定9872号	北京国隆置业有限公司	高碑店北花园
228	D-3#住宅楼（安向安置房）	京房售证字（2017）定9870号	北京国隆置业有限公司	高碑店北花园
229	D-5#住宅楼（安向安置房）	京房售证字（2017）定9909号	北京国隆置业有限公司	高碑店北花园
230	E-2#住宅楼（安向安置房）	京房售证字（2017）定9907号	北京国隆置业有限公司	高碑店北花园
231	D-4#住宅楼（安向安置房）	京房售证字（2017）定9911号	北京国隆置业有限公司	高碑店北花园
232	D-6#住宅楼（安向安置房）	京房售证字（2017）定9913号	北京国隆置业有限公司	高碑店北花园

* 本表预售证发放时间以确认时间为依据

附表2 2017年度新建商品住房分区域成交均价

第一季度：

区	监测区域	套数	均价(万元/平方米)
东城区	安定门外	10	8.60
	东直门外	13	11.84
西城区	广外	23	9.80
朝阳区	孙河	69	8.06
	来广营、清河营	35	7.38
	北苑	4	6.98
	奥运场馆周边	15	9.81
	望京、酒仙桥	32	9.09
	太阳宫	2	9.42
	CBD	15	6.23
	朝阳公园	2	9.23
	姚家园	8	8.34
	东八里庄、青年路	13	8.56
	东坝	21	7.10
	双桥农场	5	4.95
	东南三至四环	17	8.67
	松榆、磨房	15	9.91
	东南四至五环沿线	159	4.90
海淀区	清河	270	7.29
	马连洼	37	9.06
	西北旺	97	7.79
	杏石口路	30	8.70
	学院路	3	9.25
	北太平庄	5	13.84
丰台区	方庄	3	9.62
	京石高速三四环沿线	4	9.26
	丰台镇	19	9.58
	新发地	197	7.23
	世界公园、宛平	44	7.01
	长辛店、王佐	122	5.06
石景山区	苹果园、八角、金顶街	1	7.24

（续附表 2）

区	监测区域	套数	均价(万元/平方米)
昌平区	昌平城区	30	4.31
	回龙观镇	111	4.92
	东小口镇	1	4.23
	温榆河周边地区	407	5.69
	昌平城区南侧	19	2.22
	昌平东北部	14	2.67
大兴区	西红门	14	6.35
	旧宫	177	6.37
	大兴城区	7	4.86
	大兴东部	23	6.81
通州区	新华、中仓、永顺	7	6.44
	通州北苑、玉桥、梨园	57	6.31
	马驹桥、台湖	8	5.18
	通州东南部	1	3.07
	宋庄、潞城	23	5.02
顺义区	顺义城区	154	3.83
	后沙峪、天竺	10	4.96
	马坡、牛栏山、高丽营	69	4.19
	赵全营、北石槽	3	4.31
	顺义东南部	3	3.78
	顺义东北部	45	2.36
房山区	良乡	129	4.05
	长阳	193	4.13
	京周路周边	23	3.39
	房山东南部	160	2.02
	房山西部	146	2.34
门头沟区	大峪、龙泉、城子	35	5.73
	门头沟城区周边	260	5.78
怀柔区	怀柔城区	12	3.14
	怀柔城区周边	137	2.69
平谷区	平谷城区	528	2.61
	平谷南部	57	1.76
	平谷城北部	52	2.27

（续附表 2）

区	监测区域	套数	均价(万元/平方米)
密云区	密云城区	43	2.74
	密云城区周边	52	2.92
	密云北部	287	2.04
延庆区	京包铁路沿线	3	3.85
开发区	亦庄	148	5.38

第二季度：

区	监测区域	套数	均价(万元/平方米)
东城区	东直门外	27	13.09
	东北二环内	7	11.54
西城区	金融街	2	13.59
	广外	15	9.87
朝阳区	孙河	183	7.30
	来广营、清河营	17	7.98
	北苑	1	8.19
	奥运场馆周边	7	11.35
	望京、酒仙桥	83	9.17
	太阳宫	3	12.50
	CBD	1	12.46
	朝阳公园	13	15.06
	姚家园	16	9.72
	东八里庄、青年路	5	9.89
	东坝	20	8.99
	双桥农场	1	4.49
	松榆、磨房	17	8.68
	东南四至五环沿线	19	5.79
海淀区	西三旗	34	6.52
	清河	58	7.70
	马连洼	30	8.82
	西北旺	48	7.47
	杏石口路	13	8.29
	学院路	1	10.40
	万柳	18	17.23
	北太平庄	13	14.55
	定慧寺	3	10.50

（续附表 2）

区	监测区域	套数	均价(万元/平方米)
丰台区	方庄	3	10.70
	菜户营、西罗园	3	8.30
	京石高速三四环沿线	13	7.82
	丰台镇	4	9.74
	刘家窑、大红门	1	13.29
	新发地	167	7.82
	世界公园、宛平	34	7.49
	长辛店、王佐	128	5.34
石景山区	苹果园、八角、金顶街	30	7.57
昌平区	昌平城区	16	4.55
	回龙观镇	17	4.83
	东小口镇	72	4.35
	温榆河周边地区	193	5.20
	昌平城区南侧	49	2.48
	昌平东北部	13	2.86
大兴区	西红门	11	7.51
	旧宫	164	7.28
	大兴城区	13	5.76
	大兴东部	38	3.48
	大兴南部	4	3.05
通州区	新华、中仓、永顺	11	6.61
	通州北苑、玉桥、梨园	85	6.62
	马驹桥、台湖	83	6.32
	通州东南部	39	3.72
	宋庄、潞城	91	5.93
顺义区	顺义城区	45	3.47
	后沙峪、天竺	16	6.89
	马坡、牛栏山、高丽营	120	4.25
	赵全营、北石槽	3	4.35
	顺义东南部	8	2.74
	顺义东北部	7	2.82

(续附表 2)

区	监测区域	套数	均价(万元/平方米)
房山区	良乡	182	4.39
	长阳	237	4.97
	京周路周边	13	4.08
	房山东南部	60	2.38
	房山西部	115	2.41
门头沟区	大峪、龙泉、城子	38	6.29
	门头沟城区周边	213	5.77
怀柔区	怀柔城区	136	2.82
	怀柔城区周边	13	3.68
平谷区	平谷城区	224	2.76
	平谷南部	7	2.40
	平谷城北部	23	2.67
密云区	密云城区	154	3.28
	密云城区周边	149	2.42
	密云北部	605	2.03
延庆区	延庆东北部	443	2.55
开发区	亦庄	141	5.92

第三季度:

区	监测区域	套数	均价(万元/平方米)
东城区	安定门外	5	9.18
	东直门外	6	13.14
西城区	大栅栏、广内	1	7.82
	陶然亭、白纸坊	7	8.85
朝阳区	孙河	68	7.81
	来广营、清河营	2	6.71
	北苑	1	6.63
	奥运场馆周边	1	10.57
	望京、酒仙桥	50	9.18
	姚家园	1	9.00
	东坝	14	8.67
	松榆、磨房	3	9.37

(续附表 2)

区	监测区域	套数	均价(万元/平方米)
海淀区	西三旗	12	6.83
	清河	31	7.81
	西北旺	88	7.87
	杏石口路	144	7.90
	学清路	1	10.97
	万柳	1	20.18
	北太平庄	4	14.44
	定慧寺	4	9.93
丰台区	方庄	2	10.63
	菜户营、西罗园	212	8.26
	京石高速三四环沿线	4	7.37
	丰台镇	2	12.34
	刘家窑、大红门	44	9.53
	南苑	28	7.91
	新发地	119	8.31
	世界公园、宛平	58	7.58
	长辛店、王佐	58	6.25
石景山区	苹果园、八角、金顶街	26	7.89
昌平区	昌平城区	3	4.94
	回龙观镇	39	5.94
	东小口镇	8	3.79
	温榆河周边地区	460	5.99
	昌平城区南侧	150	4.86
	昌平东北部	14	3.17
大兴区	西红门	6	7.64
	旧宫	70	7.37
	大兴城区	22	7.08
	大兴东部	48	5.25
	大兴南部	7	3.19
通州区	新华、中仓、永顺	5	7.12
	通州北苑、玉桥、梨园	1	6.84
	马驹桥、台湖	153	6.55
	通州东南部	5	3.87
	宋庄、潞城	32	5.54

（续附表 2）

区	监测区域	套数	均价（万元/平方米）
顺义区	顺义城区	2	4.22
	后沙峪、天竺	63	6.95
	马坡、牛栏山、高丽营	52	4.34
	赵全营、北石槽	26	3.99
	顺义东南部	6	4.01
房山区	良乡	84	4.07
	长阳	106	5.17
	京周路周边	12	3.91
	房山东南部	35	2.64
	房山西部	39	2.17
门头沟区	大峪、龙泉、城子	30	6.42
	门头沟城区周边	174	6.07
怀柔区	怀柔城区	57	2.93
	怀柔城区周边	25	2.01
平谷区	平谷城区	19	2.75
	平谷南部	4	1.98
	平谷城北部	11	2.25
密云区	密云城区	179	3.21
	密云城区周边	44	2.73
	密云北部	234	2.32
延庆区	京包铁路沿线	1	3.70
	延庆东北部	36	2.61
开发区	亦庄	154	5.93

第四季度：

区	监测区域	套数	均价（万元/平方米）
东城区	安定门外	1	8.58
	东直门外	7	13.12
西城区	金融街	4	14.42
	德胜门外	51	13.33
	大栅栏、广内	1	8.18
	陶然亭、白纸坊	166	7.36

（续附表2）

区	监测区域	套数	均价(万元/平方米)
朝阳区	孙河	49	9.16
	来广营、清河营	16	8.76
	北苑	4	7.03
	奥运场馆周边	4	9.91
	望京、酒仙桥	36	8.74
	太阳宫	6	7.71
	朝阳公园	6	10.24
	姚家园	10	8.60
	东坝	22	9.37
	双桥农场	4	4.87
	东南三至四环	1	11.70
	松榆、磨房	6	7.75
	东南四至五环沿线	34	5.62
海淀区	西三旗	2	6.94
	清河	75	7.84
	马连洼	15	9.53
	西北旺	108	8.15
	杏石口路	31	7.78
	北太平庄	1	15.04
	定慧寺	1	9.75
丰台区	方庄	2	12.21
	菜户营、西罗园	315	9.44
	京石高速三四环沿线	6	9.14
	丰台镇	2	6.84
	马家堡、西马场	4	7.00
	刘家窑、大红门	32	9.44
	南苑	67	7.86
	新发地	48	7.92
	世界公园、宛平	38	7.65
	长辛店、王佐	88	5.44
石景山区	苹果园、八角、金顶街	36	8.07

（续附表2）

区	监测区域	套数	均价(万元/平方米)
昌平区	昌平城区	2	4.87
	回龙观镇	41	5.99
	东小口镇	9	3.87
	温榆河周边地区	587	5.10
	昌平城区南侧	294	5.03
	昌平东北部	20	3.26
大兴区	西红门	11	7.21
	旧宫	144	6.94
	大兴城区	50	6.10
	大兴东部	43	5.36
通州区	新华、中仓、永顺	3	6.66
	通州北苑、玉桥、梨园	32	5.24
	马驹桥、台湖	192	6.31
	通州东南部	6	3.81
	宋庄、潞城	80	5.65
顺义区	顺义城区	4	3.80
	后沙峪、天竺	151	5.37
	马坡、牛栏山、高丽营	138	5.75
	赵全营、北石槽	40	4.20
房山区	良乡	27	4.52
	长阳	203	5.00
	京周路周边	83	3.87
	房山东南部	144	2.60
	房山西部	20	2.47
门头沟区	大峪、龙泉、城子	139	5.88
	门头沟城区周边	265	5.68
怀柔区	怀柔城区	4	3.95
	怀柔城区周边	3	1.47
平谷区	平谷城区	18	3.49
	平谷南部	16	2.34
	平谷城北部	66	2.06

（续附表 2）

区	监测区域	套数	均价(万元/平方米)
密云区	密云城区	153	2.87
	密云城区周边	436	2.36
	密云北部	107	2.89
延庆区	延庆东北部	299	2.53
开发区	亦庄	1	6.18

附表3 2017年二手住房分区域成交均价(买卖)

单位：元/平方米

区	区域	2017年1季度	2017年2季度	2017年3季度	2017年4季度
东城区	安定门外	103200	103025	95915	90781
	东直门外	95500	103503	95516	91675
	东北二环内	105100	116419	109722	105614
	花市、前门	96700	102162	94872	89050
	天坛、龙潭、体育馆路	91800	97976	89744	87714
	永定门外	74800	80067	78068	70108
西城区	新街口、什刹海	122800	129012	128510	110293
	金融街	144200	148540	148727	147357
	德胜门外	135600	139808	124917	122883
	展览路、月坛	117200	120287	110315	106581
	大栅栏、广内	114500	119614	110513	108034
	陶然亭、白纸坊	101600	102536	97396	89508
	广外	95500	100692	87229	84401
朝阳区	来广营、清河营	79600	84183	79574	76166
	机场高速五环外沿线	41100	50536	54862	47816
	北苑	63300	66415	62814	60672
	奥运场馆周边	78800	80137	76934	73447
	亚运村	80700	84852	73552	71815
	望京、酒仙桥	74400	75478	70037	69149
	太阳宫	91800	89117	86533	88608
	柳芳、左家庄	76900	76576	72855	70913
	CBD	76800	82154	76924	73432
	朝阳公园	72100	76072	76533	70000
	姚家园	89700	104442	98076	109245
	东八里庄、青年路	68800	71953	67805	65057
	四惠、甘露园	65800	67931	64757	61000
	东坝	58700	61352	52254	52522
	定福庄、管庄	54100	55754	50591	48600
	双桥农场	46900	47603	45826	43891
	双井	84100	91799	86135	83449
	劲松	64200	65706	58673	55390
	东南三至四环	64300	75469	75172	71092

（续附表3）

区	区域	2017年1季度	2017年2季度	2017年3季度	2017年4季度
朝阳区	松榆、磨房	74400	74964	68912	64561
	东南四至五环沿线	56000	61056	53266	51809
	豆各庄、黑庄户	54600	56314	50338	50592
海淀区	上庄、苏家坨		43451	49108	44796
	温泉	51800	57581	54064	42016
	西三旗	70600	73904	65727	64082
	清河	73300	76306	70431	65480
	上地	98900	100624	96257	99053
	马连洼	82400	87436	77717	74251
	西北旺	67500	63629	61497	58204
	圆明园、颐和园	70900	94036	81289	79167
	香山	79900	83485	81439	79687
	杏石口路	80800	88279	83321	76815
	学清路	81600	82755	77604	75871
	学院路	89900	95382	85504	85537
	万柳	108100	114564	105790	98988
	中关村	103400	103109	95806	94355
	北太平庄	89300	97136	89728	85061
	紫竹院、甘家口	97800	101677	92204	89666
	羊坊店、五棵松	91900	95108	89462	89199
	定慧寺	86100	92881	84412	82160
	永定路	79900	85369	75728	74231
丰台区	方庄	66900	70574	65520	60489
	菜户营、西罗园	66300	69016	61605	57897
	六里桥	71400	76471	67262	64230
	京石高速三四环沿线	61700	64663	60742	56244
	梅市口路	58000	58300	55347	50689
	丰台镇	61100	63315	57142	54671
	马家堡、西马场	63100	65580	60503	56512
	刘家窑、大红门	57600	58876	54773	52646
	南苑	50800	52173	47182	45497
	新发地	51600	53172	47293	47075
	世界公园、宛平	55700	56549	53905	47015
	长辛店、王佐	42000	46081	40208	39971

(续附表3)

区	区域	2017年1季度	2017年2季度	2017年3季度	2017年4季度
石景山区	鲁谷、八宝山、老山	64100	65714	61894	59574
	苹果园、八角、金顶街	53300	56089	50831	48301
	五里坨	46300	47426	43032	37100
昌平区	昌平城区	41800	44130	41032	37364
	回龙观镇	50200	48994	45563	44854
	东小口镇	42500	44901	41567	39960
	温榆河周边地区	40500	43688	40347	38344
	昌平城区南侧	42700	47448	38547	34784
	昌平西北部	30100	34622	29149	27625
	昌平东北部		28927	26158	
大兴区	西红门	47300	50988	44970	42792
	旧宫	49000	51653	48084	45584
	大兴城区	49000	51138	47031	43022
	大兴东部	41900	44568	40394	42146
	大兴南部	43000	42501	38814	38526
通州区	新华、中仓、永顺	51800	52337	47095	44802
	通州北苑、玉桥、梨园	52500	53120	47967	44206
	马驹桥、台湖	37000	39047	35132	32217
	通州东南部		44222		
	宋庄、潞城	46400	54768	42177	45321
顺义区	顺义城区	41200	42637	39065	38249
	后沙峪、天竺	44100	51236	48168	45274
	马坡、牛栏山、高丽营	40100	39982	37547	36648
	顺义东南部	33500	35636	33697	32196
	顺义东北部	26500	28514	25123	22502
房山区	良乡	33800	37392	34593	32921
	长阳	41600	43554	39744	38286
	京周路周边	26000	29908	26303	25312
	房山东南部	24400	28961	26709	22418
	房山西部	16400	16977	19134	18179
门头沟区	大峪、龙泉、城子	39200	42512	40906	37623
	门头沟城区周边	43500	47089	45254	44115

（续附表 3）

区	区域	2017 年 1 季度	2017 年 2 季度	2017 年 3 季度	2017 年 4 季度
怀柔区	怀柔城区	24800	33697	32553	32833
	怀柔城区周边	24000	38812	29917	28221
密云区	密云城区	25700	25991	26984	25784
	密云城区周边	18800	20602	20764	18187
延庆区	延庆城区		29835		
开发区	亦庄	48600	49904	49641	49107

注：表中二手住房成交均价是根据北京市主要经纪机构提供的三方协议数据测算。

附表4　2017年住房租赁分区域成交均价

单位：元/(平方米·月)

区	区域	2017年1季度	2017年2季度	2017年3季度	2017年4季度
东城区	安定门外	97	100	102	100
	东直门外	126	119	126	126
	东北二环内	114	117	117	114
	花市、前门	100	103	105	104
	天坛、龙潭、体育馆路	95	91	91	92
	永定门外	77	81	78	81
西城区	新街口、什刹海	115	121	124	122
	金融街	150	150	149	150
	德胜门外	102	106	107	106
	展览路、月坛	108	112	114	111
	大栅栏、广内	105	107	112	106
	陶然亭、白纸坊	90	90	92	92
	广外	83	83	86	87
朝阳区	孙河		116	127	111
	来广营、清河营	84	87	87	89
	机场高速五环外沿线	59	62	58	62
	北苑	78	77	76	77
	奥运场馆周边	93	92	94	94
	亚运村	92	95	97	98
	望京、酒仙桥	97	93	96	98
	太阳宫	118	113	122	116
	柳芳、左家庄	94	98	99	99
	CBD	115	113	116	117
	朝阳公园	101	101	105	107
	姚家园	120	107	118	121
	东八里庄、青年路	90	86	87	90
	四惠、甘露园	84	83	84	87
	东坝	62	61	65	67
	定福庄、管庄	62	64	66	70
	双桥农场	46	46	48	49
	双井	111	109	111	113
	劲松	78	78	79	81

（续附表 4）

区	区域	2017 年 1 季度	2017 年 2 季度	2017 年 3 季度	2017 年 4 季度
朝阳区	东南三至四环	78	82	82	83
	松榆、磨房	88	88	89	91
	东南四至五环沿线	63	63	62	63
	豆各庄、黑庄户	51	50	47	50
海淀区	上庄、苏家坨	55	56	55	57
	温泉	50	49	52	50
	西三旗	71	71	72	73
	清河	77	79	77	77
	上地	92	87	89	92
	马连洼	76	79	80	78
	西北旺	60	68	65	64
	圆明园、颐和园	103	102	108	101
	香山	57	64	61	62
	杏石口路	84	81	83	83
	学清路	91	91	94	94
	学院路	102	102	106	106
	万柳	107	108	110	105
	中关村	115	117	123	123
	北太平庄	99	102	105	104
	紫竹院、甘家口	103	106	108	106
	羊坊店、五棵松	92	94	97	97
	定慧寺	91	91	94	92
	永定路	76	80	81	81
丰台区	方庄	78	81	82	83
	菜户营、西罗园	70	71	71	72
	六里桥	73	72	75	75
	京石高速三四环沿线	64	64	65	67
	梅市口路	61	60	62	62
	丰台镇	63	63	64	66
	马家堡、西马场	71	71	71	73
	刘家窑、大红门	68	68	70	70
	南苑	53	52	52	55
	新发地	52	53	54	56

（续附表 4）

区	区域	2017 年 1 季度	2017 年 2 季度	2017 年 3 季度	2017 年 4 季度
丰台区	世界公园、宛平	66	65	61	64
	长辛店、王佐	44	40	43	45
石景山区	鲁谷、八宝山、老山	69	72	74	71
	苹果园、八角、金顶街	59	61	62	63
	五里坨	48	44	44	47
昌平区	昌平城区	43	42	41	42
	回龙观镇	60	61	62	64
	东小口镇	55	56	57	59
	温榆河周边地区	41	39	41	43
	昌平城区南侧		41	42	41
大兴区	西红门	53	54	54	55
	旧宫	47	49	49	51
	大兴城区	47	47	47	48
	大兴东部	40	37	37	42
	大兴南部	40	43	43	42
通州区	新华、中仓、永顺	42	42	42	45
	通州北苑、玉桥、梨园	45	25	45	48
	马驹桥、台湖	38	37	37	41
	通州东南部	48	36	33	37
	宋庄、潞城	40	36	37	39
顺义区	顺义城区	40	39	41	42
	后沙峪、天竺	64	65	67	66
	马坡、牛栏山、高丽营	36	33	35	37
	顺义东南部	37	34	37	39
	顺义东北部	24	24	25	28
房山区	良乡	32	32	34	34
	长阳	38	38	38	40
	京周路周边	26	26	26	26
	房山东南部	22	24	24	24
	房山西部	29	33	28	30
门头沟区	大峪、龙泉、城子	39	40	41	44
	门头沟城区周边	39	41	41	45

（续附表 4）

区	区域	2017 年 1 季度	2017 年 2 季度	2017 年 3 季度	2017 年 4 季度
怀柔区	怀柔城区	23	25	27	27
	怀柔城区周边	24	27	28	26
密云区	密云城区	19	20	21	23
	密云城区周边	16	19	17	18
	密云北部	20			
开发区	亦庄	63	60	62	64

注：表中租赁数据是根据北京市主要经纪机构提供的交易数据测算。

附表5　2017年度北京市房地产开发企业资质名录

序号	公司名称	等级
1	北京龙湖中佰置业有限公司	一级
2	远洋地产有限公司	一级
3	北京鸿坤伟业房地产开发有限公司	一级
4	中冶置业集团有限公司	一级
5	北京广安置业投资公司	一级
6	北京翔峰房地产开发有限公司	一级
7	北京金泰房地产开发有限责任公司	一级
8	北京邦达房地产开发有限公司	一级
9	北京和裕房地产开发有限公司	一级
10	北京鸿基世业房地产开发有限公司	一级
11	北辰正方建设集团有限公司	一级
12	华润置地（北京）股份有限公司	一级
13	北京金隅嘉业房地产开发有限公司	一级
14	北京城建投资发展股份有限公司	一级
15	和泓置地集团有限公司	一级
16	中国葛洲坝集团房地产开发有限公司	一级
17	保利（北京）房地产开发有限公司	一级
18	北京国信嘉业房地产开发有限公司	一级
19	中国电建地产集团有限公司	一级
20	北京富力城房地产开发有限公司	一级
21	北京城建房地产开发有限公司	一级
22	京汉置业集团有限责任公司	一级
23	北京威凯建设发展有限责任公司	一级
24	北京瑞雪春堂房地产有限公司	一级
25	北京金隅大成开发有限公司	一级
26	中铁置业集团有限公司	一级
27	茂华控股集团有限公司	一级
28	北京金第房地产开发有限责任公司	一级
29	北京金远房地产开发集团有限公司	一级
30	中国铁建房地产集团有限公司	一级
31	北京首都开发控股（集团）有限公司	一级
32	北京三元嘉业房地产开发有限公司	一级
33	华通置业有限公司	一级

（续附表5）

序号	公司名称	等级
34	北京国瑞兴业地产股份有限公司	一级
35	北京嘉源置业投资有限公司	一级
36	北京首城置业有限公司	一级
37	北京市大兴城镇建设综合开发集团有限公司	一级
38	北京天润置地房地产开发（集团）有限公司	一级
39	北京君合百年房地产开发有限公司	一级
40	国奥投资发展有限公司	一级
41	北京首钢房地产开发有限公司	一级
42	中信房地产集团有限公司	一级
43	北京市大龙房地产开发有限公司	一级
44	北京顺义新城建设开发有限公司	一级
45	北京万通地产股份有限公司	一级
46	北京华融金晖置业有限公司	一级
47	北京国锐房地产开发有限公司	一级
48	北京首都开发股份有限公司	一级
49	华瀚投资集团有限公司	一级
50	北京京投银泰尚德置业有限公司	一级
51	北京泰益德置业集团有限公司	一级
52	北京住总房地产开发有限责任公司	一级
53	北京城市开发集团有限责任公司	一级
54	北京经济技术投资开发总公司	一级
55	北京融创恒基地产有限公司	一级
56	北京腾航房地产开发有限公司	一级
57	北京北辰实业股份有限公司	一级
58	北京天恒房地产股份有限公司	一级
59	北京泰福恒投资发展有限公司	一级
60	北京建工集团有限责任公司	一级
61	北京京铁房地产开发公司	一级
62	北京天鸿置业有限公司	一级
63	北京城建兴华地产有限公司	一级
64	北京科技园建设（集团）股份有限公司	一级
65	北京合生北方房地产开发有限公司	一级
66	北京市华远置业有限公司	一级

（续附表 5）

序号	公司名称	等级
67	北京万科企业有限公司	一级
68	金融街控股股份有限公司	一级
69	京能置业股份有限公司	一级
70	北京丽富房地产开发有限公司	一级
71	永泰房地产（集团）有限公司	一级
72	北京京铁房地产开发有限公司	一级
73	北京佰嘉置业集团有限公司	一级
74	北京电子城有限责任公司	一级
75	北京金源鸿大房地产有限公司	一级
76	北京润丰房地产开发有限公司	一级
77	隆泰实业（北京）有限公司	一级
78	北京新华联置地有限公司	一级
79	北京正阳恒瑞置业公司	一级
80	北京中筑置业有限公司	一级
81	当代节能置业股份有限公司	一级
82	泛海控股股份有限公司	一级
83	华纺房地产开发公司	一级
84	中国新型房屋集团有限公司	一级
85	北京首开亿信置业股份有限公司	二级
86	北京宏远航城房地产开发有限公司	二级
87	北京中弘投资有限公司	二级
88	北京华油房地产开发有限公司	二级
89	北京西都地产发展有限公司	二级
90	北京绿宸控股集团有限公司	二级
91	北京龙湖兴润置业有限公司	二级
92	北京电子城有限责任公司	二级
93	招商局嘉铭（北京）房地产开发有限公司	二级
94	北京顺华房地产开发有限公司	二级
95	北京西海龙湖置业有限公司	二级
96	北京市朝阳城市建设综合开发公司	二级
97	中昂地产（集团）有限公司	二级
98	中信和业投资有限公司	二级
99	北京联港置业有限公司	二级

（续附表 5）

序号	公司名称	等级
100	北京城市副中心投资建设集团有限公司	二级
101	中交置业有限公司	二级
102	北京城建兴云房地产有限公司	二级
103	北京光辉伟业房地产开发有限公司	二级
104	通用地产有限公司	二级
105	北京昆泰房地产开发集团有限公司	二级
106	北京京西北房地产开发集团有限公司	二级
107	北京龙庆房地产开发有限公司	二级
108	北京市保障性住房建设投资中心	二级
109	北京市基础设施投资有限公司（原北京地铁集团有限责任公司）	二级
110	北京正宏置业集团有限公司	二级
111	北京建升房地产开发有限公司	二级
112	北京实地房地产开发有限责任公司	二级
113	北京天正华特房地产开发有限公司	二级
114	北京市广厦房地产开发公司	二级
115	北京百环房地产实业有限公司	二级
116	北京昌信回龙园别墅有限公司	二级
117	北京鹏睿房地产开发有限公司	二级
118	中建一局集团房地产开发有限公司	二级
119	北京绿都基础设施投资有限公司	二级
120	北京玉泉新城房地产开发有限公司	二级
121	北京博大新元房地产开发有限公司	二级
122	北京世纪开元房地产开发有限公司	二级
123	北京北控国际会都房地产开发有限责任公司	二级
124	北京亦庄博润置业有限公司	二级
125	北京南宫恒业房地产开发有限公司	二级
126	北京崇文·新世界房地产发展有限公司	二级
127	北京林河兴业房地产开发有限公司	二级
128	中粮地产投资（北京）有限公司	二级
129	北京英才房地产开发有限公司	二级
130	北京中粮万科房地产开发有限公司	二级
131	北京市密云县房地产开发总公司	二级
132	北京世纪鸿城置业有限公司	二级

（续附表5）

序号	公司名称	等级
133	中国通用新兴地产有限公司	二级
134	北京世纪鸿房地产开发有限责任公司	二级
135	北京裕昌置业股份有限公司	二级
136	北京永同昌房地产开发有限公司	二级
137	中铁建设集团房地产有限公司	二级
138	北京中加伟业房地产开发有限公司	二级
139	国开东方城镇发展投资有限公司	二级
140	北京金兰甫房地产开发有限公司	二级
141	北京海开房地产集团有限责任公司	二级
142	北京东方依水源房地产开发有限公司	二级
143	北京华融基础设施投资有限责任公司	二级
144	北京中关村软件园发展有限责任公司	二级
145	北京中联置地房地产开发有限公司	二级
146	北京中铁诺德房地产开发有限公司	二级
147	北京兆泰集团股份有限公司	二级
148	北京中实恒业房地产开发有限责任公司	二级
149	中合置业有限公司	二级
150	北京朝林置业有限公司	二级
151	北京经开投资开发股份有限公司	二级
152	北京中建地产有限责任公司	二级
153	北京春光置地房地产开发有限公司	二级
154	北京慧诚房地产开发有限公司	二级
155	北京八大处房地产开发集团有限公司	二级
156	北京铭嘉房地产开发有限公司	二级
157	北京首都机场房地产有限公司	二级
158	北京建机房地产有限责任公司	二级
159	北京昊泰房地产开发有限公司	二级
160	北京京奥港房地产开发有限责任公司	二级
161	北京联合置业有限公司	二级
162	北京正华永恒置业有限公司	二级
163	北京方兴亦城置业有限公司	二级
164	中铁房地产集团北方有限公司	二级
165	北京科技园置地有限公司	二级

（续附表 5）

序号	公司名称	等级
166	纳帕地产开发集团有限公司	二级
167	北京极富房地产开发有限公司	二级
168	北京仁和日升房地产有限公司	二级
169	北京天瑞金置业投资有限公司	二级
170	北京京投置地房地产有限公司	二级
171	北京市丰台区城市建设综合开发公司	二级
172	凤凰城科技集团有限公司	二级
173	北京亚胜置业有限公司	二级
174	中铁房地产集团海外地产发展有限公司	二级
175	中铁十六局集团置业投资有限公司	二级
176	北京中鑫源房地产开发集团有限公司	二级
177	北京腾龙嘉华房地产开发有限公司	二级
178	北京盛邦基业房地产开发有限公司	二级
179	北京昊远隆基房地产开发总公司	二级
180	北京国安东坝投资有限公司	二级
181	北京顺鑫佳宇房地产开发有限公司	二级
182	中和正茂置业发展有限公司	二级
183	北京弘轩鼎成房地产开发有限公司	二级
184	北京市丰台区鸿华房地产开发经营有限公司	二级
185	北京润通房地产开发有限责任公司	二级
186	北京长安置地房地产开发有限公司	二级
187	北京亚通房地产开发有限责任公司	二级
188	泛华城市投资有限公司	二级
189	中奥（北京）房地产开发有限公司	二级
190	江河创新地产股份有限公司	二级
191	中铁二十二局集团房地产开发有限公司	二级
192	北京兴创房地产开发有限公司	二级
193	北京牛栏山房地产开发有限责任公司	二级
194	北京市天竺房地产开发公司	二级
195	北京天旭运河房地产开发有限责任公司	二级
196	长城国富置业（北京）有限公司	二级
197	北京新华联伟业房地产有限公司	二级
198	北京东方瑞平房地产开发有限公司	二级

（续附表5）

序号	公司名称	等级
199	北京市昌平房地产开发有限责任公司	二级
200	北京国际商务中心区开发建设有限公司	二级
201	北京华清安平置业有限公司	二级
202	中核房地产开发有限公司	二级
203	顺天通房地产开发集团有限公司	二级
204	北京京投银泰置业有限公司	二级
205	首都机场地产集团有限公司	二级
206	北京市文化置业有限公司	二级
207	北京龙冠房地产开发有限责任公司	二级
208	北京远坤房地产开发有限公司	二级
209	北京房地置业发展有限公司	二级
210	北京北控城市开发有限公司	二级
211	北京东亚新华投资有限公司	二级
212	北京隆泰祥房地产开发有限公司	二级
213	首创置业股份有限公司	二级
214	北京安宝房地产开发有限公司	二级
215	北京润泽庄苑房地产开发有限公司	二级
216	北京丰台科技园建设发展有限公司	三级
217	北京龙源顺景房地产开发有限公司	三级
218	北京冠城正业房地产开发有限公司	三级
219	北京津西博远置业有限公司	三级
220	北京市裕鑫房地产开发有限公司	三级
221	北京方兴融创房地产开发有限公司	三级
222	北京融科卓越房地产开发有限公司	三级
223	北京星光拓诚投资有限公司	三级
224	北京世纪中基房地产开发有限公司	三级
225	北京万方置业有限公司	三级
226	北京路劲隽御房地产开发有限公司	三级
227	北京经开工大投资管理有限公司	三级
228	北京市新时特房地产开发有限公司	三级
229	北京海赋兴业房地产开发有限公司	三级
230	北京京投银泰尚德置业有限公司	三级
231	中铁房地产集团创新产业投资有限公司	三级

（续附表 5）

序号	公司名称	等级
232	北京市东湖房地产有限公司	三级
233	葛洲坝（北京）房地产开发有限公司	三级
234	北京福环房地产开发有限公司	三级
235	北京寅丰房地产开发有限责任公司	三级
236	北京绿地京华置业有限公司	三级
237	北京江南投资集团有限公司	三级
238	北京赫华恒瑞房地产开发有限公司	三级
239	北京倚基土地开发有限公司	三级
240	北京宏城房地产开发有限公司	三级
241	北京市泰华房地产开发集团有限公司	三级
242	北京古城房地产开发有限公司	三级
243	北京东隆房地产开发有限公司	三级
244	北京正光房地产开发有限公司	三级
245	北京方恒置业股份有限公司	三级
246	北京建工四建房地产开发有限公司	三级
247	北京海意联房地产开发有限公司	三级
248	北京城建远东地产投资有限公司	三级
249	北京三元置业有限公司	三级
250	北京京投兴业置业有限公司	三级
251	北京青远房地产开发有限公司	三级
252	北京远豪置业有限公司	三级
253	北京京北鑫民房地产开发有限公司	三级
254	北京津华通达房地产开发有限公司	三级
255	北京中关村电子城建设有限公司	三级
256	北京新领域房地产开发有限公司	三级
257	北京兴展房地产开发有限公司	三级
258	富力（北京）地产开发有限公司	三级
259	北京中关村科学城建设股份有限公司	三级
260	北京城建兴泰房地产开发有限公司	三级
261	中化方兴置业（北京）有限公司	三级
262	北京合景房地产开发有限公司	三级
263	北京首开仁信置业有限公司	三级
264	北京市利锦荣房地产开发有限公司	三级

（续附表5）

序号	公司名称	等级
265	北京上善恒盛置业有限公司	三级
266	北京众美房地产开发有限公司	三级
267	北京市凯龙房地产开发有限公司	三级
268	北京懋源房屋开发有限公司	三级
269	华电工程集团创业投资有限公司	三级
270	中铁房地产集团北京金达世纪房地产开发有限公司	三级
271	北京京南住房开发有限责任公司	三级
272	北京将台房地产开发有限公司	三级
273	北京金宝房地产开发有限公司	三级
274	天通泰文化数码科技园有限公司	三级
275	北京亿来置业有限公司	三级
276	北京静水园房地产开发有限公司	三级
277	北京亦庄移动硅谷有限公司	三级
278	北京未来科学城发展集团有限公司	三级
279	北京实创房地产开发有限责任公司	三级
280	北京东方阳光房地产开发有限公司	三级
281	北京硕和房地产开发有限公司	三级
282	北京罗顿沙河建设发展有限公司	三级
283	北京田家园房地产开发有限公司	三级
284	北京世纪景房地产开发有限公司	三级
285	招商局地产（北京）有限公司	三级
286	北京泛海东风置业有限公司	三级
287	中铁房地产集团北京丰昊置业有限公司	三级
288	北京京创投资有限公司	三级
289	北京房开控股集团有限公司	三级
290	北京京石科园置业发展有限公司	三级
291	北京盛达兴业房地产开发有限公司	三级
292	金融街（北京）置地有限公司	三级
293	北京华贸奥苑房地产开发有限公司	三级
294	北京万年基业房地产开发有限公司	三级
295	北京兴集房地产开发有限公司	三级
296	新能（北京）国际房地产开发有限公司	三级
297	北京枫树置业有限公司	三级

（续附表 5）

序号	公司名称	等级
298	北京市永联房地产开发有限责任公司	三级
299	北京柏豪置业有限公司	三级
300	北京高顺投资有限公司	三级
301	北京国隆置业有限公司	三级
302	北京紫石房地产开发有限公司	三级
303	北京中关村国际商城发展有限公司	三级
304	山水文园凯亚房地产开发有限公司	三级
305	北京金隅程远房地产开发有限公司	三级
306	北京韩建房地产开发有限公司	三级
307	北京华恒兴业房地产开发有限公司	三级
308	北京珠江房地产开发有限公司	三级
309	北京德成兴业房地产开发有限公司	三级
310	北京天伦房地产有限公司	三级
311	北京建工置地有限责任公司	三级